HOAI – Honorarordnung für Architekten und Ingenieure

HOAI
Honorarordnung für Architekten und Ingenieure

mit einer Einleitung versehen von
Wolfgang Kleiber,
Ministerialrat
im Bundesministerium
für Raumordnung, Bauwesen
und Städtebau, Bonn

2. Auflage, 1995

REHM
VERLAGSGRUPPE
JEHLE-REHM

Die Deutsche Bibliothek – CIP-Einheitsaufnahme

Honorarordnung für Architekten und Ingenieure: HOAI; [Text der HOAI '96 mit amtlichen Begründungen] / mit einer Einl. vers. von Wolfgang Kleiber. – 2. Aufl. – München: Rehm, 1995
    ISBN 3-8073-1036-3
NE: Kleiber, Wolfgang [Hrsg.]; HOAI

ISBN 3-8073-1036-3
Verlag Franz Rehm GmbH & Co KG
in der
Verlagsgruppe Jehle-Rehm
Einsteinstraße 172, 81675 München
und
Friedrichstraße 130 b, 10117 Berlin

Satz: Kort Satz GmbH, München
Druck: SV-Kommunalschriften-Druckerei GmbH, München

Einleitung

Nach langen Geburtswehen ist die „neue" Honorarordnung für Architekten und Ingenieure – HOAI – am 1. Januar 1996 in Kraft getreten.

Auf der Grundlage der Ermächtigung der §§ 1 und 2 des Gesetzes zur Regelung von Ingenieur- und Architektenleistungen vom 4. November 1971 (BGBl. I 1971, 1745, 1749), die durch Gesetz vom 12. November 1984 (BGBl. I 1984, 1337) geändert worden sind, regelt die HOAI die Entgelte für Leistungen der Architekten und Ingenieure, soweit diese „durch Leistungsbilder oder andere Bestimmungen dieser Verordnung erfaßt werden" (§ 1 HOAI). Soweit eine Leistung weder durch ein Leistungsbild noch durch eine andere Bestimmung der HOAI erfaßt ist, insbesondere eine reine Beratungstätigkeit des Architekten oder des Ingenieurs, kann das Honorar frei vereinbart werden. Dies betrifft insbesondere auch Gutachten, die nicht unter § 33 HOAI fallen.

Im Verlauf ihrer Entstehungsgeschichte ist der Regelungsumfang der HOAI fortwährend erweitert worden. Für einen ersten Überblick über den derzeitigen Regelungsumfang sind folgende Bereiche hervorzuheben.

— Teil I (§§ 1 bis 9) enthält **Allgemeine Vorschriften**, die nach Maßgabe des § 1 HOAI für alle Auftragnehmer gelten.

— Teil II (§§ 10 bis 27) behandelt **Architektenleistungen bei Gebäuden, Freianlagen und raumbildenden Ausbauten.**

— Teil III (§§ 28 bis 32) regelt die Behandlung sog. **Zusätzlicher Leistungen.**

— Teil IV (§§ 33, 34) befaßt sich mit **Gutachten und Wertermittlungen.**

— Teil V (§§ 35 bis 42) enthält eingehende Regelungen über **Städtebauliche Leistungen** einschl. entsprechender Honorartafeln.

— Teil VI (§§ 43 bis 50) behandelt **Landschaftsplanerische Leistungen**, wiederum einschl. entsprechender Honorartafeln.

— Teil VII (§§ 51 bis 61) regelt **Leistungen bei Ingenieurbauwerken und Verkehrsanlagen.**

— Teil VII a (§ 61 a) enthält Regelungen zum Honorar für **Verkehrsplanerische Leistungen.**

— Teil VIII (§§ 62 bis 67) betrifft **Leistungen bei der Tragwerksplanung.**

— Teil IX (§§ 68 bis 76) regelt die Leistungen bei der **Technischen Ausrüstung.**

— Teil X (§§ 77 bis 79) regelt in nur 3 Vorschriften die **Leistungen für thermische Bauphysik.**

— Teil XI (§§ 80 bis 90) sieht weitergehende Regelungen für **Leistungen für Schallschutz und Raumakustik** vor.

— Teil XII (§§ 91 bis 95) behandelt **Leistungen für Bodenmechanik, Erd- und Grundbau.**

— Teil XIII (§§ 96 bis 100) befaßt sich schließlich mit **Vermessungstechnischen Leistungen.**

— Teil XIV (§§ 101 bis 103) enthält die üblichen **Schluß- und Überleitungsvorschriften**; diese Vorschriften gelten wiederum für alle Auftragnehmer.

Die 5. Novellierung der HOAI stand einerseits unter dem Anspruch einer Anpassung der Honorare an die wirtschaftliche Entwicklung und sollte andererseits eine „Tarifstruktur" schaffen, die Anreiz zum kostensparenden und wirtschaftlichen Bauen bietet. Es geht dabei um den bekannten Vorwurf, daß Architekten und Ingenieure an steigenden Baukosten „profitieren" und deshalb nicht an Kostensenkungen interessiert seien.

Abweichend von der Regierungsvorlage zur Fünften Verordnung zur Änderung der Honorarordnung für Achitekten und Ingenieure (vgl. BR-Drucks. 238/94) hat der Bundesrat am 14. 7. 1995 in seiner 687. Sitzung eine unterschiedliche Anhebung der Honorare empfohlen:

— Die **baukostenabhängigen Tafelhonorare**, die nach der Regierungsvorlage in einer ersten Stufe zum 1. 7. 1994 um 5 v. H. und in einer zweiten Stufe zum 1. 1. 1995 um weitere 3,5 v. H. angehoben werden sollten, sollen nach der Empfehlung des Bundesrates in einem Schritt lediglich um 5 v. H. – nunmehr zum 1. 1. 1996 – angehoben werden, weil die Notwendigkeit einer weiteren Anhebung der baukostenabhängigen Tafelhonorare wegen der seit 1991 überproportional angestiegenen Baukosten nicht nachgewiesen werden konnte.

— Die in der Regierungsvorlage ebenfalls vorgesehene zweistufige Anhebung für **flächenbezogene und baukostenunabhängige Leistungen**, beispielsweise für Städtebau und Landschaftsplanung, soll nach dem Vorschlag der Länderkammer wiederum in einer Stufe mit einer Anhebung von 12 v. H. in Kraft gesetzt werden. Diese Erhöhung wurde vom Bundesrat wegen der gestiegenen Aufwendungen und Anforderungen als nachvollziehbar und angemessen angesehen; einer zweistufigen Anhebung innerhalb von wenigen Monaten hat die Länderkammer jedoch im Hinblick auf die Erschwernisse beim Abschluß anstehender Verträge vor dem Inkrafttreten einer kurzfristig nachfolgenden Anhebung nicht zustimmen wollen.

Das weitergehende Anliegen, die Kostentransparenz bei Bauvorhaben zu erhöhen und stärkere Anreize zum kostensparenden und wirtschaftlichen Bauen zu schaffen, sah der Bundesrat nur bedingt als erfüllt an. Dieser Zielsetzung dient der neu in die HOAI aufgenommene § 4 a (Abweichende Honorarermittlung), der auf einen Vorschlag der Bundesregierung zurückgeht und bereits im Gesetzentwurf der Bundesregierung zur Umsetzung des Föderalen Konsolidierungsprogramms – FKPG – enthalten war (BT-Drucks. 12/4748, S. 48 = BT-Drucks. 12/4401). Der Bundesrat hatte in seiner Stellungnahme zu dieser Vorschrift noch erhebliche Vorbehalte gegenüber dieser Regelung vorgebracht (vgl. BR-Drucks. 121/93 Beschluß = BT-Drucks. 12/4748, S. 150).

Die Vertragsparteien können nach der neuen Regelung vereinbaren, daß Honorare auf der Grundlage einer nachprüfbaren Ermittlung der voraussichtlichen Herstellungskosten nach Kostenberechnung oder nach Kostenanschlag berechnet werden; vom Bauherrn gewünschte Mehrleistungen müssen aber zusätzlich honoriert werden. Durch die enge Anbindung der Honorare an die Baukosten soll die Möglichkeit geschaffen werden, dem im Einzelfall mangelnden Interesse an einer wirtschaftlichen Bauausführung entgegenzuwirken. Im übrigen kann für eine durch Umstände, die der Auftragnehmer nicht zu vertreten hat, verursachte Verlängerung der Planungs- und Bauzeit ein zusätzliches Honorar vereinbart werden.

Entsprechendes gilt auch für die in § 5 der HOAI mit Abs. 4 a aufgenommene Möglichkeit der Vereinbarung eines Erfolgshonorars. Bemessungsgrundlage eines solchen Erfolgshonorars sind die vom Auftragnehmer durch seine Leistungen eingesparten Kosten, wobei es allerdings den Vertragsparteien überlassen bleiben muß, den Ausgangswert zur Ermittlung der Einsparung aufgrund von realistischen Kostenschätzungen selbst zu bestimmen. Dies erklärt auch die mit der Zustimmung gleichzeitig beschlossene **Entschließung des Bundesrates**, die nachfolgend in ihrem Wortlaut abgedruckt wird:

„Entschließung

Der Bundesrat erkennt an, daß die Fünfte Verordnung zur Änderung der Honorarordnung für Architekten und Ingenieure in einigen Bereichen Vorschriften enthält, die der Kostentransparenz bei Bauvorhaben und einem kostensparenden wirtschaftlichen Bauen dienen. Er hält diese Ansätze jedoch nicht für ausreichend. Erforderlich ist vielmehr, stärkere Anreize für kostensparendes Bauen in die HOAI aufzunehmen. Der Bundesrat bittet daher die Bundesregierung, eine nächste Novellierung deutlich an dieser Maßgabe auszurichten.

Die Bundesregierung wird erneut um Prüfung gebeten, ob und in welcher Weise einfach zu handhabende Honorarregelungen anstelle der jetzigen Regelungen eingeführt werden können. Diese Honorarregelungen sollten ohne Anbindung an die voraussichtliche Bausumme wirtschaftliches und kostensparendes Bauen ermöglichen und den berechtigten Interessen der Ingenieure und Architekten und den zur Zahlung der Honorare Verpflichteten Rechnung tragen. Insbesondere sollte geprüft werden, ob im Rahmen der Honorarregelungen ein Bonus für Kosteneinsparungen bzw. ein Malus bei Kostenüberschreitungen vorgesehen werden kann.

Die im geltenden Recht bestehende Bindung der Honorare an die Bausumme trägt der Forderung nach wirtschaftlicher und sparsamer Bauplanung und Bauausführung nicht Rechnung. Der Bundesrat hatte deshalb bereits in der Entschließung vom 16. März 1984 – BR-Drs. 105/84 (Beschluß) – die Bundesregierung um Prüfung gebeten, wie dieser Interessenkonflikt beseitigt werden kann. Die Bundesregierung hat seither keine Vorschläge für derartige Honorarberechnungen unterbreitet. Der Bundesrat erneuert deshalb seinen Prüfungsauftrag und erwartet, daß die Bundesregierung diesem Prüfungsauftrag vor weiteren Änderungen der HOAI nachkommt.

Der Bundesrat bittet die Bundesregierung zu prüfen, ob bei künftigen Honoraranpassungen die Honorartafeln in dem Sinne gespreizt werden sollten, daß lediglich die jeweiligen Honorarobergrenzen angehoben, die bisherigen Untergrenzen hingegen festgeschrieben werden. Dies käme den Interessen aller Betroffenen entgegen. Der Leistungswettbewerb bliebe unberührt. Existenzgründern würde der Berufseinstieg nicht zusätzlich erschwert. Die durch eine solche Regelung eröffneten Verhandlungsspielräume würden flexible Reaktionen auf die jeweiligen Marktbedingungen ermöglichen. Nicht zuletzt bedeutete eine solche Spreizung eine Annäherung an Honorierungsusancen, die im Wettbewerb mit entsprechenden Anbietern innerhalb der EU künftig ohnehin in ihrer Bedeutung zunehmen. Gleichzeitig würden auch die fiskalischen Interessen der öffentlichen Auftraggeber stärker berücksichtigt."

Neben der Festsetzung von Mindest- und Höchstsätzen sieht die Honorarordnung darüber hinaus folgende Festlegungen vor:

a) Die Bindung der Honorarsätze an Art und Umfang der Aufgabe des Architekten und des Ingenieurs,

b) die Geltung der Mindestsätze, sofern bei Erteilung des Auftrags nichts anderes schriftlich vereinbart ist,

c) die Möglichkeit der Überschreitung der Höchstsätze nur bei außergewöhnlichen und ungewöhnlich lange dauernden Leistungen und

d) die Regelung, daß die Mindestsätze nur in Ausnahmefällen unterschritten werden können.

Weitere Schwerpunkte, die die mit der Fünften Änderungsverordnung in die HOAI eingeführten Änderungen betreffen:

— die Ergänzung der Vorplanungsunterlagen hinsichtlich besonderer Maßnahmen zur Gebäude- und Bauteiloptimierung, die über das übliche Maß der Planungsleistungen hinausgehen, zur Verringerung des Energieverbrauchs sowie der Schadstoff- und CO_2-Immissionen und zur Nutzung erneuerbarer Energien in Abstimmung mit anderen an der Planung fachlich Beteiligten (§ 15 HOAI);

— Kostenkontrolle durch Vergleich der Kostenberechnung mit der Kostenschätzung;

— die Ausarbeitung besonderer Maßnahmen zu Gebäude- und Bauteiloptimierung auch im Hinblick auf eine Verringerung des Energieverbrauchs sowie der Schadstoff- und CO_2-Immissionen.

Zu den weiteren Schwerpunkten der Novelle sowie vor allem auch zur Honoraranpassung wird auf die unter Ziff. 3.1 abgedruckte amtliche Begründung zum Regierungsentwurf hingewiesen.

Bonn–Bad Godesberg im November 1995

Inhaltsverzeichnis

1.

Gesetz zur Regelung von Ingenieur- und Architektenleistungen

vom 4. 11. 1971 (BGBl. I S. 1745, 1749)

i. d. F. des Gesetzes zur Änderung des Gesetzes
zur Regelung von Ingenieur- und Architektenleistungen vom 12. 11. 1984 (BGBl. I 1984, 1337),
zuletzt geändert durch den Einigungsvertrag vom 31. 8. 1990 (BGBl. II 1990, 889)

§ 1

Ermächtigung zum Erlaß einer Honorarordnung für Ingenieure

(1) Die Bundesregierung wird ermächtigt, durch Rechtsverordnung mit Zustimmung des Bundesrates eine Honorarordnung für Leistungen der Ingenieure zu erlassen. In der Honorarordnung sind Honorare für Leistungen bei der Beratung des Auftraggebers, bei der Planung und Ausführung von Bauwerken und technischen Anlagen, bei der Ausschreibung und Vergabe von Bauleistungen sowie bei der Vorbereitung, Planung und Durchführung von städtebaulichen und verkehrstechnischen Maßnahmen zu regeln.

(2) In der Honorarordnung sind Mindest- und Höchstsätze festzusetzen. Dabei ist den berechtigten Interessen der Ingenieure und der zur Zahlung der Honorare Verpflichteten Rechnung zu tragen. Die Honorarsätze sind an der Art und dem Umfang der Aufgabe sowie an der Leistung des Ingenieurs auszurichten. Für rationalisierungswirksame besondere Leistungen des Ingenieurs, die zu einer Senkung der Bau- und Nutzungskosten führen, können besondere Honorare festgesetzt werden.

(3) In der Honorarordnung ist vorzusehen, daß

1. die Mindestsätze durch schriftliche Vereinbarung in Ausnahmefällen unterschritten werden können;

2. die Höchstsätze nur bei außergewöhnlichen oder ungewöhnlich lange dauernden Leistungen überschritten werden dürfen;

3. die Mindestsätze als vereinbart gelten, sofern nicht bei Erteilung des Ingenieurauftrages etwas anderes schriftlich vereinbart ist.

§ 2

Ermächtigung zum Erlaß einer Honorarordnung für Architekten

(1) Die Bundesregierung wird ermächtigt, durch Rechtsverordnung mit Zustimmung des Bundesrates eine Honorarordnung für Leistungen der Architekten (einschließlich der Garten- und Landschaftsarchitekten) zu erlassen. In der Honorarordnung sind Honorare für Leistungen bei der Beratung des Auftraggebers, bei der Planung und Ausführung von Bauwerken und Anlagen, bei der Ausschreibung und Vergabe von Bauleistungen sowie bei der Vorbereitung, Planung und Durchführung von städtebaulichen Maßnahmen zu regeln.

(2) In der Honorarordnung sind Mindest- und Höchstsätze festzusetzen. Dabei ist den berechtigten Interessen der Architekten und der zur Zahlung der Honorare Verpflichteten Rechnung zu tragen. Die Honorarsätze sind an der Art und dem Umfang der Aufgabe sowie an der Leistung des Architekten auszurichten. Für rationalisierungswirksame besondere Leistungen des Architekten, die zu einer Senkung der Bau- und Nutzungskosten führen, können besondere Honorare festgesetzt werden.

(3) In der Honorarordnung ist vorzusehen, daß

1. die Mindestsätze durch schriftliche Vereinbarung in Ausnahmefällen unterschritten werden können;

2. die Höchstsätze nur bei außergewöhnlichen oder ungewöhnlich lange dauernden Leistungen überschritten werden dürfen;

3. die Mindestsätze als vereinbart gelten, sofern nicht bei Erteilung des Architektenauftrages etwas anderes schriftlich vereinbart ist.

§ 3

Unverbindlichkeit der Kopplung von Grundstückskaufverträgen mit Ingenieur- und Architektenverträgen

Eine Vereinbarung, durch die der Erwerber eines Grundstücks sich im Zusammenhang mit dem Erwerb verpflichtet, bei der Planung oder Ausführung eines Bauwerks auf dem Grundstück die Leistungen eines bestimmten Ingenieurs oder Architekten in Anspruch zu nehmen, ist unwirksam. Die Wirksamkeit des auf den Erwerb des Grundstücks gerichteten Vertrages bleibt unberührt.

2.
Verordnung
über die Honorare für Leistungen der Architekten und Ingenieure
(Honorarordnung für Architekten und Ingenieure)

i. d. F. der Bekanntmachung vom 4. 3. 1991 (BGBl. I 1991, 533),
geändert durch Art. 1 der 5. Änderungsverordnung vom 21. 9. 1995 (BGBl. I 1995, 1174)

Inhaltsübersicht

Teil I
Allgemeine Vorschriften

§ 1
Anwendungsbereich

Die Bestimmungen dieser Verordnung gelten für die Berechnung der Entgelte für die Leistungen der Architekten und der Ingenieure (Auftragnehmer), soweit sie durch Leistungsbilder oder andere Bestimmungen dieser Verordnung erfaßt werden.

§ 2
Leistungen

(1) Soweit Leistungen in Leistungsbildern erfaßt sind, gliedern sich die Leistungen in Grundleistungen und Besondere Leistungen.

(2) Grundleistungen umfassen die Leistungen, die zur ordnungsgemäßen Erfüllung eines Auftrags im allgemeinen erforderlich sind. Sachlich zusammengehörige Grundleistungen sind zu jeweils in sich abgeschlossenen Leistungsphasen zusammengefaßt.

(3) Besondere Leistungen können zu den Grundleistungen hinzu- oder an deren Stelle treten, wenn besondere Anforderungen an die Ausführung des Auftrags gestellt werden, die über die allgemeinen Leistungen hinausgehen oder diese ändern. Sie sind in den Leistungsbildern nicht abschließend aufgeführt. Die Besonderen Leistungen eines Leistungsbildes können auch in anderen Leistungsbildern oder Leistungsphasen vereinbart werden, in denen sie nicht aufgeführt sind, soweit sie dort nicht Grundleistungen darstellen.

§ 3
Begriffsbestimmungen

Im Sinne dieser Verordnung gelten folgende Begriffsbestimmungen:

1. Objekte sind Gebäude, sonstige Bauwerke, Anlagen, Freianlagen und raumbildende Ausbauten.

2. Neubauten und Neuanlagen sind neu zu errichtende oder neu herzustellende Objekte.

3. Wiederaufbauten sind die Wiederherstellung zerstörter Objekte auf vorhandenen Bau- oder Anlageteilen. Sie gelten als Neubauten, sofern eine neue Planung erforderlich ist.

4. Erweiterungsbauten sind Ergänzungen eines vorhandenen Objekts, zum Beispiel durch Aufstockung oder Anbau.

5. Umbauten sind Umgestaltungen eines vorhandenen Objekts mit wesentlichen Eingriffen in Konstruktion oder Bestand.

6. Modernisierungen sind bauliche Maßnahmen zur nachhaltigen Erhöhung des Gebrauchswertes eines Objekts, soweit sie nicht unter die Nummern 4, 5 oder 10 fallen, jedoch einschließlich der durch diese Maßnahme verursachten Instandsetzungen.

7. Raumbildende Ausbauten sind die innere Gestaltung oder Erstellung von Innenräumen ohne wesentliche Eingriffe in Bestand oder Konstruktion. Sie können im Zusammenhang mit Leistungen nach den Nummern 2 bis 6 anfallen.

8. Einrichtungsgegenstände sind nach Einzelplanung angefertigte nicht serienmäßig bezogene Gegenstände, die keine wesentlichen Bestandteile des Objekts sind.

9. Integrierte Werbeanlagen sind der Werbung an Bauwerken dienende Anlagen, die fest mit dem Bauwerk verbunden sind und es gestalterisch beeinflussen.

10. Instandsetzungen sind Maßnahmen zur Wiederherstellung des zum bestimmungsgemäßen Gebrauch geeigneten Zustandes (Soll-Zustandes) eines Objekts, soweit sie nicht unter Nummer 3 fallen oder durch Maßnahmen nach Nummer 6 verursacht sind.

11. Instandhaltungen sind Maßnahmen zur Erhaltung des Soll-Zustandes eines Objekts.

12. Freianlagen sind planerisch gestaltete Freiflächen und Freiräume sowie entsprechend gestaltete Anlagen in Verbindung mit Bauwerken oder in Bauwerken.

§ 4
Vereinbarung des Honorars

(1) Das Honorar richtet sich nach der schriftlichen Vereinbarung, die die Vertragsparteien bei Auftragserteilung im Rahmen der durch diese Verordnung festgesetzten Mindest- und Höchstsätze treffen.

(2) Die in dieser Verordnung festgesetzten Mindestsätze können durch schriftliche Vereinbarung in Ausnahmefällen unterschritten werden.

(3) Die in dieser Verordnung festgesetzten Höchstsätze dürfen nur bei außergewöhnlichen oder ungewöhnlich lange dauernden Leistungen durch schriftliche Vereinbarung überschritten werden. Dabei haben Umstände, soweit sie bereits für die Einordnung in Honorarzonen oder Schwierigkeitsstufen, für die Vereinbarung von Besonderen Leistungen oder für die Einordnung in den Rahmen der Mindest- und Höchstsätze mitbestimmend gewesen sind, außer Betracht zu bleiben.

(4) Sofern nicht bei Auftragserteilung etwas anderes schriftlich vereinbart worden ist, gelten die jeweiligen Mindestsätze als vereinbart.

§ 4 a
Abweichende Honorarermittlung

Die Vertragsparteien können abweichend von den in der Verordnung vorgeschriebenen Honorarermittlungen schriftlich bei Auftragserteilung vereinbaren, daß das Honorar auf der Grundlage einer nachprüfbaren Ermittlung der voraussichtlichen Herstellungskosten nach Kostenberechnung oder nach Kostenanschlag berechnet wird. Soweit auf Veranlassung des Auftraggebers Mehrleistungen des Auftragnehmers erforderlich werden, sind diese Mehrleistungen zusätzlich zu honorieren. Verlängert sich die Planungs- und Bauzeit wesentlich durch Umstände, die der Auftragnehmer nicht zu vertreten hat, kann für die dadurch verursachten Mehraufwendungen ein zusätzliches Honorar vereinbart werden.

§ 5
Berechnung des Honorars in besonderen Fällen

(1) Werden nicht alle Leistungsphasen eines Leistungsbildes übertragen, so dürfen nur die für die übertragenen Phasen vorgesehenen Teilhonorare berechnet werden.

(2) Werden nicht alle Grundleistungen einer Leistungsphase übertragen, so darf für die übertragenen Leistungen nur ein Honorar berechnet werden, das dem Anteil der übertragenen Leistungen an der gesamten Leistungsphase entspricht. Das gleiche gilt, wenn wesentliche Teile von Grundleistungen dem Auftragnehmer nicht übertragen werden. Ein zusätzlicher Koordinierungs- und Einarbeitungsaufwand ist zu berücksichtigen.

(3) Werden Grundleistungen im Einvernehmen mit dem Auftraggeber insgesamt oder teilweise von anderen an der Planung und Überwachung fachlich Beteiligten erbracht, so darf nur ein Honorar berechnet werden, das dem verminderten Leistungsumfang des Auftragnehmers entspricht. § 10 Abs. 4 bleibt unberührt.

(4) Für Besondere Leistungen, die zu den Grundleistungen hinzutreten, darf ein Honorar nur berechnet werden, wenn die Leistungen im Verhältnis zu den Grundleistungen einen nicht unwesentlichen Arbeits- und Zeitaufwand verursachen und das Honorar schriftlich vereinbart worden ist. Das Honorar ist in angemessenem Verhältnis zu dem Honorar für die Grundleistung zu berechnen, mit der die Besondere Leistung nach Art und Umfang vergleichbar ist. Ist die Besondere Leistung nicht mit einer Grundleistung vergleichbar, so ist das Honorar als Zeithonorar nach § 6 zu berechnen.

(4 a) Für Besondere Leistungen, die unter Ausschöpfung der technisch-wirtschaftlichen Lösungsmöglichkeiten zu einer wesentlichen Kostensenkung ohne Verminderung des Standards führen, kann ein Erfolgshonorar zuvor schriftlich vereinbart werden, das bis zu 20 vom Hundert der vom Auftragnehmer durch seine Leistungen eingesparten Kosten betragen kann.

(5) Soweit Besondere Leistungen ganz oder teilweise an die Stelle von Grundleistungen treten, ist für sie ein Honorar zu berechnen, das dem Honorar für die ersetzten Grundleistungen entspricht.

§ 5 a
Interpolation

Die zulässigen Mindest- und Höchstsätze für Zwischenstufen der in den Honorartafeln angegebenen anrechenbaren Kosten, Werte und Verrechnungseinheiten (VE) sind durch lineare Interpolation zu ermitteln.

§ 6
Zeithonorar

(1) Zeithonorare sind auf der Grundlage der Stundensätze nach Absatz 2 durch Vorausschätzung des Zeitbedarfs als Fest- oder Höchstbetrag zu berechnen. Ist eine Vorausschätzung des Zeitbedarfs nicht möglich, so ist das Honorar nach dem nachgewiesenen Zeitbedarf auf der Grundlage der Stundensätze nach Absatz 2 zu berechnen.

(2) Werden Leistungen des Auftragnehmers oder seiner Mitarbeiter nach Zeitaufwand berechnet, so kann für jede Stunde folgender Betrag berechnet werden:

1. für den Auftragnehmer   75 bis 160 DM,

2. für Mitarbeiter, die
   technische oder wirtschaftliche
   Aufgaben erfüllen, soweit sie
   nicht unter Nummer 3 fallen   70 bis 115 DM,

3. für Technische Zeichner und
   sonstige Mitarbeiter mit
   vergleichbarer Qualifikation,
   die technische oder wirtschaftliche
   Aufgaben erfüllen,   60 bis 85 DM.

§ 7
Nebenkosten

(1) Die bei der Ausführung des Auftrages entstehenden Auslagen (Nebenkosten) des Auftragnehmers können, soweit sie erforderlich sind, abzüglich der nach § 15 Abs. 1 des Umsatzsteuergesetzes abziehbaren Vorsteuern neben den Honoraren dieser Verordnung berechnet werden. Die Vertragsparteien können bei Auftragserteilung schriftlich vereinbaren, daß abweichend von Satz 1 eine Erstattung ganz oder teilweise ausgeschlossen ist.

(2) Zu den Nebenkosten gehören insbesondere:

1. Post- und Fernmeldegebühren,

2. Kosten für Vervielfältigungen von Zeichnungen und von schriftlichen Unterlagen sowie Anfertigung von Filmen und Fotos,

3. Kosten für ein Baustellenbüro einschließlich der Einrichtung, Beleuchtung und Beheizung,

4. Fahrtkosten für Reisen, die über den Umkreis von mehr als 15 Kilometern vom Geschäftssitz des Auftragnehmers hinausgehen, in Höhe der steuerlich zulässigen Pauschalsätze, sofern nicht höhere Aufwendungen nachgewiesen sind,

5. Trennungsentschädigungen und Kosten für Familienheimfahrten nach den steuerlich zulässigen Pauschalsätzen, sofern nicht höhere Aufwendungen an Mitarbeiter des Auftragnehmers auf Grund von tariflichen Vereinbarungen bezahlt werden,

6. Entschädigungen für den sonstigen Aufwand bei längeren Reisen nach Nummer 4, sofern die Entschädigungen vor der Geschäftsreise schriftlich vereinbart worden sind,

7. Entgelte für nicht dem Auftragnehmer obliegende Leistungen, die von ihm im Einvernehmen mit dem Auftraggeber Dritten übertragen worden sind,

8. im Fall der Vereinbarung eines Zeithonorars nach § 6 die Kosten für Vermessungsfahrzeuge und andere Meßfahrzeuge, die mit umfangreichen Meßinstrumenten ausgerüstet sind, sowie für hochwertige Geräte, die für Vermessungsleistungen und für andere meßtechnische Leistungen verwandt werden.

(3) Nebenkosten können pauschal oder nach Einzelnachweis abgerechnet werden. Sie sind nach Einzelnachweis abzurechnen, sofern nicht bei Auftragserteilung eine pauschale Abrechnung schriftlich vereinbart worden ist.

§ 8
Zahlungen

(1) Das Honorar wird fällig, wenn die Leistung vertragsgemäß erbracht und eine prüffähige Honorarschlußrechnung überreicht worden ist.

(2) Abschlagszahlungen können in angemessenen zeitlichen Abständen für nachgewiesene Leistungen gefordert werden.

(3) Nebenkosten sind auf Nachweis fällig, sofern nicht bei Auftragserteilung etwas anderes schriftlich vereinbart worden ist.

(4) Andere Zahlungsweisen können schriftlich vereinbart werden.

§ 9
Umsatzsteuer

(1) Der Auftragnehmer hat Anspruch auf Ersatz der Umsatzsteuer, die auf sein nach dieser Verordnung berechnetes Honorar und auf die nach § 7 berechneten Nebenkosten entfällt, sofern sie nicht nach § 19 Abs. 1 des Umsatzsteuergesetzes unerhoben bleibt; dies gilt auch für Abschlagszahlungen gemäß § 8 Abs. 2. Die weiterberechneten Nebenkosten sind Teil des Umsatzsteuerlichen Entgelts für eine einheitliche Leistung des Auftragnehmers.

(2) Die auf die Kosten von Objekten entfallende Umsatzsteuer ist nicht Bestandteil der anrechenbaren Kosten.

Teil II
Leistungen bei Gebäuden, Freianlagen und raumbildenden Ausbauten

§ 10
Grundlagen des Honorars

(1) Das Honorar für Grundleistungen bei Gebäuden, Freianlagen und raumbildenden Ausbauten richtet sich nach den anrechenbaren Kosten des Objekts, nach der Honorarzone, der das Objekt angehört, sowie bei Gebäuden und raumbildenden Ausbauten nach der Honorartafel in § 16 und bei Freianlagen nach der Honorartafel in § 17.

(2) Anrechenbare Kosten sind unter Zugrundelegung der Kostenermittlungsarten nach DIN 276 in der Fassung vom April 1981 (DIN 276)*) zu ermitteln

1. für die Leistungsphasen 1 bis 4 nach der Kostenberechnung, solange diese nicht vorliegt, nach der Kostenschätzung;

2. für die Leistungsphasen 5 bis 7 nach dem Kostenanschlag, solange dieser nicht vorliegt, nach der Kostenberechnung;

3. für die Leistungsphasen 8 und 9 nach der Kostenfeststellung, solange diese nicht vorliegt, nach dem Kostenanschlag.

(3) Als anrechenbare Kosten nach Absatz 2 gelten die ortsüblichen Preise, wenn der Auftraggeber

1. selbst Lieferungen oder Leistungen übernimmt,

2. von bauausführenden Unternehmen oder von Lieferern sonst nicht übliche Vergünstigungen erhält,

3. Lieferungen oder Leistungen in Gegenrechnung ausführt oder

4. vorhandene oder vorbeschaffte Baustoffe oder Bauteile einbauen läßt.

(3 a) Vorhandene Bausubstanz, die technisch oder gestalterisch mitverarbeitet wird, ist bei den anrechenbaren Kosten angemessen zu berücksichtigen; der Umfang der Anrechnung bedarf der schriftlichen Vereinbarung.

(4) Anrechenbar sind die Grundleistungen bei Gebäuden und raumbildenden Ausbauten die Kosten für Installationen, zentrale Betriebstechnik und betriebliche Einbauten (DIN 276, Kostengruppen 3.2 bis 3.4 und 3.5.2 bis 3.5.4), die der Auftragnehmer fachlich nicht plant und deren Ausführung er fachlich auch nicht überwacht,

1. vollständig bis zu 25 v. H. der sonstigen anrechenbaren Kosten,

2. zur Hälfte mit dem 25 v. H. der sonstigen anrechenbaren Kosten übersteigenden Betrag.

Plant der Auftragnehmer die in Satz 1 genannten Gegenstände fachlich und/oder überwacht er fachlich

deren Ausführung, so kann für diese Leistungen ein Honorar neben dem Honorar nach Satz 1 vereinbart werden.

(4 a) Zu den anrechenbaren Kosten für Grundleistungen bei Freianlagen rechnen insbesondere auch die Kosten für folgende Bauwerke und Anlagen, soweit sie der Auftragnehmer plant oder ihre Ausführung überwacht:

1. Einzelgewässer mit überwiegend ökologischen und landschaftsgestalterischen Elementen,

2. Teiche ohne Dämme,

3. flächenhafter Erdbau zur Geländegestaltung,

4. Einfache Durchlässe und Uferbefestigungen als Mittel zur Geländegestaltung, soweit keine Leistungen nach Teil VIII erforderlich sind,

5. Lärmschutzwälle als Mittel zur Geländegestaltung,

6. Stützbauwerke und Geländeabstützungen ohne Verkehrsbelastung als Mittel zur Geländegestaltung, soweit keine Leistungen nach § 63 Abs. 1 Nr. 3 bis 5 erforderlich sind,

7. Stege und Brücken, soweit keine Leistungen nach Teil VIII erforderlich sind,

8. Wege ohne Eignung für den regelmäßigen Fahrverkehr mit einfachen Entwässerungsverhältnissen sowie andere Wege und befestigte Flächen, die als Gestaltungselement der Freianlagen geplant werden und für die Leistungen nach Teil VII nicht erforderlich sind.

(5) Nicht anrechenbar sind für Grundleistungen bei Gebäuden und raumbildenden Ausbauten die Kosten für

1. das Baugrundstück einschließlich der Kosten des Erwerbs und des Freimachens (DIN 276, Kostengruppe 1.1 bis 1.3),

2. das Herrichten des Grundstücks (DIN 276, Kostengruppe 1.4), soweit der Auftragnehmer es weder plant noch seine Ausführung überwacht,

3. die öffentliche Erschließung und andere einmalige Abgaben (DIN 276, Kostengruppen 2.1 und 2.3),

4. die nichtöffentliche Erschließung (DIN 276, Kostengruppe 2.2) sowie die Abwasser- und Versorgungsanlagen und die Verkehrsanlagen (DIN 276, Kostengruppen 5.3 und 5.7), soweit der Auftragnehmer sie weder plant noch ihre Ausführung überwacht,

5. die Außenanlagen (DIN 276, Kostengruppe 5), soweit nicht unter Nummer 4 erfaßt,

---

*) Zu beziehen durch Beuth-Verlag GmbH, 10787 Berlin.

6. Anlagen und Einrichtungen aller Art, die in DIN 276, Kostengruppen 4 und 5.4 aufgeführt sind, sowie die nicht in DIN 276 aufgeführten, soweit der Auftragnehmer sie weder plant noch bei ihrer Beschaffung mitwirkt, noch ihre Ausführung oder ihren Einbau überwacht,

7. Geräte und Wirtschaftsgegenstände, die nicht in DIN 276, Kostengruppen 4 und 5.4 aufgeführt sind, oder die der Auftraggeber ohne Mitwirkung des Auftragnehmers beschafft,

8. Kunstwerte, soweit sie nicht wesentliche Bestandteile des Objekts sind,

9. künstlerisch gestaltete Bauteile, soweit der Auftragnehmer sie weder plant noch ihre Ausführung überwacht,

10. die Kosten der Winterbauschutzvorkehrungen und sonstige zusätzliche Maßnahmen nach DIN 276, Kostengruppe 6; § 32 Abs. 4 bleibt unberührt,

11. Entschädigungen und Schadensersatzleistungen,

12. die Baunebenkosten (DIN 276, Kostengruppe 7),

13. fernmeldetechnische Einrichtungen und andere zentrale Einrichtungen der Fernmeldetechnik für Ortsvermittlungsstellen sowie Anlagen der Maschinentechnik, die nicht überwiegend der Ver- und Entsorgung des Gebäudes zu dienen bestimmt sind, soweit der Auftragnehmer diese fachlich nicht plant oder ihre Ausführung fachlich nicht überwacht; Absatz 4 bleibt unberührt.

(6) Nicht anrechenbar sind für Grundleistungen bei Freianlagen die Kosten für:

1. das Gebäude (DIN 276, Kostengruppe 3) sowie die in Absatz 5 Nr. 1 bis 4 und 6 bis 13 genannten Kosten,

2. den Unter- und Oberbau von Fußgängerbereichen nach § 14 Nr. 4, ausgenommen die Kosten für die Oberflächenbefestigung.

§ 11

Honorarzonen für Leistungen bei Gebäuden

(1) Die Honorarzone wird bei Gebäuden auf Grund folgender Bewertungsmerkmale ermittelt:

1. Honorarzone I

Gebäude mit sehr geringen Planungsanforderungen, das heißt mit
— sehr geringen Anforderungen an die Einbindung in die Umgebung,
— einem Funktionsbereich,
— sehr geringen gestalterischen Anforderungen,
— einfachsten Konstruktionen,
— keiner oder einfacher Technischer Ausrüstung,
— keinem oder einfachem Ausbau;

2. Honorarzone II.

Gebäude mit geringen Planungsanforderungen, das heißt mit
— geringen Anforderungen an die Einbindung in die Umgebung,
— wenigen Funktionsbereichen,
— geringen gestalterischen Anforderungen,
— einfachen Konstruktionen,
— geringer Technischer Ausrüstung,
— geringem Ausbau;

3. Honorarzone III:

Gebäude mit durchschnittlichen Planungsanforderungen, das heißt mit
— durchschnittlichen Anforderungen an die Einbindung in die Umgebung,
— mehreren einfachen Funktionsbereichen,
— durchschnittlichen gestalterischen Anforderungen,
— normalen oder gebräuchlichen Konstruktionen,
— durchschnittlicher Technischer Ausrüstung,
— durchschnittlichem normalen Ausbau;

4. Honorarzone IV:

Gebäude mit überdurchschnittlichen Planungsanforderungen, das heißt mit
— überdurchschnittlichen Anforderungen an die Einbindung in die Umgebung,
— mehreren Funktionsbereichen mit vielfältigen Beziehungen,
— überdurchschnittlichen gestalterischen Anforderungen,
— überdurchschnittlich konstruktiven Anforderungen,
— überdurchschnittlicher Technischer Ausrüstung,
— überdurchschnittlichem Ausbau;

5. Honorarzone V:

Gebäude mit sehr hohen Planungsanforderungen, das heißt mit
— sehr hohen Anforderungen an die Einbindung in die Umgebung,
— einer Vielzahl von Funktionsbereichen mit umfassenden Beziehungen,
— sehr hohen gestalterischen Anforderungen,
— sehr hohen konstruktiven Ansprüchen,
— einer vielfältigen Technischen Ausrüstung mit hohen technischen Ansprüchen,
— umfangreichem qualitativ hervorragendem Ausbau.

(2) Sind für ein Gebäude Bewertungsmerkmale aus mehreren Honorarzonen anwendbar und bestehen deswegen Zweifel, welcher Honorarzone das Gebäude

zugerechnet werden kann, so ist die Anzahl der Bewertungspunkte nach Absatz 3 zu ermitteln; das Gebäude ist nach der Summe der Bewertungspunkte folgenden Honorarzonen zuzurechnen:

1. Honorarzone I:
   Gebäude mit bis zu 10 Punkten,

2. Honorarzone II:
   Gebäude mit 11 bis 18 Punkten,

3. Honorarzone III:
   Gebäude mit 19 bis 26 Punkten,

4. Honorarzone IV:
   Gebäude mit 27 bis 34 Punkten,

5. Honorarzone V:
   Gebäude mit 35 bis 42 Punkten.

(3) Bei der Zurechnung eines Gebäudes in die Honorarzonen sind entsprechend dem Schwierigkeitsgrad der Planungsanforderungen die Bewertungsmerkmale Anforderungen an die Einbindung in die Umgebung, konstruktive Anforderungen, Technische Ausrüstungen und Ausbau mit je bis zu sechs Punkten zu bewerten, die Bewertungsmerkmale Anzahl der Funktionsbereiche und gestalterische Anforderungen mit je bis zu neun Punkten.

§ 12
Objektliste für Gebäude

Nachstehende Gebäude werden nach Maßgabe der in § 11 genannten Merkmale in der Regel folgenden Honorarzonen zugerechnet:

1. Honorarzone I:
   Schlaf- und Unterkunftsbaracken und andere Behelfsbauten für vorübergehende Nutzung;
   Pausenhallen, Spielhallen, Liege- und Wandelhallen, Einstellhallen, Verbindungsgänge, Feldscheunen und andere einfache landwirtschaftliche Gebäude;
   Tribünenbauten, Wetterschutzhäuser.

2. Honorarzone II:
   Einfache Wohnbauten mit gemeinschaftlichen Sanitär- und Kücheneinrichtungen;
   Garagenbauten, Parkhäuser, Gewächshäuser;
   geschlossene eingeschossige Hallen und Gebäude als selbständige Bauaufgabe, Kassengebäude, Bootshäuser;
   einfache Werkstätten ohne Kranbahnen;
   Verkaufslager, Unfall- und Sanitätswachen;
   Musikpavillons.

3. Honorarzone III:
   Wohnhäuser, Wohnheime und Heime mit durchschnittlicher Ausstattung;
   Kinderhorte, Kindergärten, Gemeinschaftsunterkünfte, Jugendherbergen, Grundschulen;

Jugendfreizeitstätten, Jugendzentren, Bürgerhäuser, Studentenhäuser, Altentagesstätten und andere Betreuungseinrichtungen;
Fertigungsgebäude der metallverarbeitenden Industrie, Druckereien, Kühlhäuser;
Werkstätten, geschlossene Hallen und landwirtschaftliche Gebäude, soweit nicht in Honorarzone I, II oder IV erwähnt, Parkhäuser mit integrierten weiteren Nutzungsarten;
Bürobauten mit durchschnittlicher Ausstattung, Ladenbauten, Einkaufszentren, Märkte und Großmärkte, Messehallen, Gaststätten, Kantinen, Mensen, Wirtschaftsgebäude, Feuerwachen, Rettungsstationen, Ambulatorien, Pflegeheime ohne medizinisch-technische Ausrüstung, Hilfskrankenhäuser;
Ausstellungsgebäude, Lichtspielhäuser;
Turn- und Sportgebäude sowie -anlagen, soweit nicht in Honorarzone II oder IV erwähnt.

4. Honorarzone IV:
   Wohnhäuser mit überdurchschnittlicher Ausstattung, Terrassen- und Hügelhäuser, planungsaufwendige Einfamilienhäuser mit entsprechendem Ausbau und Hausgruppen in planungsaufwendiger verdichteter Bauweise auf kleinen Grundstücken, Heime mit zusätzlichen medizinisch-technischen Einrichtungen;
   Zentralwerkstätten, Brauereien, Produktionsgebäude der Automobilindustrie, Kraftwerksgebäude;
   Schulen, ausgenommen Grundschulen; Bildungszentren, Volkshochschulen, Fachhochschulen, Hochschulen, Universitäten, Akademien, Hörsaalgebäude, Laborgebäude, Bibliotheken und Archive, Institutsgebäude für Lehre und Forschung, soweit nicht in Honorarzone V erwähnt;
   landwirtschaftliche Gebäude mit überdurchschnittlicher Ausstattung, Großküchen, Hotels, Banken, Kaufhäuser, Rathäuser, Parlaments- und Gerichtsgebäude sowie sonstige Gebäude für die Verwaltung mit überdurchschnittlicher Ausstattung;
   Krankenhäuser der Versorgungsstufe I und II, Fachkrankenhäuser, Krankenhäuser besonderer Zweckbestimmung, Therapie- und Rehabilitationseinrichtungen, Gebäude für Erholung, Kur und Genesung;
   Kirchen, Konzerthallen, Museen, Studiobühnen, Mehrzweckhallen für religiöse, kulturelle oder sportliche Zwecke;
   Hallenschwimmbäder, Sportleistungszentren, Großsportstätten.

5. Honorarzone V:
   Krankenhäuser der Versorgungsstufe III, Universitätskliniken;

Stahlwerksgebäude, Sintergebäude, Kokereien; Studios für Rundfunk, Fernsehen und Theater, Konzertgebäude, Theaterbauten, Kulissengebäude, Gebäude für die wissenschaftliche Forschung (experimentelle Fachrichtungen).

§ 13
Honorarzone für Leistungen bei Freianlagen

(1) Die Honorarzone wird bei Freianlagen auf Grund folgender Bewertungsmerkmale ermittelt:

1. Honorarzone I:

Freianlagen mit sehr geringen Planungsanforderungen, das heißt mit
— sehr geringen Anforderungen an die Einbindung in die Umgebung,
— sehr geringen Anforderungen an Schutz, Pflege und Entwicklung von Natur und Landschaft,
— einem Funktionsbereich,
— sehr geringen gestalterischen Anforderungen,
— keinen oder einfachsten Ver- und Entsorgungseinrichtungen.

2. Honorarzone II:

Freianlagen mit geringen Planungsanforderungen, das heißt mit
— geringen Anforderungen an die Einbindung in die Umgebung,
— geringen Anforderungen an Schutz, Pflege und Entwicklung von Natur und Landschaft,
— wenigen Funktionsbereichen,
— geringen gestalterischen Anforderungen,
— geringen Ansprüchen an Ver- und Entsorgung.

3. Honorarzone III:

Freianlagen mit durchschnittlichen Planungsanforderungen, das heißt mit
— durchschnittlichen Anforderungen an die Einbindung in die Umgebung,
— durchschnittlichen Anforderungen an Schutz, Pflege und Entwicklung von Natur und Landschaft,
— mehreren Funktionsbereichen mit einfachen Beziehungen,
— durchschnittlichen gestalterischen Anforderungen,
— normaler oder gebräuchlicher Ver- und Entsorgung.

4. Honorarzone IV:

Freianlagen mit überdurchschnittlichen Planungsanforderungen, das heißt mit
— überdurchschnittlichen Anforderungen an die Einbindung in die Umgebung,
— überdurchschnittlichen Anforderungen an Schutz, Pflege und Entwicklung von Natur und Landschaft,
— mehreren Funktionsbereichen mit vielfältigen Beziehungen,
— überdurchschnittlichen gestalterischen Anforderungen,
— einer über das Durchschnittliche hinausgehenden Ver- und Entsorgung.

5. Honorarzone V:

Freianlagen mit sehr hohen Planungsanforderungen, das heißt mit
— sehr hohen Anforderungen an die Einbindung in die Umgebung,
— sehr hohen Anforderungen an Schutz, Pflege und Entwicklung von Natur und Landschaft,
— einer Vielzahl von Funktionsbereichen mit umfassenden Beziehungen,
— sehr hohen gestalterischen Anforderungen,
— besonderen Anforderungen an die Ver- und Entsorgung auf Grund besonderer technischer Gegebenheiten.

(2) Sind für eine Freianlage Bewertungsmerkmale aus mehreren Honorarzonen anwendbar und bestehen deswegen Zweifel, welcher Honorarzone die Freianlage zugerechnet werden kann, so ist die Anzahl der Bewertungspunkte nach Absatz 3 zu ermitteln; die Freianlage ist nach der Summe der Bewertungspunkte folgenden Honorarzonen zuzurechnen:

1. Honorarzone I:

Freianlagen mit bis zu 8 Punkten,

2. Honorarzone II:

Freianlagen mit 9 bis 15 Punkten,

3. Honorarzone III:

Freianlagen mit 16 bis 22 Punkten,

4. Honorarzone IV:

Freianlagen mit 23 bis 29 Punkten,

5. Honorarzone V:

Freianlagen mit 30 bis 36 Punkten.

(3) Bei der Zurechnung einer Freianlage in die Honorarzone sind entsprechend dem Schwierigkeitsgrad der Planungsanforderungen die Bewertungsmerkmale Anforderungen an die Einbindung in die Umgebung, an Schutz, Pflege und Entwicklung von Natur und Landschaft und der gestalterischen Anforderungen mit je bis zu acht Punkten, die Bewertungsmerkmale Anzahl der Funktionsbereiche sowie Ver- und Entsorgungseinrichtungen mit je bis zu sechs Punkten zu bewerten.

§ 14
Objektliste für Freianlagen

Nachstehende Freianlagen werden nach Maßgabe der in § 13 genannten Merkmale in der Regel folgenden Honorarzonen zugerechnet:

1. Honorarzone I:

   Geländegestaltungen mit Einsaaten in der freien Landschaft;

   Windschutzpflanzungen;

   Spielwiesen, Ski- und Rodelhänge ohne technische Einrichtungen.

2. Honorarzone II:

   Freiflächen mit einfachem Ausbau bei kleineren Siedlungen, bei Einzelbauwerken und bei landwirtschaftlichen Aussiedlungen;

   Begleitgrün an Verkehrsanlagen, soweit nicht in Honorarzone I oder III erwähnt; Grünverbindungen ohne besondere Ausstattung; Ballspielplätze (Bolzplätze), Ski- und Rodelplätze mit technischen Einrichtungen; Sportplätze ohne Laufbahnen oder ohne sonstige technische Einrichtungen; Geländegestaltungen und Pflanzungen für Deponien, Halden und Entnahmestellen; Pflanzungen in der freien Landschaft, soweit nicht in Honorarzone I erwähnt; Ortsrandeingrünungen.

3. Honorarzone III:

   Freiflächen bei privaten und öffentlichen Bauwerken, soweit nicht in Honorarzonen II, IV oder V erwähnt;

   Begleitgrün an Verkehrsanlagen mit erhöhten Anforderungen an Schutz, Pflege und Entwicklung von Natur und Landschaft;

   Flächen für den Arten- und Biotopschutz, soweit nicht in Honorarzone IV oder V erwähnt;

   Ehrenfriedhöfe, Ehrenmale; Kombinationsspielfelder, Sportanlagen Typ D und andere Sportanlagen, soweit nicht in Honorarzone II oder IV erwähnt;

   Camping-, Zelt- und Badeplätze, Kleingartenanlagen.

4. Honorarzone IV:

   Freiflächen mit besonderen topographischen oder räumlichen Verhältnissen bei privaten und öffentlichen Bauwerken;

   innerörtliche Grünzüge, Oberflächengestaltungen und Pflanzungen für Fußgängerbereiche; extensive Dachbegrünungen;

   Flächen für den Arten- und Biotopschutz mit differenzierten Gestaltungsansprüchen oder mit Biotopverbundfunktionen;

   Sportanlagen Typ A bis C, Spielplätze, Sportstadien, Freibäder, Golfplätze;

Friedhöfe, Parkanlagen, Freilichtbühnen, Schulgärten, naturkundliche Lehrpfade und -gebiete.

5. Honorarzone V:

   Hausgärten und Gartenhöfe für hohe Repräsentationsansprüche, Terrassen- und Dachgärten, intensive Dachbegrünungen;

   Freiflächen im Zusammenhang mit historischen Anlagen; historische Parkanlagen, Gärten und Plätze;

   botanische und zoologische Gärten;

   Freiflächen mit besonderer Ausstattung für hohe Benutzungsansprüche, Garten- und Hallenschauen.

§ 14 a
Honorarzone für Leistungen bei raumbildenden Ausbauten

(1) Die Honorarzone wird bei raumbildenden Ausbauten auf Grund folgender Bewertungsmerkmale ermittelt:

1. Honorarzone I:

   Raumbildende Ausbauten mit sehr geringen Planungsanforderungen, das heißt mit
   — einem Funktionsbereich,
   — sehr geringen Anforderungen an die Lichtgestaltung,
   — sehr geringen Anforderungen an die Raum-Zuordnung und Raum-Proportionen,
   — keiner oder einfacher Technischer Ausrüstung,
   — sehr geringen Anforderungen an Farb- und Materialgestaltung,
   — sehr geringen Anforderungen an die konstruktive Detailgestaltung.

2. Honorarzone II:

   Raumbildende Ausbauten mit geringen Planungsanforderungen, das heißt mit
   — wenigen Funktionsbereichen,
   — geringen Anforderungen an die Lichtgestaltung,
   — geringen Anforderungen an die Raum-Zuordnung und Raum-Proportionen,
   — geringer Technischer Ausrüstung,
   — geringen Anforderungen an Farb- und Materialgestaltung,
   — geringen Anforderungen an die konstruktive Detailgestaltung.

3. Honorarzone III:

   Raumbildende Ausbauten mit durchschnittlichen Planungsanforderungen, das heißt mit
   — mehreren einfachen Funktionsbereichen,
   — durchschnittlichen Anforderungen an die Lichtgestaltung,

— durchschnittlichen Anforderungen an die Raum-Zuordnung und Raum-Proportionen,

— durchschnittlicher Technischer Ausrüstung,

— durchschnittlichen Anforderungen an Farb- und Materialgestaltung,

— durchschnittlichen Anforderungen an die konstruktive Detailgestaltung.

4. Honorarzone IV:

Raumbildende Ausbauten mit überdurchschnittlichen Planungsanforderungen, das heißt mit

— mehreren Funktionsbereichen mit vielfältigen Beziehungen,

— überdurchschnittlichen Anforderungen an die Lichtgestaltung,

— überdurchschnittlichen Anforderungen an die Raum-Zuordnung und Raum-Proportionen,

— überdurchschnittlichen Anforderungen an die Technische Ausrüstung,

— überdurchschnittlichen Anforderungen an die Farb- und Materialgestaltung,

— überdurchschnittlichen Anforderungen an die konstruktive Detailgestaltung.

5. Honorarzone V:

Raumbildende Ausbauten mit sehr hohen Planungsanforderungen, das heißt mit

— einer Vielzahl von Funktionsbereichen mit umfassenden Beziehungen,

— sehr hohen Anforderungen an die Lichtgestaltung,

— sehr hohen Anforderungen an die Raum-Zuordnung und Raum-Proportionen,

— einer vielfältigen Technischen Ausrüstung mit hohen technischen Ansprüchen,

— sehr hohen Anforderungen an die Farb- und Materialgestaltung,

— sehr hohen Anforderungen an die konstruktive Detailgestaltung.

(2) Sind für einen raumbildenden Ausbau Bewertungsmerkmale aus mehreren Honorarzonen anwendbar und bestehen deswegen Zweifel, welcher Honorarzone der raumbildende Ausbau zugerechnet werden kann, so ist die Anzahl der Bewertungspunkte nach Absatz 3 zu ermitteln; der raumbildende Ausbau ist nach der Summe der Bewertungspunkte folgenden Honorarzonen zuzurechnen:

1. Honorarzone I:

Raumbildende Ausbauten mit bis zu 10 Punkten,

2. Honorarzone II:

Raumbildende Ausbauten mit 11 bis 18 Punkten,

3. Honorarzone III:

Raumbildende Ausbauten mit 19 bis 26 Punkten,

4. Honorarzone IV:

Raumbildende Ausbauten mit 27 bis 34 Punkten,

5. Honorarzone V:

Raumbildende Ausbauten mit 35 bis 42 Punkten.

(3) Bei der Zurechnung eines raumbildenden Ausbaus in die Honorarzone sind entsprechend dem Schwierigkeitsgrad der Planungsanforderungen die Bewertungsmerkmale Anzahl der Funktionsbereiche, Anforderungen an die Lichtgestaltung, Anforderungen an die Raum-Zuordnung und Raum-Proportionen sowie Anforderungen an die Technische Ausrüstung mit je bis zu sechs Punkten zu bewerten, die Bewertungsmerkmale Farb- und Materialgestaltung sowie konstruktive Detailgestaltung mit je bis zu neun Punkten.

§ 14 b
Objektliste für raumbildende Ausbauten

Nachstehende raumbildende Ausbauten werden nach Maßgabe der in § 14 a genannten Merkmale in der Regel folgenden Honorarzonen zugerechnet:

1. Honorarzone I:

Innere Verkehrsflächen, offene Pausen-, Spiel- und Liegehallen, einfachste Innenräume für vorübergehende Nutzung.

2. Honorarzone II:

Einfache Wohn-, Aufenthalts- und Büroräume, Werkstätten;

Verkaufslager, Nebenräume in Sportanlagen, einfache Verkaufskioske;

Innenräume, die unter Verwendung von serienmäßig hergestellten Möbeln und Ausstattungsgegenständen einfacher Qualität gestaltet werden.

3. Honorarzone III:

Aufenthalts-, Büro-, Freizeit-, Gaststätten-, Gruppen-, Wohn-, Sozial-, Versammlungs- und Verkaufsräume, Kantinen sowie Hotel-, Kranken-, Klassenzimmer und Bäder mit durchschnittlichem Ausbau, durchschnittlicher Ausstattung oder durchschnittlicher technischer Einrichtung;

Messestände bei Verwendung von System- oder Modulbauteilen;

Innenräume mit durchschnittlicher Gestaltung, die zum überwiegenden Teil unter Verwendung von serienmäßig hergestellten Möbeln und Ausstattungsgegenständen gestaltet werden.

4. Honorarzone IV:

Wohn-, Aufenthalts-, Behandlungs-, Verkaufs-, Arbeits-, Bibliotheks-, Sitzungs-, Gesellschafts-, Gaststätten-, Vortragsräume, Hörsäle, Ausstellungen, Messestände, Fachgeschäfte, soweit nicht in Honorarzone II oder III erwähnt;

Empfangs- und Schalterhallen mit überdurchschnittlichem Ausbau, gehobener Ausstattung oder überdurchschnittlichen technischen Einrichtungen, z. B. in Krankenhäusern, Hotels, Banken, Kaufhäusern, Einkaufszentren oder Rathäusern;

Parlaments- und Gerichtssäle, Mehrzweckhallen für religiöse, kulturelle oder sportliche Zwecke;

Raumbildende Ausbauten von Schwimmbädern und Wirtschaftsküchen;

Kirchen;

Innenräume mit überdurchschnittlicher Gestaltung unter Mitverwendung von serienmäßig hergestellten Möbeln und Ausstattungsgegenständen gehobener Qualität.

5. Honorarzone V:

Konzert- und Theatersäle, Studioräume für Rundfunk, Fernsehen und Theater;

Geschäfts- und Versammlungsräume mit anspruchsvollem Ausbau, aufwendiger Ausstattung oder sehr hohen technischen Ansprüchen;

Innenräume der Repräsentationsbereiche mit anspruchsvollem Ausbau, aufwendiger Ausstattung oder mit besonderen Anforderungen an die technische Einrichtung.

§ 15
Leistungsbild Objektplanung für Gebäude, Freianlagen und raumbildende Ausbauten

(1) Das Leistungsbild Objektplanung umfaßt die Leistungen der Auftragnehmer für Neubauten, Neuanlagen, Wiederaufbauten, Erweiterungsbauten, Umbauten, Modernisierungen, raumbildende Ausbauten, Instandhaltungen und Instandsetzungen. Die Grundleistungen sind in den in Absatz 2 aufgeführten Leistungsphasen 1 bis 9 zusammengefaßt. Sie sind in der folgenden Tabelle für Gebäude und raumbildende Ausbauten in Vomhundertsätzen der Honorare des § 16 und für Freianlagen in Vomhundertsätzen der Honorare des § 17 bewertet.

	Bewertung der Grundleistungen in v. H. der Honorare		
	Gebäude	Frei-anlagen	raum-bildende Ausbauten
1. Grundlagenermittlung Ermitteln der Voraussetzungen zur Lösung der Bauaufgabe durch die Planung	3	3	3
2. Vorplanung (Projekt- und Planungsvorbereitung) Erarbeiten der wesentlichen Teile einer Lösung der Planungsaufgabe	7	10	7
3. Entwurfsplanung (System- und Integrationsplanung) Erarbeiten der endgültigen Lösung der Planungsaufgabe	11	15	14
4. Genehmigungsplanung Erarbeiten und Einreichen der Vorlagen für die erforderlichen Genehmigungen oder Zustimmungen	6	6	2
5. Ausführungsplanung Erarbeiten und Darstellen der ausführungsreifen Planungslösung	25	24	30
6. Vorbereitung der Vergabe Ermitteln der Mengen und Aufstellen von Leistungsverzeichnissen	10	7	7
7. Mitwirkung bei der Vergabe Ermitteln der Kosten und Mitwirkung bei der Auftragsvergabe	4	3	3
8. Objektüberwachung (Bauüberwachung) Überwachen der Ausführung des Objekts	31	29	31
9. Objektbetreuung und Dokumentation Überwachen der Beseitigung von Mängeln und Dokumentation des Gesamtergebnisses	3	3	3

(2) Das Leistungsbild setzt sich wie folgt zusammen:

Grundleistungen	Besondere Leistungen

1. Grundlagenermittlung

Klären der Aufgabenstellung
Beraten zum gesamten Leistungsbedarf
Formulieren von Entscheidungshilfen für die Auswahl anderer an der Planung fachlich Beteiligter
Zusammenfassung der Ergebnisse

Bestandsaufnahme
Standortanalyse
Betriebsplanung
Aufstellen eines Raumprogramms
Aufstellen eines Funktionsprogramms
Prüfen der Umwelterheblichkeit
Prüfen der Umweltverträglichkeit

2. Vorplanung (Projekt- und Planungsvorbereitung)

Analyse der Grundlagen

Abstimmen der Zielvorstellungen (Randbedingungen, Zielkonflikte)

Aufstellen eines planungsbezogenen Zielkatalogs (Programmziele)

Erarbeiten eines Planungskonzepts einschließlich Untersuchung der alternativen Lösungsmöglichkeiten nach gleichen Anforderungen mit zeichnerischer Darstellung und Bewertung, zum Beispiel versuchsweise zeichnerische Darstellungen, Strichskizzen, gegebenenfalls mit erläuternden Angaben

Integrieren der Leistungen anderer an der Planung fachlich Beteiligter

Klären und Erläutern der wesentlichen städtebaulichen, gestalterischen, funktionalen, technischen, bauphysikalischen, wirtschaftlichen, energiewirtschaftlichen (z. B. hinsichtlich rationeller Energieverwendung und der Verwendung erneuerbarer Energien) und landschaftsökologischen Zusammenhänge, Vorgänge und Bedingungen, sowie der Belastung und Empfindlichkeit der betroffenen Ökosysteme

Vorverhandlungen mit Behörden und anderen an der Planung fachlich Beteiligten über die Genehmigungsfähigkeit

Bei Freianlagen: Erfassen, Bewerten und Erläutern der ökosystemaren Strukturen und Zusammenhänge, zum Beispiel Boden, Wasser, Klima, Luft, Pflanzen- und Tierwelt, sowie Darstellen der räumlichen und gestalterischen Konzeption mit erläuternden Angaben, insbesondere zur Geländegestaltung, Biotopverbesserung und -vernetzung, vorhandenen Vegetation, Neupflanzung, Flächenverteilung der Grün-, Verkehrs-, Wasser-, Spiel- und Sportflächen; ferner Klären der Randgestaltung und der Anbindung an die Umgebung

Kostenschätzung nach DIN 276 oder nach dem wohnungsrechtlichen Berechnungsrecht

Zusammenstellen aller Vorplanungsergebnisse

Untersuchen von Lösungsmöglichkeiten nach grundsätzlich verschiedenen Anforderungen

Ergänzen der Vorplanungsunterlagen auf Grund besonderer Anforderungen

Aufstellen eines Finanzierungsplanes

Aufstellen einer Bauwerks- und Betriebs-Kosten-Nutzen-Analyse

Mitwirken bei der Kreditbeschaffung

Durchführen der Voranfrage (Bauanfrage)

Anfertigen von Darstellungen durch besondere Techniken, wie zum Beispiel Perspektiven, Muster, Modelle

Aufstellen eines Zeit- und Organisationsplanes

Ergänzen der Vorplanungsunterlagen hinsichtlich besonderer Maßnahmen zur Gebäude- und Bauteiloptimierung, die über das übliche Maß der Planungsleistungen hinausgehen, zur Verringerung des Energieverbrauchs sowie der Schadstoff- und CO_2-Emissionen und zur Nutzung erneuerbarer Energien in Abstimmung mit anderen an der Planung fachlich Beteiligten. Das übliche Maß ist für Maßnahmen zur Energieeinsparung durch die Erfüllung der Anforderungen gegeben, die sich aus Rechtsvorschriften und den allgemein anerkannten Regeln der Technik ergeben.

Grundleistungen	Besondere Leistungen

3. Entwurfsplanung (System- und Integrationsplanung)

Durcharbeiten des Planungskonzepts (stufenweise Erarbeitung einer zeichnerischen Lösung) unter Berücksichtigung städtebaulicher, gestalterischer, funktionaler, technischer, bauphysikalischer, wirtschaftlicher, energiewirtschaftlicher (z. B. hinsichtlich rationeller Energieverwendung und der Verwendung erneuerbarer Energien) und landschaftsökologischer Anforderungen unter Verwendung der Beiträge anderer an der Planung fachlich Beteiligter bis zum vollständigen Entwurf

Integrieren der Leistungen anderer an der Planung fachlich Beteiligter

Objektbeschreibung mit Erläuterung von Ausgleichs- und Ersatzmaßnahmen nach Maßgabe der naturschutzrechtlichen Eingriffsregelung

Zeichnerische Darstellung des Gesamtentwurfs, z. B. durchgearbeitete vollständige Vorentwurfs- und/oder Entwurfszeichnungen (Maßstab nach Art und Größe des Bauvorhabens; bei Freianlagen: im Maßstab 1:500 bis 1:100, insbesondere mit Angaben zur Verbesserung der Biotopfunktion, zu Vermeidungs-, Schutz-, Pflege- und Entwicklungsmaßnahmen sowie zur differenzierten Bepflanzung; bei raumbildenden Ausbauten: im Maßstab 1:50 bis 1:20, insbesondere mit Einzelheiten der Wandabwicklungen, Farb-, Licht- und Materialgestaltung), gegebenenfalls auch Detailpläne mehrfach wiederkehrender Raumgruppen

Verhandlungen mit Behörden und anderen an der Planung fachlich Beteiligten über die Genehmigungsfähigkeit

Kostenberechnung nach DIN 276 oder nach dem wohnungsrechtlichen Berechnungsrecht

Kostenkontrolle durch Vergleich der Kostenberechnung mit der Kostenschätzung

Zusammenfassen aller Entwurfsunterlagen

Ausarbeiten besonderer Maßnahmen zur Gebäude- und Bauteiloptimierung, die über das übliche Maß der Planungsleistungen hinausgehen, zur Verringerung des Energieverbrauchs sowie der Schadstoff- und CO_2-Emissionen und zur Nutzung erneuerbarer Energien unter Verwendung der Beiträge anderer an der Planung fachlich Beteiligter. Das übliche Maß ist für Maßnahmen zur Energieeinsparung durch die Erfüllung der Anforderungen gegeben, die sich aus Rechtsvorschriften und den allgemein anerkannten Regeln der Technik ergeben.

4. Genehmigungsplanung

Erarbeiten der Vorlagen für die nach den öffentlich-rechtlichen Vorschriften erforderlichen Ge-

Besondere Leistungen:

Analyse der Alternativen/Varianten und deren Wertung mit Kostenuntersuchung (Optimierung)

Wirtschaftlichkeitsberechnung

Kostenberechnung durch Aufstellen von Mengengerüsten oder Bauelementkatalog

Mitwirken bei der Beschaffung der nachbarlichen Zustimmung

Grundleistungen	Besondere Leistungen

nehmigungen oder Zustimmungen einschließlich der Anträge auf Ausnahmen und Befreiungen unter Verwendung der Beiträge anderer an der Planung fachlich Beteiligter sowie noch notwendiger Verhandlungen mit Behörden

Einreichen dieser Unterlagen

Vervollständigen und Anpassen der Planungsunterlagen, Beschreibungen und Berechnungen unter Verwendung der Beiträge anderer an der Planung fachlich Beteiligter

Bei Freianlagen und raumbildenden Ausbauten: Prüfen auf notwendige Genehmigungen, Einholen von Zustimmungen und Genehmigungen

Besondere Leistungen

Erarbeiten von Unterlagen für besondere Prüfverfahren

Fachliche und organisatorische Unterstützung des Bauherrn im Widerspruchsverfahren, Klageverfahren oder ähnliches

Ändern der Genehmigungsunterlagen infolge von Umständen, die der Auftragnehmer nicht zu vertreten hat.

5. Ausführungsplanung

Durcharbeiten der Ergebnisse der Leistungsphasen 3 und 4 (stufenweise Erarbeitung und Darstellung der Lösung) unter Berücksichtigung städtebaulicher, gestalterischer, funktionaler, technischer, bauphysikalischer, wirtschaftlicher, energiewirtschaftlicher (z. B. hinsichtlich rationeller Energieverwendung und der Verwendung erneuerbarer Energien) und landschaftsökologischer Anforderungen unter Verwendung der Beiträge anderer an der Planung fachlich Beteiligter bis zur ausführungsreifen Lösung

Zeichnerische Darstellung des Objekts mit allen für die Ausführung notwendigen Einzelangaben, z. B. endgültige, vollständige Ausführungs-, Detail- und Konstruktionszeichnungen im Maßstab 1:50 bis 1:1, bei Freianlagen je nach Art des Bauvorhabens im Maßstab 1:200 bis 1:50, insbesondere Bepflanzungspläne, mit den erforderlichen textlichen Ausführungen

Bei raumbildenden Ausbauten: Detaillierte Darstellung der Räume und Raumfolgen im Maßstab 1:25 bis 1:1, mit den erforderlichen textlichen Ausführungen; Materialbestimmung

Erarbeiten der Grundlagen für die anderen an der Planung fachlich Beteiligten und Integrierung ihrer Beiträge bis zur ausführungsreifen Lösung

Fortschreiben der Ausführungsplanung während der Objektausführung

Besondere Leistungen

Aufstellen einer detaillierten Objektbeschreibung als Baubuch zur Grundlage der Leistungsbeschreibung mit Leistungsprogramm*)

Aufstellen einer detaillierten Objektbeschreibung als Raumbuch zur Grundlage der Leistungsbeschreibung mit Leistungsprogramm*)

Prüfen der vom bauausführenden Unternehmen auf Grund der Leistungsbeschreibung mit Leistungsprogramm ausgearbeiteten Ausführungspläne auf Übereinstimmung mit der Entwurfsplanung*)

Erarbeiten von Detailmodellen

Prüfen und Anerkennen von Plänen Dritter nicht an der Planung fachlich Beteiligter auf Übereinstimmung mit den Ausführungsplänen (zum Beispiel Werkstattzeichnungen von Unternehmen, Aufstellungs- und Fundamentpläne von Maschinenlieferanten), soweit die Leistungen Anlagen betreffen, die in den anrechenbaren Kosten nicht erfaßt sind.

6. Vorbereitung der Vergabe

Ermitteln und Zusammenstellen von Mengen als Grundlage für das Aufstellen von Leistungsbeschreibungen unter Verwendung der Beiträge anderer an der Planung fachlich Beteiligter

Aufstellen von Leistungsbeschreibungen mit Leistungsverzeichnissen nach Leistungsbereichen

Besondere Leistungen

Aufstellen von Leistungsbeschreibungen mit Leistungsprogramm unter Bezug auf Baubuch/Raumbuch*)

---

*) Diese Besondere Leistung wird bei Leistungsbeschreibung mit Leistungsprogramm ganz oder teilweise Grundleistung. In diesem Fall entfallen die entsprechenden Grundleistungen dieser Leistungsphase, soweit die Leistungsbeschreibung mit Leistungsprogramm angewandt wird.

Grundleistungen	Besondere Leistungen

Abstimmen und Koordinieren der Leistungsbeschreibungen der an der Planung fachlich Beteiligten

Aufstellen von alternativen Leistungsbeschreibungen für geschlossene Leistungsbereiche

Aufstellen von vergleichenden Kostenübersichten unter Auswertung der Beiträge anderer an der Planung fachlich Beteiligter

7. Mitwirkung bei der Vergabe

Zusammenstellen der Verdingungsunterlagen für alle Leistungsbereiche

Prüfen und Werten der Angebote aus Leistungsbeschreibung mit Leistungsprogramm einschließlich Preisspiegel*)

Einholen von Angeboten

Prüfen und Werten der Angebote einschließlich Aufstellen eines Preisspiegels nach Teilleistungen unter Mitwirkung aller während der Leistungsphasen 6 und 7 fachlich Beteiligten

Aufstellen, Prüfen und Werten von Preisspiegeln nach besonderen Anforderungen

Abstimmen und Zusammenstellen der Leistungen der fachlich Beteiligten, die an der Vergabe mitwirken

Verhandlung mit Bietern

Kostenanschlag nach DIN 276 aus Einheits- und Pauschalpreisen der Angebote

Kostenkontrolle durch Vergleich des Kostenanschlags mit der Kostenberechnung

Mitwirken bei der Auftragserteilung

8. Objektüberwachung (Bauüberwachung)

Überwachen der Ausführung des Objekts auf Übereinstimmung mit der Baugenehmigung oder Zustimmung, den Ausführungsplänen und den Leistungsbeschreibungen sowie mit den allgemein anerkannten Regeln der Technik und den einschlägigen Vorschriften

Aufstellen, Überwachen und Fortschreiben eines Zahlungsplanes

Aufstellen, Überwachen und Fortschreiben von differenzierten Zeit-, Kosten- oder Kapazitätsplänen

Überwachen der Ausführung von Tragwerken nach § 63 Abs. 1 Nr. 1 und 2 auf Übereinstimmung mit dem Standsicherheitsnachweis

Tätigkeit als verantwortlicher Bauleiter, soweit diese Tätigkeit nach jeweiligem Landesrecht über die Grundleistungen der Leistungsphase 8 hinausgeht

Koordinieren der an der Objektüberwachung fachlich Beteiligten

Überwachung und Detailkorrektur von Fertigteilen

Aufstellen und Überwachen eines Zeitplanes (Balkendiagramm)

Führen eines Bautagebuches

Gemeinsames Aufmaß mit den bauausführenden Unternehmen

Abnahme der Bauleistungen unter Mitwirkung anderer an der Planung und Objektüberwachung fachlich Beteiligter unter Feststellung von Mängeln

Rechnungsprüfung

Kostenfeststellung nach DIN 276 oder nach dem wohnungsrechtlichen Berechnungsrecht

Antrag auf behördliche Abnahmen und Teilnahme daran

---

*) Diese Besondere Leistung wird bei Leistungsbeschreibung mit Leistungsprogramm ganz oder teilweise Grundleistung. In diesem Fall entfallen die entsprechenden Grundleistungen dieser Leistungsphase, soweit die Leistungsbeschreibung mit Leistungsprogramm angewandt wird.

Grundleistungen	Besondere Leistungen

Übergabe des Objekts einschließlich Zusammenstellung und Übergabe der erforderlichen Unterlagen, zum Beispiel Bedienungsanleitungen, Prüfprotokoll

Auflisten der Gewährleistungsfristen

Überwachen der Beseitigung der bei der Abnahme der Bauleistungen festgestellten Mängel

Kostenkontrolle durch Überprüfung der Leistungsabrechnung der bauausführenden Unternehmen im Vergleich zu den Vertragspreisen und dem Kostenanschlag.

9. Objektbetreuung und Dokumentation

Grundleistungen	Besondere Leistungen
Objektbegehung zur Mängelfeststellung vor Ablauf der Verjährungsfristen der Gewährleistungsansprüche gegenüber den bauausführenden Unternehmen	Erstellen von Bestandsplänen
	Aufstellen von Ausrüstungs- und Inventarverzeichnissen
Überwachen der Beseitigung von Mängeln, die innerhalb der Verjährungsfristen der Gewährleistungsansprüche, längstens jedoch bis zum Ablauf von fünf Jahren seit Abnahme der Bauleistungen auftreten	Erstellen von Wartungs- und Pflegeanweisungen
	Objektbeobachtung
	Objektverwaltung
	Baubegehungen nach Übergabe
Mitwirken bei der Freigabe von Sicherheitsleistungen	Überwachen der Wartungs- und Pflegeleistungen
	Aufbereiten des Zahlenmaterials für eine Objektdatei
Systematische Zusammenstellung der zeichnerischen Darstellungen und rechnerischen Ergebnisse des Objekts	Ermittlung und Kostenfeststellung zu Kostenrichtwerten
	Überprüfen der Bauwerks- und Betriebs-Kosten-Nutzen-Analyse

(3) Wird das Überwachen der Herstellung des Objekts hinsichtlich der Einzelheiten der Gestaltung an einen Auftragnehmer in Auftrag gegeben, dem Grundleistungen nach den Leistungsphasen 1 bis 7, jedoch nicht nach der Leistungsphase 8, übertragen wurden, so kann für diese Leistung ein besonderes Honorar schriftlich vereinbart werden.

(4) Bei Umbauten und Modernisierungen im Sinne des § 3 Nr. 5 und 6 können neben den in Absatz 2 erwähnten Besonderen Leistungen insbesondere die nachstehenden Besonderen Leistungen vereinbart werden:

maßliches, technisches und verformungsgerechtes Aufmaß

Schadenskartierung

Ermitteln von Schadensursachen

Planen und Überwachen von Maßnahmen zum Schutz von vorhandener Substanz

Organisation von Betreuungsmaßnahmen für Nutzer und andere Planungsbetroffene

Mirtwirken an Betreuungsmaßnahmen für Nutzer und andere Planungsbetroffene

Wirkungskontrollen von Planungsansatz und Maßnahmen im Hinblick auf die Nutzer, zum Beispiel durch Befragen.

§ 16

Honorartafel für Grundleistungen bei Gebäuden und raumbildenden Ausbauten

(1) Die Mindest- und Höchstsätze der Honorare für die in § 15 aufgeführten Grundleistungen bei Gebäuden und raumbildenden Ausbauten sind in der nachfolgenden Honorartafel festgesetzt.

(2) Das Honorar für Grundleistungen bei Gebäuden und raumbildenden Ausbauten, deren anrechenbare Kosten unter 50 000 Deutsche Mark liegen, kann als Pauschalhonorar oder als Zeithonorar nach § 6 berechnet werden, höchstens jedoch bis zu den in der Honorartafel nach Absatz 1 für anrechenbare Kosten von 50 000 Deutsche Mark festgesetzten Höchstsätzen. Als Mindestsätze gelten die Stundensätze nach § 6 Abs. 2, höchstens jedoch die in der Honorartafel nach Absatz 1 für anrechenbare Kosten von 50 000 Deutsche Mark festgesetzten Mindestsätze.

(3) Das Honorar für Gebäude und raumbildende Ausbauten, deren anrechenbare Kosten über 50 Millionen Deutsche Mark liegen, kann frei vereinbart werden.

Honorartafel zu § 16 Abs. 1

Anrechen- bare Kosten DM	Zone I von DM	bis	Zone II von DM	bis	Zone III von DM	bis	Zone IV von DM	bis	Zone V von DM	bis
50 000	3 880	4 720	4 720	5 850	5 850	7 540	7 540	8 670	8 670	9 510
60 000	4 650	5 650	5 650	6 990	6 990	8 990	8 990	10 330	10 330	11 330
70 000	5 440	6 600	6 600	8 150	8 150	10 470	10 470	12 020	12 020	13 180
80 000	6 200	7 520	7 520	9 290	9 290	11 930	11 930	13 700	13 700	15 020
90 000	6 990	8 470	8 470	10 440	10 440	13 400	13 400	15 370	15 370	16 850
100 000	7 760	9 390	9 390	11 550	11 550	14 810	14 810	16 970	16 970	18 600
200 000	15 510	18 550	18 550	22 610	22 610	28 700	28 700	32 760	32 760	35 800
300 000	23 270	27 490	27 490	33 120	33 120	41 570	41 570	47 200	42 200	51 420
400 000	31 020	36 200	36 200	43 100	43 100	53 450	53 450	60 350	60 350	65 530
500 000	38 770	44 720	44 720	52 650	52 650	64 540	64 540	72 470	72 470	78 420
600 000	44 770	51 750	51 750	61 060	61 060	75 010	75 010	84 320	84 320	91 300
700 000	49 790	57 930	57 930	68 790	68 790	85 070	85 070	95 930	95 930	104 070
800 000	54 100	63 400	63 400	75 810	75 810	94 420	94 420	106 830	106 830	116 130
900 000	57 720	68 200	68 200	82 160	82 160	103 120	103 120	117 080	117 080	127 560
1 000 000	60 630	72 260	72 260	87 770	87 770	111 030	111 030	126 540	126 540	138 170
2 000 000	110 340	130 760	130 760	157 990	157 990	198 840	198 840	226 070	226 070	246 490
3 000 000	160 090	189 300	189 300	228 240	228 240	286 660	286 660	325 600	325 600	354 810
4 000 000	209 760	247 750	247 750	298 400	298 400	374 380	374 380	425 030	425 030	463 020
5 000 000	259 440	306 230	306 230	368 610	368 610	462 180	462 180	524 560	542 560	571 340
6 000 000	311 320	363 970	363 970	434 160	434 160	539 450	539 450	609 640	609 640	662 290
7 000 000	363 210	421 710	421 710	499 720	499 720	616 730	616 730	694 740	694 740	753 240
8 000 000	415 100	479 460	479 460	565 280	565 280	694 000	694 000	779 820	779 820	844 180
9 000 000	466 980	537 200	537 200	630 830	630 830	771 280	771 280	864 910	864 910	935 130
10 000 000	518 870	594 950	954 950	696 390	696 390	848 560	848 560	950 000	950 000	1 026 080
20 000 000	1 037 740	1 179 410	1 179 410	1 368 300	1 368 300	1 651 640	1 651 640	1 840 530	1 840 530	1 982 200
30 000 000	1 556 610	1 753 370	1 753 370	2 015 720	2 015 720	2 409 250	2 409 250	2 671 600	2 671 600	2 868 360
40 000 000	2 075 480	2 316 840	2 316 840	2 638 660	2 638 660	3 121 380	3 121 380	3 443 200	3 443 200	3 684 560
50 000 000	2 594 350	2 882 940	2 882 940	3 267 720	3 267 720	3 844 890	3 844 890	4 229 670	4 229 670	4 518 250

§ 17
Honorartafel für Grundleistungen bei Freianlagen

(1) Die Mindest- und Höchstsätze der Honorare für die in § 15 aufgeführten Grundleistungen bei Freianlagen sind in der nachfolgenden Honorartafel festgesetzt.

(2) § 16 Abs. 2 und 3 gilt sinngemäß.

(3) Werden Ingenieurbauwerke und Verkehrsanlagen, die innerhalb von Freianlagen liegen, von dem Auftragnehmer gestalterisch in die Umgebung eingebunden, dem Grundleistungen bei Freianlagen übertragen sind, so kann ein Honorar für diese Leistungen schriftlich vereinbart werden. Honoraransprüche nach Teil VII bleiben unberührt.

Honorartafel zu § 17 Abs. 1

Anrechen- bare Kosten DM	Zone I von DM	bis	Zone II von DM	bis	Zone III von DM	bis	Zone IV von DM	bis	Zone V von DM	bis
40 000	4 650	5 700	5 700	7 090	7 090	9 180	9 180	10 570	10 570	11 620
50 000	5 790	7 090	7 090	8 820	8 820	11 410	11 410	13 140	13 140	14 440
60 000	6 900	8 450	8 450	10 510	10 510	13 600	13 600	15 660	15 660	17 200
70 000	8 010	9 800	9 800	12 190	12 190	15 760	15 760	18 150	18 150	19 940
80 000	9 110	11 140	11 140	13 850	13 850	17 900	17 900	20 610	20 610	22 640
90 000	10 190	12 460	12 460	15 480	15 480	20 010	20 010	23 030	23 030	25 300
100 000	11 260	13 760	13 760	17 090	17 090	22 080	22 080	25 410	25 410	27 910
200 000	21 300	25 920	25 920	32 070	32 070	41 310	41 310	47 460	47 460	52 080
300 000	30 080	36 440	36 440	44 920	44 920	57 640	57 640	66 120	66 120	72 480
400 000	37 680	45 400	45 400	55 680	55 680	71 120	71 120	81 400	81 400	89 120
500 000	44 020	52 720	52 720	64 320	64 320	81 730	81 730	93 330	93 330	102 030
600 000	52 820	62 600	62 600	75 630	75 630	95 190	95 190	108 220	108 220	118 000
700 000	61 630	72 270	72 720	86 460	86 460	107 740	107 740	121 930	121 930	132 570
800 000	70 430	81 730	81 730	96 790	96 790	119 390	119 390	134 450	134 450	145 750
900 000	79 240	90 950	90 950	106 560	106 560	129 970	129 970	145 580	145 580	157 290
1 000 000	88 030	99 940	99 940	115 820	115 820	139 650	139 650	155 530	155 530	167 440
2 000 000	176 070	194 470	194 470	219 000	219 000	255 800	255 800	280 330	280 330	298 730
3 000 000	264 100	290 280	290 280	325 190	325 190	377 560	377 560	412 470	412 470	438 650

§ 18

Auftrag über Gebäude und Freianlagen

Honorare für Grundleistungen für Gebäude und für Grundleistungen für Freianlagen sind getrennt zu berechnen. Dies gilt nicht, wenn die getrennte Berechnung weniger als 15 000 Deutsche Mark anrechenbare Kosten zum Gegenstand hätte; § 10 Abs. 5 Nr. 5 und Abs. 6 findet insoweit keine Anwendung.

§ 19

Vorplanung, Entwurfsplanung und Objektüberwachung als Einzelleistung

(1) Wird die Anfertigung der Vorplanung (Leistungsphase 2 des § 15) oder der Entwurfsplanung (Leistungsphase 3 des § 15) bei Gebäuden als Einzelleistung in Auftrag gegeben, so können hierfür anstelle der in § 15 Abs. 1 festgesetzten Vomhundertsätze folgende Vomhundertsätze der Honorare nach § 16 vereinbart werden:

1. für die Vorplanung   bis zu 10 v. H.,
2. für die Entwurfsplanung   bis zu 18 v. H.

(2) Wird die Anfertigung der Vorplanung (Leistungsphase 2 des § 15) oder der Entwurfsplanung (Leistungsphase 3 des § 15) bei Freianlagen als Einzelleistung in Auftrag gegeben, so können hierfür anstelle der in § 15 Abs. 1 festgesetzten Vomhundertsätze folgende Vomhundertsätze der Honorare nach § 17 vereinbart werden:

1. für die Vorplanung   bis zu 15 v. H.,
2. für die Entwurfsplanung   bis zu 25 v. H.

(3) Wird die Anfertigung der Vorplanung (Leistungsphase 2 des § 15) oder der Entwurfsplanung (Leistungsphase 3 des § 15) bei raumbildenden Ausbauten als Einzelleistung in Auftrag gegeben, so können hierfür anstelle der in § 15 Abs. 1 festgesetzten Vomhundertsätze folgende Vomhundertsätze der Honorare nach § 16 vereinbart werden:

1. für die Vorplanung   bis zu 10 v. H.,
2. für die Entwurfsplanung   bis zu 21 v. H.

(4) Wird die Objektüberwachung (Leistungsphase 8 des § 15) bei Gebäuden als Einzelleistung in Auftrag gegeben, so können hierfür anstelle der Mindestsätze nach den §§ 15 und 16 folgende Vomhundertsätze der anrechenbaren Kosten nach § 10 berechnet werden:

1. 2,1 v. H. bei Gebäuden der Honorarzone 2,
2. 2,3 v. H. bei Gebäuden der Honorarzone 3,
3. 2,5 v. H. bei Gebäuden der Honorarzone 4,
4. 2,7 v. H. bei Gebäuden der Honorarzone 5.

§ 20

Mehrere Vor- oder Entwurfsplanungen

Werden für dasselbe Gebäude auf Veranlassung des Auftraggebers mehrere Vor- oder Entwurfsplanungen nach grundsätzlich verschiedenen Anforderungen gefertigt, so können für die umfassendste Vor- oder Entwurfsplanung die vollen Vomhundertsätze dieser Leistungsphasen nach § 15, außerdem für jede andere Vor- oder Entwurfsplanung die Hälfte dieser Vomhundertsätze berechnet werden. Satz 1 gilt entsprechend für Freianlagen und raumbildende Ausbauten.

§ 21

Zeitliche Trennung der Ausführung

Wird ein Auftrag, der ein oder mehrere Gebäude umfaßt, nicht einheitlich in einem Zuge, sondern abschnittsweise in größeren Zeitabständen ausgeführt, so ist für die das ganze Gebäude oder das ganze Bauvorhaben betreffenden, zusammenhängend durchgeführten Leistungen das anteilige Honorar zu berechnen, das sich nach den gesamten anrechenbaren Kosten ergibt. Das Honorar für die restlichen Leistungen ist jeweils nach den anrechenbaren Kosten der einzelnen Bauabschnitte zu berechnen. Die Sätze 1 und 2 gelten entsprechend für Freianlagen und raumbildende Ausbauten.

§ 22

Auftrag für mehrere Gebäude

(1) Umfaßt ein Auftrag mehrere Gebäude, so sind die Honorare vorbehaltlich der nachfolgenden Absätze für jedes Gebäude getrennt zu berechnen.

(2) Umfaßt ein Auftrag mehrere gleiche, spiegelgleiche oder im wesentlichen gleichartige Gebäude, die im zeitlichen oder örtlichen Zusammenhang und unter gleichen baulichen Verhältnissen errichtet werden sollen oder Gebäude nach Typenplanung oder Serienbauten, so sind für die 1. bis 4. Wiederholung die Vomhundertsätze der Leistungsphasen 1 bis 7 in § 15 um 50 vom Hundert, von der 5. Wiederholung an um 60 vom Hundert zu mindern. Als gleich gelten Gebäude, die nach dem gleichen Entwurf ausgeführt werden. Als Serienbauten gelten Gebäude, die nach einem im wesentlichen gleichen Entwurf ausgeführt werden.

(3) Erteilen mehrere Auftraggeber einem Auftragnehmer Aufträge über Gebäude, die gleich, spiegelgleich oder im wesentlichen gleichartig sind und die im zeitlichen oder örtlichen Zusammenhang und unter gleichen baulichen Verhältnissen errichtet werden sollen, so findet Absatz 2 mit der Maßgabe entsprechende Anwendung, daß der Auftragnehmer die

Honorarminderungen gleichmäßig auf alle Auftraggeber verteilt.

(4) Umfaßt ein Auftrag Leistungen, die bereits Gegenstand eines anderen Auftrags für ein Gebäude nach gleichem oder spiegelgleichem Entwurf zwischen den Vertragsparteien waren, so findet Absatz 2 auch dann entsprechende Anwendung, wenn die Leistungen nicht im zeitlichen oder örtlichen Zusammenhang erbracht werden sollen.

§ 23

Verschiedene Leistungen an einem Gebäude

(1) Werden Leistungen bei Wiederaufbauten, Erweiterungsbauten, Umbauten oder raumbildenden Ausbauten (§ 3 Nr. 3 bis 5 und 7) gleichzeitig durchgeführt, so sind die anrechenbaren Kosten für jede einzelne Leistung festzustellen und das Honorar danach getrennt zu berechnen. § 25 Abs. 1 bleibt unberührt.

(2) Soweit sich der Umfang jeder einzelnen Leistung durch die gleichzeitige Durchführung der Leistungen nach Absatz 1 mindert, ist dies bei der Berechnung des Honorars entsprechend zu berücksichtigen.

§ 24

Umbauten und Modernisierungen von Gebäuden

(1) Honorare für Leistungen bei Umbauten und Modernisierungen im Sinne des § 3 Nr. 5 und 6 sind nach den anrechenbaren Kosten nach § 10, der Honorarzone, der der Umbau oder die Modernisierung bei sinngemäßer Anwendung des § 11 zuzuordnen ist, den Leistungsphasen des § 15 und der Honorartafel des § 16 mit der Maßgabe zu ermitteln, daß eine Erhöhung der Honorare um einen Vomhundertsatz schriftlich zu vereinbaren ist. Bei der Vereinbarung der Höhe des Zuschlags ist insbesondere der Schwierigkeitsgrad der Leistungen zu berücksichtigen. Bei durchschnittlichem Schwierigkeitsgrad der Leistungen kann ein Zuschlag von 20 bis 33 v. H. vereinbart werden. Sofern nicht etwas anderes schriftlich vereinbart ist, gilt ab durchschnittlichem Schwierigkeitsgrad ein Zuschlag von 20 v. H. als vereinbart.

(2) Werden bei Umbauten und Modernisierungen im Sinne des § 3 Nr. 5 und 6 erhöhte Anforderungen in der Leistungsphase 1 bei der Klärung der Maßnahmen und Erkundung der Substanz, oder in der Leistungsphase 2 bei der Beurteilung der vorhandenen Sub-stanz auf ihre Eignung zur Übernahme in die Planung oder in der Leistungsphase 8 gestellt, so können die Vertragsparteien anstelle der Vereinbarung eines Zuschlags nach Absatz 1 schriftlich vereinbaren, daß die Grundleistungen für diese Leistungsphasen

höher bewertet werden, als in § 15 Abs. 1 vorgeschrieben ist.

§ 25

Leistungen des raumbildenden Ausbaus

(1) Werden Leistungen des raumbildenden Ausbaus in Gebäuden, die neugebaut, wiederaufgebaut, erweitert oder umgebaut werden, einem Auftragnehmer übertragen, dem auch Grundleistungen für diese Gebäude nach § 15 übertragen werden, so kann für die Leistungen des raumbildenden Ausbaus ein besonderes Honorar nicht berechnet werden. Diese Leistungen sind bei der Vereinbarung des Honorars für die Grundleistungen für Gebäude im Rahmen der für diese Leistungen festgesetzten Mindest- und Höchstsätze zu berücksichtigen.

(2) Für Leistungen des raumbildenden Ausbaus in bestehenden Gebäuden ist eine Erhöhung der Honorare um einen Vomhundertsatz schriftlich zu vereinbaren. Bei der Vereinbarung der Höhe des Zuschlags ist insbesondere der Schwierigkeitsgrad der Leistungen zu berücksichtigen. Bei durchschnittlichem Schwierigkeitsgrad der Leistungen kann ein Zuschlag von 25 bis 50 v. H. vereinbart werden. Sofern nicht etwas anderes schriftlich vereinbart ist, gilt ab durchschnittlichem Schwierigkeitsgrad ein Zuschlag von 25 v. H. als vereinbart.

§ 26

Einrichtungsgegenstände und integrierte Werbeanlagen

Honorare für Leistungen bei Einrichtungsgegenständen und integrierten Werbeanlagen können als Pauschalhonorar frei vereinbart werden. Wird ein Pauschalhonorar nicht bei Auftragserteilung schriftlich vereinbart, so ist das Honorar als Zeithonorar nach § 6 zu berechnen.

§ 27

Instandhaltungen und Instandsetzungen

Honorare für Leistungen bei Instandhaltungen und Instandsetzungen sind nach den anrechenbaren Kosten nach § 10 der Honorarzone, der das Gebäude nach den §§ 11 und 12 zuzuordnen ist, den Leistungsphasen des § 15 und der Honorartafel des § 16 mit der Maßgabe zu ermitteln, daß eine Erhöhung des Vomhundertsatzes für die Bauüberwachung (Leistungsphase 8 des § 15) um bis zu 50 vom Hundert vereinbart werden kann.

Teil III
Zusätzliche Leistungen

§ 28
Entwicklung und Herstellung von Fertigteilen

(1) Fertigteile sind industriell in Serienfertigung hergestellte Konstruktionen oder Gegenstände im Bauwesen.

(2) Zu den Fertigteilen gehören insbesondere:

1. tragende Konstruktionen, wie Stützen, Unterzüge, Binder, Rahmenriegel,

2. Decken- und Dachkonstruktionen sowie Fassadenelemente,

3. Ausbaufertigteile, wie nichttragende Trennwände, Naßzellen und abgehängte Decken,

4. Einrichtungsfertigteile, wie Wandvertäfelungen, Möbel, Beleuchtungskörper.

(3) Das Honorar für Planungs- und Überwachungsleistungen bei der Entwicklung und Herstellung von Fertigteilen kann als Pauschalhonorar frei vereinbart werden. Wird ein Pauschalhonorar nicht bei Auftragserteilung schriftlich vereinbart, so ist das Honorar als Zeithonorar nach § 6 zu berechnen. Die Berechnung eines Honorars nach Satz 1 oder 2 ist ausgeschlossen, wenn die Leistungen im Rahmen der Objektplanung (§ 15) erbracht werden.

§ 29
Rationalisierungswirksame besondere Leistungen

(1) Rationalisierungswirksame besondere Leistungen sind zum ersten Mal erbrachte Leistungen, die durch herausragende technisch-wirtschaftliche Lösungen über den Rahmen einer wirtschaftlichen Planung oder über den allgemeinen Stand des Wissens wesentlich hinausgehen und dadurch zu einer Senkung der Bau- und Nutzungskosten des Objekts führen. Die vom Auftraggeber an das Objekt gestellten Anforderungen dürfen dabei nicht unterschritten werden.

(2) Honorare für rationalisierungswirksame besondere Leistungen dürfen nur berechnet werden, wenn sie vorher schriftlich vereinbart worden sind. Sie können als Erfolgshonorar nach dem Verhältnis der geplanten oder vorgegebenen Ergebnisse zu den erreichten Ergebnissen oder als Zeithonorar nach § 6 vereinbart werden.

§ 30
weggefallen

§ 31
Projektsteuerung

(1) Leistungen der Projektsteuerung werden von Auftragnehmern erbracht, wenn sie Funktionen des Auftraggebers bei der Steuerung von Projekten mit mehreren Fachbereichen übernehmen. Hierzu gehören insbesondere:

1. Klärung der Aufgabenstellung, Erstellung und Koordinierung des Programms für das Gesamtprojekt,

2. Klärung der Voraussetzungen für den Einsatz von Planern und anderen an der Planung fachlich Beteiligten (Projektbeteiligte),

3. Aufstellung und Überwachung von Organisations-, Termin- und Zahlungsplänen, bezogen auf Projekt und Projektbeteiligte,

4. Koordinierung und Kontrolle der Projektbeteiligten, mit Ausnahme der ausführenden Firmen,

5. Vorbereitung und Betreuung der Beteiligung von Planungsbetroffenen,

6. Fortschreibung der Planungsziele und Klärung von Zielkonflikten,

7. laufende Information des Auftraggebers über die Projektabwicklung und rechtzeitiges Herbeiführen von Entscheidungen des Auftraggebers,

8. Koordinierung und Kontrolle der Bearbeitung von Finanzierungs-, Förderungs- und Genehmigungsverfahren.

(2) Honorare für Leistungen bei der Projektsteuerung dürfen nur berechnet werden, wenn sie bei Auftragserteilung schriftlich vereinbart worden sind; sie können frei vereinbart werden.

§ 32
Winterbau

(1) Leistungen für den Winterbau sind Leistungen der Auftragnehmer zur Durchführung von Bauleistungen in der Zeit winterlicher Witterung.

(2) Hierzu rechnen insbesondere:

1. Untersuchung über Wirtschaftlichkeit der Bauausführung mit und ohne Winterbau, zum Beispiel in Form von Kosten-Nutzen-Berechnungen,

2. Untersuchungen über zweckmäßige Schutzvorkehrungen,

3. Untersuchungen über die für eine Bauausführung im Winter am besten geeigneten Baustoffe, Bauarten, Methoden und Konstruktionsdetails,

4. Vorbereitung der Vergabe und Mitwirkung bei der Vergabe von Winterbauschutzvorkehrungen.

(3) Das Honorar für Leistungen für den Winterbau kann als Pauschalhonorar frei vereinbart werden. Wird ein Pauschalhonorar nicht bei Auftragserteilung schriftlich vereinbart, so ist das Honorar als Zeithonorar nach § 6 zu berechnen.

(4) Werden von einem Auftragnehmer Leistungen nach Absatz 2 Nr. 4 erbracht, dem gleichzeitig Grundleistungen nach § 15 übertragen worden sind, so kann abweichend von Absatz 3 vereinbart werden, daß die Kosten der Winterbauschutzvorkehrungen den anrechenbaren Kosten nach § 10 zugerechnet werden.

Teil IV
Gutachten und Wertermittlungen

§ 33
Gutachten

Das Honorar für Gutachten über Leistungen, die in dieser Verordnung erfaßt sind, kann frei vereinbart werden. Wird ein Honorar nicht bei Auftragserteilung schriftlich vereinbart, so ist das Honorar als Zeithonorar nach § 6 zu berechnen. Satz 1 und 2 sind nicht anzuwenden, soweit in den Vorschriften dieser Verordnung etwas anderes bestimmt ist.

§ 34
Wertermittlungen

(1) Die Mindest- und Höchstsätze der Honorare für die Ermittlung des Wertes von Grundstücken, Gebäuden und anderen Bauwerken oder von Rechten an Grundstücken sind in der nachfolgenden Honorartafel festgesetzt.

(2) Das Honorar richtet sich nach dem Wert der Grundstücke, Gebäude, anderen Bauwerke oder Rechte, der

Honorartafel zu § 34 Abs. 1

Wert	Normalstufe		Schwierigkeitsstufe	
	von	bis	von	bis
DM		DM		DM
50 000	440	570	550	850
100 000	640	780	760	1 060
150 000	870	1 070	1 030	1 450
200 000	1 080	1 320	1 280	1 810
250 000	1 270	1 550	1 500	2 110
300 000	1 440	1 750	1 700	2 390
350 000	1 510	1 850	1 800	2 520
400 000	1 720	2 100	2 030	2 860
450 000	1 840	2 240	2 170	3 060
500 000	1 930	2 360	2 290	3 220
600 000	2 120	2 580	2 500	3 520
700 000	2 270	2 760	2 680	3 770
800 000	2 380	2 920	2 810	3 970
900 000	2 500	3 050	2 940	4 150
1 000 000	2 600	3 180	3 080	4 340
1 500 000	3 090	3 780	3 650	5 160
2 000 000	3 510	4 310	4 160	5 860
2 500 000	3 920	4 780	4 620	6 510
3 000 000	4 280	5 230	5 040	7 120
3 500 000	4 670	5 700	5 510	7 760
4 000 000	4 960	6 050	5 840	8 230
4 500 000	5 290	6 430	6 240	8 790
5 000 000	5 670	6 930	6 720	9 450
6 000 000	6 240	7 620	7 370	10 400
7 000 000	6 840	8 310	8 090	11 450
8 000 000	7 390	9 070	8 740	12 390
9 000 000	8 130	10 020	9 640	13 650
10 000 000	8 610	10 500	10 190	14 390
15 000 000	11 340	13 860	13 440	18 900
20 000 000	14 070	17 010	16 380	23 310
25 000 000	16 590	20 270	19 740	27 830
30 000 000	18 590	22 680	21 740	30 560
35 000 000	21 000	25 410	24 680	34 550
40 000 000	22 260	27 300	26 460	37 380
45 000 000	24 570	30 240	29 300	41 160
50 000 000	26 780	33 080	32 030	45 150

nach dem Zweck der Ermittlung zum Zeitpunkt der Wertermittlung festgestellt wird; bei unbebauten Grundstücken ist der Bodenwert maßgebend. Sind im Rahmen einer Wertermittlung mehrere der in Absatz 1 genannten Objekte zu bewerten, so ist das Honorar nach der Summe der ermittelten Werte der einzelnen Objekte zu berechnen.

(3) § 16 Abs. 2 und 3 gilt sinngemäß.

(4) Wertermittlungen können nach Anzahl und Gewicht der Schwierigkeiten nach Absatz 6 der Schwierigkeitsstufe der Honorartafel nach Absatz 1 zugeordnet werden, wenn es bei Auftragserteilung schriftlich vereinbart worden ist. Die Honorare der Schwierigkeitsstufe können bei Schwierigkeiten nach Absatz 6 Nr. 3 überschritten werden.

(5) Schwierigkeiten können insbesondere vorliegen

1. bei Wertermittlungen
   — für Erbbaurechte, Nießbrauchs- und Wohnrechte sowie sonstige Rechte,
   — bei Umlegungen und Enteignungen,
   — bei steuerlichen Bewertungen,
   — bei Umlegungen und Enteignungen,
   — für unterschiedliche Nutzungsarten auf einem Grundstück,
   — bei Berücksichtigung von Schadensgraden,
   — bei besonderen Unfallgefahren, starkem Staub oder Schmutz oder sonstigen nicht unerheblichen Erschwernissen bei der Durchführung des Auftrages;
2. bei Wertermittlungen, zu deren Durchführung der Auftragnehmer die erforderlichen Unterlagen beschaffen, überarbeiten oder anfertigen muß, zum Beispiel

— Beschaffung und Ergänzung der Grundstücks-, Grundbuch- und Katasterangaben,
— Feststellung der Roheinnahmen,
— Feststellung der Bewirtschaftungskosten,
— Örtliche Aufnahme der Bauten,
— Anfertigung von Systemskizzen im Maßstab nach Wahl,
— Ergänzung vorhandener Grundriß- und Schnittzeichnungen;
3. bei Wertermittlungen
   — für mehrere Stichtage,
   — die im Einzelfall eine Auseinandersetzung mit Grundsatzfragen der Wertermittlung und eine entsprechende schriftliche Begründung erfordern.

(6) Die nach den Absätzen 1, 2, 4 und 5 ermittelten Honorare mindern sich bei

— überschlägigen Wertermittlungen nach Vorlagen von Banken und Versicherungen um   30 v. H.,
— Verkehrswertermittlungen nur unter Heranziehung des Sachwerts oder Ertragswerts um   20 v. H.,
— Umrechnungen von bereits festgestellten Wertermittlungen auf einen anderen Zeitpunkt um   20 v. H.

(7) Wird eine Wertermittlung um Feststellungen ergänzt und sind dabei lediglich Zugänge oder Abgänge beziehungsweise Zuschläge oder Abschläge zu berücksichtigen, so mindern sich die nach den vorstehenden Vorschriften ermittelten Honorare um 20 vom Hundert. Dasselbe gilt für andere Ergänzungen, deren Leistungsumfang nicht oder nur unwesentlich über den einer Wertermittlung nach Satz 1 hinausgeht.

Teil V
Städtebauliche Leistungen

§ 35
Anwendungsbereich

(1) Städtebauliche Leistungen umfassen die Vorbereitung, die Erstellung der für die Planarten nach Absatz 2 erforderlichen Ausarbeitungen und Planfassungen, die Mitwirkung beim Verfahren sowie sonstige städtebauliche Leistungen nach § 42.

(2) Die Bestimmungen dieses Teils gelten für folgende Planarten:

1. Flächennutzungspläne nach den §§ 5 bis 7 des Baugesetzbuchs,

2. Bebauungspläne nach den §§ 8 bis 13 des Baugesetzbuchs.

§ 36
Kosten von EDV-Leistungen

Kosten von EDV-Leistungen können bei städtebaulichen Leistungen als Nebenkosten im Sinne des § 7 Abs. 3 berechnet werden, wenn dies bei Auftragserteilung schriftlich vereinbart worden ist. Verringern EDV-Leistungen den Leistungsumfang von städtebaulichen Leistungen, so ist dies bei der Vereinbarung des Honorars zu berücksichtigen.

§ 36 a
Honorarzonen für Leistungen bei Flächennutzungsplänen

(1) Die Honorarzone wird bei Flächennutzungsplänen auf Grund folgender Bewertungsmerkmale ermittelt:

1. Honorarzone I:

   Flächennutzungspläne mit sehr geringen Planungsanforderungen, das heißt mit

   — sehr geringen Anforderungen aus den topographischen Verhältnissen und geologischen Gegebenheiten,

   — sehr geringen Anforderungen aus der baulichen und landschaftlichen Umgebung und Denkmalpflege,

   — sehr geringen Anforderungen an die Nutzung, sehr geringe Dichte,

   — sehr geringen gestalterischen Anforderungen,

   — sehr geringen Anforderungen an die Erschließung,

   — sehr geringen Anforderungen an die Umweltvorsorge sowie an die ökologischen Bedingungen;

2. Honorarzone II:

   Flächennutzungspläne mit geringen Planungsanforderungen, das heißt mit

   — geringen Anforderungen aus den topographischen Verhältnissen und geologischen Gegebenheiten,

   — geringen Anforderungen aus der baulichen und landschaftlichen Umgebung und Denkmalpflege,

   — geringen Anforderungen an die Nutzung, geringe Dichte,

   — geringen gestalterischen Anforderungen,

   — geringen Anforderungen an die Erschließung,

   — geringen Anforderungen an die Umweltvorsorge sowie an die ökologischen Bedingungen;

3. Honorarzone III:

   Flächennutzungspläne mit durchschnittlichen Planungsanforderungen, das heißt mit

   — durchschnittlichen Anforderungen aus den topographischen Verhältnissen und geologischen Gegebenheiten,

   — durchschnittlichen Anforderungen aus der baulichen und landschaftlichen Umgebung und Denkmalpflege,

   — durchschnittlichen Anforderungen an die Nutzung, durchschnittliche Dichte,

   — durchschnittlichen gestalterischen Anforderungen,

   — durchschnittlichen Anforderungen an die Erschießung,

   — durchschnittlichen Anforderungen an die Umweltvorsorge sowie an die ökologischen Bedingungen;

4. Honorarzone IV:

   Flächennutzungspläne mit überdurchschnittlichen Planungsanforderungen, das heißt mit

   — überdurchschnittlichen Anforderungen aus den topographischen Verhältnissen und geologischen Gegebenheiten,

   — überdurchschnittlichen Anforderungen aus der baulichen und landschaftlichen Umgebung und Denkmalpflege,

   — überdurchschnittlichen Anforderungen an die Nutzung, überdurchschnittliche Dichte,

   — überdurchschnittlichen gestalterischen Anforderungen,

   — überdurchschnittlichen Anforderungen an die Erschließung,

   — überdurchschnittlichen Anforderungen an die Umweltvorsorge sowie an die ökologischen Bedingungen;

5. Honorarzone V:

   Flächennutzungspläne mit sehr hohen Planungsanforderungen, das heißt mit

   — sehr hohen Anforderungen aus den topographischen Verhältnissen und geologischen Gegebenheiten,

   — sehr hohen Anforderungen aus der baulichen und landschaftlichen Umgebung und Denkmalpflege,

   — sehr hohen Anforderungen an die Nutzung, sehr hohe Dichte,

   — sehr hohen gestalterischen Anforderungen,

   — sehr hohen Anforderungen an die Erschließung,

   — sehr hohen Anforderungen an die Umweltvorsorge sowie an die ökologischen Bedingungen.

(2) Sind für einen Flächennutzungsplan Bewertungsmerkmale aus mehreren Honorarzonen anwendbar und bestehen deswegen Zweifel, welcher Honorarzone der Flächennutzungsplan zugerechnet werden kann, so ist die Anzahl der Bewertungspunkte nach Absatz 3 zu ermitteln; der Flächennutzungsplan ist nach der Summe der Bewertungspunkte folgenden Honorarzonen zuzurechnen:

1. Honorarzone I:

   Ansätze mit bis zu 9 Punkten,

2. Honorarzone II:

   Ansätze mit 10 bis 14 Punkten,

3. Honorarzone III:

   Ansätze mit 15 bis 19 Punkten,

4. Honorarzone IV:

   Ansätze mit 20 bis 24 Punkten,

5. Honorarzone V:

   Ansätze mit 25 bis 30 Punkten.

(3) Bei der Zurechnung eines Flächennutzungsplans in die Honorarzonen sind entsprechend dem Schwierigkeitsgrad der Planungsanforderungen die in Absatz 1 genannten Bewertungsmerkmale mit je bis zu 5 Punkten zu bewerten.

§ 37
Leistungsbild Flächennutzungsplan

(1) Die Grundleistungen bei Flächennutzungsplänen sind in den in Absatz 2 aufgeführten Leistungsphasen 1 bis 5 zusammengefaßt. Sie sind in der folgenden Tabelle in Vomhundertsätzen der Honorare des § 38 bewertet.

Bewertung der Grundleistungen in v. H. der Honorare

1. Klären der Aufgabenstellung und Ermitteln des Leistungsumfangs

   Ermitteln der Voraussetzungen zur Lösung der Planungsaufgabe .... 1 bis 3

2. Ermitteln der Planungsvorgaben

   Bestandsaufnahme und Analyse des Zustands sowie Prognose der voraussichtlichen Entwicklung..................... 10 bis 20

3. Vorentwurf

   Erarbeiten der wesentlichen Teile einer Lösung der Planungsaufgabe 40

4. Entwurf

   Erarbeiten der endgültigen Lösung der Planungsaufgabe als Grundlage für den Beschluß der Gemeinde 30

5. Genehmigungsfähige Planfassung

   Erarbeiten der Unterlagen zum Einreichen für die erforderliche Genehmigung... 7

(2) Das Leistungsbild setzt sich wie folgt zusammen:

Grundleistungen	Besondere Leistungen
1. Klären der Aufgabenstellung und Ermitteln des Leistungsumfangs	
Zusammenstellen einer Übersicht der vorgegebenen bestehenden und laufenden örtlichen und überörtlichen Planungen und Untersuchungen einschließlich solcher benachbarter Gemeinden	
Zusammenstellen der verfügbaren Kartenunterlagen und Daten nach Umfang und Qualität	Ausarbeiten eines Leistungskatalogs
Festlegen ergänzender Fachleistungen und Formulieren von Entscheidungshilfen für die Auswahl anderer an der Planung fachlich Beteiligter, soweit notwendig	
Werten des vorhandenen Grundlagenmaterials und der materiellen Ausstattung.	
Ermitteln des Leistungsumfangs	
Ortsbesichtigungen	
2. Ermitteln der Planungsvorgaben	
a) Bestandsaufnahme	Geländemodelle
Erfassen und Darlegen der Ziele der Raumordnung und Landesplanung, der beabsichtigten Planungen und Maßnahmen der Gemeinde und der Träger öffentlicher Belange	Geodätische Feldarbeit
	Kartentechnische Ergänzungen
	Erstellen von pausfähigen Bestandskarten

Grundleistungen	**Besondere Leistungen**
Darstellen des Zustands unter Verwendung hierzu vorliegender Fachbeiträge, insbesondere im Hinblick auf Topographie, vorhandene Bebauung und ihre Nutzung, Freiflächen und ihre Nutzung, Verkehrs-, Ver- und Entsorgungsanlagen, Umweltverhältnisse, wasserwirtschaftliche Verhältnisse, Lagerstätten, Bevölkerung, gewerbliche Wirtschaft, land- und forstwirtschaftliche Struktur	Erarbeiten einer Planungsgrundlage aus unterschiedlichem Kartenmaterial
	Auswerten von Luftaufnahmen
	Befragungsaktion für Primärstatistik unter Auswerten von sekundärstatistischem Material
	Strukturanalysen
Darstellen von Flächen, deren Böden erheblich mit umweltgefährdenden Stoffen belastet sind, soweit Angaben hierzu vorliegen	Statistische und örtliche Erhebungen sowie Bedarfsermittlungen, z. B. Versorgung, Wirtschafts-, Sozial- und Baustruktur sowie soziokulturelle Struktur, soweit nicht in den Grundleistungen erfaßt
Kleinere Ergänzungen vorhandener Karten nach örtlichen Feststellungen unter Berücksichtigung aller Gegebenheiten, die auf die Planung von Einfluß sind	Differenzierte Erhebung des Nutzungsbestands
Beschreiben des Zustands mit statistischen Angaben im Text, in Zahlen sowie zeichnerischen oder graphischen Darstellungen, die den letzten Stand der Entwicklung zeigen	
Örtliche Erhebungen	
Erfassen von vorliegenden Äußerungen der Einwohner	
b) Analyse des in der Bestandsaufnahme ermittelten und beschriebenen Zustands	
c) Zusammenstellen und Gewichten der vorliegenden Fachprognosen über die voraussichtliche Entwicklung der Bevölkerung, der sozialen und kulturellen Einrichtungen, der gewerblichen Wirtschaft, der Land- und Forstwirtschaft, des Verkehrs, der Ver- und Entsorgung und des Umweltschutzes in Abstimmung mit dem Auftraggeber sowie unter Berücksichtigung von Auswirkungen übergeordneter Planungen	
d) Mitwirken beim Aufstellen von Zielen und Zwecken der Planung	

3. Vorentwurf

Grundsätzliche Lösung der wesentlichen Teile der Aufgabe in zeichnerischer Darstellung mit textlichen Erläuterungen zur Begründung der städtebaulichen Konzeption unter Darstellung von sich wesentlich unterscheidenden Lösungen nach gleichen Anforderungen	Mitwirken an der Öffentlichkeitsarbeit des Auftraggebers einschließlich Mitwirken an Informationsschriften und öffentlichen Diskussionen sowie Erstellen der dazu notwendigen Planungsunterlagen und Schriftsätze
Darlegen der Auswirkungen der Planung	Vorbereiten, Durchführen und Auswerten der Verfahren im Sinne des § 3 Abs. 1 des Baugesetzbuchs
Berücksichtigung von Fachplanungen	
Mitwirken an der Beteiligung der Behörden und Stellen, die Träger öffentlicher Belange sind und von der Planung berührt werden können	Vorbereiten, Durchführen und Auswerten der Verfahren im Sinne des § 3 Abs. 2 des Baugesetzbuchs
Mitwirken an der Abstimmung mit den Nachbargemeinden	Erstellen von Sitzungsvorlagen, Arbeitsheften und anderen Unterlagen

Mitwirken an der frühzeitigen Beteiligung der Bürger einschließlich Erörterung der Planung

Mitwirken bei der Auswahl einer sich wesentlich unterscheidenden Lösung zur weiteren Bearbeitung als Entwurfsgrundlage

Abstimmen des Vorentwurfs mit dem Auftraggeber

Durchführen der Beteiligung von Behörden und Stellen, die Träger öffentlicher Belange sind und von der Planung berührt werden können

4. Entwurf

Entwurf des Flächennutzungsplans für die öffentliche Auslegung in der vorgeschriebenen Fassung mit Erläuterungsbericht

Mitwirken bei der Abfassung der Stellungnahme der Gemeinde zu Bedenken und Anregungen

Abstimmen des Entwurfs mit dem Auftraggeber

Anfertigen von Beiplänen, zum Beispiel für Verkehr, Infrastruktureinrichtungen, Flurbereinigung sowie von Wege- und Gewässerplänen, Grundbesitzkarten und Gütekarten unter Berücksichtigung der Pläne anderer an der Planung fachlich Beteiligter

Wesentliche Änderungen oder Neubearbeitung des Entwurfs, insbesondere nach Bedenken und Anregungen

Ausarbeiten der Beratungsunterlagen der Gemeinde zu Bedenken und Anregungen

Differenzierte Darstellung der Nutzung

5. Genehmigungsfähige Planfassung

Erstellen des Flächennutzungsplans in der durch Beschluß der Gemeinde aufgestellten Fassung für die Vorlage zur Genehmigung durch die höhere Verwaltungsbehörde in einer farbigen oder vervielfältigungsfähigen Schwarzweiß-Ausfertigung nach den Landesregelungen

Leistungen für die Drucklegung

Herstellen von zusätzlichen farbigen Ausfertigungen des Flächennutzungsplans

Überarbeiten von Planzeichnungen und von dem Erläuterungsbericht nach der Genehmigung

---

(3) Die Teilnahme an bis zu 10 Sitzungen von politischen Gremien des Auftraggebers oder Sitzungen im Rahmen der Bürgerbeteiligung, die bei Leistungen nach Absatz 1 anfallen, ist als Grundleistung mit dem Honorar nach § 38 abgegolten.

(4) Wird die Anfertigung des Vorentwurfs (Leistungsphase 3) oder des Entwurfs (Leistungsphase 4) als Einzelleistung in Auftrag gegeben, so können hierfür folgende Vomhundertsätze der Honorare nach § 38 vereinbart werden:

1. Für den Vorentwurf   bis zu 47 v. H.,

2. für den Entwurf   bis zu 36 v. H.

(5) Sofern nicht vor Einbringung der Grundleistungen der Leistungsphasen 1 bis 2 jeweils etwas anderes schriftlich vereinbart ist, sind die Leistungsphase 1 mit 1 vom Hundert und die Leistungsphase 2 mit 10 vom Hundert der Honorare nach § 38 zu bewerten.

§ 38
Honorartafel für Grundleistungen bei Flächennutzungsplänen

(1) Die Mindest- und Höchstsätze der Honorare für die in § 37 aufgeführten Grundleistungen bei Flächennutzungsplänen sind in der nachfolgenden Honorartafel festgesetzt.

(2) Die Honorare sind nach Maßgabe der Ansätze nach Absatz 3 zu berechnen. Sie sind für die Einzelansätze der Nummern 1 bis 4 gemäß der Honorartafel des Absatzes 1 getrennt zu berechnen und zum Zwecke der Ermittlung des Gesamthonorars zu addieren. Dabei sind die Ansätze nach Nummern 1 bis 3 gemeinsam einer Honorarzone nach § 36 a zuzuordnen; der Ansatz nach Nummer 4 ist gesondert einer Honorarzone zuzuordnen.

(3) Für die Ermittlung des Honorars ist von folgenden Ansätzen auszugehen:

1. nach der für den Planungszeitraum entsprechend den Zielen der Raumordnung und Landesplanung anzusetzenden Zahl der Einwohner

   je Einwohner   10 VE,

2. für die darzustellenden Bauflächen

   je Hektar Fläche   1800 VE,

3. für die darzustellenden Flächen nach § 5 Abs. 2 Nr. 4 des Baugesetzbuchs sowie nach § 5 Abs. 2 Nr. 5, 8 und 10 des Baugesetzbuchs, die nicht nach § 5 Abs. 4 des Baugesetzbuchs nur nachrichtlich übernommen werden sollen,

   je Hektar Fläche   1400 VE,

Honorartafel zu § 38 Abs. 1

Ansätze VE	Zone I von DM	bis	Zone II von DM	bis	Zone III von DM	bis	Zone IV von DM	bis	Zone V von DM	bis
5 000	1 850	2 080	2 080	2 320	2 320	2 550	2 550	2 790	2 790	3 020
10 000	3 710	4 170	4 170	4 630	4 630	5 100	5 100	5 560	5 560	6 020
20 000	5 930	6 670	6 670	7 410	7 410	8 160	8 160	8 900	8 900	9 640
40 000	10 380	11 680	11 680	12 980	12 980	14 270	14 270	15 570	15 570	16 870
60 000	14 090	15 850	15 850	17 610	17 610	19 360	19 360	21 120	21 120	22 880
80 000	17 400	19 580	19 580	21 750	21 750	23 930	23 930	26 100	26 100	28 280
100 000	20 250	22 780	22 780	25 320	25 320	27 850	27 850	30 390	30 390	32 920
150 000	26 680	30 020	30 020	33 350	33 350	36 690	36 690	40 020	40 020	43 360
200 000	32 120	36 140	36 140	40 150	40 150	44 170	44 170	48 180	48 180	52 200
250 000	37 060	41 690	41 690	46 330	46 330	50 960	50 960	55 600	55 600	60 230
300 000	42 250	47 530	47 530	52 810	52 810	58 090	58 090	63 370	63 370	68 650
350 000	47 560	53 510	53 510	59 450	59 450	65 400	65 400	71 340	71 340	77 290
400 000	51 390	57 810	57 810	64 230	64 230	70 660	70 660	77 080	77 080	83 500
450 000	54 470	61 280	61 280	68 090	68 090	74 910	74 910	81 720	82 720	88 530
500 000	58 050	65 310	65 310	72 570	72 570	79 820	79 820	87 080	87 080	94 340
600 000	63 740	71 710	71 710	79 680	79 680	87 640	87 640	95 610	95 610	103 580
700 000	64 450	75 880	75 880	84 310	84 310	92 750	92 750	101 180	101 180	109 610
800 000	71 160	80 050	80 050	88 940	88 940	97 840	97 840	106 730	106 730	115 620
900 000	73 370	82 540	82 540	91 720	91 720	100 890	100 890	110 070	110 070	119 240
1 000 000	76 590	86 160	86 160	95 740	95 740	105 310	105 310	114 890	114 890	124 460
1 500 000	85 230	95 880	95 880	106 540	106 540	117 190	117 190	127 850	127 850	138 500
2 000 000	88 940	100 060	100 060	111 180	111 180	122 290	122 290	133 410	133 410	144 530
3 000 000	96 350	108 390	108 390	120 440	120 440	132 480	132 480	144 530	144 530	156 570

4. für darzustellende Flächen, die nicht unter die Nummern 2 oder 3 oder Absatz 4 fallen, zum Beispiel Flächen für Landwirtschaft und Wald nach § 5 Abs. 2 Nr. 9 des Baugesetzbuchs

je Hektar Fläche   35 VE.

(4) Gemeindebedarfsflächen und Sonderbauflächen ohne nähere Darstellung der Art der Nutzung sind mit dem Hektaransatz nach Absatz 3 Nr. 2 anzusetzen.

(5) Liegt ein gültiger Landschaftsplan vor, der unverändert zu übernehmen ist, so ist ein Ansatz nach Absatz 3 Nr. 3 für Flächen mit Darstellungen nach § 5 Abs. 2 Nr. 10 des Baugesetzbuchs nicht zu berücksichtigen; diese Flächen sind den Flächen nach Absatz 3 Nr. 4 anzurechnen.

(6) Das Gesamthonorar für Grundleistungen nach den Leistungsphasen 1 bis 5, das nach den Absätzen 1 bis 5 zu berechnen ist, beträgt mindestens 4500 Deutsche Mark. Die Vertragsparteien können abweichend von Satz 1 bei Auftragserteilung ein Zeithonorar nach § 6 schriftlich vereinbaren.

(7) Ist nach Absatz 3 ein Einzelansatz für die Nummern 1 bis 4 höher als 3 Millionen VE, so kann das Honorar frei vereinbart werden. Wird ein Honorar nicht bei Auftragserteilung schriftlich vereinbart, so ist das Honorar als Zeithonorar nach § 6 zu berechnen.

(8) Wird ein Antrag über alle Leistungsphasen des § 37 nicht einheitlich in einem Zuge, sondern für die Leistungsphasen einzeln in größeren Zeitabständen ausgeführt, so kann für den damit verbundenen erhöhten Aufwand ein Pauschalhonorar frei vereinbart werden.

(9) Für Flächen von Flächennutzungsplänen nach Absatz 3 Nr. 2 bis 4, für die eine umfassende Umstrukturierung in baulicher, verkehrlicher, sozioökonomischer oder ökologischer Sicht vorgesehen ist, kann ein Zuschlag zum Honorar frei vereinbart werden.

(10) § 20 gilt sinngemäß.

§ 39

Planausschnitte

Werden Teilflächen bereits aufgestellter Flächennutzungspläne geändert oder überarbeitet (Planausschnitte), so sind bei der Berechnung des Honorars nur die Ansätze des zu bearbeitenden Planausschnitts anzusetzen. Anstelle eines Honorars nach Satz 1 kann ein Zeithonorar nach § 6 vereinbart werden.

§ 39 a

Honorarzonen für Leistungen bei Bebauungsplänen

Für die Ermittlung der Honorarzone bei Bebauungsplänen gilt § 36 a sinngemäß mit der Maßgabe, daß der Bebauungsplan insgesamt einer Honorarzone zuzurechnen ist.

§ 40
Leistungsbild Bebauungsplan

(1) Die Grundleistungen bei Bebauungsplänen sind in den in Absatz 2 aufgeführten Leistungsphasen 1 bis 5 zusammengefaßt. Sie sind in der nachfolgenden Tabelle in Vomhundertsätzen der Honorare des § 41 bewertet. § 37 Abs. 3 bis 5 gilt sinngemäß.

	Bewertung der Grundleistungen in v. H. der Honorare
1. Klären der Aufgabenstellung und Ermitteln des Leistungsumfangs	
Ermitteln der Voraussetzungen zur Lösung der Planungsaufgabe	1 bis 3
2. Ermitteln der Planungsvorgaben	
Bestandsaufnahme und Analyse des Zustands sowie Prognose der voraussichtlichen Entwicklung	10 bis 20
3. Vorentwurf	
Erarbeiten der wesentlichen Teile einer Lösung der Planungsaufgabe	40
4. Entwurf	
Erarbeiten der endgültigen Lösung der Planungsaufgabe als Grundlage für den Beschluß der Gemeinde	30
5. Planfassung für die Anzeige oder Genehmigung	
Erarbeiten der Unterlagen zum Einreichen für die Anzeige oder Genehmigung..	7

(2) Das Leistungsbild setzt sich wie folgt zusammen:

Grundleistungen	Besondere Leistungen
1. Klären der Aufgabenstellung und Ermitteln des Leistungsumfangs	
Festlegen des räumlichen Geltungsbereichs und Zusammenstellen einer Übersicht der vorgegebenen bestehenden und laufenden örtlichen und überörtlichen Planungen und Untersuchungen	Feststellen der Art und des Umfangs weiterer notwendiger Voruntersuchungen, besonders bei Gebieten, die bereits überwiegend bebaut sind
Ermitteln des nach dem Baugesetzbuch erforderlichen Leistungsumfangs	Stellungnahme zu Einzelvorhaben während der Planaufstellung
Festlegen ergänzender Fachleistungen und Formulieren von Entscheidungshilfen für die Auswahl anderer an der Planung fachlich Beteiligter, soweit notwendig	
Überprüfen, inwieweit der Bebauungsplan aus einem Flächennutzungsplan entwickelt werden kann	
Ortsbesichtigungen	
2. Ermitteln der Planungsvorgaben	
a) Bestandsaufnahme	
Ermitteln des Planungsbestands, wie die bestehenden Planungen und Maßnahmen der Gemeinde und der Stellen, die Träger öffentlicher Belange sind	Geodätische Einmessung
	Primärerhebungen (Befragungen, Objektaufnahme)
Ermitteln des Zustands des Planbereichs, wie Topographie, vorhandene Bebauung und Nutzung, Freiflächen und Nutzung einschließlich Bepflanzungen, Verkehrs-, Ver- und Entsorgungsanlagen, Umweltverhältnisse, Baugrund, wasserwirtschaftliche Verhältnisse, Denkmalschutz und Milieuwerte, Naturschutz,	Ergänzende Untersuchungen bei nicht vorhandenem Flächennutzungsplan
	Mitwirken bei der Ermittlung der Förderungsmöglichkeiten durch öffentliche Mittel
	Stadtbildanalyse

Grundleistungen	Besondere Leistungen

Baustrukturen, Gewässerflächen, Eigentümer, durch: Begehungen, zeichnerische Darstellungen, Beschreibungen unter Verwendung von Beiträgen anderer an der Planung fachlich Beteiligter. Die Ermittlungen sollen sich auf die Bestandsaufnahme gemäß Flächennutzungsplan und deren Fortschreibung und Ergänzung stützen beziehungsweise darauf aufbauen

Darstellen von Flächen, deren Böden erheblich mit umweltgefährdenden Stoffen belastet sind, soweit Angaben hierzu vorliegen

Örtliche Erhebungen

Erfassen von vorliegenden Äußerungen der Einwohner

b) Analyse des in der Bestandsaufnahme ermittelten und beschriebenen Zustands

c) Prognose der voraussichtlichen Entwicklung, insbesondere unter Berücksichtigung von Auswirkungen übergeordneter Planungen unter Verwendung von Beiträgen anderer an der Planung fachlich Beteiligter

d) Mitwirken beim Aufstellen von Zielen und Zwecken der Planung

3. Vorentwurf

Grundsätzliche Lösung der wesentlichen Teile der Aufgabe in zeichnerischer Darstellung mit textlichen Erläuterungen zur Begründung der städtebaulichen Konzeption unter Darstellung von sich wesentlich unterscheidenden Lösungen nach gleichen Anforderungen

Modelle

Darlegen der wesentlichen Auswirkungen der Planung

Berücksichtigen von Fachplanungen

Mitwirken an der Beteiligung der Behörden und Stellen, die Träger öffentlicher Belange sind und von der Planung berührt werden können

Mitwirken an der Abstimmung mit den Nachbargemeinden

Mitwirken an der frühzeitigen Beteiligung der Bürger einschließlich Erörterung der Planung

Überschlägige Kostenschätzung

Abstimmen des Vorentwurfs mit dem Auftraggeber und den Gremien der Gemeinden

4. Entwurf

Entwurf des Bebauungsplans für die öffentliche Auslegung in der vorgeschriebenen Fassung mit Begründung

Berechnen und Darstellen der Umweltschutzmaßnahmen

Mitwirken bei der überschlägigen Ermittlung der Kosten und, soweit erforderlich, Hinweise auf bodenordnende und sonstige Maßnahmen, für die der Bebauungsplan die Grundlage bilden soll

Mitwirken bei der Abfassung der Stellungnahme der Gemeinde zu Bedenken und Anregungen

Abstimmen des Entwurfs mit dem Auftraggeber

5. **Planfassung für die Anzeige oder Genehmigung**

Erstellen des Bebauungsplans in der durch Beschluß der Gemeinde aufgestellten Fassung und seiner Begründung für die Anzeige oder Genehmigung in einer farbigen oder vervielfältigungsfähigen Schwarzweiß-Ausfertigung nach den Landesregelungen

Herstellen von zusätzlichen farbigen Ausfertigungen des Bebauungsplans

Honorartafel zu § 41 Abs. 1

Fläche	Zone I		Zone II		Zone III		Zone IV		Zone V	
	von	bis	von	bis	von	bis	von	bis	von	bis
ha	DM		DM		DM		DM		DM	
0,5	840	2 830	2 830	6 250	6 250	9 670	9 670	13 090	13 090	15 080
1	1 690	5 170	5 170	11 140	11 140	17 120	17 120	23 090	23 090	26 570
2	3 370	9 010	9 010	18 690	18 690	28 360	28 360	38 040	38 040	43 680
3	5 050	12 510	12 510	25 300	25 300	38 100	38 100	50 890	50 890	58 350
4	6 740	15 670	15 670	30 970	30 970	46 270	46 270	61 570	61 570	70 500
5	8 420	18 810	18 810	36 630	36 630	54 450	54 450	72 270	72 270	82 660
6	10 110	21 550	21 550	41 170	41 170	60 790	60 790	80 410	80 410	91 850
7	11 600	23 940	23 940	45 090	45 090	66 250	66 250	87 400	87 400	99 740
8	12 710	26 040	26 040	48 900	48 900	71 760	71 760	94 620	94 620	107 950
9	13 830	28 070	28 070	52 480	52 480	76 880	76 880	101 290	101 290	115 530
10	14 940	30 080	30 080	56 040	56 040	82 010	82 010	107 970	107 970	123 110
11	16 040	32 020	32 020	59 410	59 410	86 800	86 800	114 190	114 190	130 170
12	17 160	33 820	33 820	62 380	62 380	90 950	90 950	119 510	119 510	136 170
13	18 280	35 620	35 620	65 350	65 350	95 090	95 090	124 820	124 820	142 160
14	19 260	37 530	37 530	68 850	68 850	100 170	100 170	131 490	131 490	149 760
15	20 180	39 490	39 490	72 600	72 600	105 720	105 720	138 830	138 830	158 140
16	21 110	41 470	41 470	76 370	76 370	111 260	111 260	146 160	146 160	166 520
17	22 040	43 440	43 440	80 120	80 120	116 790	116 790	153 470	153 470	174 870
18	22 970	45 410	45 410	83 880	84 880	122 350	122 350	160 820	160 820	183 260
19	23 900	47 380	47 380	87 630	87 630	127 890	127 890	168 140	168 140	191 620
20	24 820	49 350	49 350	91 390	91 390	133 430	133 430	175 470	175 470	200 000
21	25 750	51 220	51 220	94 890	94 890	138 570	138 570	182 240	182 240	207 710
22	26 680	53 110	53 110	98 420	98 420	143 720	143 720	189 030	189 030	215 460
23	27 580	54 970	54 970	101 920	101 920	148 880	148 880	195 830	195 830	223 220
24	28 510	56 850	56 850	105 440	105 440	154 020	154 020	202 610	202 610	230 950
25	29 460	58 750	58 750	108 970	108 970	159 180	159 180	209 400	209 400	238 690
30	33 420	67 800	67 800	126 750	126 750	185 690	185 690	244 640	244 640	279 020
35	37 020	76 510	76 510	144 210	144 210	211 920	211 920	279 620	279 620	319 110
40	40 650	84 950	84 950	160 900	160 900	236 860	236 860	312 810	312 810	357 110
45	44 270	92 940	92 940	176 370	176 370	359 790	259 790	343 220	343 220	391 890
50	47 900	100 640	100 640	191 050	191 050	281 450	281 450	371 860	371 860	424 600
60	53 560	113 970	113 970	217 530	217 530	321 080	321 080	424 640	424 640	485 050
70	58 490	125 590	125 590	240 610	240 610	355 630	355 630	470 650	470 650	537 750
80	63 330	137 140	137 140	263 660	263 660	390 180	390 180	516 700	516 700	590 510
90	67 920	148 730	148 730	287 260	287 260	425 780	425 780	564 310	564 310	645 120
100	72 430	160 830	160 830	312 380	312 380	463 930	463 930	615 480	615 480	703 800

§ 41
Honorartafel für Grundleistungen bei Bebauungsplänen

(1) Die Mindest- und Höchstsätze der Honorare für die in § 40 aufgeführten Grundleistungen bei Bebauungsplänen sind nach der Fläche des Planbereichs in Hektar in der nachfolgenden Honorartafel festgesetzt.

(2) Das Honorar ist nach der Größe des Planbereichs zu berechnen, die dem Aufstellungsbeschluß zugrunde liegt. Wird die Größe des Planbereichs im förmlichen Verfahren geändert, so ist das Honorar für die Leistungsphasen, die bis zur Änderung der Größe des Planbereichs noch nicht erbracht sind, nach der geänderten Größe des Planbereichs zu berechnen; die Honorarzone ist entsprechend zu überprüfen.

(3) Für Bebauungspläne,

1. für die eine umfassende Umstrukturierung in baulicher, verkehrlicher, sozioökonomischer und ökologischer Sicht vorgesehen ist,

2. für die die Erhaltung des Bestands bei besonders komplexen Gegebenheiten zu sichern ist,

3. deren Planbereich insgesamt oder zum überwiegenden Teil als Sanierungsgebiet nach dem Baugesetzbuch festgelegt ist oder werden soll,

kann ein Zuschlag zum Honorar frei vereinbart werden.

(4) Das Honorar für die Grundleistungen nach den Leistungsphasen 1 bis 5 beträgt mindestens 4500 Deutsche Mark. Die Vertragsparteien können abweichend von Satz 1 bei Auftragserteilung ein Zeithonorar nach § 6 schriftlich vereinbaren.

(5) Das Honorar für Bebauungspläne mit einer Gesamtfläche des Plangebiets von mehr als 100 ha kann frei vereinbart werden. Wird ein Honorar nicht bei Auftragserteilung schriftlich vereinbart, so ist das Honorar als Zeithonorar nach § 6 zu berechnen.

(6) Die §§ 20 und 38 Abs. 8 und § 39 gelten sinngemäß.

§ 42
Sonstige städtebauliche Leistungen

(1) Zu den sonstigen städtebaulichen Leistungen rechnen insbesondere:

1. Mitwirken bei der Ergänzung des Grundlagenmaterials für städtebauliche Pläne und Leistungen;

2. informelle Planungen, zum Beispiel Entwicklungs-, Struktur-, Rahmen- oder Gestaltpläne, die der Lösung und Veranschaulichung von Problemen dienen, die durch die formellen Planarten nicht oder nur unzureichend geklärt werden können. Sie können sich auf gesamte oder Teile von Gemeinden erstrecken;

3. Mitwirken bei der Durchführung des genehmigten Bebauungsplans, soweit nicht in § 41 erfaßt, zum Beispiel Programme zu Einzelmaßnahmen, Gutachten zu Baugesuchen, Beratung bei Gestaltungsfragen, städtebauliche Oberleitung, Überarbeitung der genehmigten Planfassung, Mitwirken am Sozialplan;

4. städtebauliche Sonderleistungen, zum Beispiel Gutachten zu Einzelfragen der Planung, besondere Plandarstellungen und Modelle, Grenzbeschreibungen sowie Eigentümer- und Grundstücksverzeichnisse, Beratungs- und Betreuungsleistungen, Teilnahme an Verhandlungen mit Behörden und an Sitzungen der Gemeindevertretung nach Plangenehmigung;

5. städtebauliche Untersuchungen und Planungen im Zusammenhang mit der Vorbereitung oder Durchführung von Maßnahmen des besonderen Städtebaurechts;

6. Ausarbeiten von sonstigen städtebaulichen Satzungsentwürfen.

(2) Die Honorare für die in Absatz 1 genannten Leistungen können auf der Grundlage eines detaillierten Leistungskatalogs frei vereinbart werden. Wird ein Honorar nicht bei Auftragserteilung schriftlich vereinbart, so ist das Honorar als Zeithonorar nach § 6 zu berechnen.

Teil VI
Landschaftplanerische Leistungen

§ 43
Anwendungsbereich

(1) Landschaftsplanerische Leistungen umfassen das Vorbereiten, das Erstellen der für die Pläne nach Absatz 2 erforderlichen Ausarbeitungen, das Mitwirken beim Verfahren sowie sonstige landschaftsplanerische Leistungen nach § 50.

(2) Die Bestimmungen dieses Teils gelten für folgende Pläne:

1. Landschafts- und Grünordnungspläne auf der Ebene der Bauleitpläne,

2. Landschaftsrahmenpläne,

3. Umweltverträglichkeitsstudien, Landschaftspflegerische Begleitpläne zu Vorhaben, die den Naturhaushalt, das Landschaftsbild oder den Zugang zur freien Natur beeinträchtigen können, Pflege- und Entwicklungspläne sowie sonstige landschaftsplanerische Leistungen.

§ 44
Anwendung von Vorschriften aus den Teilen II und V

Die §§ 20, 36, 38 Abs. 8 und § 39 gelten sinngemäß.

§ 45
Honorarzonen für Leistungen bei Landschaftsplänen

(1) Die Honorarzone wird bei Landschaftsplänen auf Grund folgender Bewertungsmerkmale ermittelt:

1. Honorarzone I:

   Landschaftspläne mit geringem Schwierigkeitsgrad, insbesondere
   — wenig bewegte topographische Verhältnisse,
   — einheitliche Flächennutzung,
   — wenig gegliedertes Landschaftsbild,
   — geringe Anforderungen an Umweltsicherung und Umweltschutz,
   — einfache ökologische Verhältnisse,
   — geringe Bevölkerungsdichte;

2. Honorarzone II:

   Landschaftspläne mit durchschnittlichem Schwierigkeitsgrad, insbesondere
   — bewegte topographische Verhältnisse,
   — differenzierte Flächennutzung,
   — gegliedertes Landschaftsbild,
   — durchschnittliche Anforderungen an Umweltsicherung und Umweltschutz,
   — durchschnittliche ökologische Verhältnisse,
   — durchschnittliche Bevölkerungsdichte;

3. Honorarzone III:

   Landschaftspläne mit hohem Schwierigkeitsgrad, insbesondere
   — stark bewegte topographische Verhältnisse,
   — sehr differenzierte Flächennutzung,
   — stark gegliedertes Landschaftsbild,
   — hohe Anforderungen an Umweltsicherung und Umweltschutz,
   — schwierige ökologische Verhältnisse,
   — hohe Bevölkerungsdichte.

(2) Sind für einen Landschaftsplan Bewertungsmerkmale aus mehreren Honorarzonen anwendbar und bestehen deswegen Zweifel, welcher Honorarzone der Landschaftsplan zugerechnet werden kann, so ist die Anzahl der Bewertungspunkte nach Absatz 3 zu ermitteln; der Landschaftsplan ist nach der Summe der Bewertungspunkte folgenden Honorarzonen zuzurechnen:

1. Honorarzone I:

   Landschaftspläne mit bis zu 16 Punkten,

2. Honorarzone II:

   Landschaftspläne mit 17 bis 30 Punkten,

3. Honorarzone III:

   Landschaftspläne mit 31 bis 42 Punkten.

(3) Bei der Zurechnung eines Landschaftsplans in die Honorarzonen sind entsprechend dem Schwierigkeitsgrad der Planungsanforderungen die Bewertungsmerkmale topographische Verhältnisse, Flächennutzung, Landschaftsbild und Bevölkerungsdichte mit je bis zu 6 Punkten, die Bewertungsmerkmale ökologische Verhältnisse sowie Umweltsicherung und Umweltschutz mit je bis zu 9 Punkten zu bewerten.

§ 45 a
Leistungsbild Landschaftsplan

(1) Die Grundleistungen bei Landschaftsplänen sind in den in Absatz 2 aufgeführten Leistungsphasen 1 bis 5 zusammengefaßt. Sie sind in der nachfolgenden Tabelle in Vomhundertsätzen der Honorare des § 45 b bewertet.

	Bewertung der Grundleistungen in v. H. der Honorare
1. Klären der Aufgabenstellung und Ermitteln des Leistungsumfangs	
Ermitteln der Voraussetzungen zur Lösung der Planungsaufgabe	1 bis 3
2. Ermitteln der Planungsgrundlagen	
Bestandsaufnahme, Landschaftsbewertung und zusammenfassende Darstellung	20 bis 37
3. Vorläufige Planfassung (Vorentwurf)	
Erarbeiten der wesentlichen Teile einer Lösung der Planungsaufgabe	50
4. Entwurf	
Erarbeiten der endgültigen Lösung der Planungsaufgabe	10
5. Genehmigungsfähige Planfassung	—

(2) Das Leistungsbild setzt sich wie folgt zusammen:

Grundleistungen	Besondere Leistungen
1. Klären der Aufgabenstellung und Ermitteln des Leistungsumfangs	
Zusammenstellen einer Übersicht der vorgegebenen bestehenden und laufenden örtlichen und überörtlichen Planungen und Untersuchungen	Antragsverfahren für Planungszuschüsse
Abgrenzen des Planungsgebiets	
Zusammenstellen der verfügbaren Kartenunterlagen und Daten nach Umfang und Qualität	
Werten des vorhandenen Grundlagenmaterials	
Ermitteln des Leistungsumfangs und der Schwierigkeitsmerkmale	
Festlegen ergänzender Fachleistungen, soweit notwendig	
Ortsbesichtigungen	
2. Ermitteln der Planungsgrundlagen	
a) Bestandsaufnahme einschließlich voraussehbarer Veränderungen von Natur und Landschaft	Einzeluntersuchungen natürlicher Grundlagen
Erfassen aufgrund vorhandener Unterlagen und örtlicher Erhebungen, insbesondere	Einzeluntersuchungen zu spezifischen Nutzungen
— der größeren naturräumlichen Zusammenhänge und siedlungsgeschichtlichen Entwicklungen	
— des Naturhaushalts	
— der landschaftsökologischen Einheiten	
— des Landschaftsbildes	
— der Schutzgebiete und geschützten Landschaftsbestandteile	
— der Erholungsgebiete und -flächen, ihrer Erschließung sowie Bedarfssituation	
— von Kultur-, Bau- und Bodendenkmälern	
— der Flächennutzung	
— voraussichtlicher Änderungen aufgrund städtebaulicher Planungen, Fachplanungen und anderer Eingriffe in Natur und Landschaft	
Erfassen von vorliegenden Äußerungen der Einwohner	
b) Landschaftsbewertung nach den Zielen und Grundsätzen des Naturschutzes und der Landschaftspflege einschließlich der Erholungsvorsorge	
Bewerten des Landschaftsbildes sowie der Leistungsfähigkeit des Zustands, der Faktoren und der Funktionen des Naturhaushalts, insbesondere hinsichtlich	
— der Empfindlichkeit	
— besonderer Flächen- und Nutzungsfunktionen	
— nachteiliger Nutzungsauswirkungen	

Grundleistungen	Besondere Leistungen

— geplanter Eingriffe in Natur und Landschaft

Feststellung von Nutzungs- und Zielkonflikten nach den Zielen und Grundsätzen von Naturschutz und Landschaftspflege

c) Zusammenfassende Darstellung der Bestandsaufnahme und der Landschaftsbewertung in Erläuterungstext und Karten

3. Vorläufige Planfassung (Vorentwurf)

Grundsätzliche Lösung der Aufgabe mit sich wesentlich unterscheidenden Lösungen nach gleichen Anforderungen und Erläuterungen in Text und Karte

a) Darlegen der Entwicklungsziele des Naturschutzes und der Landschaftspflege, insbesondere in bezug auf die Leistungsfähigkeit des Naturhaushalts, die Pflege natürlicher Ressourcen, das Landschaftsbild, die Erholungsvorsorge, den Biotop- und Artenschutz, den Boden-, Wasser- und Klimaschutz sowie Minimierung von Eingriffen (und deren Folgen) in Natur und Landschaft

b) Darlegen der im einzelnen angestrebten Flächenfunktionen einschließlich notwendiger Nutzungsänderungen, insbesondere für

— landschaftspflegerische Sanierungsgebiete

— Flächen für landschaftspflegerische Entwicklungsmaßnahmen

— Freiräume einschließlich Sport-, Spiel- und Erholungsflächen

— Vorrangflächen und -objekte des Naturschutzes und der Landschaftspflege, Flächen für Kultur-, Bau- und Bodendenkmäler, für besonders schutzwürdige Biotope oder Ökosysteme sowie für Erholungsvorsorge

— Flächen für landschaftspflegerische Maßnahmen in Verbindung mit sonstigen Nutzungen, Flächen für Ausgleichs- und Ersatzmaßnahmen in bezug auf die oben genannten Eingriffe

c) Vorschläge für Inhalte, die für die Übernahme in andere Planungen, insbesondere in die Bauleitplanung, geeignet sind

d) Hinweise auf landschaftliche Folgeplanungen und -maßnahmen sowie kommunale Förderungsprogramme

Beteiligung an der Mitwirkung von Verbänden nach § 29 des Bundesnaturschutzgesetzes

Berücksichtigen von Fachplanungen

Mitwirken an der Abstimmung des Vorentwurfs mit der für Naturschutz und Landschaftspflege zuständigen Behörde

Grundleistungen	Besondere Leistungen

Abstimmen des Vorentwurfs mit dem Auftraggeber

4. Entwurf

Darstellen des Landschaftsplans in der vorgeschriebenen Fassung in Text und Karte mit Erläuterungsbericht

5. Genehmigungsfähige Planfassung

---

(3) Das Honorar für die genehmigungsfähige Planfassung kann als Pauschalhonorar frei vereinbart werden. Wird ein Pauschalhonorar nicht bei Antragserteilung schriftlich vereinbart, so ist das Honorar als Zeithonorar nach § 6 zu berechnen.

(4) Wird die Anfertigung der Vorläufigen Planfassung (Leistungsphase 3) als Einzelleistung in Auftrag gegeben. so können hierfür bis zu 60 vom Hundert der Honorare nach § 45 b vereinbart werden.

(5) Sofern nicht vor Erbringung der Grundleistungen etwas anderes schriftlich vereinbart ist, sind die Leistungsphase 1 mit 1 vom Hundert und die Leistungsphase 2 mit 20 vom Hundert der Honorare nach § 45 b zu bewerten.

(6) Die Vertragsparteien können bei Auftragserteilung schriftlich vereinbaren, daß die Leistungsphase 2 abweichend von Absatz 1 mit mehr als bis zu 37 bis zu 60 v. H. bewertet wird, wenn in dieser Leistungsphase ein überdurchschnittlicher Aufwand für das Ermitteln der Planungsgrundlagen erforderlich wird. Ein überdurchschnittlicher Aufwand liegt vor, wenn

1. die Daten aus vorhandenen Unterlagen im einzelnen ermittelt und aufbereitet werden müssen oder

2. örtliche Erhebungen erforderlich werden, die nicht überwiegend der Kontrolle der aus Unterlagen erhobenen Daten dienen.

(7) Die Teilnahme an bis zu 6 Sitzungen von politischen Gremien des Auftraggebers oder Sitzungen im Rahmen der Bürgerbeteiligungen, die bei Leistungen nach Absatz 2 anfallen, ist als Grundleistung mit dem Honorar nach § 45 b abgegolten.

§ 45 b
Honorartafel für Grundleistungen bei
Landschaftsplänen

(1) Die Mindest- und Höchstsätze der Honorare für die in § 45 a aufgeführten Grundleistungen bei Landschaftsplänen sind in der nachfolgenden Honorartafel festgesetzt.

(2) Die Honorare sind nach der Gesamtfläche des Plangebiets in Hektar zu berechnen.

(3) Das Honorar für Grundleistungen bei Landschaftsplänen mit einer Gesamtfläche des Plangebiets in Hek-

tar unter 1000 ha kann als Pauschalhonorar oder als Zeithonorar nach § 6 berechnet werden, höchstens jedoch bis zu den in der Honorartafel nach Absatz 1 für Flächen von 1000 ha festgesetzten Höchstsätzen. Als Mindestsätze gelten die Stundensätze nach § 6 Abs. 2, höchstens jedoch die in der Honorartafel nach Absatz 1 für Flächen von 1000 ha festgesetzten Mindestsätze.

(4) Das Honorar für Landschaftspläne mit einer Gesamtfläche des Plangebiets über 15 000 ha kann frei vereinbart werden. Wird ein Honorar nicht bei Auftragserteilung schriftlich vereinbart, so ist das Honorar als Zeithonorar nach § 6 zu berechnen.

§ 46
Leistungsbild Grünordnungsplan

(1) Die Grundleistungen bei Grünordnungsplänen sind in den in Absatz 2 aufgeführten Leistungsphasen 1 bis 5 zusammengefaßt. Sie sind in der nachfolgenden Tabelle in Vomhundertsätzen der Honorare des § 46 a bewertet.

	Bewertung der Grundleistungen in v. H. der Honorare
1. Klären der Aufgabenstellung und Ermitteln des Leistungsumfangs Ermitteln der Voraussetzungen zur Lösung der Planungsaufgabe	1 bis 3
2. Ermitteln der Planungsgrundlagen Bestandsaufnahme und Bewertung des Planungsbereichs................................	20 bis 37
3. Vorläufige Planfassung (Vorentwurf) Erarbeiten der wesentlichen Teile einer Lösung der Planungsaufgabe	50
4. Endgültige Planfassung (Entwurf) Erarbeiten der endgültigen Lösung der Planungsaufgabe	10
5. Genehmigungsfähige Planfassung	—

Honorartafel zu § 45 b Abs. 1

Fläche	Zone I		Zone II		Zone III	
	von	bis	von	bis	von	bis
ha	DM		DM		DM	
1 000	22 460	26 950	26 950	31 450	31 450	35 940
1 300	27 240	32 690	32 690	38 140	38 140	43 590
1 600	32 460	38 950	38 950	45 430	45 430	51 920
1 900	36 920	44 310	44 310	51 690	51 690	59 080
2 200	41 080	49 300	49 300	57 510	57 510	65 730
2 500	44 920	53 900	53 900	62 890	62 890	71 870
3 000	50 840	61 010	61 010	71 170	71 170	81 340
3 500	56 510	67 810	67 810	79 110	79 110	90 410
4 000	61 940	74 330	74 330	86 720	86 720	99 110
4 500	67 140	80 570	80 570	93 990	93 990	107 420
5 000	72 100	86 520	86 520	100 930	100 930	115 350
5 500	76 800	92 160	92 160	107 520	107 520	122 880
6 000	81 280	97 540	97 540	113 790	113 790	130 050
6 500	85 520	102 630	102 630	119 730	119 730	136 840
7 000	89 530	107 430	107 430	125 330	125 330	143 230
7 500	93 360	112 030	112 030	130 700	130 700	149 370
8 000	97 030	116 440	116 440	135 840	135 840	155 250
8 500	100 580	120 660	120 660	140 770	140 770	160 880
9 000	103 910	124 690	124 690	145 460	145 460	166 240
9 500	107 100	128 520	128 520	149 940	149 940	171 360
10 000	110 140	132 170	132 170	154 190	154 190	176 220
11 000	115 890	139 070	139 070	162 250	162 250	185 430
12 000	121 500	145 790	145 790	170 090	170 090	194 380
13 000	126 920	152 310	152 310	177 690	177 690	203 080
14 000	132 200	158 640	158 640	185 080	185 080	211 520
15 000	137 310	164 770	164 770	192 240	192 240	219 700

(2) Das Leistungsbild setzt sich wie folgt zusammen:

Grundleistungen	**Besondere Leistungen**

1. **Klären der Aufgabenstellung und Ermitteln des Leistungsumfangs**

   Zusammenstellen einer Übersicht der vorgegebenen bestehenden und laufenden örtlichen und überörtlichen Planungen und Untersuchungen

   Abgrenzen des Planungsbereichs

   Zusammenstellen der verfügbaren Kartenunterlagen und Daten nach Umfang und Qualität

   Werten des vorhandenen Grundlagenmaterials

   Ermitteln des Leistungsumfangs und der Schwierigkeitsmerkmale

   Festlegen ergänzender Fachleistungen, soweit notwendig

   Ortsbesichtigungen

2. **Ermitteln der Planungsgrundlagen**

   a) Bestandsaufnahme einschließlich voraussichtlicher Änderungen

      Erfassen auf Grund vorhandener Unterlagen eines Landschaftsplans und örtlicher Erhebungen, insbesondere

Grundleistungen	Besondere Leistungen

— des Naturhaushalts als Wirkungsgefüge der Naturfaktoren

— der Vorgaben des Artenschutzes, des Bodenschutzes und des Orts-/Landschaftsbildes

— der siedlungsgeschichtlichen Entwicklung

— der Schutzgebiete und geschützten Landschaftsbestandteile einschließlich der unter Denkmalschutz stehenden Objekte

— der Flächennutzung unter besonderer Berücksichtigung der Flächenversiegelung, Größe, Nutzungsarten oder Ausstattung, Verteilung, Vernetzung von Frei- und Grünflächen sowie der Erschließungsflächen für Freizeit- und Erholungsanlagen

— des Bedarfs an Erholungs- und Freizeiteinrichtungen sowie an sonstigen Grünflächen

— der voraussichtlichen Änderungen aufgrund städtebaulicher Planungen, Fachplanungen und anderer Eingriffe in Natur und Landschaft

— der Immissionen, Boden- und Gewässerbelastungen

— der Eigentümer

Erfassen von vorliegenden Äußerungen der Einwohner

b) Bewerten der Landschaft nach den Zielen und Grundsätzen des Naturschutzes und der Landschaftspflege einschließlich der Erholungsvorsorge

Bewerten des Landschaftsbildes sowie der Leistungsfähigkeit, des Zustands, der Faktoren und Funktionen des Naturhaushalts, insbesondere hinsichtlich

— der Empfindlichkeit des jeweiligen Ökosystems für bestimmte Nutzungen, seiner Größe, der räumlichen Lage und der Einbindung in Grünflächensysteme, der Beziehungen zum Außenraum sowie der Ausstattung und Beeinträchtigung der Grün- und Freiflächen

— nachteiliger Nutzungsauswirkungen

c) Zusammenfassende Darstellung der Bestandsaufnahme und der Bewertung des Planungsbereichs in Erläuterungstext und Karten

3. Vorläufige Planfassung (Vorentwurf)

Grundsätzliche Lösung der wesentlichen Teile der Aufgabe mit sich wesentlich unterscheidenden

Grundleistungen	Besondere Leistungen

Lösungen nach gleichen Anforderungen in Text und Karten mit Begründung

a) Darlegen der Flächenfunktionen und räumlichen Strukturen nach ökologischen und gestalterischen Gesichtspunkten, insbesondere

— Flächen mit Nutzungsbeschränkungen – einschließlich notwendiger Nutzungsänderungen zur Erhaltung oder Verbesserung des Naturhaushalts oder des Landschafts-/ Ortsbildes

— landschaftspflegerische Sanierungsbereiche

— Flächen für landschaftspflegerische Entwicklungs- und Gestaltungsmaßnahmen

— Flächen für Ausgleichs- und Ersatzmaßnahmen

— Schutzgebiete und -objekte

— Freiräume

— Flächen für landschaftspflegerische Maßnahmen in Verbindung mit sonstigen Nutzungen

b) Darlegen von Entwicklungs-, Schutz-, Gestaltungs- und Pflegemaßnahmen, insbesondere für

— Grünflächen

— Anpflanzungen und Erhaltung von Grünbeständen

— Sport-, Spiel- und Erholungsflächen

— Fußwegesystemen

— Gehölzanpflanzungen zur Einbindung baulicher Anlagen in die Umgebung

— Ortseingänge und Siedlungsränder

— pflanzliche Einbindung von öffentlichen Straßen und Plätzen

— klimatisch wichtige Freiflächen

— Immissionsschutzmaßnahmen

Festlegen von Pflegemaßnahmen aus Gründen des Naturschutzes und der Landschaftspflege

Erhaltung und Verbesserung der natürlichen Selbstreinigungskraft von Gewässern

Erhaltung und Pflege von naturnahen Vegetationsbeständen

bodenschützende Maßnahmen – Schutz vor Schadstoffeintrag

Vorschläge für Gehölzarten der potentiell natürlichen Vegetation, für Leitarten bei Bepflanzungen, für Befestigungsarten bei Wohnstraßen, Gehwegen, Plätzen, Parkplätzen, für Versickerungsflächen

Festlegen der zeitlichen Folge von Maßnahmen

Kostenschätzung für durchzuführende Maßnahmen

c) Hinweise auf weitere Aufgaben von Naturschutz und Landschaftspflege

Vorschläge für Inhalte, die für die Übernahme in
andere Planungen, insbesondere in die Bauleitplanung, geeignet sind

Beteiligung an der Mitwirkung von Verbänden
nach § 29 des Bundesnturschutzgesetzes

Berücksichtigen von Fachplanungen

Mitwirken an der Abstimmung des Vorentwurfs
mit der für Naturschutz und Landschaftspflege
zuständigen Behörde

Abstimmen des Vorentwurfs mit dem Auftraggeber

4. Endgültige Planfassung (Entwurf)

Darstellen des Grünordnungsplans in der vorgeschriebenen Fassung in Text und Karte mit
Begründung

5. Genehmigungsfähige Planfassung

Honorartafel zu § 46 a Abs. 1

Ansätze	Normalstufe		Schwierigkeitsstufe	
	von	bis	von	bis
VE	DM		DM	
1 500	3 370	4 210	4 210	5 050
5 000	11 230	14 040	14 040	16 850
10 000	18 640	23 310	23 310	27 970
20 000	31 000	38 750	38 750	46 490
40 000	50 310	62 890	62 890	75 460
60 000	63 330	79 170	79 170	95 000
80 000	75 460	94 330	94 330	113 200
100 000	85 350	106 690	106 690	128 020
150 000	117 920	147 400	147 400	176 870
200 000	148 230	185 290	185 290	222 350
250 000	179 680	224 600	224 600	269 510
300 000	208 870	261 100	261 100	313 320
350 000	235 820	294 780	294 780	353 740
400 000	260 530	325 670	325 670	390 800
450 000	282 990	353 740	353 740	424 480
500 000	303 200	379 010	379 010	454 810
600 000	343 630	429 540	429 540	515 450
700 000	385 190	481 480	481 480	577 770
800 000	431 220	539 030	539 030	646 830
900 000	475 020	593 780	593 780	712 530
1 000 000	516 570	645 710	645 710	774 850

(3) Wird die Anfertigung der vorläufigen Planfassung (Leistungsphase 3) als Einzelleistung in Auftrag gegeben, so können hierfür bis zu 60 vom Hundert der Honorare nach § 46 a vereinbart werden.

(4) § 45 a Abs. 3 und 5 bis 7 gilt sinngemäß.

§ 46 a
Honorartafel für Grundleistungen bei Grünordnungsplänen

(1) Die Mindest- und Höchstsätze der Honorare für die in § 46 aufgeführten Grundleistungen bei Grünordnungsplänen sind in der vorstehenden Honorartafel festgesetzt.

(2) Die Honorare sind für die Summe der Einzelansätze des Absatzes 3 gemäß der Honorartafel des Absatzes 1 zu berechnen.

(3) Für die Ermittlung des Honorars ist von folgenden Ansätzen auszugehen:

1. für Flächen nach § 9 des Baugesetzbuchs mit Festsetzungen einer GFZ oder Baumassenzahl

   je Hektar Fläche   400 VE,

2. für Flächen nach § 9 des Baugesetzbuchs mit Festsetzungen einer GFZ oder Baumassenzahl und Pflanzbindungen oder Pflanzpflichten

   je Hektar Fläche   1150 VE,

3. für Grünflächen nach § 9 Abs. 1 Nr. 15 des Baugesetzbuchs, soweit nicht Bestand

   je Hektar Fläche   1000 VE,

4. für sonstige Grünflächen

   je Hektar Fläche   400 VE,

5. für Flächen mit besonderen Maßnahmen des Naturschutzes und der Landschaftspflege, die nicht bereits unter Nummer 2 angesetzt sind

   je Hektar Fläche   1200 VE,

6. für Flächen für Aufschüttungen, Abgrabungen oder für die Gewinnung von Steinen, Erden und anderen Bodenschätzen

   je Hektar Fläche   400 VE,

7. für Flächen für Landwirtschaft und Wald mit mäßigem Anteil an Maßnahmen für Naturschutz und Landschaftspflege

   je Hektar Fläche   400 VE,

8. für Flächen für Landwirtschaft und Wald ohne Maßnahmen für Naturschutz und Landschaftspflege oder flurbereinigte Flächen von Landwirtschaft und Wald

   je Hektar Fläche   100 VE,

9. für Wasserflächen mit Maßnahmen für Naturschutz und Landschaftspflege

   je Hektar Fläche   400 VE,

10. für Wasserflächen ohne Maßnahmen für Naturschutz und Landschaftspflege

    je Hektar Fläche   100 VE,

11. sonstige Flächen

    je Hektar Fläche   100 VE.

(4) Ist die Summe der Einzelansätze nach Absatz 3 höher als 1 Million VE, so kann das Honorar frei vereinbart werden.

(4 a) Die Honorare sind nach den Stellungen der endgültigen Planfassung nach Leistungsphase 4 von § 46 zu berechnen. Kommt es nicht zur endgültigen Planfassung, so sind die Honorare nach den Festsetzungen der mit dem Auftraggeber abgestimmten Planfassung zu berechnen.

(5) Grünordnungspläne können nach Anzahl und Gewicht der Schwierigkeitsmerkmale der Schwierigkeitsstufe zugeordnet werden, wenn es bei Auftragserteilung schriftlich vereinbart worden ist. Schwierigkeitsmerkmale sind insbesondere:

1. schwierige ökologische oder topographische Verhältnisse oder sehr differenzierte Flächennutzungen,

2. erschwerte Planung durch besondere Maßnahmen auf den Gebieten Umweltschutz, Naturschutz, Spielflächenleitplanung, Sportstättenplanung,

3. Änderungen oder Überarbeitungen von Teilgebieten vorliegender Grünordnungspläne mit einem erhöhten Arbeitsaufwand,

4. Grünordnungspläne in einem Entwicklungsbereich oder in einem Sanierungsgebiet.

§ 47
Leistungsbild Landschaftsrahmenplan

(1) Landschaftsrahmenpläne umfassen die Darstellungen von überörtlichen Erfordernissen und Maßnahmen zur Verwirklichung der Ziele des Naturschutzes und der Landschaftspflege.

(2) Die Grundleistungen bei Landschaftsrahmenplänen sind in den in Absatz 3 aufgeführten Leistungsphasen 1 bis 4 zusammengefaßt. Sie sind in der nachfolgenden Tabelle in Vomhundertsätzen der Honorare des § 47 a bewertet.

	Bewertung der Grundleistungen in v. H. der Honorare
1. Landschaftsanalyse	20
2. Landschaftsdiagnose	20
3. Entwurf..	20
4. Endgültige Planfassung......................	10

(3) Das Leistungsbild setzt sich wie folgt zusammen:

Grundleistungen	Besondere Leistungen

1. Landschaftsanalyse

Erfassen und Darstellen in Text und Karten der

a) natürlichen Grundlagen

b) Landschaftsgliederung
   — Naturräume
   — Ökologische Raumeinheiten

c) Flächennutzung

d) geschützten Flächen und Einzelbestandteilen der Natur

2. Landschaftsdiagnose

Bewerten der ökologischen Raumeinheiten und Darstellen in Text und Karten hinsichtlich

a) Naturhaushalt

b) Landschaftsbild
   — naturbedingt
   — anthropogen

c) Nutzungsauswirkungen, insbesondere Schäden an Naturhaushalt und Landschaftsbild

d) Empfindlichkeit der Ökosysteme, bzw. einzelner Landschaftsfaktoren

e) Zielkonflikte zwischen Belangen des Naturschutzes und der Landschaftspflege einerseits und raumbeanspruchenden Vorhaben andererseits

3. Entwurf

Darstellung der Erfordernisse und Maßnahmen zur Verwirklichung der Ziele des Naturschutzes und der Landschaftspflege in Text und Karten mit Begründung

a) Ziele der Landschaftsentwicklung nach Maßgabe der Empfindlichkeit des Naturhaushalts
   — Bereiche ohne Nutzung oder mit naturnaher Nutzung
   — Bereiche mit extensiver Nutzung
   — Bereiche mit intensiver landwirtschaftlicher Nutzung
   — Bereiche städtisch-industrieller Nutzung

b) Ziele des Arten- und Biotopschutzes

c) Ziele zum Schutz und zur Pflege abiotischer Landschaftsfaktoren

d) Sicherung und Pflege von Schutzgebieten und Einzelbestandteilen von Natur und Landschaft

Grundleistungen	Besondere Leistungen

e) Pflege-, Gestaltungs- und Entwicklungsmaß-
nahmen zur
— Sicherung überörtlicher Grünzüge
— Grünordnung im Siedlungsbereich
— Landschaftspflege einschließlich des
Arten- und Biotopschutzes sowie des Was-
ser-, Boden- und Klimaschutzes
— Sanierung von Landschaftsschäden

f) Grundsätze einer landschaftsschonenden
Landnutzung

g) Leitlinien für die Erholung in der freien Natur

h) Gebiete, für die detaillierte landschaftliche
Planungen erforderlich sind:
— Landschaftspläne
— Grünordnungspläne
— Landschaftspflegerische Begleitpläne
Abstimmung des Entwurfs mit dem Auftraggeber

4. Endgültige Planfassung

Mitwirkung bei der Einarbeitung von Zielen der
Landschaftsentwicklung in Programme und Pläne
im Sinne des § 5 Abs. 1 Satz 1 und 2 und Abs. 3
des Raumordnungsgesetzes

---

(4) Bei einer Fortschreibung des Landschaftsrahmenplans ermäßigt sich die Bewertung der Leistungsphase 1 des Absatzes 2 auf 5 vom Hundert der
Honorare nach § 47 a.

(5) Die Vertragsparteien können bei Auftragserteilung
schriftlich vereinbaren, daß die Leistungsphase 1
abweichend von Absatz 2 mit mehr als 20 bis zu
43 v. H. bewertet wird, wenn in dieser Leistungsphase
ein überdurchschnittlicher Aufwand für die Landschaftsanalyse erforderlich wird. Ein überdurchschnittlicher Aufwand liegt vor, wenn

1. Daten aus vorhandenen Unterlagen im einzelnen
ermittelt und aufbereitet werden müssen oder

2. örtliche Erhebungen erforderlich werden, die nicht
überwiegend der Kontrolle der aus Unterlagen
erhobenen Daten dienen.

§ 47 a
Honorartafel für Grundleistungen bei Landschaftsrahmenplänen

(1) Die Mindest- und Höchstsätze der Honorare für die
in § 47 aufgeführten Grundleistungen bei Landschaftsrahmenplänen sind in der nachfolgenden Honorartafel
festgesetzt.

(2) § 45 b Abs. 2 bis 4 gilt sinngemäß.

(3) Landschaftsrahmenpläne können nach Anzahl und
Gewicht der Schwierigkeitsmerkmale der Schwierigkeitsstufe zugeordnet werden, wenn es bei Auftragserteilung schriftlich vereinbart worden ist. Schwierigkeitsmerkmale sind insbesondere:

1. schwierige ökologische Verhältnisse,

2. Verdichtungsräume,

3. Erholungsgebiete,

4. tiefgreifende Nutzungsansprüche wie großflächi-
ger Abbau von Bodenbestandteilen,

5. erschwerte Planung durch besondere Maßnahmen
der Umweltsicherung und des Umweltschutzes.

§ 48
Honorarzonen für Leistungen bei Umweltverträglichkeitsstudien

(1) Die Honorarzone wird bei Umweltverträglichkeitsstudien auf Grund folgender Bewertungsmerkmale
ermittelt:

1. Honorarzone I:

Umweltverträglichkeitsstudien mit geringem
Schwierigkeitsgrad, insbesondere bei einem
Untersuchungsraum

Honorartafel zu § 47 a Abs. 1

Fläche	Normalstufe		Schwierigkeitsstufe	
	von	bis	von	bis
ha	DM		DM	
5 000	57 610	72 010	72 010	86 410
6 000	66 230	82 790	82 790	99 350
7 000	74 360	92 950	92 950	111 540
8 000	82 020	102 530	102 530	123 030
9 000	88 940	111 180	111 180	133 410
10 000	95 170	118 970	118 970	142 770
12 000	106 690	133 360	133 360	160 020
14 000	116 810	146 020	146 020	175 220
16 000	126 490	158 120	158 120	189 740
18 000	135 430	169 290	169 290	203 150
20 000	144 970	181 220	181 220	217 460
25 000	168 730	210 920	210 920	253 100
30 000	188 660	235 830	235 830	282 990
35 000	205 560	256 960	256 960	308 350
40 000	220 100	275 130	275 130	330 150
45 000	231 890	289 870	289 870	347 840
50 000	245 370	306 720	306 720	368 060
60 000	270 070	337 590	337 590	405 110
70 000	292 420	365 530	365 530	438 630
80 000	309 940	387 430	387 430	464 910
90 000	327 460	409 330	409 330	491 190
100 000	345 880	432 350	432 350	518 810

— mit geringer Ausstattung an ökologisch bedeutsamen Strukturen,

— mit schwach gegliedertem Landschaftsbild,

— mit gering ausgeprägten und einheitlichen Nutzungsansprüchen,

— mit geringer Empfindlichkeit gegenüber Umweltbelastungen und Beeinträchtigungen von Natur und Landschaft,

und bei Vorhaben und Maßnahmen mit geringer potentieller Beeinträchtigungsintensität;

2. Honorarzone II:

Umweltverträglichkeitsstudien mit durchschnittlichem Schwierigkeitsgrad, insbesondere bei einem Untersuchungsraum

— mit durchschnittlicher Ausstattung an ökologisch bedeutsamen Strukturen

— mit mäßig gegliedertem Landschaftsbild,

— mit durchschnittlich ausgeprägter Erholungsnutzung,

— mit differenzierten Nutzungsansprüchen,

— mit durchschnittlicher Empfindlichkeit gegenüber Umweltbelastungen und Beeinträchtigungen von Natur und Landschaft,

und bei Vorhaben und Maßnahmen mit durchschnittlicher potentieller Beeinträchtigungsintensität;

3. Honorarzone III:

Umweltverträglichkeitsstudien mit hohem Schwierigkeitsgrad, insbesondere bei einem Untersuchungsraum

— mit umfangreicher und vielgestaltiger Ausstattung an ökologisch bedeutsamen Strukturen,

— mit stark gegliedertem Landschaftsbild,

— mit intensiv ausgeprägter Erholungsnutzung,

— mit stark differenzierten oder kleinräumigen Nutzungsansprüchen,

— mit hoher Empfindlichkeit gegenüber Umweltbelastungen und Beeinträchtigungen von Natur und Landschaft,

und bei Vorhaben und Maßnahmen mit hoher potentieller Beeinträchtigungsintensität.

(2) Sind für eine Umweltverträglichkeitsstudie Bewertungsmerkmale aus mehreren Honorarzonen anwendbar und bestehen deswegen Zweifel, welcher Honorar-

zone die Umweltverträglichkeitsstudie zugerechnet werden kann, so ist die Anzahl der Bewertungspunkte nach Absatz 3 zu ermitteln; die Umweltverträglichkeitsstudie ist nach der Summe der Bewertungspunkte folgenden Honorarzonen zuzurechnen:

1. Honorarzone I

   Umweltverträglichkeitsstudien mit bis zu 16 Punkten,

2. Honorarzone II

   Umweltverträglichkeitsstudien mit 17 bis zu 30 Punkten,

3. Honorarzone III

   Umweltverträglichkeitsstudien mit 31 bis zu 42 Punkten.

(3) Bei der Zurechnung einer Umweltverträglichkeitsstudie in die Honorarzonen sind entsprechend dem Schwierigkeitsgrad der Aufgabenstellung die Bewertungsmerkmale Ausstattung an ökologisch bedeutsamen Strukturen, Landschaftsbild, Erholungsnutzung sowie Nutzungsansprüche mit je bis zu sechs Punkten zu bewerten, die Bewertungsmerkmale Empfindlichkeit gegenüber Umweltbelastungen und Beeinträchtigungen von Natur und Landschaft sowie Vorhaben und Maßnahmen mit potentieller Beeinträchtigungsintensität mit je bis zu neun Punkten.

§ 48 a
Leistungsbild und Umweltverträglichkeitsstudie

(1) Die Grundleistungen bei Umweltverträglichkeitsstudien zur Standortfindung als Beitrag zur Umweltverträglichkeitsprüfung sind in den in Absatz 2 aufgeführten Leistungsphasen 1 bis 5 zusammengefaßt. Sie sind in der nachfolgenden Tabelle in Vomhundertsätzen der Honorare des § 48 b bewertet.

	Bewertung der Grundleistungen in v. H. der Honorare
1. Klären der Aufgabenstellung und Ermittlung des Leistungsumfangs.......	3
2. Ermitteln und Bewerten der Planungsgrundlagen	
Bestandsaufnahme, Bestandsbewertung und zusammenfassende Darstellung......................	30
3. Konfliktanalyse und Alternativen	20
4. Vorläufige Fassung der Studie.............	40
5. Endgültige Fassung der Studie...........	7

(2) Das Leistungsbild setzt sich wie folgt zusammen:

Grundleistungen	Besondere Leistungen

1. Klären der Aufgabenstellung und Ermitteln des Leistungsumfangs

Abgrenzen des Untersuchungsbereichs

Zusammenstellen der verfügbaren planungsrelevanten Unterlagen, insbesondere

— örtliche und überörtliche Planungen und Untersuchungen

— thematische Karten, Luftbilder und sonstige Daten

Ermitteln des Leistungsumfangs und ergänzender Fachleistungen

Ortsbesichtigungen

2. Ermitteln und Bewerten der Planungsgrundlagen

a) Bestandsaufnahme

Erfassen auf der Grundlage vorhandener Unterlagen und örtlicher Erhebungen

— des Naturhaushalts in seinen Wirkungszusammenhängen, insbesondere durch Landschaftsfaktoren wie Relief, Geländegestalt, Gestein, Boden, oberirdische Gewäs-

Einzeluntersuchungen zu natürlichen Grundlagen, zur Vorbelastung und zu sozioökonomischen Fragestellungen

Sonderkartierungen

Prognosen

Ausbreitungsberechnungen

Grundleistungen	Besondere Leistungen

ser, Grundwasser, Geländeklima sowie Tiere und Pflanzen und deren Lebensräume

— der Schutzgebiete, geschützten Landschaftsbestandteile und schützenswerten Lebensräume

— der vorhandenen Nutzungen, Beeinträchtigungen und Vorhaben

— des Landschaftsbildes und der -struktur

— der Sachgüter und des kulturellen Erbes

b) Bestandsbewertung

Bewerten der Leistungsfähigkeit und der Empfindlichkeit des Naturhaushalts und des Landschaftsbildes nach den Zielen und Grundsätzen des Naturschutzes und der Landschaftspflege

Bewerten der vorhandenen und vorhersehbaren Umweltbelastungen der Bevölkerung sowie Beeinträchtigungen (Vorbelastung) von Natur und Landschaft

c) Zusammenfassende Darstellung der Bestandsaufnahme und der -bewertung in Text und Karte

3. Konfliktanalyse und Alternativen

Ermitteln der projektbedingten umwelterheblichen Wirkungen

Verknüpfen der ökologischen und nutzungsbezogenen Empfindlichkeit des Untersuchungsgebiets mit den projektbedingten umwelterheblichen Wirkungen und Beschreiben der Wechselwirkungen zwischen den betroffenen Faktoren

Ermitteln konfliktarmer Bereiche und Abgrenzen der vertieft zu untersuchenden Alternativen

Überprüfen der Abgrenzung des Untersuchungsbereichs

Abstimmen mit dem Auftraggeber

Zusammenfassende Darstellung in Text und Karte

4. Vorläufige Fassung der Studie

Erarbeiten der grundsätzlichen Lösung der wesentlichen Teile der Aufgabe in Text und Karte mit Alternativen

a) Ermitteln, Bewerten und Darstellen für jede sich wesentlich unterscheidende Lösung unter Berücksichtigung des Vermeidungs- und/oder Ausgleichsgebots

Besondere Leistungen (rechte Spalte):

Beweissicherung

Aktualisierung der Planungsgrundlagen

Untersuchen von Sekundäreffekten außerhalb des Untersuchungsgebiets

Erstellen zusätzlicher Hilfsmittel der Darstellung

Vorstellen der Planung vor Dritten

Detailausarbeitungen in besonderen Maßstäben

Grundleistungen	Besondere Leistungen

— des ökologischen Risikos für den Naturhaushalt

— der Beeinträchtigungen des Landschaftsbildes

— der Auswirkungen auf den Menschen, die Nutzungsstruktur, die Sachgüter und das kulturelle Erbe

Aufzeigen von Entwicklungstendenzen des Untersuchungsbereichs ohne das geplante Vorhaben (Status-quo-Prognose)

b) Ermitteln und Darstellen voraussichtlich nicht ausgleichbarer Beeinträchtigungen

c) Vergleichende Bewertung der sich wesentlich unterscheidenden Alternativen

Abstimmen der vorläufigen Fassung der Studie mit dem Auftraggeber

5. Endgültige Fassung der Studie

Darstellen der Umweltverträglichkeitsstudie in der vorgeschriebenen Fassung in Text und Karte in der Regel im Maßstab 1:5000 einschließlich einer nichttechnischen Zusammenfassung

---

§ 48 b
Honorartafel für Grundleistungen bei Umweltverträglichkeitsstudien

(1) Die Mindest- und Höchstsätze der Honorare für die in § 48 a aufgeführten Grundleistungen bei Umweltverträglichkeitsstudien sind in der nachfolgenden Honorartafel festgesetzt.

(2) Die Honorare sind nach der Gesamtfläche des Untersuchungsraumes in Hektar zu berechnen.

(3) § 45 b Abs. 3 und 4 gilt sinngemäß.

§ 49
Honorarzonen für Leistungen bei landschaftspflegerischen Begleitplänen

Für die Ermittlung der Honorarzone für Leistungen bei landschaftspflegerischen Begleitplänen gilt § 48 sinngemäß.

§ 49 a
Leistungsbild Landschaftspflegerischer Begleitplan

(1) Die Grundleistungen bei Landschaftspflegerischen Begleitplänen sind in den in Absatz 2 aufgeführten Leistungsphasen 1 bis 5 zusammengefaßt. Sie sind in der

nachfolgenden Tabelle in Vomhundertsätzen der Honorare des Absatzes 3 bewertet.

	Bewertung der Grundleistungen in v. H. der Honorare
1. Klären der Aufgabenstellung und Ermitteln des Leistungsumfangs	1 bis 3
2. Ermitteln und Bewerten der Planungsgrundlagen	
Bestandsaufnahme, Bestandsbewertung und zusammenfassende Darstellung	15 bis 22
3. Ermitteln und Bewerten des Eingriffs	
Konfliktanalyse und -minderung der Beeinträchtigungen des Naturhaushalts und Landschaftsbildes	25
4. Vorläufige Planfassung	
Erarbeiten der wesentlichen Teile einer Lösung der Planungsaufgabe	40
5. Endgültige Planfassung	10

49

Honorartafel zu § 48 b Abs. 1

| Fläche | Zone I | | Zone II | | Zone III | |
| | von | bis | von | bis | von | bis |
ha	DM		DM		DM	
50	13 480	16 460	16 460	19 430	19 430	22 410
100	17 970	21 940	21 940	25 900	25 900	29 870
250	29 200	36 090	36 090	42 970	42 970	49 860
500	45 200	56 560	56 560	67 920	67 920	79 280
750	59 100	74 600	74 600	90 110	90 110	105 610
1 000	71 870	91 410	91 410	110 950	110 950	130 490
1 250	83 520	106 680	106 680	129 840	129 840	153 000
1 500	94 330	121 280	121 280	148 230	148 230	175 180
1 750	106 120	136 260	136 260	166 390	166 390	196 530
2 000	116 790	149 730	149 730	182 670	182 670	215 610
2 500	136 160	174 530	174 530	212 900	212 900	251 270
3 000	154 970	197 080	197 080	239 190	239 190	281 300
3 500	170 970	216 820	216 820	262 680	262 680	308 530
4 000	186 410	235 070	235 070	283 740	283 740	332 400
4 500	199 610	251 830	251 830	304 050	304 050	356 270
5 000	213 370	268 580	268 580	323 800	323 800	379 010
5 500	228 530	285 140	285 140	341 760	341 760	398 370
6 000	242 560	300 960	300 960	359 350	359 350	417 750
6 500	255 480	316 316	316 316	377 130	377 130	437 960
7 000	267 270	331 280	331 280	395 290	359 290	459 300
7 500	282 150	349 530	349 530	416 910	416 910	484 290
8 000	296 470	366 840	366 840	437 210	437 210	507 580
8 500	310 220	384 990	384 990	459 770	459 770	534 540
9 000	323 420	402 590	402 590	481 760	481 760	560 930
9 500	336 050	420 510	420 510	504 960	504 960	589 420
10 000	348 120	437 960	437 960	527 800	527 800	617 640

(2) Das Leistungsbild setzt sich wie folgt zusammen:

Grundleistungen	**Besondere Leistungen**

1. Klären der Aufgabenstellung und Ermitteln des Leistungsumfangs

Abgrenzen des Planungsbereichs

Zusammenstellen der verfügbaren planungsrelevanten Unterlagen, insbesondere

— örtliche und überörtliche Planungen und Untersuchungen

— thematische Karten, Luftbilder und sonstige Daten

Ermitteln des Leistungsumfangs und ergänzender Fachleistungen

Aufstellen eines verbindlichen Arbeitspapiers

Ortsbesichtigungen

2. Ermitteln und Bewerten der Planungsgrundlagen

a) Bestandsaufnahme

Erfassen auf Grund vorhandener Unterlagen und örtlicher Erhebungen

— des Naturhaushalts in seinen Wirkungszusammenhängen, insbesondere durch Landschaftsfaktoren wie Relief, Geländege-

Grundleistungen	Besondere Leistungen

stalt, Gestein, Boden, oberirdische Gewässer, Grundwasser, Geländeklima sowie Tiere und Pflanzen und deren Lebensräume

— der Schutzgebiete, geschützten Landschaftsbestandteile und schützenswerten Lebensräume

— der vorhandenen Nutzungen und Vorhaben

— des Landschaftsbildes und der -struktur

— der kulturgeschichtlich bedeutsamen Objekte

Erfassen der Eigentumsverhältnisse auf Grund vorhandener Unterlagen

b) Bestandsbewertung

Bewerten der Leistungsfähigkeit und Empfindlichkeit des Naturhaushalts und des Landschaftsbildes nach den Zielen und Grundsätzen des Naturschutzes und der Landschaftspflege

Bewerten der vorhandenen Beeinträchtigungen von Natur und Landschaft (Vorbelastung)

c) Zusammenfassende Darstellung der Bestandsaufnahme und der -bewertung in Text und Karte

3. Ermitteln und Bewerten des Eingriffs

a) Konfliktanalyse

Ermitteln und Bewerten der durch das Vorhaben zu erwartenden Beeinträchtigungen des Naturhaushalts und des Landschaftsbildes nach Art, Umfang, Ort und zeitlichem Ablauf

b) Konfliktminderung

Erarbeiten von Lösungen zur Vermeidung oder Verminderung von Beeinträchtigungen des Naturhaushalts und des Landschaftsbildes in Abstimmung mit den an der Planung fachlich Beteiligten

c) Ermitteln der unvermeidbaren Beeinträchtigungen

d) Überprüfen der Abgrenzung des Untersuchungsbereichs

e) Abstimmen mit dem Auftraggeber

Zusammenfassende Darstellung der Ergebnisse von Konfliktanalyse und Konfliktminderung sowie der unvermeidbaren Beeinträchtigungen in Text und Karte

4. Vorläufige Planfassung

Erarbeiten der grundsätzlichen Lösung der wesentlichen Teile der Aufgabe in Text und Karte mit Alternativen

Grundleistungen	Besondere Leistungen

a) Darstellen und Begründen von Maßnahmen des Naturschutzes und der Landschaftspflege nach Art, Umfang, Lage und zeitlicher Abfolge einschließlich Biotopentwicklungs- und Pflegemaßnahmen, insbesondere Ausgleichs-, Ersatz-, Gestaltungs- und Schutzmaßnahmen sowie Maßnahmen nach § 3 Abs. 2 des Bundesnaturschutzgesetzes

b) Vergleichendes Gegenüberstellen von Beeinträchtigungen und Ausgleich einschließlich Darstellen verbleibender, nicht ausgleichbarer Beeinträchtigungen

c) Kostenschätzung

Abstimmen der vorläufigen Planfassung mit dem Auftraggeber und der für Naturschutz und Landschaftspflege zuständigen Behörde

5. Endgültige Planfassung

Darstellen des landschaftspflegerischen Begleitplans in der vorgeschriebenen Fassung in Text und Karte

---

(3) Die Honorare sind bei einer Planung im Maßstab des Flächennutzungsplans nach § 45 b, bei einer Planung im Maßstab des Bebauungsplans nach § 46 a zu berechnen. Anstelle eines Honorars nach Satz 1 kann ein Zeithonorar nach § 6 vereinbart werden.

§ 49 b
Honorarzonen für Leistungen bei Pflege- und Entwicklungsplänen

(1) Die Honorarzone wird bei Pflege- und Entwicklungsplänen auf Grund folgender Bewertungsmerkmale ermittelt:

1. Honorarzone I:

Pflege- und Entwicklungspläne mit geringem Schwierigkeitsgrad, insbesondere
   — gute fachliche Vorgaben,
   — geringe Differenziertheit des floristischen Inventars oder der Pflanzengesellschaften,
   — geringe Beeinträchtigungen des faunistischen Inventars,
   — geringe Beeinträchtigungen oder Schädigungen von Naturhaushalt und Landschaftsbild,
   — geringer Aufwand für die Festlegung von Zielaussagen sowie Pflege- und Entwicklungsmaßnahmen;

2. Honorarzone II:

Pflege- und Entwicklungspläne mit durchschnittlichem Schwierigkeitsgrad, insbesondere
   — durchschnittliche fachliche Vorgaben,
   — durchschnittliche Differenziertheit des floristischen Inventars oder der Pflanzengesellschaften
   — durchschnittliche Differenziertheit des faunistischen Inventars,
   — durchschnittliche Beeinträchtigungen oder Schädigungen von Naturhaushalt und Landschaftsbild,
   — durchschnittlicher Aufwand für die Festlegung von Zielaussagen sowie Pflege- und Entwicklungsmaßnahmen;

3. Honorarzone III:

Pflege- und Entwicklungspläne mit hohem Schwierigkeitsgrad, insbesondere
   — geringe fachliche Vorgaben,
   — starke Differenziertheit des floristischen Inventars oder der Pflanzengesellschaften,
   — starke Differenziertheit des faunistischen Inventars,
   — umfangreiche Beeinträchtigungen oder Schädigungen von Naturhaushalt und Landschaftsbild,
   — hoher Aufwand für die Festlegung von Zielaussagen sowie Pflege- und Entwicklungsmaßnahmen.

(2) Sind für einen Pflege- und Entwicklungsplan Bewertungsmerkmale aus mehreren Honorarzonen anwendbar und bestehen deswegen Zweifel, welcher Honorarzone der Pflege- und Entwicklungsplan zuge-

rechnet werden kann, so ist die Anzahl der Bewertungspunkte nach Absatz 3 zu ermitteln; der Pflege- und Entwicklungsplan ist nach der Summe der Bewertungspunkte folgenden Honorarzonen zuzurechnen:

1. Honorarzone I:

   Pflege- und Entwicklungspläne bis zu 13 Punkten,

2. Honorarzone II:

   Pflege- und Entwicklungspläne mit 14 bis 24 Punkten,

3. Honorarzone III:

   Pflege- und Entwicklungspläne mit 25 bis 34 Punkten.

(3) Bei der Zurechnung eines Pflege- und Entwicklungsplans in die Honorarzonen ist entsprechend dem Schwierigkeitsgrad der Planungsanforderungen das Bewertungsmerkmal fachliche Vorgaben mit bis zu 4 Punkten, die Bewertungsmerkmale Beeinträchtigungen oder Schädigungen von Naturhaushalt und Landschaftsbild und Aufwand für die Festlegung von Zielaussagen sowie Pflege- und Entwicklungsmaßnahmen mit je bis zu 6 Punkten und die Bewertungsmerkmale Differenziertheit des floristischen Inventars oder der Pflanzengesellschaften sowie Differenziertheit des faunistischen Inventars mit je bis zu 9 Punkten zu bewerten.

§ 49 c
Leistungsbild Pflege- und Entwicklungsplan

(1) Die Pflege- und Entwicklungspläne umfassen die weiteren Festlegungen von Pflege und Entwicklung (Biotopmanagement) von Schutzgebieten oder schützenswerten Landschaftsteilen.

(2) Die Grundleistungen bei Pflege- und Entwicklungsplänen sind in den in Absatz 3 aufgeführten Leistungsphasen 1 bis 4 zusammengefaßt. Sie sind in der nachfolgenden Tabelle in Vomhundertsätzen der Honorare des § 49 d bewertet.

	Bewertung der Grundleistungen in v. H. der Honorare
1. Zusammenstellen der Ausgangsbedingungen	1 bis 5
2. Ermitteln der Planungsgrundlagen	20 bis 50
3. Konzept der Pflege- und Entwicklungsmaßnahmen	20 bis 40
4. Endgültige Planfassung	5

(3) Das Leistungsbild setzt sich wie folgt zusammen:

Grundleistungen	Besondere Leistungen
1. Zusammenstellen der Ausgangsbedingungen	
Abgrenzen des Planungsbereichs	
Zusammenstellen der planungsrelevanten Unterlagen, insbesondere	
— ökologische und wissenschaftliche Bedeutung des Planungsbereichs	
— Schutzzweck	
— Schutzverordnungen	
— Eigentümer	
2. Ermitteln der Planungsgrundlagen	
Erfassen und Beschreiben der natürlichen Grundlagen	Flächendeckende detaillierte Vegetationskartierung
Ermitteln von Beeinträchtigungen des Planungsbereichs	Eingehende zoologische Erhebungen einzelner Arten oder Artengruppen
3. Konzept der Pflege- und Entwicklungsmaßnahmen	
Erfassen und Darstellen von	
— Flächen, auf denen eine Nutzung weiter betrieben werden soll	
— Flächen, auf denen regelmäßig Pflegemaßnahmen durchzuführen sind	

Grundleistungen	Besondere Leistungen

— Maßnahmen zur Verbesserung der ökologischen Standortverhältnisse
— Maßnahmen zur Änderung der Biotopstruktur

Vorschläge für

— gezielte Maßnahmen zur Förderung bestimmter Tier- und Pflanzenarten
— Maßnahmen zur Lenkung des Besucherverkehrs
— Maßnahmen zur Änderung der rechtlichen Vorschriften
— die Durchführung der Pflege- und Entwicklungsmaßnahmen

Hinweise für weitere wissenschaftliche Untersuchungen

Kostenschätzung der Pflege- und Entwicklungsmaßnahmen

Abstimmen der Konzepte mit dem Auftraggeber

4. Endgültige Planfassung

Darstellen des Pflege- und Entwicklungsplans in der vorgeschriebenen Fassung in Text und Karte

(4) Sofern nicht vor Erbringung der Grundleistungen etwas anderes schriftlich vereinbart ist, sind die Leistungsphase 1 mit 1 vom Hundert sowie die Leistungsphasen 2 und 3 mit jeweils 20 vom Hundert der Honorare des § 49 d zu bewerten.

§ 49 d
Honorartafel für Grundleistungen bei Pflege- und Entwicklungsplänen

(1) Die Mindest- und Höchstsätze der Honorare für die in § 49 c aufgeführten Grundleistungen bei Pflege- und Entwicklungsplänen sind in der nachfolgenden Honorartafel festgesetzt.

Honorartafel zu § 49 d Abs. 1

Fläche	Zone I		Zone II		Zone III	
	von	bis	von	bis	von	bis
ha	DM		DM		DM	
5	4 580	9 150	9 150	13 730	13 730	18 300
10	5 760	11 510	11 510	17 250	17 250	23 000
15	6 600	13 200	13 200	19 800	19 800	26 400
20	7 260	14 510	14 510	21 760	21 760	29 010
30	8 420	16 850	16 850	25 290	25 290	33 720
40	9 470	18 950	18 950	28 420	28 420	37 900
50	10 390	20 780	20 780	31 160	31 160	41 550
75	12 340	24 690	24 690	37 050	37 050	49 400
100	13 990	27 970	27 970	41 960	41 960	55 940
150	16 610	33 200	33 200	49 800	49 800	66 390
200	18 550	37 110	37 110	55 670	55 670	74 230
300	21 170	42 340	42 340	63 510	63 510	84 680
400	23 130	46 260	46 260	69 400	69 400	92 530
500	24 710	49 410	49 410	74 100	74 100	98 800
1 000	31 240	62 470	62 470	93 710	93 710	124 940
2 500	46 920	93 830	93 830	140 750	140 750	187 660
5 000	66 520	133 040	133 040	199 550	199 550	266 070
10 000	92 660	185 310	185 310	277 970	277 970	370 620

(2) Die Honorare sind nach der Grundfläche des Planungsbereichs in Hektar zu berechnen.

(3) § 45 b Abs. 3 und 4 gilt sinngemäß.

§ 50
Sonstige landschaftsplanerische Leistungen

(1) Zu den sonstigen landschaftsplanerischen Leistungen rechnen insbesondere:

1. Gutachten zu Einzelfragen der Planung, ökologische Gutachten, Gutachten zu Baugesuchen,

2. Beratungen bei Gestaltungsfragen,

3. besondere Plandarstellungen und Modelle,

4. Ausarbeitungen von Satzungen, Teilnahme an Verhandlungen mit Behörden und an Sitzungen der Gemeindevertretungen nach Fertigstellung der Planung,

5. Beiträge zu Plänen und Programmen der Landesoder Regionalplanung.

(2) Die Honorare für die in Absatz 1 genannten Leistungen können auf der Grundlage eines detaillierten Leistungskatalogs frei vereinbart werden. Wird das Honorar nicht bei Auftragserteilung schriftlich vereinbart, so ist es als Zeithonorar nach § 6 zu berechnen.

Teil VII
Leistungen bei Ingenieurbauwerken und Verkehrsanlagen

§ 51
Anwendungsbereich

(1) Ingenieurbauwerke umfassen:

1. Bauwerke und Anlagen der Wasserversorgung,

2. Bauwerke und Anlagen der Abwasserentsorgung,

3. Bauwerke und Anlagen des Wasserbaus, ausgenommen Freianlagen nach § 3 Nr. 12,

4. Bauwerke und Anlagen für Ver- und Entsorgung mit Gasen, Feststoffen einschließlich wassergefährdenden Flüssigkeiten, ausgenommen Anlagen nach § 68,

5. Bauwerke und Anlagen der Abfallentsorgung,

6. Konstruktive Ingenieurbauwerke für Verkehrsanlagen,

7. Sonstige Einzelbauwerke, ausgenommen Gebäude und Freileitungsmaste.

(2) Verkehrsanlagen umfassen:

1. Anlagen des Straßenverkehrs, ausgenommen Freianlagen nach § 3 Nr. 12,

2. Anlagen des Schienenverkehrs,

3. Anlagen des Flugverkehrs.

§ 52
Grundlagen des Honorars

(1) Das Honorar für Grundleistungen bei Ingenieurbauwerken und Verkehrsanlagen richtet sich nach den anrechenbaren Kosten des Objekts, nach der Honorarzone, der das Objekt angehört, sowie bei Ingenieurbauwerken nach der Honorartafel zu § 56 Abs. 1 und bei Verkehrsanlagen nach der Honorartafel zu § 56 Abs. 2.

(2) Anrechenbare Kosten sind die Herstellungskosten des Objekts. Sie sind zu ermitteln:

1. für die Leistungsphasen 1 bis 4 nach der Kostenberechnung, solange diese nicht vorliegt oder wenn die Vertragsparteien dies bei Auftragserteilung schriftlich vereinbaren, nach der Kostenschätzung;

2. für die Leistungsphasen 5 bis 9 nach der Kostenfeststellung, solange diese nicht vorliegt oder wenn die Vertragsparteien dies bei Auftragserteilung schriftlich vereinbaren, nach der Kostenberechnung.

(3) § 10 Abs. 3 bis 4 gilt sinngemäß.

(4) Anrechenbar sind für Grundleistungen der Leistungsphasen 1 bis 7 und 9 des § 55 bei Verkehrsanlagen:

1. die Kosten für Erdarbeiten einschließlich Felsarbeiten, soweit sie 40 v. H. der sonstigen anrechenbaren Kosten nach Absatz 2 nicht übersteigen;

2. 10 v. H. der Kosten für Ingenieurbauwerke, wenn dem Auftragnehmer nicht gleichzeitig Grundleistungen nach § 55 für diese Ingenieurbauwerke übertragen werden.

(5) Anrechenbar sind für Grundleistungen der Leistungsphasen 1 bis 7 und 9 des § 55 bei Straßen mit mehreren durchgehenden Fahrspuren, wenn diese eine gemeinsame Entwurfsachse und eine gemeinsame Entwurfsgradiente haben, sowie bei Gleis- und Bahnsteiganlagen mit zwei Gleisen, wenn diese ein gemeinsames Planum haben, nur folgende Vomhundertsätze der nach den Absätzen 2 bis 4 ermittelten Kosten:

1. bei dreispurigen Straßen		85 v. H.,
2. bei vierspurigen Straßen		70 v. H.,
3. bei mehr als vierspurigen Straßen		60 v. H.,
4. bei Gleis- und Bahnsteiganlagen mit zwei Gleisen		90 v. H.

(6) Nicht anrechenbar sind für Grundleistungen die Kosten für:

1. das Baugrundstück einschließlich der Kosten des Erwerbs und des Freimachens,

2. andere einmalige Abgaben für Erschließung (DIN 276, Kostengruppe 2.3),

3. Vermessung und Vermarkung,

4. Kunstwerke, soweit sie nicht wesentliche Bestandteile des Objekts sind,

5. Winterbauschutzvorkehrungen und sonstige zusätzliche Maßnahmen bei der Erschließung, beim Bauwerk und bei den Außenanlagen für den Winterbau,

6. Entschädigungen und Schadensersatzleistungen,

7. die Baunebenkosten.

(7) Nicht anrechenbar sind neben den in Absatz 6 genannten Kosten, soweit der Auftragnehmer die Anlagen oder Maßnahmen weder plant noch ihre Ausführung überwacht, die Kosten für:

1. das Herrichten des Grundstücks (DIN 276, Kostengruppe 1.4),

2. die öffentliche Erschließung (DIN 276, Kostengruppe 2.1),

3. die nichtöffentliche Erschließung und die Außenanlagen (DIN 276, Kostengruppen 2.2 und 5),

4. verkehrsregelnde Maßnahmen während der Bauzeit,

5. das Umlegen und Verlegen von Leitungen,

6. Ausstattung und Nebenanlagen von Straßen sowie Ausrüstung und Nebenanlagen von Gleisanlagen,

7. Anlagen der Maschinentecnik, die der Zweckbestimmung des Ingenieurbauwerks dienen.

(8) Die §§ 20 bis 22 und 32 gelten sinngemäß; § 23 gilt sinngemäß für Ingenieurbauwerke nach § 51 Abs. 1 Nr. 1 bis 5.

(9) Das Honorar für Leistungen bei Deponien für unbelasteten Erdaushub, beim Ausräumen oder bei hydraulischer Sanierung von Altablagerungen und bei kontaminierten Standorten, bei selbständigen Geh- und Radwegen mit rechnerischer Festlegung nach Lage und Höhe, bei nachträglich an vorhandene Straßen angepaßten landwirtschaftlichen Wegen, Gehwegen und Radwegen sowie bei Gleis- und Bahnsteiganlagen mit mehr als zwei Gleisen kann frei vereinbart werden. Wird ein Honorar nicht bei Auftragserteilung schriftlich vereinbart, so ist das Honorar als Zeithonorar nach § 6 zu berechnen.

§ 53
Honorarzonen für Leistungen bei Ingenieurbauwerken und Verkehrsanlagen

(1) Ingenieurbauwerke und Verkehrsanlagen werden nach den in Absatz 2 genannten Bewertungsmerkmalen folgenden Honorarzonen zugerechnet:

1. Honorarzone I:

   Objekte mit sehr geringen Planungsanforderungen,

2. Honorarzone II:

   Objekte mit geringen Planungsanforderungen,

3. Honorarzone III:

   Objekte mit durchschnittlichen Planungsanforderungen,

4. Honorarzone IV:

   Objekte mit überdurchschnittlichen Planungsanforderungen,

5. Honorarzone V:

   Objekte mit sehr hohen Planungsanforderungen.

(2) Bewertungsmerkmale sind:

1. geologische und baugrundtechnische Gegebenheiten,

2. Technische Ausrüstung oder Ausstattung,

3. Anforderungen an die Einbindung in die Umgebung oder das Objektumfeld,

4. Umfang der Funktionsbereiche oder der konstruktiven oder technischen Anforderungen,

5. fachspezifische Bedingungen.

(3) Sind für Ingenieurbauwerke oder Verkehrsanlagen Bewertungsmerkmale aus mehreren Honorarzonen anwendbar und bestehen deswegen Zweifel, welcher Honorarzone das Objekt zugerechnet werden kann, so ist die Anzahl der Bewertungspunkte nach Absatz 4 zu ermitteln. Das Objekt ist nach der Summe der Bewertungspunkte folgenden Honorarzonen zuzurechnen:

1. Honorarzone I:

   Objekte mit bis zu 10 Punkten,

2. Honorarzone II:

   Objekte mit 11 bis 17 Punkten,

3. Honorarzone III:

   Objekte mit 18 bis 25 Punkten,

4. Honorarzone IV:

   Objekte mit 26 bis 33 Punkten,

5. Honorarzone V:

   Objekte mit 34 bis 40 Punkten.

(4) Bei der Zurechnung eines Ingenieurbauwerks oder einer Verkehrsanlage in die Honorarzonen sind entsprechend dem Schwierigkeitsgrad der Planungsanforderungen die Bewertungsmerkmale mit bis zu folgenden Punkten zu bewerten:

	Ingenieurbau-werke nach § 51 Abs. 1	Verkehrs-anlagen nach § 51 Abs. 2
1. Geologische und baugrundtechnische Gegebenheiten	5	5
2. Technische Ausrüstung oder Ausstattung	5	5
3. Anforderungen an die Einbindung in die Umgebung oder das Objektumfeld	5	15
4. Umfang der Funktionsbereiche oder konstruktiven oder technischen Anforderungen	10	10
5. Fachspezifische Bedingungen	15	5

§ 54
Objektliste für Ingenieurbauwerke und Verkehrsanlagen

(1) Nachstehende Ingenieurbauwerke werden nach Maßgabe der in § 53 genannten Merkmale in der Regel folgenden Honorarzonen zugerechnet

1. Honorarzone I:

   a) Zisternen, Leitungen für Wasser ohne Zwangspunkte;

   b) Leitungen für Abwasser ohne Zwangspunkte;

   c) Einzelgewässer mit gleichförmigem ungegliedertem Querschnitt ohne Zwangspunkte, ausgenommen Einzelgewässer mit überwiegend ökologischen und landschaftsgestalterischen Elementen; Teiche bis 3 m Dammhöhe über Sohle ohne Hochwasserentlastung, ausgenommen Teiche ohne Dämme; Bootsanlegestellen an stehenden Gewässern; einfache Deich- und Dammbauten; einfacher, insbesondere flächenhafter Erdbau, ausgenommen flächenhafter Erdbau zur Geländegestaltung;

   d) Transportleitungen für wassergefährdende Flüssigkeiten und Gase ohne Zwangspunkte, handelsübliche Fertigbehälter für Tankanlagen;

   e) Zwischenlager, Sammelstellen und Umladestationen offener Bauart für Abfälle oder Wertstoffe ohne Zusatzeinrichtungen;

   f) Stege, soweit Leistungen nach Teil VIII erforderlich sind; einfache Durchlässe und Uferbefestigungen, ausgenommen einfache Durchlässe und Uferbefestigungen als Mittel zur Geländegestaltung, soweit keine Leistungen nach Teil VIII erforderlich sind; einfache Ufermauern; Lärmschutzwälle, ausgenommen Lärmschutzwälle als Mittel zur Geländegestaltung; Stützbauwerke und Geländeabstützungen ohne Verkehrsbelastung als Mittel zur Geländegestaltung, soweit Leistungen nach § 63 Abs. 1 Nr. 3 bis 5 erforderlich sind;

   g) einfache gemauerte Schornsteine, einfache Maste und Türme ohne Aufbauten; Versorgungsbauwerke und Schutzrohre in sehr einfachen Fällen ohne Zwangspunkte;

2. Honorarzone II:

   a) einfache Anlagen zur Gewinnung und Förderung von Wasser, z. B. Quellfassungen, Schachtbrunnen; einfache Anlagen zur Speicherung von Wasser, z. B. Behälter in Fertigbauweise, Feuerlöschbecken; Leitungen für Wasser mit geringen Verknüpfungen und wenigen Zwangspunkten, einfache Leitungsnetze für Wasser;

   b) industriell systematisierte Abwasserbehandlungsanlagen; Schlammabsetzanlagen, Schlammpolder, Erdbecken als Regenrückhaltebecken; Leitungen für Abwasser mit geringen Verknüpfungen und wenigen Zwangspunkten, einfache Leitungsnetze für Abwasser;

   c) einfache Pumpanlagen, Pumpwerke und Schöpfwerke, einfache feste Wehre, Düker mit wenigen Zwangspunkten, Einzelgewässer mit gleichförmigem gegliedertem Querschnitt und einigen Zwangspunkten, Teiche mit mehr als 3 m Dammhöhe über Sohle mit Hochwasserentlastung; Ufer- und Sohlensicherung an Wasserstraßen, einfache Schiffsanlege-, lösch- und -ladestellen, Bootsanlegestellen an fließenden Gewässern, Deich- und Dammbauten, soweit nicht in Honorarzone I, III oder IV erwähnt; Berieselung und rohrlose Dränung, flächenhafter Erdbau mit unterschiedlichen Schütthöhen oder Materialien;

   d) Transportleitungen für wassergefährdende Flüssigkeiten und Gase mit geringen Verknüpfungen und wenigen Zwangspunkten, industriell vorgefertigte einstufige Leichtflüssigkeitsabscheider;

   e) Zwischenlager, Sammelstellen und Umladestationen offener Bauart für Abfälle oder Wertstoffe mit einfachen Zusatzeinrichtungen; einfache, einstufige Aufbereitungsanlagen für Wertstoffe, einfache Bauschuttaufbereitungsanlagen; Pflanzenabfall-Kompostierungsanlagen und Bauschuttdeponien ohne besondere Einrichtungen;

   f) gerade Einfeldbrücken einfacher Bauart, Durchlässe, soweit nicht in Honorarzone I erwähnt; Stützbauwerke mit Verkehrsbelastungen, einfache Kaimauern und Piers, Schmalwände; Uferspundwände und Ufermauern, soweit nicht in Honorarzone I oder III erwähnt; einfache Lärmschutzanlagen, soweit Leistungen nach Teil VIII oder Teil XII erforderlich sind;

g) einfache Schornsteine, soweit nicht in Honorarzone I erwähnt; Maste und Türme ohne Aufbauten, soweit nicht in Honorarzone I erwähnt; Versorgungsbauwerke und Schutzrohre mit zugehörigen Schächten für Versorgungssysteme mit wenigen Zwangspunkten; flach gegründete, einzeln stehende Silos ohne Anbauten; einfache Werft-, Aufschlepp- und Helgenanlagen;

3. Honorarzone III:

a) Tiefbrunnen, Speicherbehälter; einfache Wasseraufbereitungsanlagen und Anlagen mit mechanischen Verfahren; Leitungen für Wasser mit zahlreichen Verknüpfungen und zahlreichen Zwangspunkten, Leitungsnetze mit mehreren Verknüpfungen und mehreren Zwangspunkten und mit einer Druckzone;

b) Abwasserbehandlungsanlagen mit gemeinsamer aerober Stabilisierung; Schlammabsetzanlagen mit mechanischen Einrichtungen; Leitungen für Abwasser mit zahlreichen Verknüpfungen und zahlreichen Zwangspunkten, Leitungsnetze für Abwasser mit mehreren Verknüpfungen und mehreren Zwangspunkten;

c) Pump- und Schöpfwerke, soweit nicht in Honorarzone II oder IV erwähnt; Kleinwasserkraftanlagen; feste Wehre, soweit nicht in Honorarzone II erwähnt; einfache bewegliche Wehre, Düker, soweit nicht in Honorarzone II oder IV erwähnt; Einzelgewässer mit ungleichförmigem ungegliedertem Querschnitt und einigen Zwangspunkten, Gewässersysteme mit einigen Zwangspunkten; Hochwasserrückhaltebecken und Talsperren bis 5 m Dammhöhe über Sohle oder bis 100 000 m³ Speicherraum; Schiffahrtskanäle, Schiffsanlege-, -lösch- und -ladestellen; Häfen, schwierige Deich- und Dammbauten; Siele, einfache Sperrwerke, Sperrtore, einfache Schiffsschleusen, Bootsschleusen, Regenbecken und Kanalstauräume mit geringen Verknüpfungen und wenigen Zwangspunkten, Beregnung und Rohrdränung;

d) Transportleitungen für wassergefährdende Flüssigkeiten und Gase mit geringen Verknüpfungen und wenigen Zwangspunkten; Anlagen zur Lagerung wassergefährdender Flüssigkeiten in einfachen Fällen, Pumpzentralen für Tankanlagen in Ortbetonbauweise; einstufige Leichtflüssigkeitsabscheider, soweit nicht in Honorarzone II erwähnt; Leerrohrnetze mit wenigen Verknüpfungen;

e) Zwischenlager, Sammelstellen und Umladestationen für Abfälle oder Wertstoffe, soweit nicht in Honorarzone I oder II erwähnt, Aufbereitungsanlagen für Wertstoffe, soweit nicht in Honorarzone II oder IV erwähnt; Bauschuttaufbereitungsanlagen, soweit nicht in Honorarzone II erwähnt; Biomüll-Kompostierungsanlagen; Pflanzenabfall-Kompostierungsanlagen, soweit nicht in Honorarzone II erwähnt, Bauschuttdeponien, soweit nicht in Honorarzone II erwähnt; Hausmüll- und Monodeponien, soweit nicht in Honorarzone IV erwähnt; Abdichtung von Altablagerungen und kontaminierten Standorten, soweit nicht in Honorarzone IV erwähnt;

f) Einfeldbrücken, soweit nicht in Honorarzone II oder IV erwähnt; einfache Mehrfeld- und Bogenbrücken, Stützbauwerke mit Verankerungen; Kaimauern und Piers, soweit nicht in Honorarzone II oder IV erwähnt; Schlitz- und Bohrpfahlwände, Trägerbohlwände, schwierige Uferspundwände und Ufermauern; Lärmschutzanlagen, soweit nicht in Honorarzone II oder IV erwähnt und soweit Leistungen nach Teil VIII oder Teil XII erforderlich sind; einfache Tunnel- und Trogbauwerke;

g) Schornsteine mittlerer Schwierigkeit, Maste und Türme mit Aufbauten, einfache Kühltürme; Versorgungsbauwerke mit zugehörigen Schächten für Versorgungssysteme unter beengten Verhältnissen; einzeln stehende Silos mit einfachen Anbauten; Werft-, Aufschlepp- und Helgenanlagen, soweit nicht in Honorarzone II oder IV erwähnt; einfache Docks; einfache, selbständige Tiefgaragen; einfache Schacht- und Kavernenbauwerke, einfache Stollenbauten, schwierige Bauwerke für Heizungsanlagen in Ortbetonbauweise, einfache Untergrundbahnhöfe;

4. Honorarzone IV:

a) Brunnengalerien und Horizontalbrunnen, Speicherbehälter in Turmbauweise, Wasseraufbereitungsanlagen mit physikalischen und chemischen Verfahren, einfache Grundwasserdekontaminierungsanlagen, Leitungsnetze für Wasser mit zahlreichen Verknüpfungen und zahlreichen Zwangspunkten;

b) Abwasserbehandlungsanlagen, soweit nicht in Honorarzone II, III oder V erwähnt, Schlammbehandlungsanlagen; Leitungsnetze für Abwasser mit zahlreichen Zwangspunkten;

c) Schwierige Pump- und Schöpfwerke; Druckerhöhungsanlagen, Wasserkraftanlagen, bewegliche Wehre soweit nicht in Honorarzone III erwähnt; mehrfunktionale Düker, Einzelgewässer mit ungleichförmigem gegliedertem Querschnitt und vielen Zwangspunkten, Gewässersysteme mit vielen Zwangspunkten, besonders schwieriger Gewässerausbau mit sehr hohen technischen Anforderungen und ökologischen Ausgleichsmaßnahmen; Hochwasserrückhaltebecken und Talsperren mit mehr als 100 000 m³ und weniger als 5 000 000 m³ Speicherraum; Schiffsanlege-, -lösch- und -ladestellen bei Tide- oder Hochwasserbeeinflussung; Schiffsschleusen, Häfen bei Tide- und Hochwasserbeeinflussung; besonders schwierige Deich- und Dammbauten; Sperrwerke, soweit nicht in Honorarzone III erwähnt; Regenbecken und Kanalstauräume mit zahlreichen Verknüpfungen und zahlreichen Zwangspunkten; kombinierte Regenwasserbewirtschaftungsanlagen; Beregnung und Rohrdränung bei ungleichmäßigen Boden- und schwierigen Geländeverhältnissen;

d) Transportleitungen für wassergefährdende Flüssigkeiten und Gase mit zahlreichen Verknüpfungen und zahlreichen Zwangspunkten; mehrstufige Leichtflüssigkeitsabscheider; Leerrohrnetze mit zahlreichen Verknüpfungen;

e) Mehrstufige Aufbereitungsanlagen für Wertstoffe, Kompostwerke, Anlagen zur Konditionierung von Sonderabfällen, Hausmülldeponien und Monodeponien mit schwierigen technischen Anforderungen, Sonderabfalldeponien, Anlagen für Untertagedeponien, Behälterdeponien, Abdichtung von Altablagerungen und kontaminierten Standorten mit schwierigen technischen Anforderungen, Anlagen zur Behandlung kontaminierter Böden;

f) schwierige Einfeld-, Mehrfeld- und Bogenbrücken; schwierige Kaimauern und Piers; Lärmschutzanlagen in schwierigen städtebaulicher Situation, soweit Leistungen nach Teil VIII oder Teil XII erforderlich sind; schwierige Tunnel- und Trogbauwerke;

g) schwierige Schornsteine; Maste und Türme mit Aufbauten und Betriebsgeschoß; Kühltürme, soweit nicht in Honorarzone III oder V erwähnt; Versorgungskanäle mit zugehörigen Schächten in schwierigen Fällen für mehrere Medien, Silos mit zusammengefügten Zellenblöcken und Anbauten, schwierige Werft-, Aufschlepp- und Helgenanlagen, schwierige Docks; selbständige Tiefgaragen, soweit nicht in Honorarzone III erwähnt; schwierige

Schacht- und Kavernenbauwerke, schwierige Stollenbauten; schwierige Untergrundbahnhöfe, soweit nicht in Honorarzone V erwähnt;

5. Honorarzone V:

a) Bauwerke und Anlagen mehrstufiger oder kombinierter Verfahren der Wasseraufbereitung; komplexe Grundwasserdekontaminierungsanlagen;

b) schwierige Abwasserbehandlungsanlagen, Bauwerke und Anlagen für mehrstufige oder kombinierte Verfahren der Schlammbehandlung;

c) schwierige Wasserkraftanlagen, z. B. Pumpspeicherwerke oder Kavernenkraftwerke, Schiffshebewerke; Hochwasserrückhaltebekken und Talsperren mit mehr als 5 000 000 m³ Speicherraum;

d) —;

e) Verbrennungsanlagen, Pyrolyseanlagen;

f) besonders schwierige Brücken, besonders schwierige Tunnel- und Trogbauwerkle;

g) besonders schwierige Schornsteine; Maste und Türme mit Aufbauten, Betriebsgeschoß und Publikumseinrichtungen; schwierige Kühltürme, besonders schwierige Schacht- und Kavernenbauwerke, Untergrund-Kreuzungsbahnhöfe, Offshore-Anlagen.

(2) Nachstehende Verkehrsanlagen werden nach Maßgabe der in § 53 genannten Merkmale in der Regel folgenden Honorarzonen zugerechnet:

1. Honorarzone I

a) Wege im ebenen oder wenig bewegten Gelände mit einfachen Entwässerungsverhältnissen, ausgenommen Wege ohne Eignung für den regelmäßigen Fahrverkehr mit einfachen Entwässerungsverhältnissen sowie andere Wege und befestigte Flächen, die als Gestaltungselement der Freianlage geplant werden und für die Leistungen nach Teil VII nicht erforderlich sind; einfache Verkehrsflächen, Parkplätze in Außenbereichen;

b) Gleis- und Bahnsteiganlagen ohne Weichen und Kreuzungen, soweit nicht in den Honorarzonen II bis V erwähnt;

c) —;

2. Honorarzone II

a) Wege im bewegten Gelände mit einfachen Baugrund- und Entwässerungsverhältnissen, ausgenommen Wege ohne Eignung für den regelmäßigen Fahrverkehr und mit einfachen Entwässerungsverhältnissen sowie andere Wege und befestigte Flächen, die als Gestaltungselement der Freianlage geplant werden und für die Leistungen nach Teil VII nicht erforderlich sind; außerörtliche Straßen ohne besondere Zwangspunkte oder im wenig bewegten Gelände; Tankstellen- und Rastanlagen einfacher Art; Anlieger- und Sammelstraßen in Neubaugebieten, innerörtliche Parkplätze, einfache höhengleiche Knotenpunkte;

b) Gleisanlagen der freien Strecke ohne besondere Zwangspunkte, Gleisanlagen der freien Strecke im wenig bewegten Gelände, Gleis- und Bahnsteiganlagen der Bahnhöfe mit einfachen Spurplänen;

c) einfache Verkehrsflächen für Landeplätze, Segelfluggelände;

3. Honorarzone III

a) Wege im bewegten Gelände mit schwierigen Baugrund- und Entwässerungsverhältnissen; außerörtliche Straßen mit besonderen Zwangspunkten oder im bewegten Gelände; schwierige Tankstellen- und Rastanlagen; innerörtliche Straßen und Plätze, soweit nicht in Honorarzone II, IV oder V erwähnt, verkehrsberuhigte Bereiche, ausgenommen Oberflächengestaltungen und Pflanzungen für Fußgängerbereiche nach § 14 Nr. 4; schwierige höhengleiche Knotenpunkte, einfache höhenungleiche Knotenpunkte, Verkehrsflächen für Güterumschlag Straße/Straße;

b) innerörtliche Gleisanlagen, soweit nicht in Honorarzone IV erwähnt; Gleisanlagen der freien Strecke mit besonderen Zwangspunkten; Gleisanlagen der freien Strecke im bewegten Gelände; Gleis- und Bahnsteiganlagen der Bahnhöfe mit schwierigen Spurplänen;

c) schwierige Verkehrsflächen für Landeplätze, einfache Verkehrsflächen für Flughäfen;

4. Honorarzone IV

a) außerörtliche Straßen mit einer Vielzahl besonderer Zwangspunkte oder im stark bewegten Gelände, soweit nicht in Honorarzone V erwähnt, innerörtliche Straßen und Plätze mit hohen verkehrstechnischen Anforderungen oder in schwieriger städtebaulicher Situation, sowie vergleichbare verkehrsberuhigte Bereiche, ausgenommen Oberflächengestaltungen und Pflanzungen für Fußgängerbereiche nach § 14 Nr. 4; sehr schwierige höhengleiche Knotenpunkte; schwierige höhenungleiche Knotenpunkte; Verkehrsflächen für Güterumschlag im kombinierten Ladeverkehr;

b) schwierige innerörtliche Gleisanlagen, Gleisanlagen der freien Strecke mit einer Vielzahl besonderer Zwangspunkte, Gleisanlagen der freien Strecke im stark bewegten Gelände;

Gleis- und Bahnsteiganlagen der Bahnhöfe mit sehr schwierigen Spurplänen;

c) schwierige Verkehrsflächen für Flughäfen;

5. Honorarzone V

a) schwierige Gebirgsstraßen, schwierige innerörtliche Straßen und Plätze mit sehr hohen verkehrstechnischen Anforderungen oder in sehr schwieriger städtebaulicher Situation; sehr schwierige höhenungleiche Knotenpunkte;

b) sehr schwierige innerörtliche Gleisanlagen;

c) —.

§ 55
Leistungsbild Objektplanung für Ingenieurbauwerke und Verkehrsanlagen

(1) Das Leistungsbild Objektplanung umfaßt die Leistungen der Auftragnehmer für Neubauten, Neuanlagen, Wiederaufbauten, Erweiterungsbauten, Umbauten, Modernisierungen, Instandhaltungen und Instandsetzungen. Die Grundleistungen sind in den in Absatz 2 aufgeführten Leistungsphasen 1 bis 9 zusammengefaßt und in der folgenden Tabelle für Ingenieurbauwerke in Vomhundertsätzen der Honorare des § 56 Abs. 1 und für Verkehrsanlagen in Vomhundertsätzen der Honorare des § 56 Abs. 2 bewertet.

	Bewertung der Grundleistungen in v. H. der Honorare
1. Grundlagenermittlung	
Ermitteln der Voraussetzungen zur Lösung der Aufgabe durch die Planung....................................	2
2. Vorplanung	
(Projekt- und Planungsvorbereitung)	
Erarbeiten der wesentlichen Teile einer Lösung der Planungsaufgabe*)..	15
3. Entwurfsplanung	
(System- und Integrationsplanung)	
Erarbeiten der endgültigen Lösung der Planungsaufgabe	30
4. Genehmigungsplanung	
Erarbeiten und Einreichen der Vorlagen für die erforderlichen öffentlich-rechtlichen Verfahren	5
5. Ausführungsplanung	
Erarbeiten und Darstellen der ausführungsreifen Planungslösung...........	15

*) Bei Objekten nach § 51 Abs. 1 Nr. 6 und 7, die eine Tragwerksplanung erfordern, wird die Leistungsphase 2 mit 8 v. H. bewertet.

	Bewertung der Grundleistungen in v. H. der Honorare
6. Vorbereitung der Vergabe	
Ermitteln der Mengen und Aufstellen von Ausschreibungsunterlagen	10
7. Mitwirkung bei der Vergabe	
Einholen und Werten von Angeboten und Mitwirkung bei der Auftragsvergabe	5
8. Bauoberleitung	
Aufsicht über die örtliche Bauüberwachung	
Abnahme und Übergabe des Objekts ..	15
9. Objektbetreuung und Dokumentation	
Überwachen der Beseitigung von Mängeln und Dokumentation des Gesamtergebnisses	3

(2) Das Leistungsbild setzt sich wie folgt zusammen:

Grundleistungen	**Besondere Leistungen**

1. Grundlagenermittlung

Grundleistungen	Besondere Leistungen
Klären der Aufgabenstellung	Auswahl und Besichtigen ähnlicher Objekte
Ermitteln der vorgegebenen Randbedingungen	Ermitteln besonderer, in den Normen nicht festgelegter Belastungen
Bei Objekten nach § 51 Abs. 1 Nr. 6 und 7, die eine Tragwerksplanung erfordern: Klären der Aufgabenstellung auch auf dem Gebiet der Tragwerksplanung	
Ortsbesichtigung	
Zusammenstellen der die Aufgabe beeinflussenden Planungsabsichten	
Zusammenstellen und Werten von Unterlagen	
Erläutern von Planungsdaten	
Ermitteln des Leistungsumfangs und der erforderlichen Vorarbeiten, zum Beispiel Baugrunduntersuchungen, Vermessungsleistungen, Immissionsschutz; ferner bei Verkehrsanlagen; Verkehrszählungen	
Formulieren von Entscheidungshilfen für die Auswahl anderer an der Planung fachlich Beteiligter	
Zusammenfassen der Ergebnisse	

2. Vorplanung (Projekt- und Planungsvorbereitung)

Grundleistungen	Besondere Leistungen
Analyse der Grundlagen	Anfertigen von Nutzen-Kosten-Untersuchungen
Abstimmen der Zielvorstellungen auf die Randbedingungen, die insbesondere durch Raumordnung, Landesplanung, Bauleitplanung, Rahmenplanung	Anfertigen von topographischen und hydrologischen Unterlagen

Grundleistungen	Besondere Leistungen
sowie örtliche und überörtliche Fachplanungen vorgegeben sind	Genaue Berechnung besonderer Bauteile

Grundleistungen	**Besondere Leistungen**
sowie örtliche und überörtliche Fachplanungen vorgegeben sind	Genaue Berechnung besonderer Bauteile
Untersuchen von Lösungsmöglichkeiten mit ihren Einflüssen auf bauliche und konstruktive Gestaltung, Zweckmäßigkeit, Wirtschaftlichkeit unter Beachtung der Umweltverträglichkeit	Koordinieren und Darstellen der Ausrüstung und Leitungen bei Gleisanlagen
Beschaffen und Auswerten amtlicher Karten	
Erarbeiten eines Planungskonzepts einschließlich Untersuchung der alternativen Lösungsmöglichkeiten nach gleichen Anforderungen mit zeichnerischer Darstellung und Bewertung unter Einarbeitung der Beiträge anderer an der Planung fachlich Beteiligter	
Bei Verkehrsanlagen: Überschlägige verkehrstechnische Bemessung der Verkehrsanlage; Ermitteln der Schallimmissionen von der Verkehrsanlage an kritischen Stellen nach Tabellenwerten; Untersuchen der möglichen Schallschutzmaßnahmen, ausgenommen detaillierte schalltechnische Untersuchungen, insbes. in komplexen Fällen	
Klären und Erläutern der wesentlichen fachspezifischen Zusammenhänge, Vorgänge und Bedingungen	
Vorverhandlungen mit Behörden und anderen an der Planung fachlich Beteiligten über die Genehmigungsfähigkeit, gegebenenfalls über die Bezuschussung und Kostenbeteiligung	
Mitwirken beim Erläutern des Planungskonzepts gegenüber Bürgern und politischen Gremien	
Überarbeiten des Planungskonzepts nach Bedenken und Anregungen	
Bereitstellen von Unterlagen als Auszüge aus dem Vorentwurf zur Verwendung für ein Raumordnungsverfahren	
Kostenschätzung	
Zusammenstellen aller Vorplanungsergebnisse	

3. Entwurfsplanung

Grundleistungen	**Besondere Leistungen**
Durcharbeiten des Planungskonzepts (stufenweise Erarbeitung einer zeichnerischen Lösung) unter Berücksichtigung aller fachspezifischer Anforderungen und unter Verwendung der Beiträge anderer an der Planung fachlich Beteiligter bis zum vollständigen Entwurf	Beschaffen von Auszügen aus Grundbuch, Kataster und anderen amtlichen Unterlagen
Erläuterungsbericht	Fortschreiben von Nutzen-Kosten-Untersuchungen
Fachspezifische Berechnungen, ausgenommen Berechnungen des Tragwerks	Signaltechnische Berechnung
Zeichnerische Darstellung des Gesamtentwurfs	Mitwirken bei Verwaltungsvereinbarungen
Finanzierungsplan; Bauzeiten- und Kostenplan; Ermitteln und Begründen der zuwendungsfähigen Kosten sowie Vorbereiten der Anträge auf Finanzierung; Mitwirken beim Erläutern des vorläufigen Entwurfs gegenüber Bürgern und politischen Gre-	

Grundleistungen	Besondere Leistungen

mien; Überarbeiten des vorläufigen Entwurfs auf Grund von Bedenken und Anregungen

Verhandlungen mit Behörden und anderen an der Planung fachlich Beteiligten über die Genehmigungsfähigkeit

Kostenberechnung

Kostenkontrolle durch Vergleich der Kostenberechnung mit der Kostenschätzung

Bei Verkehrsanlagen: Überschlägige Festlegung der Abmessung von Ingenieurbauwerken; Zusammenfassen aller vorläufigen Entwurfsunterlangen; Weiterentwickeln des vorläufigen Entwurfs zum endgültigen Entwurf; Ermitteln der Schallimmissionen von der Verkehrsanlage nach Tabellenwerten; Festlegen der erforderlichen Schallschutzmaßnahmen an der Verkehrsanlage, gegebenenfalls unter Einarbeitung der Ergebnisse detaillierter schalltechnischer Untersuchungen und Feststellen der Notwendigkeit von Schallschutzmaßnahmen an betroffenen Gebäuden; rechnerische Festlegung der Anlage in den Haupt- und Kleinpunkten; Darlegen der Auswirkungen auf Zwangspunkte; Nachweis der Lichtraumprofile; überschlägiges Ermitteln der wesentlichen Bauphasen unter Berücksichtigung der Verkehrslenkung während der Bauzeit

Zusammenfassen aller Entwurfsunterlagen

4. Genehmigungsplanung

Erarbeiten der Unterlagen für die erforderlichen öffentlich-rechtlichen Verfahren einschließlich der Anträge auf Ausnahmen und Befreiungen, Aufstellen des Bauwerksverzeichnisses unter Verwendung der Beiträge anderer an der Planung fachlich Beteiligter

Einreichen dieser Unterlagen

Grunderwerbsplan und Grunderwerbsverzeichnis

Bei Verkehrsanlagen: Einarbeiten der Ergebnisse der schalltechnischen Untersuchungen

Verhandlungen mit Behörden

Vervollständigen und Anpassen der Planungsunterlagen, Beschreibungen und Berechnungen unter Verwendung der Beiträge anderer an der Planung fachlich Beteiligter

Mitwirken beim Erläutern gegenüber Bürgern

Mitwirken im Planfeststellungsverfahren einschließlich der Teilnahme an Erörterungsterminen sowie Mitwirken bei der Abfassung der Stellungnahmen zu Bedenken und Anregungen

Besondere Leistungen (Spalte 4):

Mitwirken beim Beschaffen der Zustimmung von Betroffenen

Herstellen der Unterlagen für Verbandsgründungen

5. Ausführungsplanung

Durcharbeiten der Ergebnisse der Leistungsphasen 3 und 4 (stufenweise Erarbeitung und Darstellung der Lösung) unter Berücksichtigung aller

Besondere Leistungen (Spalte 5):

Aufstellen von Ablauf- und Netzplänen

Grundleistungen	**Besondere Leistungen**

fachspezifischen Anforderungen und Verwendung der Beiträge anderer an der Planung fachlich Beteiligter bis zur ausführungsreifen Lösung

Zeichnerische und rechnerische Darstellung des Objekts mit allen für die Ausführung notwendigen Einzelangaben einschließlich Detailzeichnungen in den erforderlichen Maßstäben

Erarbeiten der Grundlagen für die anderen an der Planung fachlich Beteiligten und Integrieren ihrer Beiträge bis zur ausführungsreifen Lösung

Fortschreiben der Ausführungsplanung während der Objektausführung

6. Vorbereitung der Vergabe

Mengenermittlung und Aufgliederung nach Einzelpositionen unter Verwendung der Beiträge anderer an der Planung fachlich Beteiligter

Aufstellen der Verdingungsunterlagen, insbesondere Anfertigen der Leistungsbeschreibungen mit Leistungsverzeichnissen sowie der Besonderen Vertragsbedingungen

Abstimmen und Koordinieren der Verdingungsunterlagen der an der Planung fachlich Beteiligten

Festlegen der wesentlichen Ausführungsphasen

7. Mitwirkung bei der Vergabe

Zusammenstellen der Verdingungsunterlagen für alle Leistungsbereiche

Einholen von Angeboten

Prüfen und Werten der Angebote einschließlich Aufstellen eines Preisspiegels

Abstimmen und Zusammenstellen der Leistungen der fachlich Beteiligten, die an der Vergabe mitwirken

Mitwirken bei Verhandlungen mit Bietern

Fortschreiben der Kostenberechnung

Kostenkontrolle durch Vergleich der fortgeschriebenen Kostenberechnung mit der Kostenberechnung

Mitwirken bei der Auftragserteilung

Besondere Leistungen (Spalte rechts, Höhe Punkt 7):
Prüfen und Werten von Nebenangeboten und Änderungsvorschlägen mit grundlegend anderen Konstruktionen im Hinblick auf die technische und funktionelle Durchführbarkeit

8. Bauoberleitung

Aufsicht über die örtliche Bauüberwachung, soweit die Bauoberleitung und die örtliche Bauüberwachung getrennt vergeben werden, Koordinieren der an der Objektüberwachung fachlich Beteiligten, insbesondere Prüfen auf Übereinstimmung und Freigeben von Plänen Dritter

Aufstellen und Überwachen eines Zeitplans (Balkendiagramm)

Inverzugsetzen der ausführenden Unternehmen

Abnahme von Leistungen und Lieferungen unter Mitwirkung der örtlichen Bauüberwachung und

Grundleistungen	Besondere Leistungen
anderer an der Planung und Objektüberwachung fachlich Beteiligter unter Fertigung einer Niederschrift über das Ergebnis der Abnahme	
Antrag auf behördliche Abnahmen und Teilnahme daran	
Übergabe des Objekts einschließlich Zusammenstellung und Übergabe der erforderlichen Unterlagen, zum Beispiel Abnahmeniederschriften und Prüfungsprotokolle	
Zusammenstellen von Wartungsvorschriften für das Objekt	
Überwachen der Prüfungen der Funktionsfähigkeit der Anlagenteile und der Gesamtanlage	
Auflisten der Verjährungsfristen der Gewährleistungsansprüche	
Kostenfeststellung	
Kostenkontrolle durch Überprüfen der Leistungsabrechnung der bauausführenden Unternehmen im Vergleich zu den Vertragspreisen und der fortgeschriebenen Kostenberechnung	
9. Objektbetreuung und Dokumentation	
Objektbetreuung zur Mängelfeststellung vor Ablauf der Verjährungsfristen der Gewährleistungsansprüche gegenüber den ausführenden Unternehmen	Erstellen eines Bauwerkbuchs
Überwachen der Beseitigung von Mängeln, die innerhalb der Verjährungsfristen der Gewährleistungsansprüche, längstens jedoch bis zum Ablauf von 5 Jahren seit Abnahme der Leistungen auftreten	
Mitwirken bei der Freigabe von Sicherheitsleistungen	
Systematische Zusammenstellung der zeichnerischen Darstellungen und rechnerischen Ergebnisse des Objekts	

(3) Die Teilnahme an bis zu 5 Erläuterungs- oder Erörterungsterminen mit Bürgern oder politischen Gremien, die bei Leistungen nach Absatz 2 anfallen, sind als Grundleistung mit den Honoraren nach § 56 abgegolten.

(4) Die Vertragsparteien können bei Auftragserteilung schriftlich vereinbaren, daß die Leistungsphase 5 bei Ingenieurbauwerken nach § 51 Abs. 1 Nr. 1 bis 3 und 5 abweichend von Absatz 1 mit mehr als 15 bis zu 35 v. H. bewertet wird, wenn in dieser Leistungsphase ein überdurchschnittlicher Aufwand an Ausführungszeichnungen erforderlich wird. Wird die Planung von Anlagen der Verfahrens- und Prozeßtechnik für die in Satz 1 genannten Ingenieurbauwerke an den Auftrag-nehmer übertragen, dem auch Grundleistungen für diese Ingenieurbauwerke in Auftrag gegeben sind, so kann für diese Leistungen ein Honorar frei vereinbart werden. Wird ein Honorar nach Satz 2 nicht bei Auftragserteilung schriftlich vereinbart, so ist das Honorar als Zeithonorar nach § 6 zu berechnen.

(5) Bei Umbauten und Modernisierungen im Sinne des § 3 Nr. 5 und 6 von Ingenieurbauwerken können neben den in Absatz 2 erwähnten Besonderen Leistungen insbesondere die nachstehenden Besonderen Leistungen vereinbart werden:

Ermitteln substanzbezogener Daten und Vorschriften

Honorartafel zu § 56 Abs. 1 (Anwendungsbereich des § 51 Abs. 1)

Anrechen-bare Kosten DM	Zone I von DM	bis	Zone II von DM	bis	Zone III von DM	bis	Zone IV von DM	bis	Zone V von DM	bis
50 000	4 650	5 850	5 850	7 040	7 040	8 240	8 240	9 430	9 430	10 630
60 000	5 400	6 760	6 760	8 120	8 120	9 490	9 490	10 850	10 850	12 210
70 000	6 110	7 630	7 630	9 160	9 160	10 680	10 680	12 210	12 210	13 730
80 000	6 790	8 470	8 470	10 150	10 150	11 820	11 820	13 500	13 500	15 180
90 000	7 470	9 290	9 290	11 120	11 120	12 940	12 940	14 770	14 770	16 590
100 000	8 140	10 110	10 110	12 080	12 080	14 040	14 040	16 010	16 010	17 980
150 000	11 290	13 920	13 920	16 550	16 550	19 170	19 170	21 800	21 800	24 430
200 000	14 240	17 470	17 470	20 700	20 700	23 920	23 920	27 150	27 150	30 380
300 000	19 750	24 060	24 060	28 370	28 370	32 680	32 680	36 990	36 990	41 300
400 000	24 910	30 200	30 200	35 490	35 490	40 770	40 770	46 060	46 060	51 350
500 000	29 820	36 010	36 010	42 210	42 210	48 400	48 400	54 600	54 600	60 790
600 000	34 530	41 580	41 580	48 640	48 640	55 690	55 690	62 750	62 750	69 800
700 000	39 100	46 970	46 970	54 840	54 840	62 700	62 700	70 570	70 570	78 440
800 000	43 560	52 200	52 200	60 850	60 850	69 490	69 490	78 140	78 140	86 780
900 000	47 890	57 290	57 290	66 690	66 690	76 080	76 080	85 480	85 480	94 880
1 000 000	52 130	62 260	62 260	72 380	72 380	82 510	82 510	92 630	92 630	102 760
1 500 000	72 290	85 770	85 770	99 250	99 250	112 730	112 730	126 210	126 210	139 690
2 000 000	91 170	107 670	107 670	124 180	124 180	140 680	140 680	157 190	157 190	173 690
3 000 000	126 440	148 370	148 370	170 300	170 300	192 240	192 240	214 170	214 170	236 100
4 000 000	159 460	186 280	186 280	213 100	213 100	239 930	239 930	266 750	266 750	293 570
5 000 000	190 880	222 230	222 230	253 570	253 570	284 920	284 920	316 260	316 260	347 610
6 000 000	221 110	256 700	256 700	292 290	292 290	327 890	327 890	363 480	363 480	399 070
7 000 000	250 370	289 990	289 990	329 610	329 610	369 220	369 220	408 840	408 840	448 460
8 000 000	278 850	322 320	322 320	365 780	365 780	409 250	409 250	452 710	452 710	496 180
9 000 000	306 630	353 800	353 800	400 970	400 970	448 130	448 130	495 300	495 300	542 470
10 000 000	333 820	384 560	384 560	435 300	435 300	486 050	486 050	536 790	536 790	587 530
15 000 000	462 910	530 060	530 060	597 210	597 210	664 360	664 360	731 510	731 510	798 660
20 000 000	583 780	665 630	665 630	747 480	747 480	829 330	829 330	911 180	911 180	993 030
30 000 000	809 550	917 620	917 620	1 025 680	1 025 680	1 133 750	1 133 750	1 241 810	1 241 810	1 349 880
40 000 000	1 020 930	1 152 410	1 152 410	1 283 890	1 283 890	1 415 380	1 415 380	1 546 860	1 546 860	1 678 340
50 000 000	1 222 200	1 375 230	1 375 230	1 528 250	1 528 250	1 681 280	1 681 280	1 834 300	1 834 300	1 987 330

Untersuchen und Abwickeln der notwendigen Sicherungsmaßnahmen von Bau- oder Betriebszuständen

Örtliches Überprüfen von Planungsdetails an der vorgefundenen Substanz und Überarbeiten der Planung bei Abweichen von den ursprünglichen Feststellungen

Erarbeiten eines Vorschlags zur Behebung von Schäden oder Mängeln.

Satz 1 gilt sinngemäß für Verkehrsanlagen mit geringen Kosten für Erdarbeiten einschließlich Felsarbeiten sowie mit gebundener Gradiente oder bei schwieriger Anpassung an vorhandene Randbebauung.

§ 56
Honorartafeln für Grundleistungen bei Ingenieurbauwerken und Verkehrsanlagen

(1) Die Mindest- und Höchstsätze der Honorare für die in § 55 aufgeführten Grundleistungen bei Ingenieurbauwerken sind in der vorstehenden Honorartafel für den Anwendungsbereich des § 51 Abs. 1 festgesetzt.

(2) Die Mindest- und Höchstsätze der Honorare für die in § 55 aufgeführten Grundleistungen bei Verkehrsanlagen sind in der nachfolgenden Honorartafel für den Anwendungsbereich des § 51 Abs. 2 festgesetzt.

(3) § 16 Abs. 2 und 3 gilt sinngemäß.

§ 57
Örtliche Bauüberwachung

(1) Die örtliche Bauüberwachung bei Ingenieurbauwerken und Verkehrsanlagen umfaßt folgende Leistungen:

1. Überwachen der Ausführung des Objekts auf Übereinstimmung mit den zur Ausführung genehmigten Unterlagen, dem Bauvertrag sowie den allgemein anerkannten Regeln der Technik und den einschlägigen Vorschriften,

2. Hauptachsen für das Objekt von objektnahen Festpunkten abstecken sowie Höhenfestpunkte im Objektbereich herstellen, soweit die Leistungen nicht mit besonderen instrumentellen und vermessungstechnischen Verfahrensanforderungen erbracht werden müssen, Baugelände örtlich kennzeichnen,

3. Führen eines Bautagebuchs,

4. Gemeinsames Aufmaß mit den ausführenden Unternehmen,

5. Mitwirken bei der Abnahme von Leistungen und Lieferungen,

6. Rechnungsprüfung,

Honorartafel zu § 56 Abs. 2 (Anwendungsbereich des § 51 Abs. 2)

Anrechen-bare Kosten DM	Zone I von DM	bis	Zone II von DM	bis	Zone III von DM	bis	Zone IV von DM	bis	Zone V von DM	bis
50 000	5 110	6 420	6 420	7 730	7 730	9 050	9 050	10 360	10 360	11 670
60 000	5 920	7 410	7 410	8 900	8 900	10 390	10 390	11 880	11 880	13 370
70 000	6 700	8 370	8 370	10 030	10 030	11 700	11 700	13 360	13 360	15 030
80 000	7 440	9 270	9 270	11 110	11 110	12 940	12 940	14 780	14 780	16 610
90 000	8 180	10 170	10 170	12 170	12 170	14 160	14 160	16 160	16 160	18 150
100 000	8 890	11 040	11 040	13 190	13 190	15 340	15 340	17 490	17 490	19 640
150 000	12 270	15 130	15 130	17 990	17 990	20 860	20 860	23 720	23 720	26 580
200 000	15 420	18 920	18 920	22 420	22 420	25 910	25 910	29 410	29 410	32 910
300 000	21 220	25 850	25 850	30 470	30 470	35 100	35 100	39 720	39 720	44 350
400 000	26 500	32 130	32 130	37 760	37 760	43 400	43 400	49 030	49 030	54 660
500 000	31 450	37 990	37 990	44 530	44 530	51 060	51 060	57 600	57 600	64 140
600 000	36 110	43 480	43 480	50 860	50 860	58 230	58 230	65 610	65 610	72 980
700 000	40 530	48 680	48 680	56 830	56 830	64 970	64 970	73 120	73 120	81 270
800 000	44 720	53 600	53 600	62 480	62 480	71 350	71 350	80 230	80 230	89 110
900 000	48 720	58 280	58 280	67 840	67 840	77 400	77 400	86 960	86 960	96 520
1 000 000	52 560	62 770	62 770	72 980	72 980	83 180	83 180	93 390	93 390	103 600
1 500 000	69 480	82 440	82 440	95 390	95 390	108 350	108 350	121 300	121 300	134 260
2 000 000	83 360	98 450	98 450	113 540	113 540	128 620	128 620	143 710	143 710	158 800
3 000 000	115 610	135 660	135 660	155 710	155 710	175 770	175 770	195 820	195 820	215 870
4 000 000	145 790	170 310	170 310	194 830	194 830	219 360	219 360	243 880	243 880	268 400
5 000 000	174 520	203 180	203 180	231 840	231 840	260 500	260 500	289 160	289 160	317 820
6 000 000	202 160	234 700	234 700	267 240	267 240	299 780	299 780	332 320	332 320	364 860
7 000 000	228 920	265 140	265 140	301 360	301 360	337 580	337 580	373 800	373 800	410 020
8 000 000	254 960	294 700	294 700	334 440	334 440	374 170	374 170	413 910	413 910	453 650
9 000 000	280 340	323 470	323 470	366 600	366 600	409 720	409 720	452 850	452 850	495 980
10 000 000	305 200	351 590	351 590	397 980	397 980	444 380	444 380	490 770	490 770	537 160
15 000 000	423 240	484 630	484 630	546 020	546 020	607 420	607 420	668 810	668 810	730 200
20 000 000	533 740	608 570	608 570	683 400	683 400	758 240	758 240	833 070	833 070	907 900
30 000 000	740 160	838 960	838 960	937 760	937 760	1 036 570	1 036 570	1 135 370	1 135 370	1 234 170
40 000 000	933 410	1 053 620	1 053 620	1 173 830	1 173 830	1 294 050	1 294 050	1 414 260	1 414 260	1 534 470
50 000 000	1 117 440	1 257 350	1 257 350	1 397 250	1 397 250	1 537 160	1 537 160	1 677 060	1 677 060	1 816 970

7. Mitwirken bei behördlichen Abnahmen,

8. Mitwirken beim Überwachen der Prüfung der Funktionsfähigkeit der Anlagenteile und der Gesamtanlage,

9. Überwachen der Beseitigung der bei der Abnahme der Leistungen festgestellten Mängel,

10. bei Objekten nach § 51 Abs. 1: Überwachen der Ausführung von Tragwerken nach § 63 Abs. 1 Nr. 1 und 2 auf Übereinstimmung mit dem Standsicherheitsnachweis.

(2) Das Honorar für die örtliche Bauüberwachung kann mit 2,1 bis 3,2 v. H. der anrechenbaren Kosten nach § 52 Abs. 2, 3, 6 und 7 vereinbart werden. Die Vertragsparteien können abweichend von Satz 1 ein Honorar als Festbetrag unter Zugrundelegung der geschätzten Bauzeit vereinbaren. Wird ein Honorar nach Satz 1 oder Satz 2 nicht bei Auftragserteilung schriftlich vereinbart, so gilt ein Honorar in Höhe von 2,1 v. H. der anrechenbaren Kosten nach § 52 Abs. 2, 3, 6 und 7 als vereinbart. § 5 Abs. 2 und 3 gilt sinngemäß.

(3) Das Honorar für die örtliche Bauüberwachung bei Objekten nach § 52 Abs. 9 kann abweichend von Absatz 2 frei vereinbart werden.

§ 58
Vorplanung und Entwurfsplanung als Einzelleistung

Wird die Anfertigung der Vorplanung (Leistungsphase 2 des § 55) oder der Entwurfsplanung (Leistungsphase 3 des § 55) als Einzelleistung in Auftrag gegeben, so können hierfür anstelle der in § 55 festgesetzten Vomhundertsätze folgende Vomhundertsätze der Honorare nach § 56 vereinbart werden:

1. für die Vorplanung   bis zu 17 v. H.,

2. für die Entwurfsplanung   bis zu 45 v. H.

§ 59
Umbauten und Modernisierungen von Ingenieurbauwerken und Verkehrsanlagen

(1) Honorare für Leistungen bei Umbauten und Modernisierungen im Sinne des § 3 Nr. 5 und 6 sind bei Ingenieurbauwerken nach den anrechenbaren Kosten nach § 52, der Honorarzone, der der Umbau oder die Modernisierung bei sinngemäßer Anwendung des § 53 zuzuordnen ist, den Leistungsphasen des § 55 und den Honorartafeln des § 56 mit der Maßgabe zu ermitteln, daß eine Erhöhung der Honorare für die Grundleistungen nach § 55 und für die örtliche Bau-

überwachung nach § 57 um einen Vomhundertsatz schriftlich zu vereinbaren ist. Bei der Vereinbarung nach Satz 1 ist insbesondere der Schwierigkeitsgrad der Leistungen zu berücksichtigen. Bei durchschnittlichem Schwierigkeitsgrad der Leistungen nach Satz 1 kann ein Zuschlag von 20 bis 33 v. H. vereinbart werden. Sofern nicht etwas anderes schriftlich vereinbart ist, gilt ab durchschnittlichem Schwierigkeitsgrad ein Zuschlag von 20 v. H. als vereinbart

(2) § 24 Abs. 2 gilt sinngemäß.

(3) Die Absätze 1 und 2 gelten sinngemäß bei Verkehrsanlagen mit geringen Kosten für Erdarbeiten einschließlich Felsarbeiten sowie mit gebundener Gradiente oder bei schwieriger Anpassung an vorhandene Bebauung.

§ 60
Instandhaltungen und Instandsetzungen

Honorare für Leistungen bei Instandhaltungen und Instandsetzungen sind nach den anrechenbaren Kosten nach § 52, der Honorarzone, der das Objekt nach den §§ 53 und 54 zuzuordnen ist, den Leistungsphasen des § 55 und den Honorartafeln des § 56 mit der Maßgabe zu ermitteln, daß eine Erhöhung des Vomhundertsatzes für die Bauoberleitung (Leistungsphase 8 des § 55) und des Betrages für die örtliche Bauüberwachung nach § 57 um bis zu 50 vom Hundert vereinbart werden kann.

§ 61
Bau- und landschaftsgestalterische Beratung

(1) Leistungen für bau- und landschaftsgestalterische Beratung werden erbracht, um Ingenieurbauwerke und Verkehrsanlagen bei besonderen städtebaulichen oder landschaftsgestalterischen Anforderungen planerisch in die Umgebung einzubinden.

(2) Zu den Leistungen für bau- und landschaftsgestalterische Beratung rechnen insbesondere:

1. Mitwirken beim Erarbeiten und Durcharbeiten der Vorplanung in gestalterischer Hinsicht,

2. Darstellung des Planungskonzepts unter Berücksichtigung städtebaulicher, gestalterischer, funktionaler, technischer und umweltbeeinflussender Zusammenhänge, Vorgänge und Bedingungen,

3. Mitwirken beim Werten von Angeboten einschließlich Sondervorschlägen unter gestalterischen Gesichtspunkten,

4. Mitwirken beim Überwachen der Ausführung des Objekts auf Übereinstimmung mit dem gestalterischen Konzept.

(3) Werden Leistungen für bau- und landschaftsgestalterische Beratung einem Auftragnehmer übertragen, dem auch gleichzeitig Grundleistungen nach § 55 für diese Ingenieurbauwerke oder Verkehrsanlagen übertragen werden, so kann für die Leistungen für bau- und landschaftsgestalterische Beratung ein besonderes Honorar nicht berechnet werden. Diese Leistungen sind bei der Vereinbarung des Honorars für die Grundleistungen im Rahmen der für diese Leistungen festgesetzten Mindest- und Höchstsätze zu berücksichtigen.

(4) Werden Leistungen für bau- und landschaftsgestalterische Beratung einem Auftragnehmer übertragen, dem nicht gleichzeitig Grundleistungen nach § 55 für diese Ingenieurbauwerke oder Verkehrsanlagen übertragen werden, so kann ein Honorar frei vereinbart werden. Wird ein Honorar nicht bei Auftragserteilung schriftlich vereinbart, so ist das Honorar als Zeithonorar nach § 6 zu berechnen.

(5) Die Absätze 1 bis 4 gelten sinngemäß, wenn Leistungen für verkehrsplanerische Beratungen bei der Planung von Freianlagen nach Teil II oder bei städtebaulichen Planungen nach Teil V erbracht werden.

Teil VII a
Verkehrsplanerische Leistungen

§ 61 a
Honorar für verkehrsplanerische Leistungen

(1) Verkehrsplanerische Leistungen sind das Vorbereiten und Erstellen der für nachstehende Planarten erforderlichen Ausarbeitungen und Planfassungen:

1. Bearbeiten aller Verkehrssektoren im Gesamtverkehrsplan,

2. Bearbeiten einzelner Verkehrssektoren im Teilverkehrsplan

sowie sonstige verkehrsplanerische Leistungen.

(2) Die verkehrsplanerischen Leistungen nach Absatz 1 Nr. 1 und 2 umfassen insbesondere folgende Leistungen:

1. Erarbeiten eines Zielkonzeptes,

2. Analyse des Zustandes und Feststellen von Mängeln,

3. Ausarbeiten eines Konzepts für eine Verkehrsmengenerhebung, Durchführen und Auswerten dieser Verkehrsmengenerhebung,

4. Beschreiben der zukünftigen Entwicklung,

5. Ausarbeiten von Planfällen,

6. Berechnen der zukünftigen Verkehrsnachfrage,

7. Abschätzen der Auswirkungen und Bewerten,

8. Erarbeiten von Planungsempfehlungen.

(3) Das Honorar für verkehrsplanerische Leistungen kann frei vereinbart werden. Wird ein Honorar nicht bei Auftragserteilung schriftlich vereinbart, so ist das Honorar als Zeithonorar nach § 6 zu berechnen.

Teil VIII
Leistungen bei der Tragwerksplanung

§ 62
Grundlagen des Honorars

(1) Das Honorar für Grundleistungen bei der Tragwerksplanung richtet sich nach den anrechenbaren Kosten des Objekts, nach der Honorarzone, der das Tragwerk angehört, sowie nach der Honorartafel in § 65.

(2) Anrechenbare Kosten sind, bei Gebäuden und zugehörigen baulichen Anlagen unter Zugrundelegung der Kostenermittlungsarten nach DIN 276, zu ermitteln:

1. bei Anwendung von Absatz 4

   a) für die Leistungsphasen 1 bis 3 nach der Kostenberechnung, solange diese nicht vorliegt, nach der Kostenschätzung;

   b) für die Leistungsphasen 4 bis 6 nach der Kostenfeststellung, solange diese nicht vorliegt, nach dem Kostenanschlag;

   die Vertragsparteien können bei Auftragserteilung abweichend von den Buchstaben a und b eine andere Zuordnung der Leistungsphasen schriftlich vereinbaren.

2. bei Anwendung von Absatz 5 oder 6 nach der Kostenfeststellung, solange diese nicht vorliegt oder wenn die Vertragsparteien dies bei der Auftragserteilung schriftlich vereinbaren, nach dem Kostenanschlag.

(3) § 10 Abs. 3 und 3 a sowie die §§ 21 und 32 gelten sinngemäß.

(4) Anrechenbare Kosten sind bei Gebäuden und zugehörigen baulichen Anlagen

55 v. H. der Kosten der Baukonstruktionen und besonderen Baukonstruktionen (DIN 276, Kostengruppen 3.1 und 3.5.1) und

20 v. H. der Kosten der Installationen und besonderen Installationen (DIN 276, Kostengruppen 3.2 und 3.5.2).

(5) Die Vertragsparteien können bei Gebäuden mit einem hohen Anteil an Kosten der Gründung und der Tragkonstruktionen (DIN 276, Kostengruppen 3.1.1 und 3.1.2) sowie bei Umbauten bei der Auftragserteilung schriftlich vereinbaren, daß die anrechenbaren Kosten abweichend von Absatz 4 nach Absatz 6 Nr. 1 bis 12 ermittelt werden.

(6) Anrechenbare Kosten sind bei Ingenieurbauwerken die vollständigen Kosten für:

1. Erdarbeiten,

2. Mauerarbeiten,

3. Beton- und Stahlbetonarbeiten,

4. Naturwerksteinarbeiten,

5. Betonwerksteinarbeiten,

6. Zimmer- und Holzbauarbeiten,

7. Stahlbauarbeiten,

8. Tragwerke und Tragwerksteile aus Stoffen, die anstelle der in den vorgenannten Leistungen enthaltenen Stoffe verwendet werden,

9. Abdichtungsarbeiten,

10. Dachdeckungs- und Dachabdichtungsarbeiten,

11. Klempnerarbeiten,

12. Metallbau- und Schlosserarbeiten für tragende Konstruktionen,

13. Bohrarbeiten, außer Bohrungen zur Baugrunderkundung,

14. Verbauarbeiten für Baugruben,

15. Rammarbeiten,

16. Wasserhaltungsarbeiten,

einschließlich der Kosten für Baustelleneinrichtungen. Absatz 7 bleibt unberührt.

(7) Nicht anrechenbar sind bei Anwendung von Absatz 5 oder 6 die Kosten für

1. das Herrichten des Baugrundstücks,

2. Oberbodenauftrag,

3. Mehrkosten für außergewöhnliche Ausschachtungsarbeiten,

4. Rohrgräben ohne statischen Nachweis,

5. nichttragendes Mauerwerk <11,5 cm,

6. Bodenplatten ohne statischen Nachweis,

7. Mehrkosten für Sonderausführungen, zum Beispiel von Dächern, Sichtbeton oder Fassadenverkleidungen,

8. Winterbauschutzvorkehrungen und sonstige zusätzliche Maßnahmen für den Winterbau (bei Gebäuden und zugehörigen baulichen Anlagen: nach DIN 276, Kostengruppe 6),

9. Naturwerkstein-, Betonwerkstein-, Zimmer- und Holzbau, Stahlbau- und Klempnerarbeiten, die in Verbindung mit dem Ausbau eines Gebäudes oder Ingenieurbauwerks ausgeführt werden,

10. die Baunebenkosten.

(8) Die Vertragsparteien können bei Ermittlung der anrechenbaren Kosten vereinbaren, daß Kosten von Arbeiten, die nicht in den Absätzen 4 bis 6 erfaßt sind, sowie die in Absatz 7 Nr. 7 und bei Gebäuden die in Absatz 6 Nr. 13 bis 16 genannten Kosten ganz oder teilweise zu den anrechenbaren Kosten gehören, wenn der Auftragnehmer wegen dieser Arbeiten Mehrleistungen für das Tragwerk nach § 64 erbringt.

§ 63
Honorarzonen
für Leistungen bei der Tragwerksplanung

(1) Die Honorarzone wird bei der Tragwerksplanung nach dem statisch-konstruktiven Schwierigkeitsgrad auf Grund folgender Bewertungsmerkmale ermittelt:

1. Honorarzone I:

Tragwerke mit sehr geringem Schwierigkeitsgrad, insbesondere

— einfache statisch bestimmte ebene Tragwerke aus Holz, Stahl, Stein oder unbewehrtem Beton mit ruhenden Lasten, ohne Nachweis horizontaler Aussteifung;

2. Honorarzone II:

Tragwerke mit geringem Schwierigkeitsgrad, insbesondere

— statisch bestimmte ebene Tragwerke in gebräuchlichen Bauarten ohne Vorspann- und Verbundkonstruktionen, mit vorwiegend ruhenden Lasten,

— Deckenkonstruktionen mit vorwiegend ruhenden Flächenlasten, die sich mit gebräuchlichen Tabellen berechnen lassen,

— Mauerwerksbauten mit bis zur Gründung durchgehenden tragenden Wänden ohne Nachweis horizontaler Aussteifung,

— Flachgründungen und Stützwände einfacher Art;

3. Honorarzone III:

Tragwerke mit durchschnittlichem Schwierigkeitsgrad, insbesondere

— schwierige statisch bestimmte und statisch unbestimmte ebene Tragwerke in gebräuchlichen Bauarten ohne Vorspannkonstruktionen und ohne Stabilitätsuntersuchungen,

— einfache Verbundkonstruktionen des Hochbaus ohne Berücksichtigung des Einflusses von Kriechen und Schwinden,

— Tragwerke für Gebäude mit Abfangung der tragenden, beziehungsweise aussteifenden Wände,

— ausgesteifte Skelettbauten,

— ebene Pfahlrostgründungen,

— einfache Gewölbe,

— einfache Rahmentragwerke ohne Vorspannkonstruktionen und ohne Stabilitätsuntersuchungen,

— einfache Traggerüste und andere einfache Gerüste für Ingenieurbauwerke,

— einfache verankerte Stützwände;

4. Honorarzone IV:

Tragwerke mit überdurchschnittlichem Schwierigkeitsgrad, insbesondere

— statisch und konstruktiv schwierige Tragwerke in gebräuchlichen Bauarten und Tragwerke, für deren Standsicherheits- und Festigkeitsnachweis schwierig zu ermittelnde Einflüsse zu berücksichtigen sind,

— vielfach statisch unbestimmte Systeme,

— statisch bestimmte räumliche Fachwerke,

— einfache Faltwerke nach der Balkentheorie,

— statisch bestimmte Tragwerke, die Schnittgrößenbestimmungen nach der Theorie II. Ordnung erfordern,

— einfach berechnete, seilverspannte Konstruktionen,

— Tragwerke für schwierige Rahmen- und Skelettbauten sowie turmartige Bauten, bei denen der Nachweis der Stabilität und Aussteifung die Anwendung besonderer Berechnungsverfahren erfordert,

— Verbundkonstruktionen, soweit nicht in Honorarzone III oder V erwähnt,

— einfache Trägerroste und einfache orthotrope Platten,

— Tragwerke mit einfachen Schwingungsuntersuchungen,

— schwierige statisch unbestimmte Flachgründungen, schwierige ebene und räumliche Pfahlgründungen, besondere Gründungsverfahren, Unterfahrungen,

— schiefwinklige Einfeldplatten für Ingenieurbauwerke,

— schiefwinklig gelagerte oder gekrümmte Träger,

— schwierige Gewölbe und Gewölbereihen,

— Rahmentragwerke, soweit nicht in Honorarzone III oder V erwähnt,

— schwierige Traggerüste und andere schwierige Gerüste für Ingenieurbauwerke,

— schwierige, verankerte Stützwände,

— Konstruktionen mit Mauerwerk nach Eignungsprüfung (Ingenieurmauerwerk);

5. Honorarzone V:

Tragwerke mit sehr hohem Schwierigkeitsgrad, insbesondere

— statisch und konstruktiv ungewöhnlich schwierige Tragwerke,

— schwierige Tragwerke in neuen Bauarten,

— räumliche Stabwerke und statisch unbestimmte räumliche Fachwerke,

— schwierige Trägerroste und schwierige orthotrope Platten,

— Verbundträger mit Vorspannung durch Spannglieder oder andere Maßnahmen,

— Flächentragwerke (Platten, Scheiben, Faltwerke, Schalen), die die Anwendung der Elastizitätstheorie erfordern,

— statisch unbestimmte Tragwerke, die Schnittgrößenbestimmungen nach der Theorie II. Ordnung erfordern,

— Tragwerke mit Standsicherheitsnachweisen, die nur unter Zuhilfenahme modellstatischer Untersuchungen oder durch Berechnungen mit finiten Elementen beurteilt werden können,

— Tragwerke mit Schwingungsuntersuchungen, soweit nicht in Honorarzone IV erwähnt,

— seilverspannte Konstruktionen, soweit nicht in Honorarzone IV erwähnt,

— schiefwinklige Mehrfeldplatten,

— schiefwinklig gelagerte, gekrümmte Träger,

— schwierige Rahmentragwerke mit Vorspannkonstruktionen und Stabilitätsuntersuchungen,

— sehr schwierige Traggerüste und andere sehr schwierige Gerüste für Ingenieurbauwerke, zum Beispiel weit gespannte oder hohe Traggerüste,

— Tragwerke, bei denen die Nachgiebigkeit der Verbindungsmittel bei der Schnittkraftermittlung zu berücksichtigen ist.

(2) Sind für ein Tragwerk Bewertungsmerkmale aus mehreren Honorarzonen anwendbar und bestehen deswegen Zweifel, welcher Honorarzone das Tragwerk zugerechnet werden kann, so ist für die Zuordnung die Mehrzahl der in den jeweiligen Honorarzonen nach Absatz 1 aufgeführten Bewertungsmerkmale und ihre Bedeutung im Einzelfall maßgebend.

§ 64
Leistungsbild Tragwerksplanung

(1) Die Grundleistungen bei der Tragwerksplanung sind für Gebäude und zugehörige bauliche Anlagen sowie für Ingenieurbauwerke nach § 51 Abs. 1 Nr. 1 bis 5 in den in Absatz 3 aufgeführten Leistungsphasen 1 bis 6, für Ingenieurbauwerke nach § 51 Abs. 1 Nr. 6 und 7 in den in Absatz 3 aufgeführten Leistungsphasen 2 bis 6 zusammengefaßt. Sie sind in der folgenden Tabelle in Vomhundertsätzen der Honorare des § 65 bewertet.

	Bewertung der Grundleistungen in v. H. der Honorare
1. Grundlagenermittlung*) Klären der Aufgabenstellung	3
2. Vorplanung (Projekt- und Planungsvorbereitung) Erarbeiten des statisch-konstruktiven Konzepts des Tragwerks	10
3. Entwurfsplanung (System- und Integrationsplanung) Erarbeiten der Tragwerkslösung mit überschlägiger statischer Berechnung	12
4. Genehmigungsplanung Anfertigen und Zusammenstellen der statischen Berechnung mit Positionsplänen für die Prüfung.....................	30
5. Ausführungsplanung Anfertigen der Tragwerksausführungszeichnungen................................	42
6. Vorbereitung der Vergabe Beitrag zur Mengenermittlung und zum Leistungsverzeichnis	
7. Mitwirkung bei der Vergabe...............	3
8. Objektüberwachung	—
9. Objektbetreuung..............................	—

*) Die Grundleistungen dieser Leistungsphase für Ingenieurbauwerke nach § 51 Abs. 1 Nr. 6 und 7 sind im Leistungsbild Objektplanung des § 55 enthalten.

(2) Die Leistungsphase 5 ist abweichend von Absatz 1 mit 26 vom Hundert der Honorare des § 65 zu bewerten:

1. im Stahlbetonbau, sofern keine Schalpläne in Auftrag gegeben werden,

2. im Stahlbau, sofern der Auftragnehmer die Werkstattzeichnungen nicht auf Übereinstimmung mit der Genehmigungsplanung und den Ausführungszeichnungen nach Absatz 3 Nr. 5 überprüft,

3. im Holzbau, sofern das Tragwerk in den Honorarzonen 1 und 2 eingeordnet ist.

(3) Das Leistungsbild setzt sich wie folgt zusammen:

Grundleistungen	Besondere Leistungen

1. Grundlagenermittlung

Klären der Aufgabenstellung auf dem Fachgebiet Tragwerksplanung im Benehmen mit dem Objektplaner

2. Vorplanung
(Projekt- und Planungsvorbereitung)

Bei Ingenieurbauwerken nach § 51 Abs. 1 Nr. 6 und 7: Übernahme der Ergebnisse aus Leistungsphase 1 von § 55 Abs. 2

Beraten in statisch-konstruktiver Hinsicht unter Berücksichtigung der Belange der Standsicherheit, der Gebrauchsfähigkeit und der Wirtschaftlichkeit

Mitwirken bei dem Erarbeiten eines Planungskonzepts einschließlich Untersuchung der Lösungsmöglichkeiten des Tragwerks unter gleichen Objektbedingungen mit skizzenhafter Darstellung, Klärung und Angabe der für das Tragwerk wesentlichen konstruktiven Festlegungen für zum Beispiel Baustoffe, Bauarten und Herstellungsverfahren, Konstruktionsraster und Gründungsart

Mitwirken bei Vorverhandlungen mit Behörden und anderen an der Planung fachlich Beteiligten über die Genehmigungsfähigkeit

Mitwirken bei der Kostenschätzung nach DIN 276

Besondere Leistungen:

Aufstellen von Vergleichsberechnungen für mehrere Lösungsmöglichkeiten unter verschiedenen Objektbedingungen

Aufstellen eines Lastenplanes, zum Beispiel als Grundlage für die Baugrundbeurteilung und Gründungsberatung

Vorläufige nachprüfbare Berechnung wesentlicher tragender Teile

Vorläufige nachprüfbare Berechnung der Gründung

3. Entwurfsplanung
(System- und Integrationsplanung)

Erarbeiten der Tragwerkslösung unter Beachtung der durch die Objektplanung integrierten Fachplanungen bis zum konstruktiven Entwurf mit zeichnerischer Darstellung

Erarbeiten der Tragwerkslösung (bei Ingenieurbauwerken: auf Grund der Ergebnisse der Leistungsphase 2 des § 55) unter Beachtung der durch die Objektplanung integrierten Fachplanungen bis zum konstruktiven Entwurf mit zeichnerischer Darstellung

Überschlägige statische Berechnung und Bemessung

Grundlegende Festlegungen der konstruktiven Details und Hauptabmessungen des Tragwerks für zum Beispiel Gestaltung der tragenden Querschnitte, Aussparungen und Fugen; Ausbildung der Auflager- und Knotenpunkte sowie der Verbindungsmittel

Mitwirken bei der Objektbeschreibung

Mitwirken bei Verhandlungen mit Behörden und anderen an der Planung fachlich Beteiligten über die Genehmigungsfähigkeit

Besondere Leistungen:

Vorgezogene, prüfbare und für die Ausführung geeignete Berechnung wesentlich tragender Teile

Vorgezogene, prüfbare und für die Ausführung geeignete Berechnung der Gründung

Mehraufwand bei Sonderbauweisen oder Sonderkonstruktionen, zum Beispiel Klären von Konstruktionsdetails

Vorgezogene Stahl- oder Holzmengenermittlung des Tragwerks und der kraftübertragenden Verbindungsteile für eine Ausschreibung, die ohne Vorliegen von Ausführungsunterlagen durchgeführt wird

Nachweise der Erdbebensicherung

Grundleistungen	Besondere Leistungen

Mitwirken bei der Kostenberechnung, bei Gebäuden und zugehörigen baulichen Anlagen: nach DIN 276

Mitwirken bei der Kostenkontrolle durch Vergleich der Kostenberechnung mit der Kostenschätzung

4. Genehmigungsplanung

Aufstellen der prüffähigen statischen Berechnungen für das Tragwerk unter Berücksichtigung der vorgegebenen bauphysikalischen Anforderungen

Bei Ingenieurbauwerken: Erfassen von normalen Bauzuständen

Anfertigen der Positionspläne für das Tragwerk oder Eintragen der statischen Positionen, der Tragwerksabmessungen, der Verkehrslasten, der Art und Güte der Baustoffe und der Besonderheiten der Konstruktionen in die Entwurfszeichnungen des Objektplaners (zum Beispiel in Transparentpausen)

Zusammenstellen der Unterlagen der Tragwerksplanung zur bauaufsichtlichen Genehmigung

Verhandlungen mit Prüfämtern und Prüfingenieuren

Vervollständigen und Berichtigen der Berechnungen und Pläne

Besondere Leistungen (Spalte):

Bauphysikalische Nachweise zum Brandschutz

Statische Berechnung und zeichnerische Darstellung für Bergschadenssicherungen und Bauzustände, soweit diese Leistungen über das Erfassen von normalen Bauzuständen hinausgehen

Zeichnungen mit statischen Positionen und den Tragwerksabmessungen, den Bewehrungs-Querschnitten, den Verkehrslasten und der Art und Güte der Baustoffe sowie Besonderheiten der Konstruktionen zur Vorlage bei der bauaufsichtlichen Prüfung anstelle von Positionsplänen

Aufstellen der Berechnungen nach militärischen Lastenklassen (MLC)

Erfassen von Bauzuständen bei Ingenieurbauwerken, in denen das statische System von dem des Endzustands abweicht

5. Ausführungsplanung

Durcharbeiten der Ergebnisse der Leistungsphasen 3 und 4 unter Beachtung der durch die Objektplanung integrierten Fachplanungen

Anfertigen der Schalpläne in Ergänzung der fertiggestellten Ausführungspläne des Objektplaners

Zeichnerische Darstellung der Konstruktionen mit Einbau- und Verlegeanweisungen, zum Beispiel Bewehrungspläne, Stahlbaupläne, Holzkonstruktionspläne (keine Werkstattzeichnungen)

Aufstellen detaillierter Stahl- oder Stücklisten als Ergänzung zur zeichnerischen Darstellung der Konstruktionen mit Stahlmengenermittlung

Besondere Leistungen (Spalte):

Werkstattzeichnungen im Stahl- und Holzbau einschließlich Stücklisten, Elementpläne für Stahlbetonfertigteile einschließlich Stahl- und Stücklisten

Berechnen der Dehnwege, Festlegen des Spannvorganges und Erstellen der Spannprotokolle im Spannbetonbau

Wesentliche Leistungen, die infolge Änderungen der Planung, die vom Auftragnehmer nicht zu vertreten sind, erforderlich werden

Rohbauzeichnungen im Stahlbetonbau, die auf der Baustelle nicht der Ergänzung durch die Pläne des Objektplaners bedürfen

6. Vorbereitung der Vergabe

Ermitteln der Betonstahlmengen im Stahlbetonbau, der Stahlmengen im Stahlbau und der Holzmengen im Ingenieurholzbau als Beitrag zur Mengenermittlung des Objektplaners

Überschlägliches Ermitteln der Mengen der konstruktiven Stahlteile und statisch erforderlichen Verbindungs- und Befestigungsmittel im Ingenieurholzbau

Besondere Leistungen (Spalte):

Beitrag zur Leistungsbeschreibung mit Leistungsprogramm des Objektplaners*)

Beitrag zum Aufstellen von vergleichenden Kostenübersichten des Objektplaners

---

*) Diese Besondere Leistung wird bei Leistungsbeschreibung mit Leistungsprogramm Grundleistung. In diesem Fall entfallen die Grundleistungen dieser Leistungsphase.

Grundleistungen	**Besondere Leistungen**
Aufstellen von Leistungsbeschreibungen als Ergänzung zu den Mengenermittlungen als Grundlage für das Leistungsverzeichnis des Tragwerks	Aufstellen des Leistungsverzeichnisses des Tragwerks
7. Mitwirkung bei der Vergabe	Mitwirken bei der Prüfung und Wertung der Angebote aus Leistungsbeschreibung mit Leistungsprogramm
	Mitwirken bei der Prüfung und Wertung von Nebenangeboten
	Beitrag zum Kostenanschlag nach DIN 276 aus Einheitspreisen oder Pauschalangeboten
8. Objektüberwachung (Bauüberwachung)	Ingenieurtechnische Kontrolle der Ausführung des Tragwerks auf Übereinstimmung mit den geprüften statischen Unterlagen
	Ingenieurtechnische Kontrolle der Baubehelfe, zum Beispiel Arbeits- und Lehrgerüste, Kranbahnen, Baugrubensicherungen
	Kontrolle der Betonherstellung und -verarbeitung auf der Baustelle in besonderen Fällen sowie statistische Auswertung der Güteprüfungen
	Betontechnologische Beratung
9. Objektbetreuung und Dokumentation	Baubegehung zur Feststellung und Überwachung von die Standsicherheit betreffenden Einflüssen

(4) Bei Umbauten und Modernisierungen im Sinne des § 3 Nr. 5 und 6 kann neben den in Absatz 3 erwähnten Besonderen Leistungen insbesondere nachstehende Besondere Leistung vereinbart werden:

Mitwirken bei der Überwachung der Ausführung der Tragwerkseingriffe.

§ 65

Honorartafel für Grundleistungen bei der Tragwerksplanung

(1) Die Mindest- und Höchstsätze der Honorare für die in § 64 aufgeführten Grundleistungen bei der Tragwerksplanung sind in der nachfolgenden Honorartafel festgesetzt.

(2) § 16 Abs. 2 und 3 gilt sinngemäß.

§ 66

Auftrag über mehrere Tragwerke und bei Umbauten

(1) Umfaßt ein Auftrag mehrere Gebäude oder Ingenieurbauwerke mit konstruktiv verschiedenen Tragwerken, so sind die Honorare für jedes Tragwerk getrennt zu berechnen.

(2) Umfaßt ein Auftrag mehrere Gebäude oder Ingenieurbauwerke mit konstruktiv weitgehend vergleichbaren Tragwerken derselben Honorarzone, so sind die anrechenbaren Kosten der Tragwerke einer Honorarzone zur Berechnung des Honorars zusammenzufassen; das Honorar ist nach der Summe der anrechenbaren Kosten zu berechnen.

(3) Umfaßt ein Auftrag mehrere Gebäude oder Ingenieurbauwerke mit konstruktiv gleichen Tragwerken, die sich durch geringfügige Änderungen der Tragwerksplanung unterscheiden und die einen wesentlichen Arbeitsaufwand verursachen, so sind für die 1. bis 4. Wiederholung die Vomhundertsätze der Leistungsphasen 1 bis 6 des § 64 um 50 vom Hundert, von der 5. Wiederholung an um 60 vom Hundert zu mindern.

(4) Umfaßt ein Auftrag mehrere Gebäude oder Ingenieurbauwerke mit konstruktiv gleichen Tragwerken, für die eine Änderung der Tragwerksplanung entweder nicht erforderlich ist oder nur einen unwesentlichen Arbeitsaufwand erfordert, so sind für jede Wiederholung.

Honorartafel zu § 65 Abs. 1

Anrechen-bare Kosten DM	Zone I von DM	bis	Zone II von DM	bis	Zone III von DM	bis	Zone IV von DM	bis	Zone V von DM	bis
20 000	1 990	2 320	2 320	3 130	3 130	4 100	4 100	4 920	4 920	5 240
30 000	2 790	3 230	3 230	4 320	4 320	5 630	5 630	6 720	6 720	7 160
40 000	3 530	4 070	4 070	5 430	5 430	7 050	7 050	8 410	8 410	8 950
50 000	4 230	4 870	4 870	6 470	6 470	8 390	8 390	9 990	9 990	10 630
60 000	4 920	5 650	5 650	7 480	7 480	9 680	9 680	11 510	11 510	12 240
70 000	5 590	6 410	6 410	8 460	8 460	10 910	10 910	12 960	12 960	13 780
80 000	6 220	7 130	7 130	9 390	9 390	12 120	12 120	14 380	14 380	15 290
90 000	6 870	7 860	7 860	10 330	10 330	13 290	13 290	15 760	15 760	16 750
100 000	7 480	8 550	8 550	11 220	11 220	14 420	14 420	17 090	17 090	18 160
150 000	10 440	11 880	11 880	15 480	15 480	19 800	19 800	23 400	23 400	24 840
200 000	13 210	14 990	14 990	19 440	19 440	24 790	24 790	29 240	29 240	31 020
300 000	18 420	20 820	20 820	26 820	26 820	34 030	34 030	40 030	40 030	42 430
400 000	23 320	26 290	26 290	33 700	33 700	42 600	42 600	50 010	50 010	52 980
500 000	27 990	31 490	31 490	40 230	40 230	50 710	50 710	59 450	59 450	62 950
600 000	32 520	36 520	36 520	46 510	46 510	58 490	58 490	68 480	68 480	72 480
700 000	36 890	41 370	41 370	52 550	52 550	65 980	65 980	77 170	77 170	81 640
800 000	41 170	46 100	46 100	58 440	58 440	73 240	73 240	85 580	85 580	90 510
900 000	45 350	50 730	50 730	64 170	64 170	88 310	88 310	93 750	93 750	99 130
1 000 000	49 440	55 250	55 250	69 780	69 780	87 210	87 210	101 730	101 730	107 540
1 500 000	68 930	76 750	76 750	96 290	96 290	119 750	119 750	139 290	139 290	147 110
2 000 000	87 260	96 910	96 910	121 020	121 020	149 950	149 950	174 070	174 070	183 710
3 000 000	121 700	134 660	134 660	167 050	167 050	205 930	205 930	238 320	238 320	251 280
4 000 000	154 060	170 040	170 040	209 970	209 970	257 900	257 900	297 840	297 840	313 810
5 000 000	185 000	203 790	203 790	250 750	250 750	307 110	307 110	354 070	354 070	372 860
6 000 000	214 840	236 280	236 280	289 880	289 880	354 200	354 200	407 800	407 800	429 240
7 000 000	243 780	267 760	267 760	327 690	326 690	399 620	399 620	459 560	459 560	483 530
8 000 000	272 000	298 410	298 410	364 420	364 420	443 650	443 650	509 660	509 660	536 070
9 000 000	299 570	328 330	328 330	400 210	400 210	486 480	486 480	558 370	558 370	587 120
10 000 000	326 600	357 630	357 630	435 210	435 210	528 300	528 300	605 880	605 880	636 910
15 000 000	455 420	497 000	497 000	600 940	600 940	725 670	725 670	829 610	829 610	871 190
20 000 000	576 590	627 730	627 730	755 580	755 580	909 000	909 000	1 036 850	1 036 850	1 087 990
30 000 000	804 000	872 420	872 420	1 043 460	1 043 460	1 248 710	1 248 710	1 419 750	1 419 750	1 488 170

1. bei Gebäuden und Ingenieurbauwerken nach § 51 Abs. 1 Nr. 1 bis 5 die Vomhundertsätze der Leistungsphasen 1 bis 6 des § 64,

2. bei Ingenieurbauwerken nach § 51 Abs. 1 Nr. 6 und 7 die Vomhundertsätze der Leistungsphasen 2 bis 6 des § 64

um 90 vom Hundert zu mindern.

(5) Bei Umbauten nach § 3 Nr. 5 ist bei Gebäuden und Ingenieurbauwerken eine Erhöhung des nach § 65 ermittelten Honorars um einen Vomhundertsatz schriftlich zu vereinbaren. Bei der Vereinbarung nach Satz 1 ist insbesondere der Schwierigkeitsgrad der Leistungen zu berücksichtigen. Bei durchschnittlichem Schwierigkeitsgrad kann ein Zuschlag von 20 bis 50 v. H. vereinbart werden. Sofern nicht etwas anderes schriftlich vereinbart ist, gilt ab durchschnittlichem Schwierigkeitsgrad ein Zuschlag von 20 v. H. als vereinbart. Bei einer Vereinbarung nach Satz 1 können bei Gebäuden die Kosten für das Abbrechen von Bauwerksteilen (DIN 276, Kostengruppe 1.4.4) den anrechenbaren Kosten nach § 62 zugerechnet werden. Für Ingenieurbauwerke gilt Satz 5 sinngemäß.

(6) § 24 Abs. 2 gilt sinngemäß.

§ 67

Tragwerksplanung für Traggerüste bei Ingenieurbauwerken

(1) Das Honorar für Leistungen bei der Tragwerksplanung für Traggerüste bei Ingenieurbauwerken richtet sich nach den anrechenbaren Kosten nach Absatz 2, der Honorarzone, der diese Traggerüste nach § 63 zuzurechnen sind, nach den Leistungsphasen des § 64 und der Honorartafel des § 65.

(2) Anrechenbare Kosten sind die Herstellungskosten der Traggerüste. Bei mehrfach verwendeten Bauteilen von Traggerüsten ist jeweils der Neuwert anrechenbar. Im übrigen gilt § 62 sinngemäß.

(3) Die §§ 21 und 66 gelten sinngemäß.

(4) Das Honorar für Leistungen bei der Tragwerksplanung für verschiebbare Gerüste bei Ingenieurbauwerken kann frei vereinbart werden. Wird ein Honorar nicht bei Auftragserteilung schriftlich vereinbart, so ist das Honorar als Zeithonorar nach § 6 zu berechnen.

Teil IX
Leistungen bei der Technischen Ausrüstung

§ 68

Anwendungsbereich

Die technische Ausrüstung umfaßt die Anlagen folgender Anlagengruppen **von** Gebäuden, soweit die Anlagen in DIN 276 erfaßt sind, und die entsprechenden Anlagen **von** Ingenieurbauwerken auf dem Gebiet der

1. Gas-, Wasser-, Abwasser- und Feuerlöschtechnik,

2. Wärmeversorgungs-, Brauchwassererwärmungs- und Raumlufttechnik,

3. Elektrotechnik,

4. Aufzug-, Förder- und Lagertechnik,

5. Küchen-, Wäscherei- und chemischen Reinigungstechnik,

6. Medizin- und Labortechnik.

Werden Anlagen der nichtöffentlichen Erschließung sowie Abwasser- und Versorgungsanlagen in Außenanlagen (DIN 276, Kostengruppen 2.2 und 5.3) von Auftragnehmern im Zusammenhang mit Anlagen nach Satz 1 geplant, so können die Vertragsparteien das Honorar für diese Leistungen schriftlich bei Auftragserteilung frei vereinbaren. Wird ein Honorar nicht bei Auftragserteilung schriftlich vereinbart, so ist das Honorar für die in Satz 2 genannten Anlagen als Zeithonorar nach § 6 zu berechnen.

§ 69

Grundlagen des Honorars

(1) Das Honorar für Grundleistungen bei der Technischen Ausrüstung richtet sich nach anrechenbaren Kosten der Anlagen einer Anlagengruppe nach § 68 Satz 1 bis 6, nach der Honorarzone, der die Anlagen angehören, und nach der Honorartafel in § 74.

(2) Werden Anlagen einer Anlagengruppe verschiedenen Honorarzonen zugerechnet, so ergibt sich das Honorar nach Absatz 1 aus der Summe der Einzelhonorare. Ein Einzelhonorar wird jeweils für die Anlagen ermittelt, die einer Honorarzone zugerechnet werden. Für die Ermittlung des Einzelhonorars ist zunächst für die Anlagen jeder Honorarzone das Honorar zu berechnen, das sich ergeben würde, wenn die gesamten anrechenbaren Kosten der Anlagengruppe nur der Honorarzone zugerechnet würden, für die das Einzelhonorar berechnet wird. Das Einzelhonorar ist dann nach dem Verhältnis der Summe der anrechenbaren Kosten der Anlagen einer Honorarzone zu den gesamten anrechenbaren Kosten der Anlagengruppe zu ermitteln.

(3) Anrechenbare Kosten sind, bei Anlagen in Gebäuden unter Zugrundelegung der Kostenermittlungsarten nach DIN 276, zu ermitteln

1. für die Leistungsphasen 1 bis 4 nach der Kostenberechnung, solange diese nicht vorliegt, nach der Kostenschätzung;

2. für die Leistungsphasen 5 bis 7 nach dem Kostenanschlag, solange dieser nicht vorliegt, nach der Kostenberechnung;

3. für die Leistungsphasen 8 bis 9 nach der Kostenfeststellung, solange diese nicht vorliegt, nach dem Kostenanschlag.

(4) § 10 Abs. 3 und 3 a gilt sinngemäß.

(5) Nicht anrechenbar sind für Grundleistungen bei der Technischen Ausrüstung die Kosten für

1. Winterbauschutzvorkehrungen und sonstige zusätzliche Maßnahmen nach DIN 276, Kostengruppe 6;

2. die Baunebenkosten (DIN 276, Kostengruppe 7).

(6) Werden Teile der Technischen Ausrüstung in Baukonstruktionen ausgeführt, die zur DIN 276, Kostengruppe 3.1 gehören, so können die Vertragsparteien vereinbaren, daß die Kosten hierfür ganz oder teilweise zu den anrechenbaren Kosten nach Absatz 3 gehören. Satz 1 gilt entsprechend für Bauteile der Kostengruppe Baukonstruktionen, deren Abmessung oder Konstruktion durch die Leistung der Technischen Ausrüstung wesentlich beeinflußt werden.

(7) Die §§ 20 bis 23, 27 und 32 gelten sinngemäß.

§ 70

weggefallen

§ 71

Honorarzonen für Leistungen bei der Technischen Ausrüstung

(1) Anlagen der Technischen Ausrüstung werden nach den in Absatz 2 genannten Bewertungsmerkmalen folgenden Honorarzonen zugerechnet:

1. Honorarzone I:

   Anlagen mit geringen Planungsanforderungen,

2. Honorarzone II:

   Anlagen mit durchschnittlichen Planungsanforderungen,

3. Honorarzone III:

   Anlagen mit hohen Planungsanforderungen.

(2) Bewertungsmerkmale sind:

1. Anzahl der Funktionsbereiche,

2. Integrationsansprüche,

3. Technische Ausgestaltung,
4. Anforderungen an die Technik,
5. konstruktive Anforderungen.

(3) § 63 Abs. 2 gilt sinngemäß.

§ 72
Objektliste für Anlagen der Technischen Ausrüstung

Nachstehende Anlagen werden nach Maßgabe der in § 71 genannten Merkmale in der Regel folgenden Honorarzonen zugerechnet:

1. Honorarzone I:

a) Gas-, Wasser-, Abwasser- und sanitärtechnische Anlagen mit kurzen einfachen Rohrnetzen;

b) Heizungsanlagen mit direktbefeuerten Einzelgeräten und einfache Gebäudeheizungsanlagen ohne besondere Anforderung an die Regelung, Lüftungsanlagen einfacher Art;

c) einfache Niederspannungs- und Fernmeldeinstallationen;

d) Abwurfanlagen für Abfall oder Wäsche, einfache Einzelaufzüge, Regalanlagen, soweit nicht in Honorarzone II oder III erwähnt;

e) chemische Reinigungsanlagen;

f) medizinische und labortechnische Anlagen der Elektromedizin, Dentalmedizin, Medizinmechanik und Feinmechanik/Optik jeweils für Arztpraxen der Allgemeinmedizin;

2. Honorarzone II:

a) Gas-, Wasser-, Abwasser- und sanitärtechnische Anlagen mit umfangreichen verzweigten Rohrnetzen, Hebeanlagen und Druckerhöhungsanlagen, manuelle Feuerlösch- und Brandschutzanlagen;

b) Gebäudeheizungsanlagen mit besonderen Anforderungen an die Regelung, Fernheiz- und Kältenetze mit Übergabestationen, Lüftungsanlagen mit Anforderungen an Geräuschstärke, Zugfreiheit oder mit zusätzlicher Luftaufbereitung (außer geregelter Luftkühlung);

c) Kompaktstationen, Niederspannungsleitungs- und Verteilungsanlagen, soweit nicht in Honorarzone I oder III erwähnt, kleine Fernmeldeanlagen und -netze, z. B. kleine Wählanlagen nach Telekommunikationsordnung, Beleuchtungsanlagen nach der Wirkungsgrad-Berechnungsmethode, Blitzschutzanlagen;

d) Hebebühnen, flurgesteuerte Krananlagen, Verfahr-, Einschub- und Umlaufregalanlagen, Fahrtreppen und Fahrsteige, Förderanlagen mit bis zu zwei Sende- und Empfangsstellen, schwierige Einzelaufzüge, einfache Aufzugs-

gruppen ohne besondere Anforderungen, technische Anlagen für Mittelbühnen;

e) Küchen und Wäschereien mittlerer Größe;

f) medizinische und labortechnische Anlagen der Elektromedizin, Dentalmedizin, Medizinmechanik und Feinmechanik/Optik sowie Röntgen- und Nuklearanlagen mit kleinen Strahlendosen jeweils für Facharzt- oder Gruppenpraxen, Sanatorien, Altersheime und einfache Krankenhausfachabteilungen, Laboreinrichtungen, zum Beispiel für Schulen und Fotolabors;

3. Honorarzone III:

a) Gaserzeugungsanlagen und Gasdruckreglerstationen einschließlich zugehöriger Rohrnetze, Anlagen zur Reinigung, Entgiftung und Neutralisation von Abwasser, Anlagen zur biologischen, chemischen und physikalischen Behandlung von Wasser; Wasser-, Abwasser- und sanitärtechnische Anlagen mit überdurchschnittlichen hygienischen Anforderungen; automatische Feuerlösch- und Brandschutzanlagen;

b) Dampfanlagen, Heißwasseranlagen, schwierige Heizungssysteme neuer Technologien, Wärmepumpenanlagen, Zentralen für Fernwärme und Fernkälte, Kühlanlagen, Lüftungsanlagen mit geregelter Luftkühlung und Klimaanlagen einschließlich der zugehörigen Kälteerzeugungsanlagen;

c) Hoch- und Mittelspannungsanlagen, Niederspannungsschaltanlagen, Eigenstromerzeugungs- und Umformeranlagen, Niederspannungsleitungs- und Verteilungsanlagen mit Kurzschlußberechnungen, Beleuchtungsanlagen nach der Punkt-für-Punkt-Berechnungsmethode, große Fernmeldeanlagen und -netze;

d) Aufzugsgruppen mit besonderen Anforderungen, gesteuerte Förderanlagen mit mehr als zwei Sende- und Empfangsstellen, Regalbediengeräte mit zugehörigen Regalanlagen, zentrale Entsorgungsanlagen für Wäsche, Abfall oder Staub, technische Anlagen für Großbühnen, höhenverstellbare Zwischenböden und Wellenerzeugungsanlagen in Schwimmbecken, automatisch betriebene Sonnenschutzanlagen;

e) Großküchen und Großwäschereien;

f) medizinische und labortechnische Anlagen für große Krankenhäuser mit ausgeprägten Untersuchungs- und Behandlungsräumen sowie für Kliniken und Institute mit Lehr- und Forschungsaufgaben, Klimakammern und Anlagen für Klimakammern, Sondertemperaturräume und Reinräume, Vakuumanlagen,

Medienver- und -entsorgungsanlagen, chemische und physikalische Einrichtungen für Großbetriebe, Forschung und Entwicklung, Fertigung, Klinik und Lehre.

§ 73
Leistungsbild Technische Ausrüstung

(1) Das Leistungsbild Technische Ausrüstung umfaßt die Leistungen der Auftragnehmer für Neuanlagen, Wiederaufbauten, Erweiterungsbauten, Umbauten, Modernisierungen, Instandhaltungen und Instandsetzungen. Die Grundleistungen sind in den in Absatz 3 aufgeführten Leistungsphasen 1 bis 9 zusammengefaßt und in der folgenden Tabelle in Vomhundertsätzen der Honorare des § 74 bewertet.

	Bewertung der Grundleistungen in v. H. der Honorare
1. Grundlagenermittlung Ermitteln der Voraussetzungen zur Lösung der technischen Aufgabe	3
2. Vorplanung (Projekt- und Planungsvorbereitung) Erarbeiten der wesentlichen Teile einer Lösung der Planungsaufgabe	11
3. Entwurfsplanung (System- und Integrationsplanung) Erarbeiten der endgültigen Lösung der Planungsaufgabe	15
4. Genehmigungsplanung Erarbeiten der Vorlagen für die erforderlichen Genehmigungen	6
5. Ausführungsplanung Erarbeiten und Darstellen der ausführungsreifen Planungslösung	18
6. Vorbereitung der Vergabe Ermitteln der Mengen und Aufstellen von Leistungsverzeichnissen	6
7. Mitwirkung bei der Vergabe Prüfen der Angebote und Mitwirkung bei der Auftragsvergabe	5
8. Objektüberwachung (Bauüberwachung) Überwachen der Ausführung des Objekts	33
9. Objektbetreuung und Dokumentation Überwachen der Beseitigung von Mängeln und Dokumentation des Gesamtergebnisses	3

(2) Die Leistungsphase 5 ist abweichend von Absatz 1, sofern das Anfertigen von Schlitz- und Durchbruchsplänen nicht in Auftrag gegeben wird, mit 14 vom Hundert der Honorare des § 74 zu bewerten.

(3) Das Leistungsbild setzt sich wie folgt zusammen:

Grundleistungen	Besondere Leistungen
1. Grundlagenermittlung Klären der Aufgabenstellung der Technischen Ausrüstung im Benehmen mit dem Auftraggeber und dem Objektplaner, insbesondere in technischen und wirtschaftlichen Grundsatzfragen Zusammenfassen der Ergebnisse	Systemanalyse (Klären der möglichen Systeme nach Nutzen, Aufwand, Wirtschaftlichkeit, Durchführbarkeit und Umweltverträglichkeit) Datenerfassung, Analysen und Optimierungsprozesse, für energiesparendes und umweltverträgliches Bauen
2. Vorplanung **(Projekt- und Planungsvorbereitung)** Analyse der Grundlagen Erarbeiten eines Planungskonzepts mit überschlägiger Auslegung der wichtigen Systeme und Anlagenteile einschließlich Untersuchung der alternativen Lösungsmöglichkeiten nach gleichen Anfor-	Durchführen von Versuchen und Modellversuchen Untersuchung zur Gebäude- und Anlagenoptimierung hinsichtlich Energieverbrauch und Schadstoffemission (z. B. SO_2, NO_x)

Grundleistungen	Besondere Leistungen

derungen mit skizzenhafter Darstellung zur Integrierung in die Objektplanung einschließlich Wirtschaftlichkeitsvorbetrachtung

Aufstellen eines Funktionsschemas beziehungsweise Prinzipschaltbildes für jede Anlage

Klären und Erläutern der wesentlichen fachspezifischen Zusammenhänge, Vorgänge und Bedingungen

Mitwirken bei Vorverhandlungen mit Behörden und anderen an der Planung fachlich Beteiligten über die Genehmigungsfähigkeit

Mitwirken bei der Kostenschätzung, bei Anlagen in Gebäuden: nach DIN 276

Zusammenstellen der Vorplanungsergebnisse

Besondere Leistungen: Erarbeiten optimierter Energiekonzepte

3. Entwurfsplanung (System- und Integrationsplanung)

Durcharbeiten des Planungskonzepts (stufenweise Erarbeitung einer zeichnerischen Lösung) unter Berücksichtigung aller fachspezifischen Anforderungen sowie unter Beachtung der durch die Objektplanung integrierten Fachplanungen bis zum vollständigen Entwurf

Festlegen aller Systeme und Anlagenteile

Berechnung und Bemessung sowie zeichnerische Darstellung und Anlagenbeschreibung

Angabe und Abstimmung der für die Tragwerksplanung notwendigen Durchführungen und Lastangaben (ohne Anfertigen von Schlitz- und Durchbruchsplänen)

Mitwirken bei Verhandlungen mit Behörden und anderen an der Planung fachlich Beteiligten über die Genehmigungsfähigkeit

Mitwirken bei der Kostenberechnung, bei Anlagen in Gebäuden: nach DIN 276

Mitwirken bei der Kostenkontrolle durch Vergleich der Kostenberechnung mit der Kostenschätzung

Besondere Leistungen: Erarbeiten von Daten für die Planung Dritter, zum Beispiel für die Zentrale Leittechnik

Detaillierter Wirtschaftlichkeitsnachweis

Detaillierter Vergleich von Schadstoffemissionen

Betriebskostenberechnungen

Schadstoffemissionsberechnungen

Erstellen des technischen Teils eines Raumbuchs als Beitrag zur Leistungsbeschreibung mit Leistungsprogrammen des Objektplaners

4. Genehmigungsplanung

Erarbeiten der Vorlagen für die nach den öffentlich-rechtlichen Vorschriften erforderlichen Genehmigungen oder Zustimmungen einschließlich der Anträge auf Ausnahmen und Befreiungen sowie noch notwendiger Verhandlungen mit Behörden

Zusammenstellen dieser Unterlagen

Vervollständigen und Anpassen der Planungsunterlagen, Beschreibungen und Berechnungen

Grundleistungen	Besondere Leistungen

5. Ausführungsplanung

Durcharbeiten der Ergebnisse der Leistungsphasen 3 und 4 (stufenweise Erarbeitung und Darstellung der Lösung) unter Berücksichtigung aller fachspezifischen Anforderungen sowie unter Beachtung der durch die Objektplanung integrierten Fachleistungen bis zur ausführungsreifen Lösung

Prüfen und Anerkennen von Schalplänen des Tragwerkplaners und von Montage- und Werkstattzeichnungen auf Übereinstimmung mit der Planung

Anfertigen von Plänen für Anschlüsse von beigestellten Betriebsmitteln und Maschinen

Anfertigen von Stromlaufplänen

Zeichnerische Darstellung der Anlagen mit Dimensionen (keine Montage- und Werkstattzeichnungen)

Anfertigen von Schlitz- und Durchbruchsplänen

Fortschreibung der Ausführungsplanung auf den Stand der Ausschreibungsergebnisse

6. Vorbereitung der Vergabe

Ermitteln von Mengen als Grundlage für das Aufstellen von Leistungsverzeichnissen in Abstimmung mit Beiträgen anderer an der Planung fachlich Beteiligter

Anfertigen von Ausschreibungszeichnungen bei Leistungsbeschreibung mit Leistungsprogramm

Aufstellen von Leistungsbeschreibungen mit Leistungsverzeichnissen nach Leistungsbereichen

7. Mitwirken bei der Vergabe

Prüfen und Werten der Angebote einschließlich Aufstellen eines Preisspiegels nach Teilleistungen

Mitwirken bei der Verhandlung mit Bietern und Erstellen eines Vergabevorschlages

Mitwirken beim Kostenanschlag aus Einheits- oder Pauschalpreisen der Angebote, bei Anlagen in Gebäuden: nach DIN 276

Mitwirken bei der Kostenkontrolle durch Vergleich des Kostenanschlags mit der Kostenberechnung

Mitwirken bei der Auftragserteilung

8. Objektüberwachung (Bauüberwachung)

Überwachen der Ausführung des Objekts auf Übereinstimmung mit der Baugenehmigung oder Zustimmung, den Ausführungsplänen, den Leistungsbeschreibungen oder Leistungsverzeichnissen sowie mit den allgemein anerkannten Regeln der Technik und den einschlägigen Vorschriften

Durchführen von Leistungs- und Funktionsmessungen

Ausbilden und Einweisen von Bedienungspersonal

Überwachen und Detailkorrektur beim Hersteller

Aufstellen, Fortschreiben und Überwachen von Ablaufplänen (Netzplantechnik für EDV)

Mitwirken bei dem Aufstellen und Überwachen eines Zeitplanes (Balkendiagramm)

Mitwirken bei dem Führen eines Bautagebuches

Mitwirken beim Aufmaß mit den ausführenden Unternehmen

Grundleistungen	Besondere Leistungen
Fachtechnische Abnahme der Leistungen und Feststellen der Mängel	
Rechnungsprüfung	
Mitwirken bei der Kostenfeststellung, bei Anlagen in Gebäuden: nach DIN 276	
Antrag auf behördliche Abnahmen und Teilnahme daran	
Zusammenstellen und Übergeben der Revisionsunterlagen, Bedienungsanleitungen und Prüfprotokolle	
Mitwirken beim Auflisten der Verjährungsfristen der Gewährleistungsansprüche	
Überwachen der Beseitigung der bei der Abnahme der Leistungen festgestellten Mängel	
Mitwirken bei der Kostenkontrolle durch Überprüfen der Leistungabrechnung der bauausführenden Unternehmen im Vergleich zu den Vertragspreisen und dem Kostenanschlag	

9. Objektbetreuung und Dokumentation

Grundleistungen	Besondere Leistungen
Objektbegehung zur Mängelfeststellung vor Ablauf der Verjährungsfristen der Gewährleistungsansprüche gegenüber den ausführenden Unternehmen	Erarbeiten der Wartungsplanung und -organisation
Überwachen der Beseitigung von Mängeln, die innerhalb der Verjährungsfristen der Gewährleistungsansprüche, längstens jedoch bis zum Ablauf von 5 Jahren seit Abnahme der Leistungen auftreten	Ingenieurtechnische Kontrolle des Energieverbrauchs und der Schadstoffemission
Mitwirken bei der Freigabe von Sicherheitsleistungen	
Mitwirken bei der systematischen Zusammenstellung der zeichnerischen Darstellungen und rechnerischen Ergebnisse des Objekts	

(4) Bei Umbauten und Modernisierungen im Sinne des § 3 Nr. 5 und 6 können neben den in Absatz 3 erwähnten Besonderen Leistungen insbesondere die nachstehenden Besonderen Leistungen vereinbart werden:

Durchführen von Verbrauchsmessungen

Endoskopische Untersuchungen.

§ 74

Honorartafel für Grundleistungen bei der Technischen Ausrüstung

(1) Die Mindest- und Höchstsätze der Honorare für die in § 73 aufgeführten Grundleistungen bei einzelnen Anlagen sind in der nachfolgenden Honorartafel festgesetzt.

(2) § 16 Abs. 2 und 3 gilt sinngemäß.

Honorartafel zu § 74 Abs. 1

Anrechen-bare Kosten DM	Zone I von DM	bis	Zone II von DM	bis	Zone III von DM	bis
10 000	2 890	3 750	3 750	4 610	4 610	5 470
15 000	4 050	5 230	5 230	6 410	6 410	7 590
20 000	5 090	6 550	6 550	8 000	8 000	9 460
30 000	7 070	9 020	9 020	10 960	10 960	12 910
40 000	8 910	11 340	11 340	13 770	13 770	16 200
50 000	10 650	13 560	13 560	16 480	16 480	19 390
60 000	12 300	15 700	15 700	19 110	19 110	22 510
70 000	13 890	17 750	17 750	21 600	21 600	25 460
80 000	15 390	19 710	19 710	24 020	24 020	28 340
90 000	16 900	21 610	21 610	26 310	26 310	31 020
100 000	18 390	23 520	23 520	28 640	28 640	33 770
150 000	25 020	31 930	31 930	38 850	38 850	45 760
200 000	31 090	39 500	39 500	47 900	47 900	56 310
300 000	42 000	52 900	52 900	63 800	63 800	74 700
400 000	52 600	65 300	65 300	77 990	77 990	90 690
500 000	63 730	78 190	78 190	92 660	92 660	107 120
600 000	74 840	91 040	91 040	107 240	107 240	123 440
700 000	86 200	104 230	104 230	122 260	122 260	140 290
800 000	97 470	117 480	117 480	137 500	137 500	157 510
900 000	108 880	130 700	130 700	152 510	152 510	174 330
1 000 000	120 330	143 920	143 920	167 520	167 520	191 110
1 500 000	175 570	206 100	206 100	236 640	236 640	267 170
2 000 000	228 130	262 700	262 700	297 260	297 260	331 830
3 000 000	327 990	363 860	363 860	399 720	399 720	435 590
4 000 000	424 360	460 850	460 850	497 350	497 350	533 840
5 000 000	518 450	559 140	559 140	599 840	599 840	640 530
6 000 000	607 730	650 660	650 660	693 580	693 580	736 510
7 000 000	688 830	733 890	733 890	778 960	778 960	824 020
7 500 000	726 620	772 550	772 550	818 490	818 490	864 420

(3) Die Vertragsparteien können bei Auftragserteilung abweichend von § 73 Abs. 1 Nr. 8 ein Honorar als Festbetrag unter Zugrundelegung der geschätzten Bauzeit schriftlich vereinbaren.

§ 75
Vorplanung, Entwurfsplanung und Objektüberwachung als Einzelleistung

Wird die Anfertigung der Vorplanung (Leistungsphase 2 des § 73) oder der Entwurfsplanung (Leistungsphase 3 des § 73) oder wird die Objektüberwachung (Leistungsphase 8 des § 73) als Einzelleistung in Auftrag gegeben, so können hierfür anstelle der in § 73 festgesetzten Vomhundertsätze folgende Vomhundertsätze der Honorare nach § 74 vereinbart werden:

1. für die Vorplanung   bis zu 14 v. H.,

2. für die Entwurfsplanung   bis zu 26 v. H.,

3. für die Objektüberwachung   bis zu 38 v. H.

§ 76
Umbauten und Modernisierungen von Anlagen der Technischen Ausrüstung

(1) Honorare für Leistungen bei Umbauten und Modernisierungen im Sinne des § 3 Nr. 5 und 6 sind nach den anrechenbaren Kosten nach § 69, der Honorarzone, der der Umbau oder die Modernisierung bei sinngemäßer Anwendung des § 71 zuzurechnen ist, den Leistungsphasen des § 73 und der Honorartafel des § 74 mit der Maßgabe zu ermitteln, daß eine Erhöhung der Honorare um einen Vomhundertsatz schriftlich zu vereinbaren ist. Bei der Vereinbarung nach Satz 1 ist insbesondere der Schwierigkeitsgrad der Leistungen zu berücksichtigen. Bei durchschnittlichem Schwierigkeitsgrad der Leistungen nach Satz 1 kann ein Zuschlag von 20 bis 50 v. H. vereinbart werden. Sofern nicht etwas anderes schriftlich vereinbart ist, gilt ab durchschnittlichem Schwierigkeitsgrad ein Zuschlag von 20 v. H. als vereinbart.

(2) § 24 Abs. 2 gilt sinngemäß.

Teil X
Leistungen für Thermische Bauphysik

§ 77
Anwendungsbereich

(1) Leistungen für Thermische Bauphysik (Wärme- und Kondensatfeuchteschutz) werden erbracht, um thermodynamische Einflüsse und deren Wirkungen auf Gebäude und Ingenieurbauwerke sowie auf Menschen, Tiere und Pflanzen und auf die Raumhygiene zu erfassen und zu begrenzen.

(2) Zu den Leistungen für Thermische Bauphysik rechnen insbesondere:

1. Entwurf, Bemessung und Nachweis des Wärmeschutzes nach der Wärmeschutzverordnung und nach den bauordnungsrechtlichen Vorschriften,
2. Leistungen zum Begrenzen der Wärmeverluste und Kühllasten,
3. Leistungen zum Ermitteln der wirtschaftlich optimalen Wärmedämm-Maßnahmen, insbesondere durch Minimieren der Bau- und Nutzungskosten,
4. Leistungen zum Planen von Maßnahmen für den sommerlichen Wärmeschutz in besonderen Fällen,
5. Leistungen zum Begrenzen der dampfdiffusionsbedingten Wasserdampfkondensation auf und in den Konstruktionsquerschnitten,
6. Leistungen zum Begrenzen von thermisch bedingten Einwirkungen auf Bauteile durch Wärmeströme,
7. Leistungen zum Regulieren des Feuchte- und Wärmehaushaltes von belüfteten Fassaden- und Dachkonstruktionen.

(3) Bei den Leistungen nach Absatz 2 Nr. 2 bis 7 können zusätzlich bauphysikalische Messungen an Bauteilen und Baustoffen, z. B. Temperatur- und Feuchtemessungen, Messungen zur Bestimmung der Sorptionsfähigkeit, Bestimmungen des Wärmedurchgangskoeffizienten am Bau oder der Luftgeschwindigkeit in Luftschichten anfallen.

§ 78
Wärmeschutz

(1) Leistungen für den Wärmeschutz nach § 77 Abs. 2 Nr. 1 umfassen folgende Leistungen:

	Bewertung in v. H. der Honorare
1. Erarbeiten des Planungskonzepts für den Wärmeschutz............	20
2. Erarbeiten des Entwurfs einschließlich der überschlägigen Bemessung für den Wärmeschutz und Durcharbeiten konstruktiver Details der Wärmeschutzmaßnahmen........	40
3. Aufstellen des prüffähigen Nachweises des Wärmeschutzes........	25
4. Abstimmen des geplanten Wärmeschutzes mit der Ausführungsplanung und der Vergabe........	15
5. Mitwirken bei der Ausführungsüberwachung............	—

(2) Das Honorar für die Leistungen nach Absatz 1 richtet sich nach den anrechenbaren Kosten des Gebäudes nach § 10, der Honorarzone, der das Gebäude nach den §§ 11 und 12 zuzurechnen ist, und nach der Honorartafel in Absatz 3.

(3) Die Mindest- und Höchstsätze der Honorare für die in Absatz 1 aufgeführten Leistungen für den Wärmeschutz sind in der nachfolgenden Honorartafel festgesetzt.

(4) § 5 Abs. 1 und 2, § 16 Abs. 2 und 3 sowie § 22 gelten sinngemäß.

§ 79
Sonstige Leistungen für Thermische Bauphysik

Für Leistungen nach § 77 Abs. 2 Nr. 2 bis 7 und Abs. 3 kann ein Honorar frei vereinbart werden; dabei kann bei den Leistungen nach § 77 Abs. 2 Nr. 2 bis 7 der § 78 Abs. 1 sinngemäß angewandt werden. Wird ein Honorar nicht bei Auftragserteilung schriftlich vereinbart, so ist das Honorar als Zeithonorar nach § 6 zu berechnen.

Honorartafel zu § 78 Abs. 3

Anrechenbare Kosten DM	Zone I von DM	bis	Zone II von DM	bis	Zone III von DM	bis	Zone IV von DM	bis	Zone V von DM	bis
500 000	1 060	1 220	1 220	1 440	1 440	1 760	1 760	1 980	1 980	2 140
1 000 000	1 380	1 640	1 640	2 000	2 000	2 520	2 520	2 880	2 880	3 140
5 000 000	3 770	4 370	4 370	5 160	5 160	6 350	6 350	7 140	7 140	7 740
10 000 000	5 660	6 560	6 560	7 760	7 760	9 560	9 560	10 760	10 760	11 660
50 000 000	23 590	26 210	26 210	29 710	29 710	34 960	34 960	38 460	38 460	41 080

Teil XI
Leistungen für Schallschutz und Raumakustik

§ 80
Schallschutz

(1) Leistungen für Schallschutz werden erbracht, um

1. in Gebäuden und Innenräumen einen angemessenen Luft- und Trittschallschutz, Schutz gegen von außen eindringende Geräusche und gegen Geräusche von Anlagen der Technischen Ausrüstung nach § 68 und anderen technischen Anlagen und Einrichtungen zu erreichen (baulicher Schallschutz),

2. die Umgebung geräuscherzeugender Anlagen gegen schädliche Umwelteinwirkungen durch Lärm zu schützen (Schallimmissionsschutz).

(2) Zu den Leistungen für baulichen Schallschutz rechnen insbesondere:

1. Leistungen zur Planung und zum Nachweis der Erfüllung von Schallschutzanforderungen, soweit objektbezogene schalltechnische Berechnungen oder Untersuchungen erforderlich werden (Bauakustik),

2. schalltechnische Messungen, z. B. zur Bestimmung von Luft und Trittschalldämmung, der Geräusche von Anlagen der Technischen Ausrüstung und von Außengeräuschen.

(3) Zu den Leistungen für den Schallimmissionsschutz rechnen insbesondere:

1. schalltechnische Bestandsaufnahme,
2. Festlegen der schalltechnischen Anforderungen,
3. Entwerfen der Schallschutzmaßnahmen,
4. Mitwirken bei der Ausführungsplanung,
5. Abschlußmessungen.

§ 81
Bauakustik

(1) Leistungen für Bauakustik nach § 80 Abs. 2 Nr. 1 umfassen folgende Leistungen:

	Bewertung in v. H. der Honorare
1. Erarbeiten des Planungskonzepts Festlegen der Schallschutzanforderungen	10
2. Erarbeiten des Entwurfs einschließlich Aufstellen der Nachweise des Schallschutzes	35
3. Mitwirken bei der Ausführungsplanung	30

	Bewertung in v. H. der Honorare
4. Mitwirken bei der Vorbereitung der Vergabe und bei der Vergabe	5
5. Mitwirken bei der Überwachung schalltechnisch wichtiger Ausführungsarbeiten	20

(2) Das Honorar für die Leistungen nach Absatz 1 richtet sich nach den anrechenbaren Kosten nach den Absätzen 3 bis 5, der Honorarzone, der das Objekt nach § 82 zuzurechnen ist, und nach der Honorartafel in § 83.

(3) Anrechenbare Kosten sind die Kosten für Baukonstruktionen, Installationen, zentrale Betriebstechnik und betriebliche Einbauten (DIN 276, Kostengruppen 3.1 bis 3.4).

(4) § 10 Abs. 2, 3 und 3 a gilt sinngemäß.

(5) Die Vertragsparteien können vereinbaren, daß die Kosten für besondere Bauausführungen (DIN 276, Kostengruppe 3.5) ganz oder teilweise zu den anrechenbaren Kosten gehören, wenn hierdurch dem Auftragnehmer ein erhöhter Arbeitsaufwand entsteht.

(6) Werden nicht sämtliche Leistungen nach Absatz 1 übertragen, so gilt § 5 Abs. 1 und 2 sinngemäß.

(7) § 22 gilt sinngemäß.

§ 82
Honorarzonen für Leistungen bei der Bauakustik

(1) Die Honorarzone wird bei der Bauakustik auf Grund folgender Bewertungsmerkmale ermittelt:

1. Honorarzone I:

   Objekte mit geringen Planungsanforderungen an die Bauakustik, insbesondere

   — Wohnhäuser, Heime, Schulen, Verwaltungsgebäude und Banken mit jeweils durchschnittlicher Technischer Ausrüstung und entsprechendem Ausbau;

2. Honorarzone II:

   Objekte mit durchschnittlichen Planungsanforderungen an die Bauakustik, insbesondere

   — Heime, Schulen, Verwaltungsgebäude mit jeweils überdurchschnittlicher Technischer Ausrüstung und entsprechendem Ausbau,

   — Wohnhäuser mit versetzten Grundrissen,

   — Wohnhäuser mit Außenlärmbelastungen,

   — Hotels, soweit nicht in Honorarzone III erwähnt,

   — Universitäten und Hochschulen,

— Krankenhäuser, soweit nicht in Honorarzone III erwähnt,

— Gebäude für Erholung, Kur und Genesung,

— Versammlungsstätten, soweit nicht in Honorarzone III erwähnt,

— Werkstätten mit schutzbedürftigen Räumen;

3. Honorarzone III:

Objekte mit überdurchschnittlichen Planungsanforderungen an die Bauakustik, insbesondere

— Hotels mit umfangreichen gastronomischen Einrichtungen,

— Gebäude mit gewerblicher und Wohnnutzung,

— Krankenhäuser in bauakustisch besonders ungünstigen Lagen oder mit ungünstiger Anordnung der Versorgungseinrichtungen,

— Theater-, Konzert- und Kongreßgebäude,

— Tonstudios und akustische Meßräume.

(2) § 63 Abs. 2 gilt sinngemäß.

§ 83

Honorartafel für Leistungen bei der Bauakustik

(1) Die Mindest- und Höchstsätze der Honorare für die in § 81 aufgeführten Leistungen für Bauakustik sind in der nachfolgenden Honorartafel festgesetzt.

(2) § 16 Abs. 2 und 3 gilt sinngemäß.

Honorartafel zu § 83 Abs. 1

Anrechen-bare Kosten DM	Zone I		Zone II		Zone III	
	von DM	bis	von DM	bis	von DM	bis
500 000	3 140	3 600	3 600	4 140	4 140	4 770
600 000	3 500	4 020	4 020	4 630	4 630	5 340
700 000	3 850	4 420	4 420	5 090	5 090	5 870
800 000	4 190	4 800	4 800	5 540	5 540	6 380
900 000	4 520	5 180	5 180	5 970	5 970	6 870
1 000 000	4 810	5 520	5 520	6 370	6 370	7 350
1 500 000	6 250	7 170	7 170	8 270	8 270	9 530
2 000 000	7 530	8 630	8 630	9 950	9 950	11 470
3 000 000	9 810	11 250	11 250	12 980	12 980	14 960
4 000 000	11 850	13 590	13 590	15 680	15 680	18 070
5 000 000	13 730	15 750	15 750	18 170	18 170	20 950
6 000 000	15 490	17 770	17 770	20 490	20 490	23 620
7 000 000	17 150	19 670	19 670	22 690	22 690	26 150
8 000 000	18 740	21 490	21 490	24 790	24 790	28 570
9 000 000	20 260	23 240	23 240	26 800	26 800	30 890
10 000 000	21 720	24 910	24 910	28 740	28 740	33 130
15 000 000	28 430	32 610	32 610	37 610	37 610	43 350
20 000 000	34 420	39 480	39 480	45 530	45 530	52 490
30 000 000	45 080	51 710	51 710	59 640	59 640	68 750
40 000 000	54 590	62 620	62 620	72 220	72 220	83 260
50 000 000	63 340	72 650	72 650	83 790	83 790	96 590

§ 84

Sonstige Leistungen für Schallschutz

Für Leistungen nach § 80 Abs. 2, soweit sie nicht in § 81 erfaßt sind, sowie für Leistungen nach § 80 Abs. 3 kann ein Honorar frei vereinbart werden. Wird ein Honorar nicht bei Auftragserteilung schriftlich vereinbart, so ist es als Zeithonorar nach § 6 zu berechnen.

§ 85

Raumakustik

(1) Leistungen für Raumakustik werden erbracht, um Räume mit besonderen Anforderungen an die Raum-

akustik durch Mitwirkung bei Formgebung, Materialauswahl und Ausstattung ihrem Verwendungszweck akustisch anzupassen.

(2) Zu den Leistungen für Raumakustik rechnen insbesondere:

1. raumakustische Planung und Überwachung,

2. akustische Messungen,

3. Modelluntersuchungen,

4. Beraten bei der Planung elektroakustischer Anlagen.

§ 86
Raumakustische Planung und Überwachung

(1) Die raumakustische Planung und Überwachung nach § 85 Abs. 2 Nr. 1 umfaßt folgende Leistungen:

	Bewertung in v. H. der Honorare
1. Erarbeiten des raumakustischen Planungskonzepts, Festlegen der raumakustischen Anforderungen	20
2. Erarbeiten des raumakustischen Entwurfs	35
3. Mitwirken bei der Ausführungsplanung	25
4. Mitwirken bei der Vorbereitung der Vergabe und bei der Vergabe	5
5. Mitwirken bei der Überwachung raumakustisch wichtiger Ausführungsarbeiten	15

(2) Das Honorar für jeden Innenraum, für den Leistungen nach Absatz 1 erbracht werden, richtet sich nach den anrechenbaren Kosten nach den Absätzen 3 bis 5, der Honorarzone, der der Innenraum nach den §§ 87 und 88 zuzurechnen ist, sowie nach der Honorartafel in § 89. § 22 bleibt unberührt.

(3) Anrechenbare Kosten sind die Kosten für Baukonstruktionen (DIN 276, Kostengruppe 3.1), geteilt durch den Bruttorauminhalt des Gebäudes und multipliziert mit dem Rauminhalt des betreffenden Innenraumes, sowie die Kosten für betriebliche Einbauten, Möbel und Textilien (DIN 276, Kostengruppen 3.4, 4.2 und 4.3) des betreffenden Innenraumes.

(4) § 10 Abs. 2, 3 und 3 a gilt sinngemäß.

(5) Werden bei Innenräumen nicht sämtliche Leistungen nach Absatz 1 übertragen, so gilt § 5 Abs. 1 und 2 sinngemäß.

(6) Das Honorar für Leistungen nach Absatz 1 bei Freiräumen kann frei vereinbart werden. Wird ein Honorar nicht bei Auftragserteilung schriftlich vereinbart, so ist das Honorar als Zeithonorar nach § 6 zu berechnen.

§ 87
Honorarzonen für Leistungen bei der raumakustischen Planung und Überwachung

(1) Innenräume werden bei der raumakustischen Planung und Überwachung nach den in Absatz 2 genannten Bewertungsmerkmalen folgenden Honorarzonen zugerechnet:

1. Honorarzone I:
   Innenräume mit sehr geringen Planungsanforderungen;

2. Honorarzone II:
   Innenräume mit geringen Planungsanforderungen;

3. Honorarzone III:
   Innenräume mit durchschnittlichen Planungsanforderungen;

4. Honorarzone IV:
   Innenräume mit überdurchschnittlichen Planungsanforderungen;

5. Honorarzone V:
   Innenräume mit sehr hohen Planungsanforderungen.

(2) Bewertungsmerkmale sind:

1. Anforderungen an die Einhaltung der Nachhallzeit,

2. Einhalten eines bestimmten Frequenzganges der Nachhallzeit,

3. Anforderungen an die räumliche und zeitliche Schallverteilung,

4. akustische Nutzungsart des Innenraums,

5. Veränderbarkeit der akustischen Eigenschaften des Innenraums.

(3) § 63 Abs. 2 gilt sinngemäß.

§ 88
Objektliste für raumakustische Planung und Überwachung

Nachstehende Innenräume werden bei der raumakustischen Planung und Überwachung nach Maßgabe der in § 87 genannten Merkmale in der Regel folgenden Honorarzonen zugerechnet:

1. Honorarzone I:
   Pausenhallen, Spielhallen, Liege- und Wandelhallen;

2. Honorarzone II:
   Unterrichts-, Vortrags- und Sitzungsräume bis 500 m³, nicht teilbare Sporthallen, Filmtheater und Kirchen bis 1000 m³, Großraumbüros;

3. Honorarzone III:
   Unterrichts-, Vortrags- und Sitzungsräume über 500 bis 1500 m³, Filmtheater und Kirchen über 1000 bis 3000 m³, teilbare Turn- und Sporthallen bis 3000 m³;

4. Honorarzone IV:
   Unterrichts-, Vortrags- und Sitzungsräume über 1500 m³, Mehrzweckhallen bis 3000 m³, Filmtheater und Kirchen über 3000 m³;

5. Honorarzone V:

Konzertsäle, Theater, Opernhäuser, Mehrzweckhallen über 3000 m³, Tonaufnahmeräume, Innenräume mit veränderlichen akustischen Eigenschaften, akustische Meßräume.

§ 89
Honorartafel für Leistungen bei der raumakustischen Planung und Überwachung

(1) Die Mindest- und Höchstsätze der Honorare für die
in § 86 aufgeführten Leistungen für raumakustische

Planung und Überwachung bei Innenräumen sind in
der nachfolgenden Honorartafel festgesetzt.

(2) § 16 Abs. 2 und 3 gilt sinngemäß.

§ 90
Sonstige Leistungen für Raumakustik

Für Leistungen nach § 85 Abs. 2, soweit sie nicht in
§ 86 erfaßt sind, kann ein Honorar frei vereinbart werden. Wird ein Honorar nicht bei Auftragserteilung
schriftlich vereinbart, so ist das Honorar als Zeithonorar nach § 6 zu berechnen.

Honorartafel zu § 89 Abs. 1

Anrechen-bare Kosten DM	Zone I von DM	bis	Zone II von DM	bis	Zone III von DM	bis	Zone IV von DM	bis	Zone V von DM	bis
100 000	2 120	2 760	2 760	3 400	3 400	4 030	4 030	4 670	4 670	5 310
200 000	2 450	3 190	3 190	3 920	3 920	4 660	4 660	5 390	5 390	6 130
300 000	2 770	3 600	3 600	4 430	4 430	5 250	5 250	6 080	6 080	6 910
400 000	3 070	3 990	3 990	4 920	4 920	5 840	5 840	6 770	6 770	7 690
500 000	3 370	4 380	4 380	5 400	5 400	6 410	6 410	7 430	7 430	8 440
600 000	3 680	4 780	4 780	5 880	5 880	6 980	6 980	8 080	8 080	9 180
700 000	3 950	5 140	5 140	6 330	6 330	7 520	7 520	8 710	8 710	9 900
800 000	4 240	5 510	5 510	6 780	6 780	8 060	8 060	9 330	9 330	10 600
900 000	4 530	5 880	5 880	7 240	7 240	8 590	8 590	9 950	9 950	11 300
1 000 000	4 790	6 230	6 230	7 670	7 670	9 120	9 120	10 560	10 560	12 000
1 500 000	6 140	7 980	7 980	9 810	9 810	11 650	11 650	13 480	13 480	15 320
2 000 000	7 410	9 630	9 630	11 850	11 850	14 080	14 080	16 300	16 300	18 520
3 000 000	9 860	12 810	12 810	15 760	15 760	18 720	18 720	21 670	21 670	24 620
4 000 000	12 200	15 860	15 860	19 510	19 510	23 170	23 170	26 820	26 820	30 480
5 000 000	14 470	18 810	18 810	23 150	23 150	27 490	27 490	31 830	31 830	36 170
6 000 000	16 700	21 710	21 710	26 720	26 720	31 720	31 720	36 730	36 730	41 740
7 000 000	18 890	24 550	24 550	30 220	30 220	35 880	35 880	41 550	41 550	47 210
8 000 000	21 050	27 360	27 360	33 670	33 670	39 990	39 990	46 300	46 300	52 610
9 000 000	23 180	30 130	30 130	37 080	37 080	44 040	44 040	50 990	50 990	57 940
10 000 000	25 290	32 880	32 880	40 460	40 460	48 050	48 050	55 630	55 630	63 220
15 000 000	35 610	46 290	46 290	56 970	56 970	67 650	67 650	78 330	78 330	89 010

Teil XII
Leistungen für Bodenmechanik, Erd- und Grundbau

§ 91
Anwendungsbereich

(1) Leistungen für Bodenmechanik, Erd- und Grundbau werden erbracht, um die Wechselwirkung zwischen Baugrund und Bauwerk sowie seiner Umgebung
zu erfassen und die für die Berechnungen erforderlichen Bodenkennwerte festzulegen.

(2) Zu den Leistungen für Bodenmechanik, Erd- und
Grundbau rechnen insbesondere:

1. Baugrundbeurteilung und Gründungsberatung für
Flächen- und Pfahlgründungen als Grundlage für
die Bemessung der Gründung durch den Trag-

werksplaner, soweit diese Leistungen nicht durch
Anwendung von Tabellen oder anderen Angaben,
zum Beispiel in den bauordnungsrechtlichen Vorschriften, erbracht werden können,

2. Ausschreiben und Überwachen der Aufschlußar-
beiten,

3. Durchführen von Labor- und Feldversuchen,

4. Beraten bei der Sicherung von Nachbarbauwerken,

5. Aufstellen von Setzungs-, Grundbruch- und anderen erdstatischen Berechnungen, soweit diese Leistungen nicht in den Leistungen nach Nummer 1
oder in den Grundleistungen nach § 55 oder § 64
erfaßt sind,

6. Untersuchungen zur Berücksichtigung dynamischer Beanspruchungen bei der Bemessung des Bauwerks oder seiner Gründung,

7. Beraten bei Baumaßnahmen im Fels,

8. Abnahme von Gründungssohlen und Aushubsohlen,

9. Allgemeine Beurteilung der Tragfähigkeit des Baugrundes und der Gründungsmöglichkeiten, die sich nicht auf ein bestimmtes Gebäude oder Ingenieurbauwerk bezieht.

§ 92
Baugrundbeurteilung und Gründungsberatung

(1) Die Baugrundbeurteilung und Gründungsberatung nach § 91 Abs. 2 Nr. 1 umfaßt folgende Leistungen für Gebäude und Ingenieurbauwerke:

	Bewertung in v. H. der Honorare
1. Klären der Aufgabenstellung, Errmitteln der Baugrundverhältnisse aufgrund der vorhandenen Unterlagen, Festlegen und Darstellen der erforderlichen Baugrunderkundungen	15
2. Auswerten und Darstellen der Baugrunderkundungen sowie der Labor- und Feldversuche; Abschätzen des Schwankungsbereiches von Wasserständen im Boden; Baugrundbeurteilung; Festlegen der Bodenkennwerte	35
3. Vorschlag für die Gründung mit Angabe der zulässigen Bodenpressungen in Abhängigkeit von den Fundamentabmessungen, gegebenenfalls mit Angaben zur Bemessung der Pfahlgründung; Angabe der zu erwartenden Setzungen für die vom Tragwerksplaner im Rahmen der Entwurfsplanung nach § 64 zu erbringenden Grundleistungen; Hinweise zur Herstellung und Trockenhaltung der Baugrube und des Bauwerks sowie zur Auswirkung der Baumaßnahme auf Nachbarbauwerke	50

(2) Das Honorar für die Leistungen nach Absatz 1 richtet sich nach den anrechenbaren Kosten nach § 62 Abs. 3 bis 8, der Honorarzone, der die Gründung nach § 93 zuzurechnen ist, und nach der Honorartafel in § 94.

(3) Die anrechenbaren Kosten sind zu ermitteln nach der Kostenberechnung oder, wenn die Vertragsparteien dies bei Auftragserteilung schriftlich vereinbaren, nach einer anderen Kostenermittlungsart.

(4) Werden nicht sämtliche Leistungen nach Absatz 1 übertragen, so gilt § 5 Abs. 1 und 2 sinngemäß.

(5) Das Honorar für Ingenieurbauwerke mit großer Längenausdehnung (Linienbauwerke) kann frei vereinbart werden. Wird ein Honorar nicht bei Auftragserteilung schriftlich vereinbart, so ist das Honorar als Zeithonorar nach § 6 zu berechnen.

(6) § 66 Abs. 1, 2, 5 und 6 gilt sinngemäß.

§ 93
Honorarzonen für Leistungen bei der Baugrundbeurteilung und Gründungsberatung

(1) Die Honorarzone wird bei der Baugrundbeurteilung und Gründungsberatung auf Grund folgender Bewertungsmerkmale ermittelt:

1. Honorarzone I:

   Gründungen mit sehr geringem Schwierigkeitsgrad, insbesondere

   — gering setzungsempfindliche Bauwerke mit einheitlicher Gründungsart bei annähernd regelmäßigem Schichtenaufbau des Untergrundes mit einheitlicher Tragfähigkeit (Scherfestigkeit) und Setzungsfähigkeit innerhalb der Baufläche;

2. Honorarzone II:

   Gründungen mit geringem Schwierigkeitsgrad, insbesondere

   — setzungsempfindliche Bauwerke sowie gering setzungsempfindliche Bauwerke mit bereichsweise unterschiedlicher Gründungsart oder bereichsweise stark unterschiedlichen Lasten bei annähernd regelmäßigem Schichtenaufbau des Untergrundes mit einheitlicher Tragfähigkeit und Setzungsfähigkeit innerhalb der Baufläche,

   — gering setzungsempfindliche Bauwerke mit einheitlicher Gründungsart bei unregelmäßigem Schichtenaufbau des Untergrundes mit unterschiedlicher Tragfähigkeit und Setzungsfähigkeit innerhalb der Baufläche;

3. Honorarzone III:

   Gründungen mit durchschnittlichem Schwierigkeitsgrad, insbesondere

   — stark setzungsempfindliche Bauwerke bei annähernd regelmäßigem Schichtenaufbau des Untergrundes mit einheitlicher Tragfähigkeit und Setzungsfähigkeit innerhalb der Baufläche,

— setzungsempfindliche Bauwerke sowie gering setzungsempfindliche Bauwerke mit bereichsweise unterschiedlicher Gründungsart oder bereichsweise stark unterschiedlichen Lasten bei unregelmäßigem Schichtenaufbau des Untergrundes mit unterschiedlicher Tragfähigkeit und Setzungsfähigkeit innerhalb der Baufläche,

— gering setzungsempfindliche Bauwerke mit einheitlicher Gründungsart bei unregelmäßigem Schichtenaufbau des Untergrundes mit stark unterschiedlicher Tragfähigkeit und Setzungsfähigkeit innerhalb der Baufläche;

4. Honorarzone IV:

Gründungen mit überdurchschnittlichem Schwierigkeitsgrad, insbesondere

— stark setzungsempfindliche Bauwerke bei unregelmäßigem Schichtenaufbau des Untergrundes mit unterschiedlicher Tragfähigkeit und Setzungsfähigkeit innerhalb der Baufläche,

— setzungsempfindliche Bauwerke sowie gering setzungsempfindliche Bauwerke mit bereichsweise unterschiedlicher Gründungsart oder bereichsweise stark unterschiedlichen Lasten bei unregelmäßigem Schichtenaufbau des Untergrundes mit stark unterschiedlicher Tragfähigkeit und Setzungsfähigkeit innerhalb der Baufläche;

5. Honorarzone V:

Gründungen mit sehr hohem Schwierigkeitsgrad, insbesondere

— stark setzungsempfindliche Bauwerke bei unregelmäßigem Schichtenaufbau des Untergrundes mit stark unterschiedlicher Tragfähigkeit und Setzungsfähigkeit innerhalb der Baufläche.

(2) § 63 Abs. 2 gilt sinngemäß.

§ 94
Honorartafel für Leistungen bei der Baugrundbeurteilung und Gründungsberatung

(1) Die Mindest- und Höchstsätze der Honorare für die in § 92 aufgeführten Leistungen für die Baugrundbeurteilung und Gründungsberatung sind in der nachfolgenden Honorartafel festgesetzt.

(2) § 16 Abs. 2 und 3 gilt sinngemäß.

§ 95
Sonstige Leistungen für Bodenmechanik, Erd- und Grundbau

Für Leistungen nach § 91 Abs. 2, soweit sie nicht in § 92 erfaßt sind, kann ein Honorar frei vereinbart werden. Wird ein Honorar nicht bei Auftragserteilung schriftlich vereinbart, so ist das Honorar als Zeithonorar nach § 6 zu berechnen.

Honorartafel zu § 94 Abs. 1

Anrechenbare Kosten DM	Zone I von DM	Zone I bis DM	Zone II von DM	Zone II bis DM	Zone III von DM	Zone III bis DM	Zone IV von DM	Zone IV bis DM	Zone V von DM	Zone V bis DM
100 000	930	1 680	1 680	2 420	2 420	3 170	3 170	3 910	3 910	4 660
150 000	1 160	2 050	2 050	2 930	2 930	3 820	3 820	4 700	4 700	5 590
200 000	1 350	2 350	2 350	3 350	3 350	4 340	4 340	5 340	5 340	6 340
300 000	1 660	2 850	2 850	4 030	4 030	5 220	5 220	6 400	6 400	7 590
400 000	1 940	3 280	3 280	4 620	4 620	5 950	5 950	7 290	7 290	8 630
500 000	2 170	3 640	3 640	5 110	5 110	6 590	6 590	8 060	8 060	9 530
600 000	2 400	3 990	3 990	5 580	5 580	7 160	7 160	8 750	8 750	10 340
700 000	2 600	4 290	4 290	5 980	5 980	7 680	7 680	9 370	9 370	11 060
800 000	2 790	4 580	4 580	6 370	6 370	8 150	8 150	9 940	9 940	11 730
900 000	2 960	4 840	4 840	6 720	6 720	8 600	8 600	10 480	10 480	12 360
1 000 000	3 130	5 090	5 090	7 060	7 060	9 020	9 020	10 990	10 990	12 950
1 500 000	3 870	6 200	6 200	8 530	8 530	10 850	10 850	13 180	13 180	15 510
2 000 000	4 520	7 140	7 140	9 760	9 760	12 380	12 380	15 000	15 000	17 620
3 000 000	5 580	8 680	8 680	11 780	11 780	14 890	14 890	17 990	17 990	21 090
4 000 000	6 500	9 990	9 990	13 490	13 490	16 980	16 980	20 480	20 480	23 970
5 000 000	7 300	11 130	11 130	14 960	14 960	18 800	18 800	22 630	22 630	26 460
6 000 000	8 030	12 160	12 160	16 290	16 290	20 420	20 420	24 550	24 550	28 680
7 000 000	8 710	13 110	13 110	17 510	17 510	21 910	21 910	26 310	26 310	30 710
8 000 000	9 340	13 990	13 990	18 630	18 630	23 280	23 280	27 920	27 920	32 570
9 000 000	9 930	14 810	14 810	19 690	19 690	24 560	24 560	29 440	29 440	34 320
10 000 000	10 500	15 600	15 600	20 690	20 690	25 790	25 790	30 880	30 880	35 980
15 000 000	13 010	19 020	19 020	25 030	25 030	31 040	31 040	37 050	37 050	43 060
20 000 000	15 130	21 890	21 890	28 650	28 650	35 410	35 410	42 170	42 170	48 930
30 000 000	18 720	26 690	26 690	34 660	34 660	42 630	42 630	50 600	50 600	58 570
40 000 000	21 780	30 730	30 730	39 680	39 680	48 640	48 640	57 590	57 590	66 540
50 000 000	24 490	34 280	34 280	44 080	44 080	53 870	53 870	63 670	63 670	73 460

Teil XIII
Vermessungsstechnische Leistungen

§ 96
Anwendungsbereich

(1) Vermessungstechnische Leistungen sind das Erfassen ortsbezogener Daten über Bauwerke und Anlagen, Grundstücke und Topographie, das Erstellen von Plänen, das Übertragen von Planungen in die Örtlichkeit sowie das vermessungstechnische Überwachen der Bauausführung, soweit die Leistungen mit besonderen instrumentellen und vermessungstechnischen Verfahrensanforderungen erbracht werden müssen. Ausgenommen von Satz 1 sind Leistungen, die nach landesrechtlichen Vorschriften für Zwecke der Landesvermessung und des Liegenschaftskatasters durchgeführt werden.

(2) Zu den vermessungstechnischen Leistungen rechnen:

1. Entwurfsvermessung für die Planung und den Entwurf von Gebäuden, Ingenieurbauwerken und Verkehrsanlagen,

2. Bauvermessung für den Bau und die abschließende Bestandsdokumentation von Gebäuden, Ingenieurbauwerken und Verkehrsanlagen,

3. Vermessung an Objekten außerhalb der Entwurfs- und Bauphase, Leistungen für nicht objektgebundene Vermessungen, Fernerkundung und geographisch-geometrische Datenbasen sowie andere sonstige vermessungstechnische Leistungen.

§ 97
Grundlagen des Honorars bei der Entwurfsvermessung

(1) Das Honorar für Grundleistungen bei der Entwurfsvermessung richtet sich nach den anrechenbaren Kosten des Objekts, nach der Honorarzone, der die Entwurfsvermessung angehört, sowie nach der Honorartafel in § 99.

(2) Anrechenbare Kosten sind unter Zugrundelegung der Kostenermittlungsarten nach DIN 276 nach der Kostenberechnung zu ermitteln, solange diese nicht vorliegt oder wenn die Vertragsparteien dies bei Auftragserteilung schriftlich vereinbaren, nach der Kostenschätzung.

(3) Anrechenbare Kosten sind die Herstellungskosten des Objekts. Sie sind zu ermitteln:

1. bei Gebäuden nach § 10 Abs. 3, 4 und 5,

2. bei Ingenieurbauwerken nach § 52 Abs. 6 bis 8 und sinngemäß nach § 10 Abs. 4,

3. bei Verkehrsanlagen nach § 52 Abs. 4 bis 8 und sinngemäß nach § 10 Abs. 4.

(4) Anrechenbar sind bei Gebäuden und Ingenieurbauwerken nur folgende Vomhundertsätze der nach Absatz 3 ermittelten anrechenbaren Kosten, die wie folgt gestaffelt aufzusummieren sind:

1. bis zu 1 Mio. DM	40 v. H.,
2. über 1 Mio. bis zu 2 Mio. DM	35 v. H.,
3. über 2 Mio. bis zu 5 Mio. DM	30 v. H.,
4. über 5 Mio. DM	25 v. H.

(5) Die Absätze 1 bis 4 sowie die §§ 97 a und 97 b gelten nicht für vermessungstechnische Leistungen bei ober- und unterirdischen Leitungen, innerörtlichen Verkehrsanlagen mit überwiegend innerörtlichem Verkehr – ausgenommen Wasserstraßen –, Geh- und Radwegen sowie Gleis- und Bahnsteiganlagen. Das Honorar für die in Satz 1 genannten Objekte kann frei vereinbart werden. Wird ein Honorar nicht bei Auftragserteilung schriftlich vereinbart, so ist das Honorar als Zeithonorar nach § 6 zu berechnen.

(6) § 21 gilt sinngemäß.

(7) Umfaßt ein Auftrag Vermessungen für mehrere Objekte, so sind die Honorare für die Vermessung jedes Objekts getrennt zu berechnen. § 23 Abs. 2 gilt sinngemäß.

§ 97 a
Honorarzonen für Leistungen bei der Entwurfsvermessung

(1) Die Honorarzone wird bei der Entwurfsvermessung auf Grund folgender Bewertungsmerkmale ermittelt:

1. Honorarzone I:

   Vermessungen mit sehr geringen Anforderungen, das heißt mit

   — sehr hoher Qualität der vorhandenen Kartenunterlagen,

   — sehr geringen Anforderungen an die Genauigkeit,

   — sehr hoher Qualität des vorhandenen Lage- und Höhenfestpunktfeldes,

   — sehr geringen Beeinträchtigungen durch die Geländebeschaffenheit und bei der Begehbarkeit,

   — sehr geringer Behinderung durch Bebauung und Bewuchs,

   — sehr geringer Behinderung durch Verkehr,

   — sehr geringer Topographiedichte;

2. Honorarzone II:

   Vermessungen mit geringen Anforderungen, das heißt mit

— guter Qualität der vorhandenen Kartenunterlagen,

— geringen Anforderungen an die Genauigkeit,

— guter Qualität des vorhandenen Lage- und Höhenfestpunktfeldes,

— geringen Beeinträchtigungen durch die Geländebeschaffenheit und bei der Begehbarkeit,

— geringer Behinderung durch Bebauung und Bewuchs,

— geringer Behinderung durch Verkehr,

— geringer Topographiedichte;

3. Honorarzone III:

Vermessungen mit durchschnittlichen Anforderungen, das heißt mit

— befriedigender Qualität der vorhandenen Kartenunterlagen,

— durchschnittlichen Anforderungen an die Genauigkeit,

— befriedigender Qualität des vorhandenen Lage- und Höhenfestpunktfeldes,

— durchschnittlichen Beeinträchtigungen durch die Geländebeschaffenheit und bei der Begehbarkeit,

— durchschnittlicher Behinderung durch Bebauung und Bewuchs,

— durchschnittlicher Behinderung durch Verkehr,

— durchschnittlicher Topographiedichte;

4. Honorarzone IV:

Vermessungen mit überdurchschnittlichen Anforderungen, das heißt mit

— kaum ausreichender Qualität der vorhandenen Kartenunterlagen,

— überdurchschnittlichen Anforderungen an die Genauigkeit,

— kaum ausreichender Qualität des vorhandenen Lage- und Höhenfestpunktfeldes,

— überdurchschnittlichen Beeinträchtigungen durch die Geländebeschaffenheit und bei der Begehbarkeit,

— überdurchschnittlicher Behinderung durch Bebauung und Bewuchs,

— überdurchschnittlicher Behinderung durch Verkehr,

— überdurchschnittlicher Topographiedichte;

5. Honorarzone V:

Vermessungen mit sehr hohen Anforderungen, das heißt mit

— mangelhafter Qualität der vorhandenen Kartenunterlagen,

— sehr hohen Anforderungen an die Genauigkeit,

— mangelhafter Qualität des vorhandenen Lage- und Höhenfestpunktfeldes,

— sehr hohen Beeinträchtigungen durch die Geländebeschaffenheit und bei der Begehbarkeit,

— sehr hoher Behinderung durch Bebauung und Bewuchs,

— sehr hoher Behinderung durch Verkehr,

— sehr hoher Topographiedichte.

(2) Sind für eine Entwurfsvermessung Bewertungsmerkmale aus mehreren Honorarzonen anwendbar und bestehen deswegen Zweifel, welcher Honorarzone die Vermessung zugerechnet werden kann, so ist die Anzahl der Bewertungspunkte nach Absatz 3 zu ermitteln. Die Vermessung ist nach der Summe der Bewertungspunkte folgenden Honorarzonen zuzurechnen:

1. Honorarzone I:

Vermessungen mit bis zu 14 Punkten,

2. Honorarzone II:

Vermessungen mit 15 bis 25 Punkten,

3. Honorarzone III:

Vermessungen mit 26 bis 37 Punkten,

4. Honorarzone IV:

Vermessungen mit 38 bis 48 Punkten,

5. Honorarzone V:

Vermessungen mit 49 bis 60 Punkten.

(3) Bei der Zurechnung einer Entwurfsvermessung in die Honorarzonen sind entsprechend dem Schwierigkeitsgrad der Anforderungen an die Vermessung die Bewertungsmerkmale Qualität der vorhandenen Kartenunterlagen, Anforderungen an die Genauigkeit und Qualität des vorhandenen Lage- und Höhenfestpunktfeldes mit je bis zu 5 Punkten, die Bewertungsmerkmale Beeinträchtigungen durch die Geländebeschaffenheit und bei der Begehbarkeit, Behinderung durch Bebauung und Bewuchs sowie Behinderung durch Verkehr mit je bis zu 10 Punkten und das Bewertungsmerkmal Topographiedichte mit bis zu 15 Punkten zu bewerten.

§ 97 b

Leistungsbild Entwurfsvermessung

	Bewertung der Grundleistungen in v. H. der Honorare

(1) Das Leistungsbild Entwurfsvermessung umfaßt die terrestrischen und photogrammetrischen Vermessungsleistungen für die Planung und den Entwurf von Gebäuden, Ingenieurbauwerken und Verkehrsanlagen. Die Grundleistungen sind in den in Absatz 2 aufgeführten Leistungsphasen 1 bis 6 zusammengefaßt. Sie sind in der nachfolgenden Tabelle in Vomhundertsätzen der Honorare des § 99 bewertet.

1.	Grundlagenermittlung	3
2.	Geodätisches Festpunktfeld	15
3.	Vermessungstechnische Lage- und Höhenpläne	52
4.	Absteckungsunterlagen	15
5.	Absteckung für Entwurf	5
6.	Geländeschnitte	10

(2) Das Leistungsbild setzt sich wie folgt zusammen:

Grundleistungen	Besondere Leistungen
1. Grundlagenermittlung	
Einholen von Informationen und Beschaffen von Unterlagen über die Örtlichkeit und das geplante Objekt	Schriftliches Einholen von Genehmigungen zum Betreten von Grundstücken, zum Befahren von Gewässern und für anordnungsbedürftige Verkehrssicherungsmaßnahmen
Beschaffen vermessungstechnischer Unterlagen	
Ortsbesichtigung	
Ermitteln des Leistungsumfangs in Abhängigkeit von den Genauigkeitsanforderungen und dem Schwierigkeitsgrad	
2. Geodätisches Festpunktfeld	
Erkunden und Vermarken von Lage- und Höhenpunkten	Netzanalyse und Meßprogramme für Grundnetze hoher Genauigkeit
Erstellen von Punktbeschreibungen und Einmessungsskizzen	Vermarken bei besonderen Anforderungen
Messungen zum Bestimmen der Fest- und Paßpunkte	Bau von Festpunkten und Signalen
Auswerten der Messungen und Erstellen des Koordinaten- und Höhenverzeichnisses	
3. Vermessungstechnische Lage- und Höhenpläne	
Topographisch/Morphologische Geländeaufnahme (terrestrisch/photogrammetrisch) einschließlich Erfassen von Zwangspunkten	Orten und Aufmessen des unterirdischen Bestandes
Auswerten der Messungen/Luftbilder	Vermessungsarbeiten unter Tage, unter Wasser oder bei Nacht
Erstellen von Plänen mit Darstellen der Situation im Planungsbereich einschließlich der Einarbeitung der Katasterinformation	Maßnahmen für umfangreiche anordnungsbedürftige Verkehrssicherung
Darstellen der Höhen in Punkt-, Raster- oder Schichtlinienform	Detailliertes Aufnehmen bestehender Objekte und Anlagen außerhalb normaler topographischer Aufnahmen wie z. B. Fassaden, und Innenräume von Gebäuden
Erstellen eines digitalen Geländemodells	Eintragen von Eigentümerangaben

Grundleistungen	Besondere Leistungen
Graphisches Übernehmen von Kanälen, Leitungen, Kabeln und unterirdischen Bauwerken aus vorhandenen Unterlagen	Darstellen in verschiedenen Maßstäben
	Aufnahmen über den Planungsbereich hinaus
Eintragen der bestehenden öffentlich-rechtlichen Festsetzungen	Ausarbeiten der Lagepläne entsprechend der rechtlichen Bedingungen für behördliche Genehmigungsverfahren
Liefern aller Meßdaten in digitaler Form	Erfassen von Baumkronen

4. Absteckungsunterlagen

Berechnen der Detailgeometrie anhand des Entwurfes und Erstellen von Absteckungsunterlagen	Durchführen von Optimierungsberechnungen im Rahmen der Baugeometrie (Flächennutzung, Abstandflächen, Fahrbahndecken)

5. Absteckung für den Entwurf

Übertragen der Leitlinie linienhafter Objekte in die Örtlichkeit

Übertragen der Projektgeometrie in die Örtlichkeit für Erörterungsverfahren

6. Geländeschnitte

Ermitteln und Darstellen von Längs- und Querprofilen aus terrestrischen/photogrammetrischen Aufnahmen

---

§ 98
Grundlagen des Honorars bei der Bauvermessung

(1) Das Honorar für Grundleistungen bei der Bauvermessung richtet sich nach den anrechenbaren Kosten des Objekts, nach der Honorarzone, der die Bauvermessung angehört, sowie nach der Honorartafel in § 99.

(2) Anrechenbare Kosten sind unter Zugrundelegung der Kostenermittlungsarten nach DIN 276 nach der Kostenfeststellung zu ermitteln, solange diese nicht vorliegt oder wenn die Vertragsparteien dies bei Auftragserteilung schriftlich vereinbaren, nach der Kostenberechnung.

(3) Anrechenbar sind bei Ingenieurbauwerken 100 vom Hundert, bei Gebäuden und Verkehrsanlagen 80 vom Hundert der nach § 97 Abs. 3 ermittelten Kosten.

(4) Die Absätze 1 bis 3 sowie die §§ 98 a und 98 b gelten nicht für vermessungstechnische Leistungen bei ober- und unterirdischen Leitungen, Tunnel-, Stollen- und Kavernenbauwerken, innerörtlichen Verkehrsanlagen mit überwiegend innerörtlichem Verkehr – ausgenommen Wasserstraßen –, Geh- und Radwegen sowie Gleis- und Bahnsteiganlagen. Das Honorar für die in Satz 1 genannten Objekte kann frei vereinbart werden. Wird ein Honorar nicht bei Auftragserteilung schriftlich vereinbart, so ist das Honorar als Zeithonorar nach § 6 zu berechnen.

(5) Die §§ 21 und 97 Abs. 3 und 7 gelten sinngemäß.

§ 98 a
Honorarzonen für Leistungen bei der Bauvermessung

(1) Die Honorarzone wird bei der Bauvermessung auf Grund folgender Bewertungsmerkmale ermittelt:

1. Honorarzone I:

   Vermessungen mit sehr geringen Anforderungen, das heißt mit

   — sehr geringen Beeinträchtigungen durch die Geländebeschaffenheit und bei der Begehbarkeit,

   — sehr geringen Behinderungen durch Bebauung und Bewuchs,

   — sehr geringer Behinderung durch den Verkehr,

   — sehr geringen Anforderungen an die Genauigkeit,

   — sehr geringen Anforderungen durch die Geometrie des Objekts,

   — sehr geringer Behinderung durch den Baubetrieb;

2. Honorarzone II:

Vermessungen mit geringen Anforderungen, das heißt mit

— geringen Beeinträchtigungen durch die Geländebeschaffenheit und bei der Begehbarkeit,

— geringen Behinderungen durch Bebauung und Bewuchs,

— geringer Behinderung durch den Verkehr,

— geringen Anforderungen an die Genauigkeit,

— geringen Anforderungen durch die Geometrie des Objekts,

— geringer Behinderung durch den Baubetrieb;

3. Honorarzone III:

Vermessungen mit durchschnittlichen Anforderungen, das heißt mit

— durchschnittlichen Beeinträchtigungen durch die Geländebeschaffenheit und bei der Begehbarkeit,

— durchschnittlichen Behinderungen durch Bebauung und Bewuchs,

— durchschnittlicher Behinderung durch den Verkehr,

— durchschnittlichen Anforderungen an die Genauigkeit,

— durchschnittlichen Anforderungen durch die Geometrie des Objekts,

— durchschnittlicher Behinderung durch den Baubetrieb;

4. Honorarzone IV:

Vermessungen mit überdurchschnittlichen Anforderungen, das heißt mit

— überdurchschnittlichen Beeinträchtigungen durch die Geländebeschaffenheit und bei der Begehbarkeit,

— überdurchschnittlichen Behinderungen durch Bebauung und Bewuchs,

— überdurchschnittlicher Behinderung durch den Verkehr,

— überdurchschnittlichen Anforderungen an die Genauigkeit,

— überdurchschnittlichen Anforderungen durch die Geometrie des Objekts,

— überdurchschnittlicher Behinderung durch den Baubetrieb;

5. Honorarzone V:

Vermessungen mit sehr hohen Anforderungen, das heißt mit

— sehr hohen Beeinträchtigungen durch die Geländebeschaffenheit und bei der Begehbarkeit,

— sehr hohen Behinderungen durch Bebauung und Bewuchs,

— sehr hoher Behinderung durch den Verkehr,

— sehr hohen Anforderungen an die Genauigkeit,

— sehr hohen Anforderungen durch die Geometrie des Objekts,

— sehr hoher Behinderung durch den Baubetrieb.

(2) § 97 a Abs. 2 gilt sinngemäß.

(3) Bei der Zurechnung einer Bauvermessung in die Honorarzonen ist entsprechend dem Schwierigkeitsgrad der Anforderungen an die Vermessung das Bewertungsmerkmal Beeinträchtigungen durch die Geländebeschaffenheit und bei der Begehbarkeit mit bis zu 5 Punkten, die Bewertungsmerkmale Behinderungen durch Bebauung und Bewuchs, Behinderung durch den Verkehr, Anforderungen an die Genauigkeit sowie Anforderungen durch die Geometrie des Objekts mit je bis zu 10 Punkten und das Bewertungsmerkmal Behinderung durch den Baubetrieb mit bis zu 15 Punkten zu bewerten.

§ 98 b
Leistungsbild Bauvermessung

(1) Das Leistungsbild Bauvermessung umfaßt die terrestrischen und photogrammetrischen Vermessungsleistungen für den Bau und die abschließende Bestandsdokumentation von Gebäuden, Ingenieurbauwerken und Verkehrsanlagen. Die Grundleistungen sind in den in Absatz 2 aufgeführten Leistungsphasen 1 bis 4 zusammengefaßt. Sie sind in der nachfolgenden Tabelle in Vomhundertsätzen der Honorare des § 99 bewertet.

	Bewertung der Grundleistungen in v. H. der Honorare
1. Baugeometrische Beratung	2
2. Absteckung für die Bauausführung.....	14
3. Bauausführungsvermessung...............	66
4. Vermessungstechnische Überwachung der Bauausführung	18

(2) Das Leistungsbild setzt sich wie folgt zusammen:

Grundleistungen	Besondere Leistungen

1. Baugeometrische Beratung

Beraten bei der Planung insbesondere im Hinblick auf die erforderlichen Genauigkeiten	Erstellen von vermessungstechnischen Leistungsbeschreibungen
Erstellen eines konzeptionellen Meßprogramms	Erarbeiten von Organisationsvorschlägen über Zuständigkeiten, Verantwortlichkeit und Schnittstellen der Objektvermessung
Festlegen eines für alle Beteiligten verbindlichen Maß-, Bezugs- und Benennungssystems	
Erstellen von Meßprogrammen für Bewegungs- und Deformationsmessungen, einschließlich Vorgaben für die Baustelleneinrichtung	

2. Absteckung für Bauausführung

Übertragen der Projektgeometrie (Hauptpunkte) in die Örtlichkeit

Übergabe der Lage- und Höhenfestpunkte, der Hauptpunkte und der Absteckungsunterlagen an das bauausführende Unternehmen

3. Bauausführungsvermessung

Messungen zur Verdichtung des Lage- und Höhenfestpunktfeldes	Absteckung unter Berücksichtigung von belastungs- und fertigungstechnischen Verformungen
Messungen zur Überprüfung und Sicherung von Fest- und Achspunkten	Prüfen der Maßgenauigkeit von Fertigteilen
Baubegleitende Absteckungen der geometriebestimmenden Bauwerkspunkte nach Lage und Höhe	Aufmaß von Bauleistungen, soweit besondere vermessungstechnische Leistungen gegeben sind
Messungen zur Erfassung von Bewegungen und Deformationen des zu erstellenden Objekts an konstruktiv bedeutsamen Punkten (bei Wasserstraßen keine Grundleistung)	Herstellen von Bestandsplänen
	Ausgabe von Baustellenbestandsplänen während der Bauausführung
Stichprobenartige Eigenüberwachungsmessungen	Fortführen der vermessungstechnischen Bestandspläne nach Abschluß der Grundleistung
Fortlaufende Bestandserfassung während der Bauausführung als Grundlage für den Bestandsplan	

4. Vermessungstechnische Überwachung der Bauausführung

Kontrollieren der Bauausführung durch stichprobenartige Messungen an Schalungen und entstehenden Bauteilen	Prüfen der Mengenermittlungen
	Einrichten eines geometrischen Objektinformationssystems
Fertigen von Meßprotokollen	Planen und Durchführen von langfristigen vermessungstechnischen Objektüberwachungen im Rahmen der Ausführungskontrolle baulicher Maßnahmen
Stichprobenartige Bewegungs- und Deformationsmessungen an konstruktiv bedeutsamen Punkten des zu erstellenden Objekts	Vermessungen für die Abnahme von Bauleistungen, soweit besondere vermessungstechnische Anforderungen gegeben sind

(3) Die Leistungsphase 3 ist abweichend von Absatz 1 bei Gebäuden mit 45 bis 66 vom Hundert zu bewerten.

§ 99
Honorartafel für Grundleistungen bei der Vermessung

(1) Die Mindest- und Höchstsätze der Honorare für die in den §§ 97 b und 98 b aufgeführten Grundleistungen sind in der nachfolgenden Honorartafel festgesetzt.

(2) § 16 Abs. 2 und 3 gilt sinngemäß.

§ 100
Sonstige vermessungstechnische Leistungen

(1) Zu den sonstigen vermessungstechnischen Leistungen rechnen:

1. Vermessungen an Objekten außerhalb der Entwurfs- oder Bauphase,

2. nicht objektgebundene Flächenvermessungen, die die Herstellung von Lage- und Höhenplänen zum Ziel haben und nicht unmittelbar mit der Realisierung eines Objekts in Verbindung stehen, sowie Vermessungsleistungen für Freianlagen und im Zusammenhang mit städtebaulichen oder landschaftsplanerischen Leistungen,

3. Fernerkundungen, die das Aufnehmen, Auswerten und Interpretieren von Luftbildern und anderer raumbezogener Daten umfassen, die durch Aufzeichnung über eine große Distanz erfaßt sind, als Grundlage insbesondere für Zwecke der Raumordnung und des Umweltschutzes,

4. vermessungstechnische Leistungen zum Aufbau von geographisch-geometrischen Datenbasen für raumbezogene Informationssysteme,

5. Leistungen nach § 96, soweit sie nicht in den §§ 97 b und 98 b erfaßt sind.

(2) Für sonstige vermessungstechnische Leistungen kann ein Honorar frei vereinbart werden. Wird ein Honorar nicht bei Auftragserteilung schriftlich vereinbart, so ist das Honorar als Zeithonorar nach § 6 zu berechnen.

Honorartafel zu § 99 Abs. 1

Anrechenbare Kosten DM	Zone I von	bis DM	Zone II von	bis DM	Zone III von	bis DM	Zone IV von	bis DM	Zone V von	bis DM
100 000	4 000	4 700	4 700	5 400	5 400	6 100	6 100	6 800	6 800	7 500
200 000	6 000	6 900	6 900	7 800	7 800	8 700	8 700	9 600	9 600	10 500
300 000	7 800	8 900	8 900	10 000	10 000	11 100	11 100	12 200	12 200	13 300
400 000	9 300	10 500	10 500	11 800	11 800	13 000	13 000	14 300	14 300	15 500
500 000	10 600	12 000	12 000	13 400	13 400	14 800	14 800	16 200	16 200	17 600
600 000	11 800	13 300	13 300	14 800	14 800	16 300	16 300	17 800	17 800	19 300
700 000	13 000	14 600	14 600	16 300	16 300	17 900	17 900	19 600	19 600	21 200
800 000	14 200	16 000	16 000	17 700	17 700	19 500	19 500	21 200	21 200	23 000
900 000	15 400	17 300	17 300	19 200	19 200	21 000	21 000	22 900	22 900	24 800
1 000 000	16 600	18 600	18 600	20 600	20 600	22 600	22 600	24 600	24 600	26 600
1 500 000	20 400	22 800	22 800	25 200	25 200	27 600	27 600	30 000	30 000	32 400
2 000 000	24 400	27 000	27 000	29 800	29 800	32 600	32 600	35 400	35 400	38 200
3 000 000	32 000	35 400	35 400	39 000	39 000	42 600	42 600	46 200	46 200	49 800
4 000 000	39 600	43 800	43 800	48 200	48 200	52 600	52 600	57 000	57 000	61 400
5 000 000	47 200	52 200	52 200	57 400	57 400	62 600	62 600	67 800	67 800	73 000
6 000 000	54 800	60 600	60 600	66 600	66 600	72 600	72 600	78 600	78 600	84 600
7 000 000	62 400	69 000	69 000	75 800	75 800	82 600	82 600	89 400	89 400	96 200
8 000 000	70 000	77 400	77 400	85 000	85 000	92 600	92 600	100 200	100 200	107 800
9 000 000	77 600	85 800	85 800	94 200	94 200	102 600	102 600	111 000	111 000	119 400
10 000 000	85 200	94 200	94 200	103 400	103 400	112 600	112 600	121 800	121 800	131 000
15 000 000	123 200	136 200	236 200	149 400	149 400	162 600	162 600	175 800	175 800	189 000
20 000 000	161 000	178 200	178 200	195 400	195 400	212 600	212 600	229 800	229 800	247 000

Teil XIV
Schluß- und Überleitungsvorschriften

§ 101
(Aufhebung von Vorschriften)

§ 102
weggefallen

§ 103
Inkrafttreten und Überleitungsvorschriften

(1) Diese Verordnung tritt am 1. Januar 1977 in Kraft. Sie gilt nicht für Leistungen von Auftragnehmern zur Erfüllung von Verträgen, die vor ihrem Inkrafttreten abgeschlossen worden sind; insoweit bleiben die bisherigen Vorschriften anwendbar.

(2) Die Vertragsparteien können vereinbaren, daß die Leistungen zur Erfüllung von Verträgen, die vor dem Inkrafttreten dieser Verordnung abgeschlossen worden sind, nach dieser Verordnung abgerechnet werden, soweit sie bis zum Tage des Inkrafttretens noch nicht erbracht worden sind.

(3) Absatz 1 Satz 2 und Absatz 2 gelten entsprechend für die Anwendbarkeit der am 1. Januar 1985 in Kraft tretenden Änderungen dieser Verordnung auf vor diesem Zeitpunkt abgeschlossene Verträge.

(4) Absatz 1 Satz 2 und Absatz 2 gelten entsprechend für die Anwendbarkeit der am 1. April 1988 in Kraft tretenden Änderungen dieser Verordnung auf vor diesem Zeitpunkt abgeschlossene Verträge.

(5) Absatz 1 Satz 2 und Absatz 2 gelten entsprechend für die Anwendbarkeit der am 1. Januar 1991 in Kraft tretenden Änderungen dieser Verordnung auf vor diesem Zeitpunkt abgeschlossene Verträge.

(6) Absatz 1 Satz 2 und Absatz 2 gelten entsprechend für die Anwendbarkeit der am 1. Januar 1996 in Kraft tretenden Änderungen dieser Verordnung auf vor diesem Zeitpunkt abgeschlossene Verträge.

3.
Amtliche Begründungen

3.1
Amtliche Begründung zum RegE der Fünften Änderungsverordnung
(BR-Drucks. 238/94)

Zielsetzung

Die Änderung der Honorarordnung soll eine allgemeine Anpassung der Honorare für Architekten und Ingenieure an die wirtschaftliche Entwicklung seit Erlaß der Honorartafeln herbeiführen, nachdem im Rahmen der 4. HOAI-Novelle (Inkrafttreten 1. Januar 1991) ein Abschlag auf diese allgemeine Anpassung der Honorare gewährt und eine endgültige Entscheidung angekündigt worden war.

Weiterhin sollen im Rahmen der Umsetzung der Beschlüsse der Bundesregierung vom 13. Juli und 7. November 1990 sowie 11. Dezember 1991 zur Verringerung der CO_2-Emissionen Honoraranreize in die HOAI eingefügt werden.

Ebenso soll das Ziel Baukostendämpfung und Kostenkontrolle in der HOAI stärker verankert werden.

Lösung

Die Honorare der Architekten und Ingenieure nach der HOAI werden in einem ersten Schritt zum 1. Juli 1994* um insgesamt 5 v. H. und in einem zweiten Schritt zum 1. Januar 1995* um weitere 3,5 v. H. angehoben.

Die HOAI wird um Besondere Leistungen zur rationellen Energieverwendung und zur Nutzung erneuerbarer Energien ergänzt, soweit bei Aufträgen die zur ordnungsgemäßen Erfüllung im allgemeinen erforderlichen Leistungen überschritten werden.

Durch die Einführung von zusätzlichen Grundleistungen Kostenkontrolle enthält der Verordnungsentwurf Vorschriften, die Kostentransparenz und damit kostensparendes und wirtschaftliches Bauen fördern. Darüber hinaus werden die Honorare der Architekten und Ingenieure weiter als bisher von den tatsächlichen Herstellungskosten des Objektes abgekoppelt.

Der Verordnungsentwurf enthält weiterhin redaktionelle Änderungen, deren Notwendigkeit sich seit dem Erlaß der 4. HOAI-Novelle ergeben haben.

Alternativen: keine

Kosten

Für die Gebietskörperschaften ergeben sich jährlich folgende Mehrkosten:

---

*vgl. hierzu Einführung S. V ff.

1.	Lineare Erhöhung §§ 16 und 17	78,4 Mio. DM
2.	Lineare Erhöhung Ingenieurleistungen ohne Verkehrsanlagen	84,3 Mio. DM
3.	Verkehrsanlagen	13,6 Mio. DM
4.	Zeithonorare	5,3 Mio. DM
5.	Lineare Erhöhung Teile V/VI	ca. 4,5 Mio. DM
		186,1 Mio. DM

Die Mehrkosten betragen bei den Gebietskörperschaften in der Regel rd. 0,5 v. H. der Herstellungskosten eines Bauwerkes.

Im privaten Bereich können sich die Mehrkosten auf mehr als 1 v. H. der Herstellungskosten eines Objektes belaufen, da in der Regel vom Bauherren alle Planungs- und Überwachungsleistungen an Architekten und Ingenieure übertragen werden.

A. Allgemeines

Mit dem Verordnungsentwurf wird eine allgemeine Anpassung der Honorare für Architekten und Ingenieure an die wirtschaftliche Entwicklung seit Erlaß der Honorartafeln vorgeschlagen. Im Rahmen der 4. HOAI-Novelle war ein sog. Abschlag auf diese allgemeine Anpassung der Honorare gewährt und eine endgültige Entscheidung über die Honoraranpassung angekündigt worden. In den Teilen V und VI waren bereits Anpassungen in der 3. Änderungsverordnung – Inkrafttreten 1. April 1988 – vorgenommen worden. Weiterhin werden im Rahmen der Umsetzung der Beschlüsse der Bundesregierung vom 13. 7. und 7. 11. 1990 sowie 11. 12. 1991 zur Verringerung der CO_2-Emissionen Besondere Leistungen zur Energieeinsparung und zur Nutzung erneuerbarer Energieträger in die HOAI eingefügt. Ferner werden im Interesse der Baukostendämpfung und Kostenkontrolle Honorarregelungen für wirtschaftliches Planen und Bauen getroffen.

I. Vorgeschichte

Die Bundesregierung ist nach den §§ 1 und 2 des Gesetzes zur Regelung von Ingenieur- und Architektenleistungen vom 4. November 1971 (BGBl. I

S. 1749) ermächtigt, durch Rechtsverordnung mit Zustimmung des Bundesrates Honorarordnungen für Leistungen der Architekten und Ingenieure zu erlassen. Aufgrund dieser Ermächtigung ist die Honorarordnung für Architekten und Ingenieure am 17. September 1976 erlassen worden. Diese Honorarordnung enthielt – abgesehen von den Leistungen für die Tragwerksplanung von Gebäuden – im wesentlichen Honorarregelungen für typische Architektenleistungen. Sie ist bisher durch vier Änderungsverordnungen geändert worden, mit denen insbesondere weitere Ingenieurleistungen geregelt wurden sowie strukturelle Anpassungen und gezielte Honoraranpassungen vorgenommen wurden. Das Honorierungssystem der HOAI wurde dadurch kontinuierlich verbessert.

Die **Erste Änderungsverordnung** enthielt im wesentlichen Honorarvorschriften für typische Ingenieurleistungen, die in den Teilen VII bis XIII erfaßt sind, ferner Ergänzungen und Klarstellungen im Allgemeinen Teil und bei Vorschriften über typische Architektenleistungen sowie eine Erhöhung des Zeithonorars nach § 6.

In der **Zweiten Änderungsverordnung** wurde die Vorschrift über die Unterschreitung der Mindestsätze in § 4 Abs. 2 an die zwischenzeitlich geänderte Ermächtigungsgrundlage angepaßt.

Mit der **Dritten Änderungsverordnung** wurden insbesondere die Vorschriften über städtebauliche Leistungen im Teil V an die Veränderungen der Bauleitplanung angepaßt, vor allem an die Vorschriften des Baugesetzbuchs in der Fassung der Bekanntmachung vom 8. Dezember 1986 (BGBl. I S. 2253). Die Vorschriften im Teil VI über landschaftsplanerische Leistungen wurden an die veränderten Anforderungen des Bundesnaturschutzgesetzes in der Fassung der Bekanntmachung vom 12. März 1987 (BGBl. I S. 889) und an die auf Grund des Bundesnaturschutzgesetzes ergangenen landesrechtlichen Vorschriften angepaßt. Ferner wurden Vorschriften für typische Ingenieurleistungen überarbeitet und die Zeithonorare an die wirtschaftliche Entwicklung angepaßt.

Die **Vierte Änderungsverordnung** enthielt insbesondere folgende Änderungen und Ergänzungen:

a) Die Honorare in den Honorartafeln der Teile II, VII (Ingenieurbauwerke), VIII, IX und XII wurden linear um 10 v. H. angehoben, die Honorare in den Honorartafeln der Teile VII (Verkehrsanlagen) und IX um 15 v. H. Diese Anhebungen waren lediglich als Abschlagsregelung vorgesehen, der eine endgültige Entscheidung über die Anpassung der Honorartafeln seit ihrem Bestehen folgen sollte.

b) Die Vorschriften über Umbauten und Modernisierungen wurden dahingehend geändert, daß ein Zuschlag zu dem Grundhonorar obligatorisch wird

und daß sich die Höhe des Zuschlags nach dem Schwierigkeitsgrad der Planungsaufgabe auszurichten hat. Ferner gilt ab durchschnittlichem Schwierigkeitsgrad ein Zuschlag von 20 v. H. als vereinbart, wenn die Vertragsparteien keine Vereinbarung über die Höhe des Zuschlags getroffen haben.

c) Die Zeithonorare in § 6 wurden erneut an die wirtschaftliche Entwicklung angepaßt und der Honorarrahmen so gestaltet, daß den Verhältnissen des Einzelfalles besser Rechnung getragen werden kann.

d) Die Honorarvorschriften für Freianlagen wurden an die Erfordernisse des Naturschutzes und der Landschaftspflege angepaßt und die Honorargrundlagen überarbeitet. Dabei wurde insbesondere eine Abgrenzung zu den Leistungen nach Teil VII aufgenommen.

e) In Teil V wurde ein neues Honorarsystem für Bauleitpläne aufgenommen, das den heutigen und den zukünftigen Anforderungen an die Aufstellung von Bauleitplänen entspricht.

f) Die Honorarberechnungssysteme für Umweltverträglichkeitsstudien und landschaftspflegerische Begleitpläne im Teil VI wurden an die Anforderungen der Umweltgesetzgebung angepaßt. Ferner wurde das Leistungsbild für Pflege- und Entwicklungspläne auf Grund der bisher gesammelten Erfahrungen überarbeitet und eine eigene Honorartafel für diese Leistungen aufgenommen.

g) Ein besonderer Teil VI a mit verkehrsplanerischen Leistungen, die ein eigenständiges Arbeitsfeld repräsentieren, wurde aufgenommen.

h) Die Vorschriften über die Objektplanung von Ingenieurbauwerken und Verkehrsanlagen wurden grundlegend überarbeitet, insbesondere wurde die Objektliste neu gefaßt, die Beschreibung von Bewertungsmerkmalen wurde erweitert und die Honorare für Grundleistungen bei Verkehrsanlagen wurden im unteren Bereich erhöht.

i) In Teil VIII wurden die Vorschriften über die Ermittlung und den Ansatz der anrechenbaren Kosten sowie einige Grund- und Besondere Leistungen neu gefaßt.

j) In Teil IX wurde der Begriff „Technische Ausrüstung" neu gefaßt, die Objektliste wurde teilweise neu gefaßt.

k) In den Teilen X bis XII wurden einzelne Vorschriften klarer gefaßt.

l) Teil XIII wurde grundlegend überarbeitet. Die Honorarvorschriften erfassen vermessungstechnische Leistungen, die an ein Objekt gebunden sind und sonstige vermessungstechnische Leistungen.

Für das Gebiet der neuen Bundesländer galt gemäß dem Einigungsvertrag seit dem Tage der Wiedervereinigung bis zum 31. 12. 1992 eine Überleitungsregelung, nach der die Mindestsätze der Honorare um 15 v. H. bzw. 25 v. H. abgesenkt waren.

II. Inhalt der Neuregelung (der Fünften Änderungsverordnung)

1. Honorarauswirkungen

   a) *Artikel 1* (1. Anpassungsschritt) enthält folgende Änderungen:

   Die Honorare der Architekten und Ingenieure nach der HOAI werden – unter Berücksichtigung von linearen Honoraranhebungen sowie der Honorardämpfung um etwa 1 v. H. durch Strukturänderungen – um insgesamt 5 v. H. angehoben.

   Die Zeithonorare werden um durchschnittlich 6,2 v. H. angehoben. Die Honorare in den Honorartafeln der Teile II, VII (nur Ingenieurbauwerke) bis XII werden linear um 6 v. H., die für den Staat bedeutenden Honorare in Teil VII (Verkehrsanlagen) nur um 3 v. H. angehoben. Die Honorartafel in Teil IV wird um 5 v. H. linear angehoben.

   Die insbesondere an der Größe der überwiegend überplanten Flächen orientierten Honorartafeln der Teile V und VI, die nur einen sehr geringen Anteil des Gesamtumfangs der HOAI-Honorare begründen und die überwiegend letztmalig zum 1. April 1988 erhöht wurden, werden an die wirtschaftliche Entwicklung angepaßt und um 8,5 v. H. angehoben. Die Honorare für Pflege- und Entwicklungspläne werden um 3 v. H. erhöht; die Honorartafel für Vermessungsleistungen bleibt unverändert. Ausgangsbasis für die lineare Erhöhung der Honorartafeln sind die geltenden Honorartafeln in der Fassung der Vierten Änderungsverordnung.

   b) *Artikel 2* enthält (2. Anpassungsschritt) folgende Änderungen:

   Mit Ausnahme der Tabellen zu § 49 d Abs. 1 und § 56 Abs. 2, die nur um weitere 1,5 v. H. angehoben werden, ist für alle anderen bereits im 1. Anpassungsschritt erhöhten Honorartafeln eine weitere Erhöhung von 3,5 v. H. vorgesehen.

   c) Begründung

   Mit der Anhebung der Honorare kommt die Bundesregierung den Vorschriften in den §§ 1 und 2 des Gesetzes zur Regelung von Ingenieur- und Architektenleistungen nach. Hiernach ist bei der Festsetzung der Mindest- und Höchstsätze den berechtigten Interessen der Ingenieure und Architekten sowie der zur Zahlung der Honorare Verpflichteten Rechnung zu tragen.

Die Erhöhung der Honorare ergibt sich insbesondere aus folgenden Gründen:

Berechnungsgrundlage für Honorare der Architekten und Ingenieure sind die Baukosten. Die Baukosten haben sich seit Inkrafttreten der verschiedenen Honorartafeln deutlich erhöht, und insofern sind auch die Honorare gestiegen. Dies zeigt auch der im Rahmen der Baupreisstatistik des Statistischen Bundesamtes ausgewiesene Index für Architekten- und Ingenieurleistungen. Gleichzeitig haben auch die Personalkosten der Planungsbüros stark erhöht, so daß Planungsbüros trotz gestiegener Einnahmen einem deutlichen Kostendruck ausgesetzt sein können. Vorliegende wissenschaftliche Gutachten des Ifo-Institutes, München („Entwicklung der Honorar- und Kostensituation der Beratenden Ingenieure 1977 bis 1992", Auftraggeber: Ausschuß für die Honorarordnung der Beratenden Ingenieure), und der Forschungsgemeinschaft Prof. Dr. Pfarr/Dr. Ing. Koopmann, Berlin („Gutachten zur Honorar- und Kostenentwicklung bei den Architektenbüros", Auftraggeber: Bundesarchitektenkammer), sprechen in diesem Zusammenhang von einer Kosten-Erlös-Schere.

Darüber hinaus ist der technische Fortschritt seit über einem Jahrzehnt in den Architekten- und Ingenieurbüros zu berücksichtigen. Die Anwendung von EDV- und CAD-Geräten führt zu Produktivitätssteigerungen; dies wird im Gutachten der Societät für Unternehmensplanung Dr.-Ing. B. Hake, Wiesbaden untersucht („Produktivitätsentwicklung in Architekten- und Ingenieurbüros" – Auftraggeber: Bundesministerium für Wirtschaft). Produktivitätssteigerungen kompensieren tendenziell die festgestellten Kostensteigerungen.

Bereits 1990 mit der Vierten Änderungsverordnung hat die Bundesregierung einen Handlungsbedarf anerkannt und eine lineare Erhöhung der Honorare um 15 v. H. vorgeschlagen; der Bundesrat hat das Ausmaß der Honorarerhöhung zum Teil auf 10 v. H. reduziert (s. o. A. I. a).

Die vorliegende Novelle trifft die bei der Vierten Änderungsverordnung angekündigte endgültige Entscheidung über die Honoraranpassung an die wirtschaftliche Entwicklung. Mit diesen Honorarerhöhungen folgt die Bundesregierung allerdings nur teilweise den Empfehlungen in den genannten wissenschaftlichen Gutachten: Im Gutachten des Ifo-Instituts werden Honorarerhöhungen von 23 bis 37% und im Gutachten der Forschungsgemeinschaft Pfarr-Koopmann werden Honorarerhöhungen von ca. 24% für angemessen gehalten.

Zur allgemeinen Überprüfung der Honorare ist zu berücksichtigen, daß die Zeithonorare nach § 6 kontinuierlich an die wirtschaftliche Entwicklung angepaßt wurden; sie wurden zum letzten Mal zum 1. Januar 1991 erhöht.

2. Mit dem Verordnungsentwurf werden weiterhin Honoraranreize zur rationellen Energieverwendung und zur Nutzung erneuerbarer Energien geschaffen. Hierzu wird die HOAI um Besondere Leistungen zur rationellen Energieverwendung und zur Nutzung erneuerbarer Energien ergänzt, soweit bei Aufträgen die zur ordnungsgemäßen Erfüllung im allgemeinen erforderlichen Leistungen überschritten werden. Hintergrund dieser Ergänzungen sind die Beschlüsse des Bundeskabinetts vom 13. 7. und 7. 11. 1990 sowie 11. 12. 1991 im Rahmen eines Gesamtkonzeptes zum Schutze der Erdatmosphäre die energiebedingten Emissionen von Kohlendioxid (CO_2) in Deutschland bis zum Jahre 2005 um 25% bis 30% zu senken, bezogen auf das Basisjahr 1987.

3. Mit den Änderungen in §§ 10 Abs. 2, 15 Abs. 2, 55 Abs. 2, 64 Abs. 3, 69 Abs. 3 und 73 Abs. 3 enthält der Verordnungsentwurf Vorschriften, die der Kostentransparenz bei Bauvorhaben und einem kostensparenden und wirtschaftlichen Bauen dienen. Die Honorare der Architekten und Ingenieure werden weiter als bisher von den tatsächlichen Herstellungskosten des Objektes abgekoppelt (§ 10 Abs. 2, § 69 Abs. 3). Die Leistungsbilder von §§ 15, 55, 64 und 73 werden durch zusätzliche Grundleistungen zur Kostenkontrolle ergänzt. Mit der Aufnahme dieser Änderungen in den Entwurf der vorliegenden HOAI-Novelle trägt die Bundesregierung den Zielsetzungen der Beschlüsse vom Bundestag Plenarprotokoll 12/161 vom 27. Mai 1993 und Bundesrat BR-Drucks. 121/93 (Beschluß 2) vom 16. April 1993 zu Artikel 20 des Entwurfs des Gesetzes zur Umsetzung des Föderalen Konsolidierungsprogramms (FKPG) Rechnung.

4. Der Verordnungsentwurf enthält darüber hinaus redaktionelle Änderungen, deren Notwendigkeit sich seit dem Erlaß der 4. HOAI-Novelle ergeben haben.

5. Zur Schätzung der Mehrkosten, die durch die unter Nummer 1 erwähnte lineare Erhöhung der Honorare – d. h. nach Vollzug beider Anpassungsschritte – den Gebietskörperschaften entstehen, gibt es keine sicheren statistischen Angaben. Deshalb können die Mehrkosten nachstehend nur mit Hilfe von Annahmen und Schätzungen ermittelt werden.

a) Die Mehrkosten aus der linearen Erhöhung der Honorare in Teil II werden nach den Kassenausgaben geschätzt, wobei auf die vom Statistischen Bundesamt veröffentlichten Bauausgaben der öffentlichen Hand zurückgegriffen wird.

Es wird davon ausgegangen, daß der durchschnittliche Anteil des Architektenhonorars ca. 8 v. H. der Kassenausgaben beträgt. Den Architekten werden aber regelmäßig nicht alle Grundleistungen des Leistungsbildes übertragen. Nach den RBBau-Vertragsmustern werden z. B. max. 90 v. H. an Freie Architekten übertragen. In der Praxis werden im Regelfall zwischen 54 und 90 v. H. der Grundleistungen den Freien Architekten übertragen werden. Die 5. Änderungsverordnung folgt insoweit dem System der Mehrkostenschätzung in der 4. Änderungsverordnung. Im Zuge der Privatisierung von öffentlichen Dienstleistungen kann sich im Einzelfall eine verstärkte Einschaltung freier Architekten und Ingenieure ergeben.

Ein Teil des Bauvolumens wird in Eigenregie durchgeführt. Dieser Teil wird wie folgt veranschlagt:

Bund	50 v. H. von	1,5 Mrd. DM
		= 0,75 Mrd. DM
Länder	40 v. H. von	5,5 Mrd. DM
		= 2,2 Mrd. DM
Gemeinden	30 v. H. von	13,5 Mrd. DM
		= 4,1 Mrd. DM

Der Eigenanteil wird insbesondere damit begründet, daß die Gebietskörperschaften regelmäßig z. B. die Instandhaltung/Instandsetzung in Eigenregie ausführen.

Durch die Bildung der Differenz zwischen jeweiligem Bauvolumen und Eigenanteil berechnen sich folgende Mehrkosten:

Bund:

$$(0,75 \text{ Mrd. DM} \times 8 \text{ v. H.} \times 75 \text{ v. H.})$$
$$\times [(1,06 \times 1,035) - 1] = 4,37 \text{ Mio. DM}$$

Länder:

$$(3,3 \text{ Mrd. DM} \times 8 \text{ v. H.} \times 75 \text{ v. H.})$$
$$\times [(1,06 \times 1,035) - 1] = 19,23 \text{ Mio. DM}$$

Gemeinden:

(9,4 Mrd. DM × 8 v. H. × 75 v. H.)
$\times$ [(1,06 × 1,035) – 1] = 54,76 Mio. DM

b) Für die Schätzung der Mehrkosten, die den Gebietskörperschaften durch die Erhöhung der Honorare für typische **Ingenieurleistungen** entstehen, wird vom Bauvolumen nach den Berechnungen des DIW ausgegangen.

Hiernach betrug das Volumen des **Straßenbaus** ca. 26,0 Mrd. DM. In diesem Bereich ist der Planungsanteil der öffentlichen Hand hoch; es wird davon ausgegangen, daß den Ingenieuren nur rund ein Drittel des Volumens zur Planung übertragen wird, demnach ein Planungsvolumen von 8,6 Mrd. DM. Die Kosten von 8,6 Mrd. DM müssen noch um die Mehrwertsteuer und nicht honorarfähige Kosten gemindert werden; diese werden mit ca. 30 v. H. veranschlagt. Damit ergeben sich honorarfähige Kosten von 8,6 Mrd. DM abzüglich 2,6 Mrd. DM = 6,0 Mrd. DM. Der durchschnittliche Anteil des Ingenieurhonorars wird auf 5 v. H. veranschlagt.

Damit belaufen sich die Mehrkosten beim Straßenbau auf

(6,0 Mrd. DM × 5 v. H.)
$\times$ [(1,03 × 1,015) – 1] = 13,64 Mio. DM

Diese werden nach dem Verteilungsschlüssel aus der Statistik über die Bauausgaben den Gebietskörperschaften wie folgt zugeordnet:

Bund	40 v. H. von 13,64 Mio. DM	= 5,64 Mio. DM
Länder	11 v. H. von 13,64 Mio. DM	= 1,50 Mio. DM
Gemeinden	49 v. H. von 13,64 Mio. DM	= 6,68 Mio. DM

Die Ausgaben des Bundes für den Straßenbau müssen den Ländern zugerechnet werden, weil der Bund seine Mittel für den Straßenbau den Ländern zuweist.

Im Bereich des **sonstigen öffentlichen Tiefbaus** mit einem Bauvolumen von 40,9 Mrd. DM wird davon ausgegangen, daß dieses zu 40 v. H. an Beratende Ingenieure übertragen wird; das Volumen beläuft sich somit auf

40,9 Mrd. DM × 40 v. H. = 16,4 Mrd. DM

Davon werden 30 v. H. als nicht honorarfähige Kosten abgezogen, so daß 11,5 Mrd. DM honorarfähige Kosten bleiben. Der Anteil der Planungskosten beträgt ca, 7,0 v. H., wovon ca. 75 v. H. auf Beratende Ingenieure entfallen.

Damit belaufen sich die Mehrkosten auf

(11,5 Mrd. DM × 7 v. H. × 75 v. H.)
$\times$ [(1,06 × 1,035) – 1] = 58,4 Mio. DM

Diese Mehrkosten werden nach dem Verteilungsschlüssel aus der Statistik über die Bauausgaben der Gebietskörperschaften wie folgt zugeordnet:

Bund	22 v. H. von 58,4 Mio. DM	= 12,85 Mio. DM
Länder	12 v. H. von 58,4 Mio. DM	= 7,01 Mio. DM
Gemeinden	66 v. H. von 58,4 Mio. DM	= 38,54 Mio. DM

Die **Ingenieurleistungen im Hochbau** sind in diesen Zahlen nicht enthalten. Sie werden mit 33 v. H. der Mehrkosten angesetzt, die den Gebietskörperschaften aus der Erhöhung der Honorare für Architektenleistungen entstehen werden. Damit werden sich die Mehrkosten auf ca. 33 v. H. von 78,36 Mio. DM = 25,86 Mio. DM belaufen.

Diese Mehrkosten werden nach dem Verteilungsschlüssel aus der Statistik über die Bauausgaben der Gebietskörperschaften wie folgt zugeordnet:

Bund	5,5 v. H. von 25,86 Mio. DM	= 1,42 Mio. DM
Länder	24,7 v. H. von 25,86 Mio. DM	= 6,39 Mio. DM
Gemeinden	69,8 v. H. von 25,86 Mio. DM	= 18,05 Mio. DM

c) Bei der Schätzung der Mehrkosten für die Erhöhung der **Zeithonorare** nach § 6 wird von der oben dargestellten Schätzung der Mehrkosten nach den Kassenausgaben bzw. dem Bauvolumen ausgegangen. Der Anteil der Zeithonorare am Gesamthonorar ist gering; er wird in diesem Bereich mit 3 v. H. veranschlagt.

Das den **Freien Architekten** zurechenbare Honorarvolumen beträgt nach der Schätzung der Mehrkosten, die den Gebietskörperschaften bei einer linearen Erhöhung von 9,5 v. H. entstehen, ca. 78,36 Mio. DM. Die Mehrkosten für die Erhöhung der Zeithonorare betragen demnach:

78,36 Mio. DM × 3 v. H. = 2,35 Mio. DM

Diese Mehrkosten können den Gebietskörperschaften wie folgt zugeordnet werden:

Bund	5,6 v. H. von 2,35 Mio. DM	= 0,13 Mio. DM

Länder	24,5 v. H. von 2,35 Mio. DM = 0,58 Mio. DM
Gemeinden	69,9 v. H. von 2,35 Mio. DM = 1,64 Mio. DM

Entsprechend betragen die Mehrkosten für die Erhöhung der Zeithonorare bei den **Beratenden Ingenieuren**:

$$97,9 \text{ Mio. DM} \times 3 \text{ v. H.} = 2,94 \text{ Mio. DM}$$

Davon entfallen auf die Gebietskörperschaften folgende Mehrkosten:

Bund	22,0 v. H. von 2,94 Mio. DM = 0,65 Mio. DM
Länder	12,0 v. H. von 2,94 Mio. DM = 0,35 Mio. DM
Gemeinden	66,0 v. H. von 2,94 Mio. DM = 1,94 Mio. DM

d) Die Mehrkosten aus der linearen Erhöhung der Honorare in den Teilen V und VI fallen aufgrund des relativ geringen Anteils der Honorare für diese Leistungsbilder an den Gesamthonoraren der HOAI gering aus. So belaufen sich die geschätzten Mehrkosten auf ca. 2–3% der gesamten Mehrkosten, die der öffentlichen Hand aus der 5. HOAI-Novelle entstehen. Überwiegend fallen die Mehrkosten bei den Kommunen an.

e) Die in der 5. HOAI-Novelle verstärkt verankerte Kostenkontrolle wird zu einer besseren Beherrschung der Baukosten führen und damit – ebenso wie die weitere Abkopplung der Honorare von den tatsächlichen Herstellungskosten des Objektes – auch dämpfend auf die Honorarentwicklung bei Architekten und Ingenieuren wirken. Entsprechend werden die unter a)–c) ermittelten Mehrkosten geringer ausfallen.

Darüber hinaus entstehen die Mehrkosten den Gebietskörperschaften nicht im ersten Jahr nach dem Inkrafttreten der Änderungsverordnung, weil die neuen Vorschriften mit den höheren Honoraren nicht automatisch zur Erfüllung von Verträgen gelten, die vor dem Inkrafttreten abgeschlossen worden sind. Lediglich wenn die Vertragsparteien für solche Leistungen, die beim Inkrafttreten dieser Verordnung noch nicht erbracht sind, vereinbaren, daß die neuen Vorschriften auch zur Erfüllung von Verträgen, die vor dem Inkrafttreten abgeschlossen worden sind, angewandt werden, werden die höheren Honorare auch für laufende Verträge wirksam (vgl. § 103 Abs. 1 und 2). Man kann davon ausgehen, daß die Mehrkosten erst nach etwa fünf Jahren voll wirksam werden.

III. Die preislichen Auswirkungen der vorgesehenen Honoraranhebung liegen im Einzelfall bezogen auf die gesamten Kosten eines Bauwerkes in der Regel unter 1 v. H. Im Durchschnitt betragen sie bei den Bauausgaben der Gebietskörperschaften rd. 0,5 v. H. der Kosten eines Objektes.

Im privaten Bereich können sie allerdings auch über 1 v. H. liegen; das kann z. B. im Wohnungsbau der Fall sein, wenn der Bauherr alle anfallenden Planungsleistungen an Architekten und Ingenieure überträgt. Im übrigen lassen sich die preislichen Auswirkungen aber – wegen der unterschiedlichen Inanspruchnahme der Leistungsbereiche im Einzelfall – im voraus nicht quantifizieren.

Bauleistungen gehen über die Mieten in den Preisindex der privaten Lebenshaltung ein. Insofern ist über die Mieten – insbesondere die Neubaumieten – ein in seiner Höhe nicht quantifizierbarer, voraussichtlich aber schwacher Effekt auf das Verbraucherpreisniveau zu erwarten. Die preislichen Auswirkungen werden – wie bei der Mehrkostenschätzung erläutert – erst nach etwa 5 Jahren voll wirksam werden.

Annex:

Auf Empfehlung des Bundesrates sind die mit Art. 2 vorgeschlagenen Honorartafeln in die HOAI eingefügt worden. Dies betrifft:

§ 38 Abs. 1	Honorartafel des Art. 2 Nr.	5
§ 41 Abs. 1	Honorartafel des Art. 2 Nr.	6
§ 45 b Abs. 1	Honorartafel des Art. 2 Nr.	7
§ 46 a Abs. 1	Honorartafel des Art. 2 Nr.	8
§ 47 a Abs. 1	Honorartafel des Art. 2 Nr.	9
§ 48 b Abs. 1	Honorartafel des Art. 2 Nr.	10
§ 49 d Abs. 1	Honorartafel zu § 49 d Abs. 1 wird durch Honorartafel des Art. 2 Nr. 11 ersetzt.	

Begründung (BR-Drucks. 238/1/94)

Bei baukostenunabhängigen, flächenbestimmten Leistungen (Städtebau und Landschaftsplanung) ist eine Honoraranhebung in der Gesamthöhe nachzuvollziehen, in zwei Schritten aber nicht tunlich. Die im Ergebnis aus der Regierungsvorlage übernommene Gesamtanhebung ist angemessen, fällig und bei den Änderungen zu Artikel 1 berücksichtigt.

Der durch die Änderungsanträge freigewordene Artikel 2 wird durch die Inkrafttretensregelung aufgefüllt.

Die Änderungen der Honorarordnung sollen einheitlich zum 1. Januar 1995 in Kraft treten. Ein in Teilen vollzogenes Inkrafttreten notwendiger Honoraranhebungen führt zu organisatorischen und haushaltsrechtlichen Schwierigkeiten bei den Auftraggebern; diesen muß Zeit gewährt werden, um sich auf die erhöhten Honorarsätze einzustellen, selbst wenn diese nicht sofort ausgabewirksam werden; Haushaltsansätze, Vertragsentwürfe und Vergabeentscheidungen liegen bereits seit langem fest.

3.2
Amtliche Begründungen zu den einzelnen Vorschriften*

Teil I
Allgemeine Vorschriften

Zu § 1:

RegE zu § 1 (BR-Drucks. 270/76, S. 4):

In § 1 wird der Anwendungsbereich der Verordnung allgemein umschrieben. Die Honorarordnung kann nur diejenigen Leistungsbereiche erfassen, die nach der gesetzlichen Ermächtigung Gegenstand der Verordnung sein können.

Wirtschaftsordnungspolitische Erwägungen lassen im übrigen eine Beschränkung auf Leistungsbereiche angezeigt erscheinen, für deren Regelung durch preisrechtliche Vorschriften ein Bedürfnis besteht, und für die sich eindeutige und sachgemäße Maßstäbe zur Honorierung der Leistungen ermitteln lassen. Das Bestreben nach möglichst umfassender Regelung aller nach der Ermächtigung denkbaren Leistungen würde nur umfangreiche und unübersichtliche Bestimmungen zur Folge haben. Die Fassung des § 1 läßt andererseits die Möglichkeit offen, die Honorarordnung bei Vorliegen der obengenannten Voraussetzungen um weitere Bereiche, insbesondere um ingenieurspezifische Leistungen, zu erweitern.

Eine weitere Begrenzung des Anwendungsbereichs dieser Verordnung liegt darin, daß die Leistungen der Architekten und der Ingenieure nur hinsichtlich der Berechnung ihrer Entgelte geregelt werden. Die Verordnung als preisrechtliche Regelung greift nicht in die Vertragsfreiheit der Parteien ein, sondern beschränkt nur vertragliche Ansprüche der Architekten und der Ingenieure der Höhe nach. Der Obergriff des Entgelts stellt klar, daß solche Ansprüche sich auf das Honorar und die Nebenkosten (§ 7) beziehen.

Die Vorschriften der Verordnung gelten grundsätzlich für die beiden Berufsgruppen der Architekten und der Ingenieure. Es wird daher der allgemeine Ausdruck „Auftragnehmer" verwendet und an dieser Stelle definiert. Unbeschadet dessen sind in einzelnen Teilen typische Leistungsbereiche einer Berufsgruppe zusammengefaßt, so z. B. in Teil II die Architektenleistungen und in Teil VII die Ingenieurleistungen bei der Tragwerksplanung.

Die Verordnung soll nur gelten, soweit Leistungen in Leistungsbildern oder anderen Bestimmungen der Verordnung erfaßt worden sind. Die Hervorhebung der Leistungsbilder dient der Veranschaulichung der Honorarregelung. Der Anwendungsbereich ist gegebenenfalls im einzelnen durch Auslegung zu ermitteln.

Zu § 2:

RegE zu § 2 (BR-Drucks. 270/76, S. 5):

Die Vorschrift bietet einen allgemeinen Überblick über Inhalt und Bedeutung der Leistungen der Auftragnehmer, soweit sie in Leistungsbildern erfaßt werden.

Absatz 1 stellt klar, daß die Leistungen in diesem Falle in Grundleistungen und Besondere Leistungen gegliedert werden. Der Grundleistungskatalog ist so umfassend, daß diese Leistungen im allgemeinen zur Erreichung des Zieles ausreichen. Nur wenn besondere Anforderungen gestellt werden, wird die Vereinbarung von Besonderen Leistungen notwendig werden.

Absatz 2 beschreibt den Inhalt der Grundleistungen. Die Grundleistungen umfassen alle Leistungen, die im allgemeinen erforderlich sind, um ein bestimmtes Planungsziel, z. B. den Neubau eines Gebäudes, zu verwirklichen. Das Leistungsbild wird in Leistungsphasen unterteilt. In diesen sind diejenigen Grundleistungen zusammengefaßt, die sachlich zusammengehören, um ein bestimmtes Ergebnis zu erreichen. Der Leistungsumfang der Leistungsphasen wird durch die Auflistung von Teilleistungen umschrieben. Die Leistungsphasen bilden mit den für sie festgesetzten Honorarsätzen die kleinsten rechnerischen Bausteine der Honorierung. So bilden die in Leistungsphase 7 des Leistungsbildes „Objektplanung" (§ 15) aufgeführten Grundleistungen den Leistungsabschnitt „Mitwirkung bei der Vergabe", der alle Tätigkeiten enthält, die der Auftragnehmer grundsätzlich vornehmen muß, damit die bauausführenden Unternehmen mit der Aus-

---

* Die Begründungen zu den mit der 5. Änderungsverordnung eingefügten Neuregelungen sind im *Kursivdruck* hervorgehoben.

führung eines Objekts beginnen können. Die Summe der Teilergebnisse am Ende der Leistungsphasen führen zu einem Gesamtergebnis, z. B. zum Neubau eines Objekts.

Empfehlung der BR-Ausschüsse
(BR-Drucks. 270/1/76, S. 2)

Da Teil I der Verordnung die allgemeinen Vorschriften für die Fachleistungen aller Fachsparten der Teile II bis XIII zum Gegenstand hat, dürfen sie nicht einseitig auf die Objektplanung des Teils II zugeschnitten sein; sie müssen auch den wesentlich anderen Berechnungssystemen, wie etwa denen der Teile V und VI, Rechnung tragen. Die Neufassung dient diesem Zweck.

RegE (BR-Drucks. 270/76, S. 6):

Absatz 3 definiert die Besonderen Leistungen. Satz 1 betont den Ausnahmecharakter der Besonderen Leistungen. Besondere Leistungen sind nur notwendig, wenn besondere Anforderungen gestellt werden. Solche besonderen Anforderungen können z. B. durch aufwandbezogene Einflußgrößen bedingt werden, wie standortbezogene, herstellungsbezogene, zeitbezogene oder umweltbezogene Einflußgrößen. Nach Satz 2 sind die Besonderen Leistungen nicht abschließend in den Leistungsbildern aufgeführt. Die Vielfalt der denkbaren technischen, wirtschaftlichen und gestalterischen Möglichkeiten verbietet eine solche abschließende Aufzählung der Besonderen Leistungen. Satz 2 verdeutlicht ferner, daß über die in den Leistungsbildern erwähnten Besonderen Leistungen hinaus weitere Besondere Leistungen vereinbart werden können, sofern sie die in Satz 1 genannten Voraussetzungen erfüllen. Aus dem beispielhaften Charakter der Aufzählung folgt, daß eine Besondere Leistung, die im Leistungsbild in einer bestimmten Leistungsphase erwähnt ist, unter den Voraussetzungen des Satzes 1 auch in einer anderen Leistungsphase vereinbart werden kann.

RegE (BR-Drucks. 274/80, S. 123):

Die Verordnung soll um weitere Leistungsbilder ergänzt werden. Bei diesen Leistungsbildern können Besondere Leistungen vereinbart werden, die bereits in anderen Leistungsbildern der Verordnung erwähnt sind. Deshalb soll in § 2 Abs. 3 ein neuer Satz 3 angefügt und allgemein klargestellt werden, daß die Besonderen Leistungen auch in anderen Leistungsbildern oder Leistungsphasen vereinbart werden können, in denen sie nicht aufgeführt sind. Dies gilt jedoch nicht, wenn Besondere Leistungen – in wenigen Ausnahmefällen – in anderen Leistungsbildern oder Leistungsphasen, in denen sie nicht aufgeführt sind, Grundleistungen darstellen. Die Änderung entspricht der bisherigen Rechtslage.

Zu § 3:

RegE zu § 3 (BR-Drucks. 270/76, S. 6):

§ 3 definiert Begriffe, die in der vorliegenden Verordnung verwendet werden. Dabei wurden teilweise Begriffsbestimmungen aus den §§ 14 ff. der GOA 1950 entnommen.

In **Nummer 1** wird „Objekt" als Oberbegriff für Gebäude, sonstige Bauwerke, Anlagen, Freianlagen und Innenräume erläutert.

Die Begriffsbestimmung in **Nummer 2** entspricht herkömmlicher Ausdrucksweise und herkömmlichem Inhalt.

Die Definition in **Nummer 3** für den Wiederaufbau knüpft an die Formulierungen in § 16 der Anlage zur GOA 1950 an, wobei eine klarere und kürzere Fassung angestrebt wurde.

In **Nummer 4** sind unter dem Begriff der Erweiterungsbauten die Erweiterungen und Aufbauten in § 15 Abs. 1 und 2 der GOA 1950 zusammengefaßt.

Nummer 5 übernimmt im wesentlichen den Wortlaut des § 14 Abs. 1 der GOA 1950 für Umbauten.

Nummer 6 definiert den Begriff der Modernisierung. Instandsetzungen, die durch Modernisierungen verursacht werden, bleiben Teil der Modernisierungen.

In **Nummer 7** ist der Begriff des raumbildenden Ausbaus erläutert. Neben der Gestaltung der Innenräume kann auch die Erstellung von Innenräumen raumbildender Ausbau sein, z. B. die Erstellung eines Kiosks in einer Bahnhofshalle. Der Entwurf enthält in § 25 nur Vorschriften über Honorare für Leistungen des raumbildenden Ausbaus in Gebäuden. Die Honorierung von Leistungen des raumbildenden Ausbaus in Schiffen und Flugzeugen ist in der Verordnung nicht geregelt. Satz 2 stellt klar, daß der raumbildende Ausbau im Zusammenhang mit Neubauten, Wiederaufbauten, Erweiterungsbauten, Umbauten und Modernisierungen in Betracht kommen kann. Die Berechnung des Honorars bei einem solchen Zusammenhang ist in § 25 geregelt.

Die in **Nummer 8** enthaltene Definition der Einrichtungsgegenstände enthält nicht das Merkmal der festen Verbindung mit dem Bauwerk, vielmehr wurde auf die Abgrenzung nach der Eigenschaft als wesentlichen Bestandteil des Objekts abgestellt. Zu den Einrichtungsgegenständen im Sinne dieser Verordnung können z. B. allgemeines Gerät, bewegliches Mobiliar, Textilien, Arbeitsgerät, Beleuchtung, sonstiges Gerät (DIN 276 Kostengruppe 4.0.0.0), Wirtschaftsgegenstände (DIN 276 Kostengruppe 5.4.0.0) zählen.

Die Begriffsbestimmungen in **Nummer 10** (Instandsetzungen) und in **Nummer 11** (Instandhaltungen) sind der DIN 31 051 entnommen.

Zu § 4:

RegE zu § 4 (BR-Drucks. 270/76, S. 7):

§ 4 enthält die Grundsätze zur Berechnung der Honorare. **Absatz 1** enthält die Vorschrift, daß sich das Honorar nach der schriftlichen Vereinbarung der Vertragsparteien richtet.

Die Vertragsfreiheit der Parteien bleibt also unberührt, nur die Ansprüche des Auftragnehmers auf Zahlung des Honorars werden der Höhe nach durch das Preisrecht begrenzt. Die Vertragsparteien sollen ihre Vereinbarungen bei Auftragserteilung treffen. Rechtzeitig getroffene Vereinbarungen tragen dazu bei, spätere Unklarheiten und Streitigkeiten zu vermeiden. Sie werden, sofern rechtsgültig zustande gekommen, den Bedürfnissen des Einzelfalles grundsätzlich eher gerecht als spätere Korrekturen mit Hilfe der Gerichte oder von Sachverständigen. Die schriftlichen Vereinbarungen sind im Rahmen der durch diese Verordnung festgesetzten Mindest- und Höchstsätze zu treffen. Die Festsetzung von Mindest- und Höchstsätzen ist durch § 1 Abs. 2 Satz 1 und durch § 2 Abs. 2 Satz 1 des Gesetzes zur Regelung von Ingenieur- und Architektenleistungen vorgeschrieben. Bei der Vereinbarung des Honorars können insbesondere folgende Bewertungsmaßstäbe in Betracht kommen: Besondere Umstände der einzelnen Aufgabe, der Schwierigkeitsgrad, der notwendige Arbeitsaufwand, der künstlerische Gehalt des Objekts, Einflußgrößen aus der Zeit, der Umwelt, den Institutionen, der Nutzung oder der Herstellung oder sonstige für die Bewertung der Leistung wesentliche fachliche oder wirtschaftliche Gesichtspunkte, vor allem haftungsausschließende oder haftungsbegrenzende Vereinbarungen. Ein Merkmal kann auch ein eventuell entstehender Koordinierungsaufwand sein bei Anlagen und Einrichtungen, die der Auftragnehmer weder plant, noch deren Ausführung er überwacht, obschon die Kosten dieser Gegenstände unter den vorgenannten Voraussetzungen nach § 10 Abs. 4 oder 5 nicht anrechenbar sind. Die Verordnung sieht wie die GOA 1950 keine besonderen Honorare für die Übertragung von urheberrechtlichen Nutzungsrechten vor. Soweit die Übertragung urheberrechtlicher Nutzungsrechte üblicherweise Bestandteil der Leistung des Auftragnehmers ist, muß sich eine entsprechende Vereinbarung der Vertragsparteien daher grundsätzlich innerhalb des Rahmens der Mindest- und Höchstsätze halten. Eine Überschreitung der Höchstsätze ist nur unter den in Absatz 3 genannten Voraussetzungen zulässig.

Die **Absätze 2 und 3** enthalten Einzelheiten zur Möglichkeit der Abweichung vom Honorarrahmen durch vertragliche Vereinbarung. Die Aufnahme von Vorschriften über die Zulässigkeit des Abweichens von den Mindestsätzen und der Überschreitung der Höchstsätze ist in § 1 Abs. 3 Nr. 1 und 2 sowie in § 2 Abs. 3 Nr. 1 und 2 der gesetzlichen Ermächtigung vorgeschrieben.

RegE (BR-Drucks. 153/85, S. 2):

1. Die Bundesregierung ist nach den §§ 1 und 2 des Gesetzes zur Regelung von Ingenieur- und Architektenleistungen vom 4. Nov. 1971 (BGBl. I S. 1745, S. 1749) ermächtigt, durch Rechtsverordnung mit Zustimmung des Bundesrates Honorarordnungen für Leistungen der Ingenieure und der Architekten zu erlassen. Nach diesem Gesetz war in der Rechtsverordnung u. a. vorzusehen, „daß von den Mindestsätzen durch schriftliche Vereinbarung abgewichen werden kann".

   Die auf Grund dieser Ermächtigung erlassene Verordnung über die Honorare für Leistungen der Architekten und der Ingenieure (Honorarordnung für Architekten und Ingenieure) vom 17. Sept. 1976 (BGBl. I S. 2805) – genannt HOAI – enthielt in § 4 Abs. 2 die Vorschrift: „Die in dieser Verordnung festgesetzten Mindestsätze können durch schriftliche Vereinbarung ╵in Ausnahmefällen unterschritten werden."

2. Das Bundesverfassungsgericht hat am 20. Okt. 1981 entschieden, daß § 4 Abs. 2 HOAI wegen fehlender Ermächtigung insoweit nichtig ist, als diese Vorschrift eine Unterschreitung der in der Honorarordnung festgesetzten Mindestsätze „in Ausnahmefällen" zuläßt.

3. Durch Gesetz zur Änderung des Gesetzes zur Regelung von Ingenieur- und Architektenleistungen vom 12. November 1984 (BGBl. I S. 1337) ist die Ermächtigungsgrundlage geändert worden. Hiernach können die Mindestsätze durch schriftliche Vereinbarung „in Ausnahmefällen" unterschritten werden. Damit wurde die gesetzliche Ermächtigung für die Einfügung der Worte „in Ausnahmefällen" in die Vorschrift des § 4 Abs. 2 HOAI geschaffen. Die Zweite Verordnung zur Änderung der Honorarordnung für Architekten und Ingenieure soll die HOAI an die geänderte Ermächtigungsvorschrift anpassen. § 4 Abs. 2 HOAI entspricht nun in seinem Wortlaut der Ermächtigung.

4. Da Ausnahmefälle gerade die Fälle sind, die der Gesetzgeber im einzelnen nicht voraussehen kann, für deren angemessene Bewertung sich daher nur eine Generalklausel eignet, sieht die Verordnung – in Übereinstimmung mit der gesetzlichen Ermächtigung – davon ab, eine Eingrenzung der Ausnahmefälle vorzunehmen. Hinweise zur Anwendung des § 4 Abs. 2 ergeben sich aus den Gesetzesmaterialien, insbesondere aus dem Schreiben des Bundesministers für Wirtschaft an den Vorsitzenden des Rechtsausschusses des Deutschen Bundestages vom 17. Mai 1984 (vgl. Anlage zum stenographischen Protokoll der 24. Sitzung des Rechtsausschusses des Deutschen Bundestages vom 24. Mai

1984) und aus Beschlußempfehlung und Bericht des Ausschusses für Raumordnung, Bauwesen und Städtebau des Deutschen Bundestages; BT-Drucks. 10/1562 vom 6. Juni 1984.

RegE (BR-Drucks. 270/76, S. 9):

Nach **Absatz 3 Satz 1** ist eine Überschreitung der Höchstsätze nur bei außergewöhnlichen und ungewöhnlich lange dauernden Leistungen zulässig. Außergewöhnliche Leistungen sind überdurchschnittliche Leistungen auf künstlerischem, technischem oder wirtschaftlichem Gebiet. Die Außergewöhnlichkeit ergibt sich aus der Aufgabe selbst. Zur Abgrenzung von den gewöhnlichen Leistungen können für Gebäude und Freianlagen die in den §§ 11 und 13 aufgeführten Kriterien hilfreich sein. Ungewöhnlich lange dauernde Leistungen gehen weit über eine unter normalen Umständen benötigte Zeit hinaus. Die normalerweise benötigte Zeitdauer hängt von der Art der Aufgabe ab und ist unterschiedlich je nach dem Schwierigkeitsgrad, dem notwendigen Arbeitsaufwand sowie sonstigen für die Bewertung der Aufgabe wesentlichen fachlichen Gesichtspunkten.

Die Überschreitung der Höchstsätze muß auf Ausnahmefälle beschränkt bleiben. Eine Überschreitung ist insbesondere nicht schon deshalb zulässig, weil der Auftragnehmer neben den Grundleistungen auch Besondere Leistungen erbringen soll. Für den Regelfall stehen den Vertragsparteien mit dem Rahmen der Mindest- und Höchstsätze, den verschiedenen Honorarzonen (§§ 11 ff.) sowie den Schwierigkeitsstufen der §§ 34 Abs. 6 und 7, ... ausreichende Möglichkeiten zur Verfügung, die Schwierigkeiten der Aufgabe auch hinsichtlich der Zeitdauer honorarmäßig befriedigend zu erfassen. Satz 2 stellt klar, daß Umstände, die für eine Bewertung insoweit mitbestimmend gewesen sind, nicht nochmals herangezogen werden können, um eine Überschreitung der Höchstsätze zu rechtfertigen.

Auch **Absatz 4** läßt das Bestreben erkennen, daß die Vertragsparteien frühzeitig eine Einigung über die Honorarsätze herbeiführen sollen. Versäumen die Vertragsparteien eine derartige Vereinbarung, die schriftlich und bereits bei Vertragsabschluß zu treffen ist, so gelten die Mindestsätze als vereinbart. Dieses Versäumnis mit den sich daraus ergebenden Folgen für die Berechnung des Honorars ist preisrechtlich nicht mehr korrigierbar.

Zu § 4a:

FraktionsE (CDU/CSU und FDP) Zu § 4 a
(BT-Drucks. 12/4401 vom 4. 3. 1993)

Es wird die Möglichkeit geschaffen, das Planungshonorar auf Grundlage von Kostenberechnungen oder Kostenanschlag zu ermitteln. Die voraussichtlichen Herstellungskosten sind unter Beachtung der relevan-

ten Einflußfaktoren zu berechnen. Diese Vereinbarung muß schriftlich bei Auftragserteilung getroffen werden. Einem durch die enge Anbindung der Honorare an die Baukosten im Einzelfall mangelnden Interesse an einer wirtschaftlichen Bauausführung kann so entgegengewirkt werden. Ausgeschlossen wird allerdings, daß Mehrleistungen nicht honoriert werden, die auf Veranlassung des Auftraggebers erbracht werden. Mehrleistungen infolge einer wesentlichen Verlängerung der Planungs- und Bauzeit durch Umstände, die der Auftragnehmer nicht zu vertreten hat, können durch ein zusätzliches Honorar abgegolten werden.

Stellungnahme des Bundesrates
(BT-Drucks. 12/4748, S. 150)

a) Die Bundesregierung wird gebeten zu prüfen, ob Artikel 20 (des Gesetzentwurfs zur Umsetzung des Föderalen Konsolidierungsprogramms – FKPG –) gestrichen werden kann.

Begründung

Die vorliegende Fassung entspricht im wesentlichen bereits früher als nicht erfolgversprechend bewerteter Lösungsansätze. Ob und inwieweit die Haushalte öffentlicher Auftraggeber tatsächlich entlastet werden, vermag die Bundesregierung offenbar daher auch nicht darzulegen. Zu berücksichtigen ist im weiteren, daß gegenwärtig gleichzeitig eine allgemeine Anhebung der Honorare nach der Honorarordnung für Architekten und Ingenieure (HOAI) beabsichtigt ist.

Zu Nummer 1 (§ 4 a HOAI Anrechenbare Kosten)

Es bestehen erhebliche Vorbehalte, ob § 4 a des Entwurfes durch § 1 Abs. 2 und § 2 Abs. 2 des Gesetzes zur Regelung von Ingenieur- und Architektenleistungen vom 4. November 1971 (BGBl. I S. 1745, 1749) in der Fassung des Gesetzes vom 12. November 1984 (BGBl. I S. 1337) – HOAI-G – gedeckt ist; danach sind die Honorare durch auskömmliche Mindest- und angemessene Höchstsätze im Verordnungswege festzusetzen. Ausnahmen sind ausschließlich nach der abschließenden Aufzählung in § 1 Abs. 3 und § 2 Abs. 3 HOAI-G zulässig. Mit dem vorliegenden Gesetzentwurf wäre zunächst die gesetzliche Ermächtigung für die HOAI zu ergänzen; andernfalls wäre Artikel 42 (Rückkehr zum einheitlichen Verordnungsrang) des Gesetzentwurfes nicht verständlich und der Verordnungsgeber ermächtigt, eine gesetzliche Sonderregelung wieder aufzuheben oder zu ändern.

Ein vertragliches und damit auch vom Kräfteverhältnis der Vertragsparteien abhängiges einseitiges Leistungsbestimmungsrecht hat keine rechtliche Grundlage in der HOAI; § 52 Abs. 2 Nr. 2 HOAI regelt einen näher bestimmten Sonderfall. Auf das grundlegende Urteil des Kammergerichts vom 14. November 1989 – 15 U 1391/89 – (BauR 2/91 S. 251 m. Anmerkungen) zur Bestimmung der anrechenbaren Kosten ist hinzu-weisen.

Selbst wenn von einer ausreichenden gesetzlichen Ermächtigung ausgegangen oder eine Ergänzung der gesetzlichen Ermächtigung erwogen wird, widerspricht die vorgelegte Regelung dem System der HOAI, löst dieses auf und bietet den Einstieg, über verständige Berechnung der anrechenbaren Baukosten zu einer unberechtigten Honorarbestimmung zu gelangen, die der Regelvergütung der bestehenden HOAI und damit dem Ziel der Baukostendämpfung tatsächlich zuwiderlaufen wird.

Satz 1 gibt keine Anreize für kostensenkende Planungen und läßt vielmehr lediglich Unterschreitungen der Mindesthonorarsätze trotz baukostenentsprechender Planungsleistungen als auch überhöhte Honorarforderungen bei niedriger abzurechnenden Baukosten zu; die Bundesregierung ist zugleich der Auffassung, daß die bestehenden Honorarregelungen nicht mehr sachgerecht sind. Nach beiden Erwägungen wäre ausschließlich eine grundsätzliche Neuordnung des Honorarrechts sachdienlich.

Das aufgrund der Entschließung des Bundesrates vom 16. März 1984 – Drucksache 105/84 – vom Bundesminister für Wirtschaft in Auftrag gegebene Gutachten des Ifo-Instituts für Wirtschaftsforschung e. V. vom November 1987 über „Honoraranreize für eine wirtschaftliche und sparsame Bauausführung für Architekten und Ingenieure (HOAI)" hat sich im Ergebnis gegen eine nunmehr hier vorgelegte Pauschalregelung ausgesprochen. Eine hierzu auf Ressortebene durchgeführte Anhörung brachte bis heute keine Ergebnisse bis auf die Erkenntnis, daß die Bestimmung der Baukosten für das Honorar keine Anreize für eine Senkung der Baukosten schaffe.

Die frühzeitige Bestimmung der maßgeblichen Baukosten kann zudem öffentliche und private Auftraggeber benachteiligen, die die Angemessenheit der Kostenrechnung oder des Kostenanschlages wegen mangelnder eigener Sachkunde nicht beurteilen können. Die Bestimmung überhöhter Baukosten für die Haushaltsunterlage (HU) und damit des Gesamthonorars wäre dem Auftragnehmer überlassen und der Auftraggeber müßte gegebenenfalls weitere Sachverständige (z. B. nach § 31 HOAI – Projektsteuerung –) honorarpflichtig beauftragen.

Soweit mit der vorgelegten Ausnahmeregelung des Satzes 1 lediglich mehr Kostensicherheit für die Bauleistung beabsichtigt ist, ist ausschließlich eine individuelle vertragliche Vereinbarung im Rahmen der Mindest- und Höchstpreise der HOAI zweckentsprechend.

Satz 2 des Gesetzentwurfes löst die degressiv aufgebaute Honorar-Systematik auf. Es ist nicht auszuschließen, daß mit dem Honorarzuschlag das Gesamt-

honorar höher als das Regelhonorar nach den degressiven Honorartafeln der HOAI ausfällt und zudem eine Weiterführung der Leistungen des Auftragsnehmers und damit des Bauvorhabens insgesamt bis zur Einigung über den Honorarzuschlag aufgehalten wird. Nicht zu überschauen ist, wem tatsächlich weitere erforderliche Leistungen zuzurechnen sind, um den Vertragszweck sicherzustellen; auf die vergleichbare Problematik des § 2 Nr. 5 bis 7 VOB/B sei hingewiesen, der Anlaß für vielfältige Rechtsstreitigkeiten ist.

Satz 3 enthält in der Sache eine werkvertragliche Regelung und keine Besonderheit im Zusammenhang mit § 4 a des Entwurfes. Das Problem angemessener leistungsgerechter Honorierung bei Verlängerung der Planungs- und Bauzeit stellt sich auch bei den Regelfällen der HOAI. Kosteneinsparungen sind mit dem Einstieg in die nunmehr grundsätzlich möglichen Honorarzuschläge nicht zu erwarten.

BR-Beschluß (BR-Drucks. 399/95)

Es wird die Möglichkeit geschaffen, das Planungshonorar auf der Grundlage von Kostenberechnungen oder Kostenanschlag zu ermitteln. Die voraussichtlichen Herstellungskosten sind unter Beachtung der relevanten Einflußfaktoren zu berechnen. Diese Vereinbarung muß schriftlich bei Auftragserteilung getroffen werden. Einem durch die enge Anbindung der Honorare an die Baukosten im Einzelfall mangelnden Interesse an einer wirtschaftlichen Bauausführung kann so entgegengewirkt werden. Ausgeschlossen wird allerdings, daß Mehrleistungen nicht honoriert werden, die auf Veranlassung des Auftraggebers erbracht werden. Mehrleistungen infolge einer wesentlichen Verlängerung der Planungs- und Bauzeit durch Umstände, die der Auftragnehmer nicht zu vertreten hat, können durch ein zusätzliches Honorar abgegolten werden.

Zu § 5:

RegE zu § 5 (BR-Drucks. 270/76, S. 5):

In § 5 sind die Vorschriften für die Berechnung des Honorars in besonderen Fällen zusammengefaßt.

Absatz 1 zieht die honorarrechtlichen Folgerungen aus der Möglichkeit, daß nicht alle Leistungsphasen eines Leistungsbildes dem Auftragnehmer übertragen werden. In diesem Falle dürfen nur die für die übertragenen Leistungsphasen vorgesehenen Honorarsätze berechnet werden. Diese Auswirkungen auf das Honorar sind geboten, weil der Auftragnehmer aus preisrechtlicher Sicht nur das Honorar für Leistungen erhalten soll, die ihm tatsächlich übertragen sind und die er erbringt. Dem entspricht die Aufteilung des Gesamthonorars und die Festsetzung von Vomhundertsätzen des Gesamthonorars für die einzelnen Leistungsphasen.

Absatz 2 enthält die honorarrechtlichen Vorschriften für den Fall, daß nicht alle Grundleistungen einer Leistungsphase übertragen werden. In diesem Falle darf nach **Satz 1** nur ein Honorar berechnet werden, das dem Anteil der übertragenen Leistungen an den gesamten Leistungen der Leistungsphase entspricht. Die Vertragsparteien müssen in einem solchen Falle die übertragenen und die nicht übertragenen Grundleistungen einer Leistungsphase auf Grund der Verhältnisse des Einzelfalles selber bewerten, da in der Verordnung für die einzelnen Grundleistungen einer Leistungsphase keine Honorare festgesetzt sind. Eine derartige Bewertung ist vor allem wegen der Vielfalt der einzelnen Grundleistungen und den von Objekt zu Objekt unterschiedlichen Verhältnissen nicht durchführbar.

BR-Empfehlung (BT-Drucks. 274/1/80, S. 4; BT-Drucks. 274/2/80, S. 3):

Für eine Regelung zur Teilbarkeit von Grundleistungen, wie sie § 52 Abs. 9 vorsieht, besteht auch in anderen Bereichen ein Bedürfnis, insbesondere dort, wo fachkundige Bauherren tätig sind. So müssen z. B. im Bereich der Hochbauverwaltungen Teile von Grundleistungen von der Verwaltung selbst erbracht werden, was auch schon in den derzeitigen Vertragsmustern der Hochbauverwaltungen berücksichtigt wird. Demgemäß ist die Regelung in den Allgemeinen Teil vorzuziehen.

RegE (BR-Drucks. 304/90, S. 132):

In **Absatz 2 Satz 3** wird die bisherige Regelung, nach der bei einer Aufteilung des Leistungsbündels einer Leistungsphase ein zusätzlicher Koordinierungsaufwand zu berücksichtigen ist, erweitert. Außer einem zusätzlichen Koordinierungsaufwand ist auch ein zusätzlicher Einarbeitungsaufwand zu berücksichtigen. Dadurch soll – ähnlich wie z. B. in § 19 – ein besonderer Arbeitsaufwand berücksichtigt werden, der entstehen kann, wenn nur ein geringerer Leistungsumfang dem Auftragnehmer übertragen wird, als die Honorarordnung für den Regelfall vorsieht. Die Höhe des Koordinierungs- und Einarbeitungszuschlags wird nicht festgelegt, sie ist von den Umständen des Einzelfalles abhängig. Allerdings wird die Höhe dadurch begrenzt, daß die übertragenen Grundleistungen einschließlich Koordinierungs- und Einarbeitungszuschlag nicht höher bewertet werden dürfen als mit dem vollen Teilleistungssatz der Leistungsphase, deren Leistungsumfang nur teilweise übertragen wurde. Im übrigen kann derselbe Arbeitsaufwand nicht als Koordinierungs- und zusätzlich als Einarbeitungsaufwand berechnet werden.

RegE (BR-Drucks. 270/76, S. 11):

Absatz 3 enthält Vorschriften für den Fall, daß Grundleistungen die dem Auftragnehmer übertragen sind, durch andere an der Planung und Überwachung fachlich Beteiligte erbracht werden. In diesem Falle darf nur ein Honorar berechnet werden, das dem verminderten Leistungsumfang des Auftragnehmers entspricht. Die Vertragsparteien müssen im Einzelfall selber beurteilen, ob und inwieweit andere an der Planung und Überwachung fachlich Beteiligte Grundleistungen des Auftragnehmers erbringen und ihn insoweit entlasten. Da eine solche Entlastung von Fall zu Fall unterschiedlich sein kann, enthält die Verordnung keine weiteren Kriterien für die Bemessung des Honorars. Die preisrechtliche Regelung ist so weit gefaßt, daß den Umständen des Einzelfalles jeweils ausreichend Rechnung getragen werden kann.

Die Vorschriften von Absatz 3 können zum Beispiel angewandt werden, wenn der Objektplaner durch Leistungen eines Architekten für den raumbildenden Ausbau oder durch Ingenieure entlastet wird. Ingenieure können den Objektplaner bei der Ausarbeitung von Ausschreibungsunterlagen oder bei der Objektüberwachung entlasten. Eine Entlastung ist auch im Bereich der städtebaulichen und landschaftsplanerischen Leistungen möglich, wenn der Auftragnehmer Vorarbeiten anderer Planer ganz oder teilweise übernehmen kann.

RegE (BR-Drucks. 270/76, S. 11):

Absatz 4 enthält die Honorarvorschriften für Besondere Leistungen, die zu den Grundleistungen hinzutreten. Satz 1 stellt die beiden Voraussetzungen auf, die erfüllt sein müssen, wenn die vorerwähnten Besonderen Leistungen berechnet werden: Sie müssen schriftlich vereinbart sein und im Verhältnis zu den Grundleistungen einen nicht unwesentlichen Arbeits- und Zeitaufwand verursachen. Darüber hinaus sichert die Überprüfung des Arbeits- und Zeitaufwandes, daß nur Besondere Leistungen, die eine gewisse „Schwelle" des Aufwandes überschreiten, überhaupt berechnet werden können. Bagatell-Leistungen können daher nicht als Besondere Leistungen berechnet werden. Das Ausmaß der „Schwelle" richtet sich nach den Verhältnissen des Einzelfalles. Dabei sind die Grundleistungen, zu denen die Besonderen Leistungen hinzutreten, als Maßstab für den Leistungsumfang zu verwenden.

Das Honorar für die Besonderen Leistungen, die zu den Grundleistungen hinzutreten, ist nach **Satz 1** in angemessenem Verhältnis zu dem Honorar der Grundleistung zu berechnen, mit dem die Besondere Leistung nach Art und Umfang vergleichbar ist. Da Bewertungssätze nur für die Leistungsphase, nicht aber für die einzelne Grundleistung festgesetzt sind, muß weiter untersucht werden, welcher Teil des

Honorarsatzes der Leistungsphase in diesem Einzelfalle nach der Bedeutung der Grundleistung auf sie entfallen würde. Der so ermittelte Teilhonorarsatz gilt dann auch für die Besondere Leistung. Diesem Verfahren wird meist nur im Wege der Schätzung ein Erfolg beschieden sein. Da es gleichwohl Fälle geben kann, in denen eine Vergleichbarkeit der Leistungen nicht möglich ist, verweist Satz 3 hilfsweise auf die Berechnung der Leistungen als Zeithonorar gemäß § 6.

RegE (BR-Drucks. 304/90, S. 132 f.):

In **Absatz 4** wird das Erfordernis, daß eine schriftliche Vereinbarung „zuvor" bei der Berechnung von Besonderen Leistungen vorliegen muß, gestrichen. In der Praxis ist eine Vereinbarung mit dem Auftraggeber vor Beginn der Besonderen Leistung häufig nicht möglich. Die Notwendigkeit und der Umfang einer Besonderen Leistung lassen sich vielfach erst während des Baugeschehens übersehen. Deshalb wird zwar weiter eine schriftliche Vereinbarung der Vertragspartner notwendig, diese kann aber zu einem späteren Zeitpunkt erfolgen, z. B. dann, wenn die Leistungen in ihrem Umfang und nach ihrer Schwierigkeit zu übersehen sind.

FraktionsE (CDU/CSU und FDP) zu Abs. 4 a (BT-Drucks. 12/4401) vom 4. 3. 1993 (vgl. BR-Drucks. 399/55)

Werden planerische Leistungen erbracht, die bei unverändertem Standard zu einer besonderen Senkung der Bau- und Nutzungskosten führen, so kann ein Erfolgshonorar für diese Besondere Leistung des Auftragnehmers vereinbart werden. Der wirtschaftliche Anreiz zu einer besonders kostengünstigen Planung wird auf diese Weise verstärkt. Beispiele für derartige, über das übliche Maß hinausgehende, planerische Leistungen können Varianten der Ausschreibung, die Konzipierung von Alternativen, die Reduzierung der Bauzeit, die systematische Kostenplanung und -kontrolle, die verstärkte Koordinierung aller Fachplanungen sowie die Analyse zur Optimierung der Energie- und sonstigen Betriebskosten sein.

Bemessungsgrundlage des Erfolgshonorars sind die vom Auftragnehmer durch seine Leistungen eingesparten Kosten. Dabei bleibt es den Vertragsparteien überlassen, den Ausgangswert zur Ermittlung der Einsparung aufgrund von realistischen Kostenschätzungen selbst zu bestimmen. Das Erfolgshonorar ist der Höhe nach begrenzt, es muß zuvor schriftlich vereinbart werden.

Stellungnahme des Bundesrates
(BT-Drucks. 12/4748, S. 150)

a) *Die Bundesregierung wird gebeten zu prüfen, ob Artikel 20 (des Gesetzentwurfs zur Umsetzung des Föderalen Konsolidierungsprogramms – FKPG –)*

gestrichen werden kann (vgl. Stellungnahme des Bundesrates zu § 4 a HOAI; BT-Drucks. 12/4748, S. 150).

Zu Nummer 2 *(§ 5 Abs. 4, Erfolgshonorar)*

Es bestehen erhebliche Vorbehalte, ob die Regelung dieses Erfolgshonorars durch § 1 Abs. 2 Satz 4 und § 1 Abs. 2 Satz 4 des Gesetzes zur Regelung von Ingenieur- und Architektenleistungen vom 4. November 1971 (BGBl. I S. 1745, 1749) in der Fassung des Gesetzes vom 12. November 1984 (BGBl. I S. 1337) – HOAI-G – gedeckt ist; danach sind nur rationalisierungswirksame besondere Leistungen regelbar.

Das erfolgte bereits mit § 29 HOAI. Mit dem vorliegenden Gesetzentwurf wäre zunächst die gesetzliche Ermächtigung für die HOAI zu ergänzen; andernfalls wäre Artikel 42 (Rückkehr zum einheitlichen Verordnungsrang) des Gesetzentwurfes nicht verständlich und der Verordnungsgeber ermächtigt, eine gesetzliche Sonderregelung wieder aufzuheben oder zu ändern.

Selbst wenn von einer ausreichenden Ermächtigung ausgegangen oder aber eine entsprechende Ergänzung der gesetzlichen Ermächtigung erwogen wird, dürfte die vorgelegte Regelung nicht der von der Bundesregierung getroffenen Beurteilung des von ihr in Auftrag gegebenen Gutachtens des Ifo-Instituts für Wirtschaftsforschung e. V. vom November 1987 über „Honoraranreize für eine wirtschaftliche und sparsame Bauausführung für Architekten und Ingenieure (HOAI)" entsprechen, nach der ein zeitgerechtes Erfolgshonorar ohne weitergehende Eingriffe in die bestehende Systematik der HOAI ausgeschlossen sei.

Eine entsprechende Regelung wurde dessen ungeachtet bereits im Rahmen der Ersten Verordnung zur Änderung der HOAI abgelehnt (vgl. BR-Drucksache 274/80; 247. Wo., S. 61 ff.).

Die angeführten Leistungen sind teilweise Gegenstand der „Grundleistungen" bzw. „Besondere Leistungen". Nicht gerechtfertigte zusätzliche Honoraranteile im Falle einer an sich nur vertragsgemäßen Nachbesserung der Leistungen sind nicht auszuschließen, insbesondere bei gleichzeitiger Projektsteuerung durch einen Dritten nach § 31 HOAI.

Grundlage eines Erfolgshonorars kann nur ein „vertragsgemäß" festgelegter Standard sein, den es besonders zu optimieren gilt. Das Erfolgshonorar ist zudem davon abhängig zu machen, daß der Auftragnehmer eine Einsparung von Herstellungs- und Nutzungskosten nachweist, für deren Erfolg er auch haftet.

b) *Der Bundesrat erinnert an seine Entschließung vom 16. März 1984 – Drucksache 105/84 – und bittet die Bundesregierung, die hierzu bisher nicht abgeschlossenen Arbeiten wieder aufzunehmen.*

Begründung

Der vorgelegte Gesetzentwurf gibt Veranlassung, die o. g. Entschließung wieder aufzugreifen, die mit dem hier vorgelegten Regelungssatz nicht als erledigt angesehen werden kann. Das gilt um so mehr, als gegenwärtig im Zuge einer Fünften Änderung der HOAI eine allgemeine Anhebung der Stunden- und Tafelhonorare von der Bundesregierung vorbereitet wird.

RegE (BR-Drucks. 270/76, S. 12):

Absatz 5 enthält die Vorschriften für die Honorierung von Besonderen Leistungen, die ganz oder teilweise an die Stelle von Grundleistungen treten. Durch solche Besonderen Leistungen kann der Umfang der Grundleistungen sich mindern, er kann aber auch gleich bleiben. In beiden Fällen ist für die Besonderen Leistungen ein Honorar zu berechnen, das dem Honorar für die ersetzten Grundleistungen entspricht. Vergrößert sich der Leistungsumfang, so kann bis zum vollen Leistungsumfang der Grundleistungen nach Absatz 5 ein Honorar berechnet werden, für die restlichen Leistungen ist nach Absatz 4 abzurechnen. Da davon ausgegangen werden kann, daß die in Absatz 5 erwähnten Besonderen Leistungen regelmäßig ein bestimmtes Gewicht aufweisen, um die Funktion der Grundleistung auszuüben, die sie ersetzen, konnte davon abgesehen werden, auch für diese Besonderen Leistungen wie in Absatz 4 einen gewissen Schwellenwert als Voraussetzung für die Berechnung vorzuschreiben.

Zu § 5:

RegE zu § 5 a (BR-Drucks. 274/80, S. 123):

Die neue Vorschrift dient der Klarstellung und Straffung. Die bisherigen Vorschriften enthielten keinen Hinweis, wie Zwischenwerte zu interpolieren waren. Diese Unsicherheit soll durch den Hinweis auf die lineare Interpolation beseitigt werden. Um Hinweise auf die Art der Interpolation bei jeder Honorartafel zu vermeiden, wurde eine entsprechende Vorschrift im Allgemeinen Teil aufgenommen.

Zu § 6:

RegE zu § 6 (BR-Drucks. 270/76, S. 13):

§ 6 enthält die Vorschriften über die Berechnung des Zeithonorars für Leistungen des Auftragnehmers oder seiner Mitarbeiter.

Absatz 1 Satz 1 schreibt vor, daß Zeithonorare grundsätzlich als Fest- oder Höchstbetrag zu berechnen sind, wobei sich die Vertragsparteien an dem voraussichtlichen Zeitbedarf und an den Stundensätzen des Absatzes 2 orientieren müssen. Sollte der Zeitaufwand nicht ausreichend zuverlässig vorausgeschätzt werden können, gestattet Satz 2 die Berechnung nach dem tatsächlichen, nachgewiesenen Zeitbedarf.

RegE (BR-Drucks. 304/90, S. 133):

In **Absatz 2** werden die Zeithonorare für Auftragnehmer und Mitarbeiter erhöht. Die letzte Anhebung erfolgte zum 1. April 1988 im Rahmen der 3. Änderungsverordnung. Mit der erneuten Anhebung werden die zwischenzeitlich eingetretenen Kostensteigerungen in den Architekten- und Ingenieurbüros berücksichtigt.

Auftragnehmer ist nicht nur die natürliche Person, mit der ein Vertrag abgeschlossen wird, sondern kann auch ein Mitgesellschafter (Inhaber) einer Sozietät sein, z. B. einer BGB-Gesellschaft oder einer OHG. Insbesondere in größeren Büros mit Zweigniederlassungen können aber auch der Leiter oder der Geschäftsführer einer Niederlassung als Auftragnehmer angesehen werden, wenn diese Personen im Rahmen ihrer Aufgabengebiete volle Handlungsfreiheit besitzen und auch Vertreter des Auftragnehmers im Rechtssinne sind sowie die fachliche Qualifikation eines Auftragnehmers haben.

Die Mindest- und Höchstsätze der Zeithonorare für Auftragnehmer werden in unterschiedlichem Ausmaß erhöht. Mit der stärkeren Erhöhung des Höchstsatzes wird eine leistungsgerechtere Honorierung von besonders qualifizierten Auftragnehmern ermöglicht.

In den **Nummern 2 und 3** werden unterschiedlich hohe Honorare für zwei Gruppen von Mitarbeitern festgesetzt, die technische oder wirtschaftliche Aufgaben erfüllen. Die Technischen Zeichner und sonstigen Mitarbeiter mit vergleichbarer Qualifikation werden zu einer besonderen Gruppe zusammengefaßt. Als Mindestsatz für diese Gruppe wird der in der Dritten Änderungsverordnung für alle Mitarbeiter festgesetzte Mindestsatz vorgesehen. Der Höchstsatz wird auf 80,– DM festgesetzt, er liegt damit um 20,– DM unter dem Höchstsatz von 100,– DM, der für alle Mitarbeiter in der Dritten Änderungsverordnung festgesetzt war. Zu dieser Gruppe von Mitarbeitern rechnen neben den Technischen Zeichern auch Vermessungstechniker und andere Mitarbeiter, die vorwiegend einfache zeichnerische oder technische Tätigkeiten ausüben, zu deren Ausübung im Regelfall keine Berufsausbildung erforderlich ist, wie z. B. das Ausfertigen von einfachen Varianten oder Kopien. Schreibkräfte, Raumpflegerinnen oder Fahrer rechnen weder zu den Mitarbeitern nach Nummer 3, noch nach Nummer 2. Die Personalkosten dieser Mitarbeiter werden mit den in der Honorarordnung festgesetzten Honoraren abgegolten.

Wenn Technische Zeichner oder andere unter Nummer 3 erfaßte Mitarbeiter regelmäßig Tätigkeiten ausüben, die sonst von den unter Nummer 2 erfaßten Mitarbeitern abgeleistet werden, bleiben sie zwar ihrer Ausbildung nach Technische Zeichner, sind tatsächlich aber den höher qualifizierten Mitarbeitern gleichzusetzen. Sie werden regelmäßig dann in den Büros auch nicht mehr das Gehalt eines Technischen Zeichners, sondern das von Mitarbeitern mit höherwertiger Qualifikation erhalten. In solchen Fällen können auch für Mitarbeiter, die ihre Berufsausbildung als Technische Zeichner abgeschlossen haben, Zeithonorare wie für Mitarbeiter unter Nummer 2 vereinbart werden.

Die Mitarbeiter, die technische oder wirtschaftliche Aufgaben erfüllen und nicht unter Nummer 3 fallen, sind unter Nummer 2 zusammengefaßt. Hierzu rechnen insbesondere die Mitarbeiter mit einem abgeschlossenen Studium an einer Hochschule oder Fachhochschule. Der Mindestsatz für diese Mitarbeiter wird um 10,– DM auf 65,– DM erhöht, auch der Höchstsatz wird um 10,– DM auf 110,– DM erhöht.

Mit der Einteilung der Mitarbeiter in zwei Gruppen wird eine Regelung übernommen, die bereits in einem Runderlaß einer obersten Landesbehörde eingeführt ist.

Die Erhöhung der Zeithonorare beträgt rd. 9 v. H. Mehrkosten entstehen für die Zeithonorare von Mitarbeitern in den Gebietskörperschaften nicht, in denen die jetzt vorgesehenen Zeithonorare aufgrund von Runderlassen bereits tatsächlich vereinbart werden.

Bei der Schätzung der Mehrkosten für die Erhöhung der Zeithonorare wird von den im Allgemeinen Teil erläuterten Annahmen zur Schätzung der Mehrkosten nach dem Honorarumsatz ausgegangen. Der Honorarumsatz bei den Architekten, soweit er auf Leistungen für die Gebietskörperschaft entfällt, beläuft sich hiernach auf

$$88\,000 \times 75\,000 \times 90 \text{ v. H.} \times 9{,}0 = 535 \text{ Mio DM.}$$

Dabei ist der Anteil des Honorarumsatzes, der Basis für die Berechnung der Mehrkosten bei Zeithonoraren ist, gegenüber der Schätzung im Allgemeinen Teil von 75 auf 90 v. H. erhöht worden.

Der Anteil der Zeithonorare am Gesamthonorar beläuft sich auf rd. 3 v. H. (vgl. zu BR-Drucks. 274/80); die Erhöhung beträgt 9 v. H.

Mehrkosten insgesamt

$$535 \text{ Mio DM} \times 3 \text{ v. H.} \times 9 \text{ v. H.} = 1{,}5 \text{ Mio DM}$$

davon entfallen auf

den Bund	7 v. H. = 0,1 Mio DM
die Länder	26 v. H. = 0,4 Mio DM
die Gemeinden	67 v. H. = 1,0 Mio DM.

Der Honorarumsatz bei den Ingenieuren beläuft sich auf

$$80\,000 \times 35\,000 \times 29 \text{ v. H.} \times 55 \text{ v. H.} = 450 \text{ Mio DM.}$$

Mehrkosten bei Zeithonoraren

$$450 \text{ Mio DM} \times 3 \text{ v. H.} \times 9 \text{ v. H.} = 1{,}2 \text{ Mio DM}$$

zuzüglich ⅓ der Mehrkosten bei Architekten = 0,5 Mio DM.

Von den Mehrkosten entfallen auf

den Bund	19 v. H. =	0,2 Mio DM
		+ 0,1 Mio DM
die Länder	12 v. H. =	0,1 Mio DM
		+ 0,1 Mio DM
die Gemeinden	69 v. H. =	0,9 Mio DM
		+ 0,3 Mio DM.

Somit entstehen insgesamt durch Erhöhung der Zeithonorare um 9 v. H. folgende Mehrkosten:

dem Bund	0,1 Mio DM
	+ 0,3 Mio DM
	0,4 Mio DM
den Ländern	0,4 Mio DM
	+ 0,2 Mio DM
	0,6 Mio DM
den Gemeinden	1,0 Mio DM
	+ 1,2 Mio DM
	2,2 Mio DM.

RegE (BR-Drucks. 238/94, S. 65):

*In **Absatz 2** werden die Mindest- und Höchstsätze der Zeithonorare für Auftragnehmer, Mitarbeiter und für Technische Zeichner um je 5 DM erhöht. Die letzte Anpassung erfolgte im Rahmen der 4. Änderungsverordnung zum 1. Januar 1991. Die erneute Erhöhung trägt den zwischenzeitlich eingetretenen Kostensteigerungen in den Architekten- und Ingenieurbüros Rechnung.*

Zu § 7:

RegE zu § 7 (BR-Drucks. 270/76):

Die Auslagen (Nebenkosten) sind in den Honorarsätzen des Entwurfs nicht enthalten. Insoweit ist die Regelung aus der GOA übernommen worden.

Absatz 1 Satz 1 stellt klar, daß die Nebenkosten abzüglich der abziehbaren Vorsteuer dem Auftragnehmer grundsätzlich zusätzlich berechnet werden können. Nebenkosten können jedoch nur berechnet werden, soweit sie erforderlich sind. An die Erforderlichkeit ist ein strenger Maßstab anzulegen. Den Vertragsparteien bleibt nach **Satz 2** unbenommen, abweichend von Satz 1 eine Erstattung ganz oder teilweise vertraglich auszuschließen.

Absatz 2 zählt zunächst bestimmte Arten von Nebenkosten auf (Nr. 1–7). Für diese Nebenkosten ist abschließend angeordnet, inwieweit sie berechnet werden können. Soweit andere Nebenkosten mit den genannten Nebenkosten in engem sachlichen Zusammenhang stehen, können sie nicht zusätzlich zum Honorar berechnet werden. Im übrigen ist die Aufzählung der Nebenkosten nicht erschöpfend.

RegE (BR-Drucks. 304/90, S. 136):

Nach **Absatz 2 Nr. 1** rechnen alle Post- und Fernmeldegebühren zu den Nebenkosten. Die frühere Begrenzung, nach der Fernsprechgebühren im Ortsnetz des Geschäftssitzes des Auftragnehmers nicht als Nebenkosten anerkannt werden, entfällt, weil nach der Einführung des sog. Zeittaktes im Telefon-Ortsverkehr auch in diesem Bereich höhere Kosten entstehen können. Soweit die Kosten im Ortsverkehr meßbar sind, können sie als Nebenkosten berechnet werden. Zu den Post- und Fernmeldegebühren rechnen z. B. auch die Telefax- und Telexgebühren.

RegE (BR-Drucks. 270/76, S. 16):

Die in **Nummer 2** aufgeführten Nebenkosten waren bereits nach § 33 der GOA 1950 erstattungsfähig.

Nummer 3 enthält eine Begrenzung der Kosten für ein Baustellenbüro, die als Nebenkosten anerkannt werden können.

Nach Nummer 4 dürfen Fahrtkosten für Reisen im Umkreis bis zu 15 km vom Geschäftssitz des Auftragnehmers nicht berechnet werden. Fahrtkosten für Reisen in einem darüber hinausgehenden Umkreis dürfen in Höhe der steuerlich zulässigen Pauschalsätze berechnet werden. Der Auftragnehmer braucht insofern nur die Notwendigkeit der Reisen, nicht jedoch die Höhe der Kosten nachzuweisen. Erst wenn er höhere Aufwendungen geltend macht, muß er auch die Höhe nachweisen. Die Zulässigkeit der Erstattung der Fahrtkosten ist unabhängig davon, ob die Reise noch innerhalb des Gemeindegebietes, in der der Geschäftssitz des Auftragnehmers liegt, stattfindet oder nicht.

Nummer 5 erwähnt Trennungsentschädigungen und Kosten für Familienheimfahrten. Diese Nebenkosten können ohne näheren Nachweis in Höhe der steuerlich zulässigen Pauschalsätze berechnet werden. Hat der Auftragnehmer höhere Aufwendungen an Mitarbeiter aufgrund tariflicher Vereinbarungen gezahlt, so können Nebenkosten in dieser Höhe berechnet werden.

Nummer 6 erfaßt Entschädigungen für sonstigen Aufwand bei längeren Reisen nach Nummer 4. Hierzu zählen z. B. Entschädigungen für den Zeitaufwand, Übernachtungskosten oder Verpflegungsmehraufwand. Einer nicht vertretbaren Ausweitung des Anwendungsbereichs dieser Vorschrift wird dadurch

entgegengetreten, daß die Entschädigungen vor der Geschäftsreise schriftlich vereinbart werden müssen.

Nummer 7 erfaßt Auslagen für Entgelte, die der Auftragnehmer an von ihm beauftragte Dritte gezahlt hat, sofern die Leistungen nicht von ihm selbst zu erbringen sind. Dies trifft in erster Linie für Aufträge an andere an der Planung fachlich Beteiligte zu. Die Beauftragung von Dritten durch den Auftragnehmer setzt ein Einvernehmen mit dem Auftraggeber voraus.

Die unter **Nummer 8** eingefügten Nebenkosten unterscheiden sich von den übrigen in Absatz 2 unter den Nummern 1 bis 7 aufgeführten Kosten. Die unter Nummer 8 erwähnten Kosten sind bei Leistungen nach Teil XIII in die Honorare der Honorartafel eingearbeitet; sie können im Zusammenhang mit diesen Leistungen nicht gesondert berechnet werden.

RegE (BR-Drucks. 594/87 S. 97):

Durch die Einfügung wird klargestellt, daß die Berechnung von Kosten für Vermessungsfahrzeuge und für hochwertige Geräte für Vermessungsleistungen neben einem Zeithonorar nach § 6 vereinbart werden kann. Damit wird eine Besonderheit bei Vermessungsleistungen berücksichtigt. Vermessungsleistungen werden nämlich wirtschaftlich und nach dem Stand der Technik regelmäßig nur mit einem besonderen Instrumentarium ausgeführt. Dieses Instrumentarium erspart Mann-Stunden. Die Kosten für dieses Instrumentarium sind in den Zeithonoraren nach § 6 nicht enthalten, sie werden jedoch schon derzeit erstattet, insoweit wird eine bereits geübte Praxis in die Honorarordnung übernommen. Mehrkosten entstehen deshalb den Gebietskörperschaften nicht.

Die Vermessungsfahrzeuge werden regelmäßig von den Vermessungstrupps, die im Gelände oder auf der Baustelle Vermessungsleistungen ausführen, benötigt. Diese Fahrzeuge führen ein umfangreiches Vermessungsinstrumentarium mit, so z. B. Ingenieur-Nivellier-, Funkgeräte, Tachymeter für Geländeaufnahmen, Richt-Lasergeräte oder Theodolite mit integriertem Entfernungsmesser. Der Anschaffungswert dieser Ausrüstung eines Meßtrupps mit Vermessungsfahrzeug einschließlich Instrumentarium kann zwischen 50 000 und 100 000 DM betragen. Von diesen Anschaffungskosten, die die Kosten des mitgeführten Instrumentariums einschließen, werden im Falle der Vereinbarung eines Zeithonorars die Nutzungskosten berechnet, die neben dem Zeithonorar in Ansatz gebracht werden können. Die Ergänzung stellt klar, daß diese Kosten gesondert berechnet werden können. Da der Anschaffungswert sehr unterschiedlich sein kann, werden nähere Hinweise über die Höhe des Kostenansatzes nicht aufgenommen. Es bleibt den Vertragsparteien ferner überlassen, ob sie für die gesamte

Ausrüstung einen Pauschalbetrag oder eine andere Art der Berechnung vereinbaren.

Hochwertige Geräte für Vermessungsleistungen werden für spezielle Vermessungsaufgaben eingesetzt; sie rechnen regelmäßig nicht zu dem im Vermessungsfahrzeug mitgeführten Instrumentarium. Als hochwertiges Gerät kann z. B. eine Aufnahmekamera für terrestrische Photogrammetrie angesehen werden, die für die Aufnahme einer kleingliedrigen Fassade verwandt wird; der Anschaffungswert einer solchen Kamera liegt etwa bei 60 000 bis 80 000 DM. Die hiermit gemachten Aufnahmen werden dann im Büro mit Hilfe eines photogrammetrischen Auswertesystems verarbeitet, der Anschaffungswert eine solchen Systems liegt zwischen rd. 100 000 und 140 000 DM. Für andere Vermessungsleistungen wird ein Lasersystem für räumliche Vorwärtsschnitte verwandt, der Anschaffungswert liegt bei rd. 85 000 DM. Auch die Kosten für solche hochwertigen Geräte für Vermessungsleistungen, die teils draußen im Gelände bzw. auf der Baustelle, teils im Büro eingesetzt werden, können im Zusammenhang mit der Vereinbarung eines Zeithonorars gesondert berechnet werden.

RegE (BR-Drucks. 304/90, S. 136):

In **Nummer 8** wird der durch die Dritte Änderungsverordnung erweiterte Katalog der Nebenkosten nochmals vergrößert. Die Besonderheiten, die für Vermessungsfahrzeuge gelten, werden auch auf andere Meßfahrzeuge, z. B. auf Meßfahrzeuge für akustische Messungen ausgeweitet, wenn diese Fahrzeuge ein umfangreiches Meßinstrumentarium mitführen. Daneben können auch die Kosten für hochwertige Geräte für andere meßtechnische Leistungen, soweit es sich nicht um Geräte für Vermessungsleistungen handelt, besonders berechnet werden.

Andere Meßfahrzeuge kommen auf Baustellen insbesondere zur Messung der Luft- und Trittschalldämmung von Bauteilen und im Bereich der Thermischen Bauphysik zum Einsatz. Die Meßfahrzeuge führen regelmäßig umfangreiche Meßinstrumentarien mit sich, z. B. Geräte zur Erzeugung von Meßschallen, zur Messung von Luft- und Trittschalldämmung von Bauteilen, zur Schallimmissionsmessung einschließlich Langzeitmessungen oder auch Rechner zur Auswertung von Datenermittlungen vor Ort. Die Kosten der Gesamtausrüstung solcher spezieller Meßfahrzeuge können bei rd. 200 000 DM liegen, hinzu kommen die Kosten der Fahrzeuge von rund 50 000 DM. Als Meßfahrzeuge werden nur die hierzu speziell eingerichteten Fahrzeuge erfaßt, nicht normale Personenkraftwagen, in denen u. a. Meßgeräte zur Baustelle transportiert werden.

Durch die Erweiterung der Nebenkosten ergeben sich keine Mehrkosten für die Gebietskörperschaften. Die Kosten der Meßfahrzeuge und für hochwertige Meßinstrumente werden bereits jetzt neben den Zeithonoraren berechnet, dabei wird teilweise auf Kostenordnungen von staatlichen Anstalten zurückgegriffen. Insoweit wird lediglich die tatsächliche Praxis in die Honorarordnung übernommen.

RegE (BR-Drucks. 270/76, S. 17):

Absatz 3 behandelt die Abrechnungsweise der Nebenkosten. Aus Gründen der Praktikabilität wird die pauschale Abrechnung zugelassen. Sie ist ausdrücklich zu vereinbaren, anderenfalls muß nach Einzelnachweis abgerechnet werden.

Zu § 8:

RegE zu § 8 (BR-Drucks. 270/76, S. 18):

§ 8 behandelt Modalitäten der Zahlung von Honorar und Nebenkosten.

Absatz 1 enthält die grundsätzliche Bestimmung über die Fälligkeit des Honoraranspruchs des Auftragnehmers. Daß die Leistung vertragsmäßig erbracht sein muß, entspricht den Regeln des bürgerlichen Rechts. Die Überreichung der Honorarschlußrechnung ist bereits in § 21 der GOA 1950 erwähnt.

Absatz 2 trägt dem Bedürfnis des Auftragnehmers Rechnung, die Leistungen entsprechend dem Fortschritt des baulichen Vorhabens honoriert zu erhalten. Es erscheint nicht zweckmäßig, den Fälligkeitszeitpunkt näher zu umschreiben. Vielmehr wird auf die Angemessenheit zeitlicher Abstände abgestellt, um der Vielfalt der Umstände des Einzelfalles gerecht zu werden.

Absatz 3 erklärt den Anspruch auf Zahlung von Nebenkosten auf Nachweis für fällig. Die Vertragsparteien können etwas anderes schriftlich bei Auftragserteilung vereinbaren.

Absatz 4 ermöglicht den Vertragsparteien, andere Zahlungsweisen zu vereinbaren.

Zu § 9:

RegE zu § 9 (BR-Drucks. 274/80, S. 124):

Nach § 9 Abs. 1 Satz 1 soll der Auftragnehmer nunmehr unmittelbar einen Anspruch auf Ersatz der Umsatzsteuer erhalten, die auf sein nach dieser Verordnung berechnetes Honorar und auf die nach § 7 berechneten Nebenkosten entfällt, sofern sie nicht nach § 19 Abs. 1 Umsatzsteuergesetz unerhoben bleibt. Demgegenüber stand nach der bisherigen Fassung des § 9 dem Auftragnehmer die Erstattung der auf sein Entgelt entfallenden Umsatzsteuer nur zu, wenn dies mit dem Auftraggeber entsprechend vereinbart war. Die Neufassung erfolgt im Interesse einer einheitlichen Regelung gleicher Sachverhalte in verschiedenen Honorarvorschriften für Freie Berufe. So gewährt § 25 Bundesrechtsanwaltsgebührenordnung dem Rechtsanwalt einen gesetzlichen Anspruch auf Erstattung der Mehrwertsteuer ohne eine besondere Vereinbarung. Die Neufassung berücksichtigt die Novelle des Umsatzsteuergesetzes vom 26. 11. 1979 (BGBl. I S. 1953) sowie die Neufassung der §§ 25 Bundesrechtsanwaltsgebührenordnung und 151 a Kostenordnung.

Im neuen § 9 Abs. 2 wird die schon bisher enthaltene Regelung übernommen, daß die auf die Kosten des Objekts entfallende Umsatzsteuer nicht Bestandteil der anrechenbaren Kosten ist. Diese Vorschrift gilt auch für die neuen Teile der Verordnung.

Teil II
Leistungen bei Gebäuden, Freianlagen und raumbildenden Ausbauten

Zu § 10:

RegE zu § 10 (BR-Drucks. 594/87):

Die Vorschrift enthält die zentrale Bestimmung über die Berechnung des Honorars für Grundleistungen bei Gebäuden, Freianlagen und raumbildenden Ausbauten.

Absatz 1 bestimmt zunächst, daß sich dieses Honorar nach den anrechenbaren Kosten des Objekts und nach der Honorarzone, der das Objekt angehört, richtet.

Der Umfang der anrechenbaren Kosten wird in Absatz 2 bis 6 festgelegt.

Die Honorarzonen sind für Bauwerke, Freianlagen und raumbildende Ausbauten unterschiedlich. Für Gebäude sind die Honorarzonen des § 11 maßgebend, für Freianlagen gelten die Honorarzonen in § 13. Bei raumbildenden Ausbauten richtet sich die Honorarzoneneinteilung nach § 14 a. Diese Unterscheidungen erweisen sich als notwendig, weil für die Einordnung in die Honorarzonen für die jeweilige Gruppe von Objekten spezifische Merkmale maßgebend sind.

Das Honorar für die Grundleistungen ergibt sich aus der Honorartafel, in der die anrechenbaren Kosten und die Honorarzonen tabellenartig aufgeführt sind. Absatz 1 bestimmt weiter, daß das Honorar für Gebäude und raumbildende Ausbauten der Honorartafel des § 16, für Freianlagen der Honorartafel des § 17 zu entnehmen ist.

Absatz 2 ordnet die Art der Ermittlung der anrechenbaren Kosten nach der DIN 276 an. Die Verordnung geht von der Fassung der DIN 276 vom April 1981 aus. Für die Leistungsphasen 1 bis 4 wird aus der GOA 1950 der Grundsatz übernommen, daß der Honorarberechnung Kostenansätze zugrunde zu legen sind, die im vorhinein ermittelt sind; für diese Leistungsphasen sind die Kosten nach der Kostenberechnung, solange diese nicht vorliegt, nach der Kostenschätzung der Honorarberechnung zugrunde zu legen. Für die Leistungsphasen 5 bis 9 sind die Kosten nach der Kostenfeststellung verbindlich, also die tatsächlichen Herstellungskosten; solange die Kostenfeststellung nicht vorliegt, sind die Kosten nach dem Kostenanschlag anzusetzen.

Der Honorarberechnung soll grundsätzlich der tatsächliche Bauwert zugrunde liegen. Daher enthält Absatz 3

eine Sonderregelung zur Höhe der Kosten für die Fälle, in denen Leistungen oder Lieferungen unter besonderen Bedingungen nicht zu ortsüblichen Preisen erbracht werden. In diesen Fällen, die auch im wesentlichen bereits in § 6 Abs. 2 der GOA 1950 behandelt wurden, sollen als anrechenbare Kosten die ortsüblichen Preise angesetzt werden.

RegE (BR-Drucks. 238/94):

*Die Architektenhonorare für die Objektplanung von Gebäuden, Innenräumen und Freianlagen werden weiter als bisher von den tatsächlichen Herstellungskosten des Objektes abgekoppelt. Während nach dem bestehenden Recht die Honorare für die **Leistungsphasen 5 bis 7**, das sind je nach Objekt 34 bis 40 v. H. des Gesamthonorars, ebenso wie für die Leistungsphasen 8 und 9 nach der Kostenfeststellung und damit nach den endgültigen Herstellungskosten zu berechnen waren, sind diese nunmehr nach dem Kostenanschlag endgültig zu berechnen.*

*Durch die getrennte Honorarermittlung für die **Leistungsphasen 1 bis 4** nach der Kostenberechnung, der **Leistungsphasen 5 bis 7** nach dem Kostenanschlag und der **Leistungsphasen 8 und 9** nach den Herstellungskosten sind die Honorare von den tatsächlichen Herstellungskosten weiter als bisher unabhängig gestaltet.*

Die Änderung von § 10 Abs. 2 hat auch Auswirkungen auf die Teile der HOAI, in denen auf die Vorschrift des § 10 Abs. 2 verwiesen ist.

RegE (BR-Drucks. 594/87, S. 100):

Der eingefügte neue **Absatz 3 a** stellt klar, daß die vorhandene Bausubstanz, die technisch oder gestalterisch mitverarbeitet wird, grundsätzlich zu den anrechenbaren Kosten gerechnet wird. Der Umfang der Anrechnung hängt insbesondere von der Leistung des Auftragnehmers ab. Erfordert die Mitverarbeitung nur geringe Leistungen, so werden auch nur in entsprechend geringem Umfang die Kosten anerkannt werden können. Wird aber z. B. das Tragwerk eines vorhandenen Bauwerkes bei einer Umwidmung des Bauwerkes völlig überprüft und durchgerechnet, so können auch die Kosten des Tragwerks wie nach Teil VIII voll angerechnet werden. Deshalb ist über den Umfang der

Anrechenbarkeit eine vertragliche Vereinbarung vorgesehen. Dabei sind sowohl die Baumassen als auch die zugrunde zu legenden Preise festzulegen.

Absatz 4 ist bei der Beratung im Bundesrat im Jahre 1976 eingefügt worden, um die anrechenbaren Kosten, die für die Berechnung des Honorars des Auftragnehmers maßgebend sind, auch bei solchen Objekten, die einen besonders hohen Anteil an Technischer Ausrüstung oder Einbauten haben, in ein angemessenes Verhältnis zur Leistung des Auftragnehmers zu bringen.

Bei solchen Objekten führt die volle Anrechnung aller Kosten nicht zu einem Honorar, das der Verpflichtung im Gesetz zur Regelung von Ingenieur- und Architektenleistungen entspricht, den berechtigten Interessen der Auftragnehmer und der zur Zahlung der Honorare Verpflichteten Rechnung zu tragen. Deshalb werden die anrechenbaren Kosten gemindert.

Der frühere Halbsatz „die der Auftragnehmer nicht plant und auch nicht überwacht" wird geändert in „die der Auftragnehmer fachlich nicht plant und deren Ausführung er fachlich auch nicht überwacht", weil er in der Literatur unterschiedlich ausgelegt wird. Teilweise wird die Auffassung vertreten, das Planen oder Überwachen beziehe sich auf das Einbeziehen der technischen Voraussetzungen, für z. B. sanitäre Installation oder Lüftung, in das Gesamtkonzept des Auftragnehmers von Leistungen nach Teil II (Objektplaner). Wenn der Objektplaner in seinen Planungen die Technische Ausrüstung mittelbar einbeziehe, in dem er die Abmessungen und Lage von Anlagen der Technischen Ausrüstung berücksichtige, also z. B. die Abmessung einer Badewanne einzeichne oder den Durchmesser oder die Lage von Versorgungsleitungen, müßten die anrechenbaren Kosten nicht nach Absatz 4 gemindert werden. Würde man dieser Auslegung folgen, ginge Absatz 4 völlig ins Leere, denn bei jedem Objekt muß der Objektplaner im Rahmen seines Gesamtkonzepts stets Abmessungen und Lage von der Technischen Ausrüstung berücksichtigen. Diese Auslegung entspricht daher nicht dem vom Bundesrat Gewollten. Vielmehr werden in diesem Halbsatz die Leistungen des Fachplaners vor allem von Anlagen der Technischen Ausrüstung gemeint. Um diesen Gedanken klarer zum Ausdruck zu bringen, wird der Halbsatz geändert. Die Einbeziehung der Technischen Ausrüstung in das Gesamtkonzept wird dem Objektplaner gemeinsam mit Koordinierungsleistungen dadurch abgegolten, daß der größere Teil der Kosten von den in Absatz 4 erfaßten Anlagen auch dann anrechenbar bleibt, wenn die Kosten nur teilweise als anrechenbare Kosten angesetzt werden können.

Die beiden genannten Voraussetzungen „fachlich planen" und „Ausführung fachlich überwachen" sind – wie bisher – alternativ anzuwenden, deshalb wird das Wort „auch" in dem Halbsatz beibehalten.

Führt ein Objektplaner neben den Leistungen nach Teil II oder VII auch z. B. Fachplanungen nach Teil IX aus, so hat er hierfür Anspruch auf Honorare in der gleichen Höhe wie ein Fachplaner bei einer getrennten Übertragung der Leistungen an einen Objektplaner und einen Fachplaner. Als Objektplaner hat er Anspruch auf ein Honorar auf der Grundlage der anrechenbaren Kosten, die nach Absatz 4 gemindert werden müssen; als Fachplaner hat er Anspruch auf ein Honorar nach Teil IX. Dies ergab sich zwar bereits aus der geltenden Regelung, zur Klarstellung wird ein neuer Satz angefügt.

RegE (BR-Drucks. 304/90, S. 137):

In **Absatz 4 a** werden Kosten erwähnt, die bei Freianlagen anrechenbar sind. Es handelt sich hier nicht um die Aufzählung aller anrechenbaren Kosten, vielmehr werden in der Hauptsache solche Kosten von Bauwerken und Anlagen erwähnt, bei denen in der Vergangenheit Zweifel entstanden waren. Die Vorschrift dient auch zur Abgrenzung von Freianlagen zu Ingenieurbauwerken und Verkehrsanlagen, die in der Objektliste des § 54 erwähnt sind. Diese Abgrenzung zeigt sich u. a. darin, daß die Bauwerke oder Anlagen, die in § 10 Abs. 4 a erwähnt sind, ausdrücklich als Objekte in der Objektliste des § 54 ausgenommen werden, d. h. die in Absatz 4 a erwähnten Bauwerke und Anlagen nicht als Objekte des Teils VII angesehen werden. Bei einigen der in Absatz 4 a genannten Anlagen wird als Abgrenzungskriterium genannt, daß keine Leistungen nach Teil VII, nach Teil VIII oder nach § 63 Abs. 1 Nr. 1 und 2 erforderlich sind. Maßgebend ist es in diesen Fällen bei dem Hinweis auf Vorschriften des Teils VIII, ob es erforderlich ist, das Tragwerk zu berechnen. Bei der statischen Berechnung kann es sich entweder um eine für das Stützbauwerk speziell angefertigte Berechnung handeln. Es kann aber auch sein, daß Stützbauwerke aus Fertigteilen oder aus Teilen bestehen, die in Serienfertigung hergestellt werden, und für diese Teile war eine Berechnung des Tragwerks erforderlich.

RegE (BR-Drucks. 270/76, S. 20):

Absatz 5 enthält eine Aufzählung der Kosten, die bei der Berechnung der Honorare für Grundleistungen bei Gebäuden und raumbildenden Ausbauten nicht anrechenbar sind. Die auf die Kosten des Objekts entfallende Umsatzsteuer ist nicht anrechenbar.

Darüber hinaus sind die in den **Nummern 1 bis 13** aufgeführten Kosten nicht anrechenbar. Hierfür war die Überlegung maßgebend, daß zu den anrechenbaren Kosten nur Kosten solcher Gegenstände oder Leistungen zählen sollen, die dem Auftragnehmer zur Bearbeitung übertragen wurden. Bei einzelnen Gegenständen oder Leistungen, z. B. Nrn. 2, 4, 6 und 9, ist die Frage, ob die Kosten anrechenbar sind oder nicht, von den Kosten dieser Verhältnisse des Einzelfalles abhängig. Die Gegenstände oder Leistungen sind grundsätzlich nicht anrechenbar. Wenn jedoch der Auftragnehmer ihre Planung übernimmt oder die Überwachung ihrer Ausführung, entfallen die Voraussetzungen für die Nicht-Anrechenbarkeit. In diesen Fällen können die Kosten den anrechenbaren Kosten zugerechnet werden. Nimmt der Auftragnehmer Koordinierungsaufgaben wahr, können die Kosten zwar nicht angerechnet werden, die Koordinierungsaufgabe kann aber ggf. als ein Merkmal bei der Vereinbarung des Honorars im Rahmen der Mindest- und Höchstsätze berücksichtigt werden. Dies gilt insbesondere für die in Nr. 6 genannten Anlagen und Einrichtungen. Durch die Verweisung auf die Kostengruppen der DIN 276 sind diese Kosten näher bestimmt.

Die Neufassung paßt **Nummer 4** dem Aufbau der DIN 276 an (Nichtöffentliche Erschließung = Kostengruppe 2.2, Abwasser- und Versorgungsanlagen als Teil von Außenanlagen = Kostengruppe 5.3). Verkehrsanlagen als Teil von Außenanlagen (= DIN 276, Kostengruppe 5.7) sind in der bestehenden Nummer 4 nicht erwähnt und wären in jedem Fall bei Freianlagen anzurechnen. Das ist bei Liegenschaften, die insoweit Stadtteilen entsprechen (z. B. Kasernen, Universitätsgelände, Krankenanstalten, Behördenzentren, Siedlungen usw.) nicht angemessen und auch nicht gewollt; diese Kosten sind nicht Teil der nichtöffentlichen Erschließung nach DIN 276, Kostengruppe 2.2, sondern ausdrücklich Teil der Außenanlagen nach DIN 276, Kostengruppe 5.7.

Ferner wurde als neue **Nummer 11** … klargestellt, daß die Kosten für Entschädigungen und Schadensersatzleistungen nicht zu den anrechenbaren Kosten gehören. Diese Klarstellung wurde notwendig, weil eine entsprechende Regelung ausdrücklich bei der Objektplanung für Ingenieurbauwerke und Verkehrsanlagen erfolgt ist (§ 52 Abs. 6 Nr. 6). In diesem Bereich besteht aus praktischen Gründen ein Bedürfnis nach ausdrücklicher Erwähnung dieser Kostenarten.

Die Ergänzung des Ausnahmekatalogs des bestehenden Absatzes 5 um eine neue **Nummer 13** grenzt Anlagen der technischen Gebäudeausrüstung nach DIN 276, Kostengruppe 3.2 bis 3.4 und Teile von 3.5, deren Anrechenbarkeit unberührt bleibt, von solchen Anlagen ab, die überwiegend nicht zur Versorgung des Gebäudes bestimmt sind, sondern die gesamte Liegenschaft bzw. mehrere Liegenschaften (z. B. Vermittlungszentralen, Pumpstationen, Heizzentralen) versorgen und von dem Auftraggeber in einem Gebäude zentral eingerichtet werden. Soweit von dem Auftragnehmer hierbei Leistungen erbracht werden, wird das über die Verweisung auf Absatz 4 honoriert.

Nach **Abs. 6 Nummer 1** bleiben die aufgezählten Kostengruppen bei Grundleistungen für Freianlagen nicht anrechenbar. Dabei wird davon ausgegangen, daß der Auftragnehmer von Freianlagen keine Leistungen für die erwähnten Kostengruppen erbringt, diese also weder plant noch ihre Ausführung überwacht. Erbringt er doch Leistungen hierfür, so werden die Kosten für diese Kostengruppen anrechenbar. Insoweit wird der Auftragnehmer von Freianlagen mit dem von Gebäuden gleichgestellt.

Abs. 6 Nummer 2 wird neu in die Honorarordnung aufgenommen, die Vorschrift enthält eine Klarstellung, daß die Kosten für den Unter- und Oberbau von Fußgängerbereichen nach § 14 Nr. 4 nicht anrechenbar sind. Zu den Fußgängerbereichen rechnen insbesondere Fußgängerzonen, nicht Bürgersteige oder selbständige Fußwege. Nur die Kosten der Oberflächengestaltung des Oberbaus von Fußgängerbereichen, wie z. B. die Kosten des Pflasters, sind anrechenbare Kosten für Grundleistungen von diesen Freianlagen nach Teil II. Soweit der Auftragnehmer dieser Freianlagen auch den Unter- oder Oberbau plant, hat er für diese Leistungen einen Anspruch auf ein Honorar nach Teil VII. Diese Kosten sind jedoch nicht anrechenbar bei der Berechnung des Honorars nach Teil II.

Zu § 11:

RegE zu § 11 (BR-Drucks. 270/76, S. 21):

§ 11 enthält die Einteilung in Honorarzonen, die für das Honorar maßgeblich ist. Jedes Gebäude muß in eine der 5 Honorarzonen eingeordnet werden, bevor das Honorar aus der Tabelle in § 16 im Rahmen der Mindest- und Höchstsätze vereinbart werden kann.

Die Honorarzonen sind auf der Grundlage eines wissenschaftlichen Gutachtens ermittelt worden. Aus diesem Gutachten sind zunächst die untere und obere Aufwandgrenze übernommen. Der Unterschiedsbetrag zwischen diesen beiden Werten wurde zur Ermittlung der Mindest- und Höchstgrenze der 5 Honorarzonen im Verhältnis 15:20:30:20:15 aufgeteilt.

Absatz 1 bestimmt, daß die Honorarzone bei Gebäuden mit Hilfe der im einzelnen aufgeführten Bewertungsmerkmale zu ermitteln ist. Die Bewertungsmerkmale sind: Anforderungen an die Einbindung in die Umgebung, Anzahl der Funktionsbereiche, gestalterische Anforderungen, konstruktive Anforderungen, technische Ausrüstung und Ausbau. Die Wirtschaftlichkeit der Leistung ist immer zu beachten und daher in den Merkmalen enthalten.

Zweifel über die Zuordnung eines Gebäudes zu den Honorarzonen können sich in Einzelfällen ergeben, wenn für ein Gebäude im konkreten Fall Bewertungsmerkmale aus mehreren Honorarzonen anwendbar sind. **Absatz 2** bestimmt zunächst, daß in diesem Fall die Anzahl der Bewertungspunkte nach Absatz 3 zu ermitteln ist. Nach **Absatz 3** haben die Vertragsparteien für das konkrete Gebäude die einzelnen Bewertungsmerkmale mit Punkten zu bewerten. Je nach Schwierigkeitsgrad der Planungsanforderungen können für die Bewertungsmerkmale Anforderungen an die Einbindung in die Umgebung, konstruktive Anforderungen, technische Ausrüstung und Ausbau jeweils bis zu sechs Punkte, für die Bewertungsmerkmale Anzahl der Funktionsbereiche und gestalterische Anforderungen jeweils bis zu neun Punkte vergeben werden. **Absatz 2** ordnet weiter an, das Gebäude nach der Summe dieser Bewertungspunkte den Honorarzonen zuzuordnen. In die Honorarzone I gehören Gebäude mit bis zu 10 Punkten. Die Honorarzonen II bis V wurden so aufgeteilt, daß jede dieser Honorarzonen Gebäude mit einer jeweils um 8 Punkte erhöhten Punktzahl aufnimmt. Die Honorarzone V endet mit der höchstmöglichen Zahl von 42 Punkten. Mit der Anzahl der Bewertungspunkte wird noch nicht ein Honorar innerhalb der Mindest- und Höchstsätze einer Honorarzone bestimmt. Die Anzahl der Bewertungspunkte ist bei der Vereinbarung des Honorars lediglich ein Kriterium, das neben mehreren anderen bei der Höhe des Honorars berücksichtigt werden kann.

Zu § 12:

RegE zu § 12 (BR-Drucks. 270/76, S. 22):

In § 12 werden häufiger vorkommende Gebäude den Honorarzonen zugerechnet, denen sie bei Anwendung der in § 11 genannten Bewertungsmerkmale unter normalen Verhältnissen zugeordnet werden können. Die Anwendung des § 11 soll so erleichtert werden. Die Zuordnung erfolgte unter Anwendung der Regelung nach § 11 Abs. 2 und 3.

Wohnhäuser, Wohnheime und Heime mit durchschnittlicher Ausstattung werden der Honorarzone III zugeordnet. Im Regelfall handelt es sich hier um Objekte, die die Anforderungen des sozialen Wohnungsbaues nach den Vorschriften des Zweiten Wohnungsbaugesetzes und entsprechender Richtlinien für Heime erfüllen.

Die Betonung der regelmäßigen Zuordnung verdeutlicht, daß die Einteilung der Objektliste nicht bindend ist. Maßgebend sind die in § 11 aufgeführten Bewertungsmerkmale der einzelnen Honorarzonen.

RegE (BR-Drucks. 304/90 S. 138):

In § 12 wird die Objektliste in der Honorarzone II um Parkhäuser erweitert. Damit wird klargestellt, daß das Honorar für Parkhäuser nach den Vorschriften von Teil II zu berechnen ist. Parkhäuser können nach den Bauordnungen unter- oder oberirdisch sein.

In **§ 12 Nr. 3** werden 2 Objekte in der Objektliste von Honorarzone III zur Klarstellung umbenannt. Da landwirtschaftliche Gebäude außer in Honorarzone III auch in den Honorarzonen I, II und IV erwähnt werden, wird dies bei der Aufzählung der landwirtschaftlichen Gebäude entsprechend vermerkt. Ferner wird die Beschreibung der Bürobauten geändert. Zur Honorarzone III rechnen regelmäßig Bürobauten mit durchschnittlicher Ausstattung, damit wird auf die technische Ausstattung durch Konstruktionen, Technische Ausrüstung oder Ausbau abgestellt. Der Begriff „Anforderungen" wird insoweit ersetzt, weil dieser Begriff im Zusammenhang mit Planungsanforderungen in der Honorarordnung verwandt wird.

Auch in **Nummer 4** wird der Begriff Ausstattung verwandt. Wegen der Verwendung dieses Begriffs anstelle von „Anforderungen" wird auf die Ausführung zu Honorarzone III verwiesen. Die Objektliste wird ergänzt um Hausgruppen in planungsaufwendiger verdichteter Bauweise auf kleinen Grundstücken. Diese Hausgruppen erlangen zunehmende Bedeutung. Die Planungsanforderungen an diese Art des kostensparenden Bauens sind hoch. Deshalb wird eine angemessenere Honorierung dieser kostensparenden Planerleistungen vorgesehen.

Zu § 13:

RegE zu § 13 (BR-Drucks. 270/76, S. 23):

§ 13 enthält die Vorschriften für die Zuordnung der Freianlagen zu den Honorarzonen. Der Aufbau dieser Vorschrift stimmt mit § 11 überein. Auch Freianlagen werden in fünf Honorarzonen eingeteilt. Da jedoch die Bewertungsmerkmale für die Zuordnung der Freianlagen mit den für Gebäude maßgebenden Kriterien nicht vollständig übereinstimmen, kann auf eine gesonderte Zusammenfassung abstrakter Bewertungsmerkmale für Freianlagen nicht verzichtet werden. Diese Bewertungsmerkmale sind: Anforderungen an die Einbindung in die Umgebung, Anforderungen an Schutz, Pflege und Entwicklung von Natur und Landschaft, Anzahl der Funktionsbereiche, gestalterische Anforderungen und Ver- und Entsorgungseinrichtungen.

Um Zweifel bei der Zuordnung zu den Honorarzonen beseitigen zu können, wird die Regelung des § 11 Abs. 2 und 3 sinngemäß übernommen. Für zwei Bewertungsmerkmale können jeweils bis zu sechs Punkte, für die wichtigeren Bewertungsmerkmale jeweils bis zu acht Punkte vergeben werden. Wegen der geringeren Anzahl der Bewertungsmerkmale werden der Honorarzone I Freianlagen mit bis zu acht Punkten zugeordnet. Für die folgenden Honorarzonen beträgt die Bandbreite jeweils sieben Punkte, so daß die Honorarzone V mit der höchstmöglichen Punktzahl von 36 Punkten endet.

RegE (BR-Drucks. 304/90, S. 138):

In § 13 sind die Änderungen in den Absätzen 1 und 3 Klarstellungen, die sich aus inzwischen erlassenen Gesetzen ableiten.

Mit der vorliegenden Vierten Änderungsverordnung soll das Leistungsbild für Freianlagen im erforderlichen Umfang auf die Belange des Naturschutzes und der Landschaftspflege ausgerichtet werden. Damit aber muß auch eine diesen Aufgaben entsprechende

Zuordnung der Freianlagen zu den Honorarzonen erfolgen.

Zu § 14:

RegE zu § 14 (BR-Drucks. 270/76, S. 23):

In § 14 werden für den Regelfall einige häufiger vorkommende Freianlagen beispielhaft den Honorarzonen zugeordnet. Diese Aufstellung ist – ebenso wie der Katalog in § 12 – für die Berechnung des Honorars nicht verbindlich; in Zweifelsfällen gilt die Einteilung nach § 13.

RegE (BR-Drucks. 304/90, S. 138):

In § 14 wird die Objektliste neu gefaßt, um sie den Erfordernissen des Naturschutzes und der Landschaftspflege besser anzupassen, und um den repräsentativ beispielhaften Charakter der Objekte auf dem aktuellen Stand zu halten. Ein großer Teil der Objekte ist bei der Neufassung unverändert übernommen worden, sowohl hinsichtlich ihrer Bezeichnung als auch hinsichtlich ihrer Zuordnung in eine Honorarzone. Soweit die Objektliste ergänzt worden ist, handelt es sich um solche Objekte, die in der Vergangenheit Bedeutung erlangt haben.

Bei den extensiven Dachbegrünungen in Honorarzone IV handelt es sich um solche Begrünungen, die von natürlichen Niederschlägen abhängig sind.

Intensive Dachbegrünungen in Honorarzone V werden sehr häufig mit komplizierten Bewässerungseinrichtungen versehen, sie sind nicht den begehbaren und für die Erholung zu nutzenden Dachgärten zuzuordnen.

Zu § 14a:

RegE zu § 14 a (BR-Drucks. 594/87, S. 104):

§ 14 a **Abs. 1** enthält eine nach Honorarzonen differenzierte Gliederung der Bewertungsmerkmale auf der Grundlage der bisher in § 25 Abs. 4 nur summarisch aufgeführten Kriterien. Das Bewertungsmerkmal „konstruktive Anforderungen" erhält die Bezeichnung „konstruktive Detailgestaltung". Damit wird der angesprochene Bereich besser gekennzeichnet. Es wird klargestellt, daß es sich hier um den Planungsaufwand für die Handwerkskonstruktionen von raumbildenden Ausbauten handelt, und zwar in Abgrenzung zur statischen Gebäudekonstruktion.

Absatz 2 sieht eine ausdrückliche Regelung für die Einordnung von raumbildenden Ausbauten nach Bewertungspunkten vor, und zwar analog der bisher für raumbildende Ausbauten geltenden Vorschrift des § 11 Abs. 2.

Absatz 3 stellt auf den bisherigen § 25 Abs. 4 in Verbindung mit § 11 Abs. 3 ab, jedoch werden zwei Änderungen bei der Festlegung der maximal zu vergebenden Bewertungspunkte vorgenommen. Das Bewertungsmerkmal „Lichtgestaltung" wird künftig nur noch mit bis zu 6 Punkten bewertet, da diesem Merk-

mal bei der Beurteilung des Schwierigkeitsgrades der Planungsanforderung bei raumbildenden Ausbauten nach den Erfahrungen mit der Anwendung der Honorarordnung keine übergeordnete Bedeutung zukommt. Hingegen hat es sich nach den praktischen Erfahrungen erwiesen, daß Art und Umfang der „konstruktiven Detailgestaltung" neben der Farb- und Materialgestaltung eines der wesentlichsten Beurteilungsmerkmale ist. Daher wird dieses Merkmal mit bis zu 9 Punkten bewertet.

Zu § 14b:

RegE zu § 14 b (BR-Drucks. 594/87, S. 105):

§ 14 b ergänzt § 14 a um eine Objektliste für raumbildende Ausbauten, um die Einordnung der Objekte in die Honorarzonen zu erleichtern.

Zu § 15:

RegE zu § 15 (BR-Drucks. 270/76, S. 23):

Das Leistungsbild Objektplanung enthält die für die Planung und Überwachung der Bauausführung notwendigen Leistungen des Auftragnehmers. Es ist unmittelbar anwendbar auf Gebäude, Freianlagen und raumbildende Ausbauten. Die Leistungen betreffen Neubauten, Neuanlagen, Wiederaufbauten, Erweiterungsbauten, Umbauten, Modernisierungen, raumbildende Ausbauten sowie Instandhaltungen und Instandsetzungen.

Gemäß § 2 Abs. 1 gliedern die Leistungen sich in Grundleistungen und Besondere Leistungen. Die sachlich zusammengehörenden Grundleistungen sind in **Absatz 2** zu neun Leistungsphasen zusammengefaßt, die in sich abgeschlossene Leistungsabschnitte bilden. Die Leistungsphasen sind in Vomhundertsätzen der Honorare des § 16 (für Gebäude und raumbildende Ausbauten) und des § 17 (für Freianlagen) bewertet. Die Summe der Vomhundertsätze ergibt das volle Honorar nach den Honorartafeln der §§ 16 und 17. Die Bewertungen und die Leistungsphasen mit kurzer Beschreibung ihres Inhalts sind in Absatz 1 zur besseren Veranschaulichung vorangestellt. Insbesondere weniger fachkundige Auftraggeber erhalten auf diese Weise einen Überblick über die Tätigkeiten des Auftragnehmers in den einzelnen Leistungsphasen.

Die in **Absatz 1** enthaltene Bewertung der Grundleistungen für Gebäude weicht von der bei Leistungen bei raumbildenden Ausbauten spezifischen Bewertung ab. Schwerpunkte der Leistungen für raumbildende Ausbauten sind die Entwurfsplanung und die Ausführungsplanung. Demgegenüber treten die Leistungen bei der Leistungsphase 4 (Genehmigungsplanung) und bei der Leistungsphase 6 (Vorbereitung der Vergabe) in Umfang und Bedeutung zurück. Hieraus ergibt sich eine geänderte Bewertung der Leistungen bei raumbildenden Ausbauten. Diese machte es notwendig, in § 15 Abs. 1 eine besondere dritte Spalte für diese Leistungen aufzunehmen.

Im Vergleich mit dem Leistungsbild des § 19 der GOA 1950 sind die nach der Verordnung geforderten Leistungen umfangreicher. Die Leistungsphasen 1 (Grundlagenermittlung) und 9 (Objektbetreuung und Dokumentation) sind hinzugekommen, in den übrigen Leistungsphasen (berichtigt vom Verfasser) werden teilweise höhere Planungsanforderungen gestellt als nach der GOA 1950. So soll z. B. über alternative Lösungsmöglichkeiten ein wirtschaftliches Planungskonzept erarbeitet werden.

Das Leistungsbild enthält alle wesentlichen planerischen Grundleistungen der Auftragnehmer für die Objektplanung nach dem gegenwärtigen Stand der Technik.

Die Grundleistungen umfassen die Leistungen, die für die Vorbereitung, Planung und Überwachung der Ausführung sowie für die Objektbetreuung im allgemeinen erforderlich sind. Die Besonderen Leistungen werden nach den Verhältnissen des Einzelfalls zwischen Auftraggeber und Auftragnehmer besonders vereinbart. Auf die Begründung zu § 2 der vorliegenden Verordnung wird Bezug genommen.

Hervorzuheben ist der beispielhafte Charakter der Besonderen Leistungen. Aus ihm folgt, daß die an einer Stelle des Leistungsbilds erwähnten Besonderen Leistungen je nach Vereinbarung auch in einer anderen Leistungsphase erbracht werden können, ebenso wie sie – im Regelfall – überhaupt fehlen können. Z. B. kann die in **Leistungsphase 5** aufgeführte Besondere Leistung „Aufstellung einer detaillierten Objektbeschreibung als Baubuch zur Grundlage der Leistungsbeschreibung mit Leistungsprogramm" etwa in Leistungsphase 3 vereinbart werden, wenn damit der wirtschaftliche Erfolg der funktionalen Leistungsbeschreibung verbessert werden soll. Die derzeitige Einteilung in Grundleistungen und Besondere Leistungen gilt nur für die (regelmäßig übliche) Leistungsbeschreibung mit Leistungsverzeichnis. Von einer entsprechenden Einteilung für die Leistungsbeschreibung mit Leistungsprogramm (§ 9 Nrn. 10–12 VOB/A) wurde abgesehen, da keine einheitliche Auffassung über die Trennung der Aufgaben zwischen Planer und Bauausführenden bestehen und das vorliegende elastische System den vielfältigen Möglichkeiten der funktionalen Leistungsbeschreibung ausreichend gerecht wird. Die in den Fußnoten zu den Leistungsphasen 5 bis 7 vorgeschriebenen Konsequenzen hinsichtlich der Grundleistungen binden die Vertragsparteien daher nur für die im Leistungsbild ausdrücklich angesprochene Fallgestaltung. Im übrigen bleiben die Auswirkungen auf die Grundleistungen der tatsächlichen Entwicklung bzw. den Vereinbarungen überlassen. Schließlich kann auch vereinbart werden, daß je nach den Umständen des Einzelfalls Grundleistungen einer Leistungsphase zeitlich versetzt auch in einer anderen Leistungsphase erbracht werden können.

RegE (BR-Drucks. 304/90, S. 139):

Die Änderungen in **§ 15 Abs. 1 und 2** verfolgen im wesentlichen Klarstellungen, die sich insbesondere aus dem Naturschutzrecht ableiten, insoweit werden die Anpassungen aus rechtlichen Gründen erforderlich. Das Leistungsbild wird den naturschutzrechtlichen Regelungen angepaßt, damit es insbesondere den Zielen und Grundsätzen des Naturschutzes und der Landschaftspflege beziehungsweise der sogenannten Eingriffsregelung entspricht.

In **Absatz 2** ergeben sich die Änderungen – sieht man von der Einfügung einer Grundleistung in der Leistungsphase 8 ab – aus den o. g. naturschutzrechtlichen Gründen.

RegE (BR-Drucks. 270/76, S. 26):

Die Grundleistungen sind soweit wie möglich in der Reihenfolge angeführt, in der sie zeitlich nacheinander anfallen. In der **Leistungsphase 1** (Grundlagenermittlung) werden die Voraussetzungen zur Lösung der Bauaufgabe durch die Planung ermittelt. Öffentliche Auftraggeber werden diese Grundleistungen häufig selbst erbringen. Die verstärkten Bemühungen um umweltverträgliches Bauen haben zur Aufnahme der Besonderen Leistungen „Prüfen der Umwelterheblichkeit" und „Prüfen der Umweltverträglichkeit" geführt. Sie fallen z. B. an bei Baumaßnahmen, deren Auftraggeber der Bund ist (vgl. Beschluß der Bundesregierung vom 22. 8. 1975: Grundsätze für die Prüfung der Umweltverträglichkeit öffentlicher Maßnahmen des Bundes, GMBl. 1975, 717).

In der **Leistungsphase 2** (Vorplanung) erarbeitet der Auftragnehmer die wesentlichen Teile der Lösung einer Planungsaufgabe; insbesondere wird ein Planungskonzept mit zeichnerischer Darstellung nach DIN 276 aufgestellt, die Leistungen anderer an der Planung fachlich Beteiligter einbezogen, bereits jetzt Vorverhandlungen mit Behörden über die Genehmigungsfähigkeit des Objekts geführt und die Kostenschätzung nach DIN 276 vorgenommen. In dieser Leistungsphase werden auch, soweit vereinbart, vom Auftragnehmer Betreuungstätigkeiten als Besondere Leistungen erbracht, z. B. Aufstellen eines Finanzierungsplans, Mitwirken bei der Kreditbeschaffung.

RegE (BR-Drucks. 304/90, S. 139):

In der **Leistungsphase 2** müssen landschaftsökologische Zusammenhänge, Vorgänge und Bedingungen berücksichtigt werden. Der Begriff Landschaftsökologie umfaßt sowohl die landschaftlichen, das heißt die räumlichen, als auch die ökologischen Erfordernisse. Landschaftsökologische Zusammenhänge unterliegen chemisch-physikalischen sowie biologischen Gesetzmäßigkeiten, deren Beachtung bei der Planung von Bedeutung ist.

BR-Beschl. (BR-Drucks. 304/90 Beschluß S. 5):

Die Honorarordnung für Architekten und Ingenieure (HOAI) regelt die Berechnung für die Leistungen des Architekten und der Ingenieure, soweit sie durch sog. Leistungsbilder oder andere Bestimmungen in dieser Verordnung erfaßt werden.

Im Leistungsbild „Objektplanung für Gebäude" (§ 15 HOAI) fehlt bei der Vorplanung, Entwurfsplanung und Ausführungsplanung der ausdrückliche Hinweis, die Verwendung erneuerbarer Energien zu berücksichtigen. Somit fehlt den Planern schon der finanzielle Anreiz, den hierfür notwendigen Planungsaufwand zu betreiben.

Dabei könnte z. B. eine deutliche Verstärkung der passiven und aktiven Solarenergienutzung zur Deckung des Wärmebedarfs von Gebäuden hier kurz- und mittelfristig fossile Energieträger in größerem Umfang ersetzen, was zu der dringend gebotenen Verringerung energiebedingter Emissionen (z. B. im Hinblick auf Klimaschutz des CO_2) führen würde.

Schon die Ministerpräsidenten haben anläßlich der Ministerpräsidentenkonferenz vom 26.–28. 10. 1988 in Berlin darauf hingewiesen, „daß die wirtschaftlichen Rahmenbedingungen für die Forderung der Entwicklung und den Einsatz regenerativer Energien weiter ausgebaut werden müssen. Angesichts der derzeit ungünstigen Marktsituation sollte die Förderung der Markteinführung – auch als energiepolitisches Signal – durch Schaffung wirksamer Förderinstrumente fortentwickelt werden."

RegE (BR-Drucks. 238/94, S. 66):

In § 15 werden zur Verstärkung der Kostenkontrolle in den Leistungsphasen 3 und 7 zusätzliche Grundleistungen eingefügt und in Phase 8 die letzte Grundleistung neu gefaßt und inhaltlich erweitert.

Das Leistungsbild des § 15 verlangt in Leistungsphase 2 als Ergebnis der Vorplanung eine Kostenschätzung nach DIN 276. Mit der Entscheidung des Auftraggebers über die Annahme der Vorplanungsergebnisse wird damit zugleich eine erste verbindliche Aussage zu dem voraussichtlichen Kostenvolumen für die Durchführung des Bauprojektes getroffen.

Die Entwurfsplanung – Leistungsphase 3 – beinhaltet das Durcharbeiten der Vorplanungsergebnisse bis zum vollständigen Entwurf und schließt mit einer Kostenberechnung nach DIN 276 ab.

Diese vermittelt dem Auftraggeber eine ins Detail gehende Kostenaussage für das Projekt. Die neue Grundleistung Kostenkontrolle hat in diesem Stadium zu beginnen. Der Vergleich der Kostenberechnung mit der Kostenschätzung dient der Transparenz und Sicherheit über die voraussichtlichen Baukosten. Der

Bauherr verfügt damit über eine bessere Entscheidungsgrundlage für wirtschaftliches Bauen.

Vor Vergabe der Bauaufträge für das Objekt wird im Rahmen des Kostenanschlags in Leistungsphase 7 ein weiterer Schritt der Kostenkontrolle obligatorisch. Der Vergleich der Ausschreibungsergebnisse mit den Ergebnissen der Kostenberechnung verschafft den Vertragsparteien die Möglichkeit, Entscheidungen zur Kostensteuerung noch vor Baubeginn zu treffen.

Insgesamt wird damit die Kostenkontrolle im Planungsprozeß verstärkt. Die verbindliche Einführung von Kostenkontrollen in die Grundleistungen von § 15 führt zu unbezahlten Mehrleistungen des Auftragnehmers. Dies ist bei den Honorarauswirkungen der vorliegenden Novelle mit zu berücksichtigen.

In § 15 werden außerdem neue Besondere Leistungen eingefügt. Es handelt sich hierbei um Leistungen, die über die in § 15 bereits jetzt geregelten Grundleistungen zur Klärung der energiewirtschaftlichen Zusammenhänge (z. B. hinsichtlich rationeller Energieverwendung und Nutzung erneuerbarer Energien) wesentlich hinausgehen müssen.

Diese Besonderen Leistungen in den Leistungsphasen 2 und 3 haben zum Ziel, den Planern für über das übliche Maß hinausgehende Planungsleistungen zur Energieeinsparung und zum Einsatz erneuerbarer Energien sowie zur Minderung der Schadstoff- und CO_2-Emissionen einen besonderen Honoraranreiz zu geben. Das übliche Maß ist hierbei für Maßnahmen zur Energieeinsparung durch die Erfüllung der Anforderungen gegeben, die sich aus Rechtsvorschriften und dem allgemeinen Stand der Technik ergeben.

Die in Nr. 2 eingefügten Besonderen Leistungen tragen besonderen Anforderungen an eine über das Übliche hinausgehende Nutzung erneuerbarer Energien oder Minderung des Energieverbrauchs und der Schadstoff- und CO_2-Emissionen Rechnung.

Dies gilt insbesondere für die folgenden Tätigkeitsbereiche:

— Anwendung passiver solarer Bauprinzipien bei der Planung und für die Einbeziehung neuartiger Materialien und Bauteile bei der Konstruktion der Außenbauteile zur Minimierung des Energieverbrauchs auf ein Niveau unterhalb der Anforderungen von Rechtsvorschriften z. B. der Wärmeschutzverordnung, oder

— Optimierung der Bau- und Beheizungsweise zur Absenkung des Energieverbrauchs sowie der Schadstoff- und CO_2-Emissionen auf ein Niveau unterhalb der Anforderungen von Rechtsvorschriften oder

— besondere Integration von Solaranlagen in den Baukörper, oder

— *Planung des Einsatzes von Windgeneratoren zur Stromgewinnung oder von geothermischen Energien angesichts der damit verbundenen besonderen Anforderungen, oder*

— *über das übliche Maß hinausgehende detaillierte Planungen über Wirkungen und Einsatz von Biomasse, Sonnenkollektoren, Wärmepumpen und Photovoltaikanlagen.*

Soweit erforderlich, soll bereits in diesem Stadium der Planung eine Abstimmung mit anderen an der Planung fachlich Beteiligten erfolgen.

*In der **Leistungsphase 3** sind die in der Vorplanung erarbeiteten konzeptionellen Überlegungen so auszuarbeiten, daß konstruktive und kostenmäßige Auswirkungen klar zu definieren sind und eine Grundlage für Baubeschreibung, Kostenberechnung und Dimensionierung der technischen Ausrüstung bilden.*

BR-Empfehlung (BR-Drucks. 238/1/94)

Durch die vorgenommenen Ergänzungen in § 15 Abs. 2 Nrn. 2 und 3 soll klargestellt werden, daß die Besonderen Leistungen über das übliche Maß der Planungsleistungen hinausgehen müssen.

Das übliche Maß ist für Maßnahmen zu Energieeinsparungen durch die Erfüllung der Anforderungen gegeben, die sich aus Rechtsvorschriften und dem allgemeinen Stand der Technik ergeben.

RegE (BR-Drucks. 270/76, S. 26):

Die Vorplanungsergebnisse sind Grundlage der **Leistungsphase 3** (Entwurfsplanung). Das Planungskonzept der **Leistungsphase 2** wird durchgearbeitet und einer zeichnerischen Lösung bis zum vollständigen Entwurf zugeführt, wobei insbesondere die Beiträge anderer an der Planung fachlich Beteiligter einzuarbeiten sind. Die System- und Integrationsplanung schließt mit der endgültigen Lösung der Planungsaufgabe.

In den **Leistungsphasen 3** (Entwurfsplanung) **und 5** (Ausführungsplanung) ist die Leistung bei raumbildenden Ausbauten nicht nur umfangmäßig, sondern auch der Art nach zum Teil abweichend von den entsprechenden Leistungen bei Gebäuden und Freianlagen. Die Ergänzung des Leistungsbildes berücksichtigt diesen Sachverhalt.

Es wird hervorgehoben, was unter energiewirtschaftlichen Anforderungen insbesondere zu verstehen ist. Dem Gesichtspunkt der rationellen Energieverwendung kommt nämlich wegen der energiepolitischen Notwendigkeit, sparsam mit Energie umzugehen und auch wegen der gestiegenen Energiekosten seit Inkrafttreten der Honorarordnung erhöhte Bedeutung zu. Diese Ergänzung hat jedoch keinen unmittelbaren Einfluß auf die Haftung des Architekten. In die Aufgabenverteilung zwischen Objektplaner und Fachplaner

wird nicht eingegriffen; der Auftragnehmer ist auch weiterhin im Falle fehlender eigener Spezialkenntnisse verpflichtet, einen Sonderfachmann hinzuzuziehen.

RegE (BR-Drucks. 304/90, S. 139):

In der **Leistungsphase 3** müssen in der ersten Grundleistung in Zukunft wie in der Leistungsphase 2 landschaftsökologische Anforderungen berücksichtigt werden. In der 3. Grundleistung wird vorgeschrieben, daß die Auswirkungen des Vorhabens auf den Naturhaushalt und das Landschaftsbild darzulegen sind. Dies verlangt nach einer Beschreibung geeigneter Maßnahmen zur Minimierung der Beeinträchtigungen von Natur und Landschaft sowie geeigneter Ausgleichs- und Ersatzmaßnahmen, die der Behörde als Entscheidungshilfe dienen können. In der vierten Grundleistung sind die Besonderheiten bei Freianlagen, die in der Entwurfsplanung zu berücksichtigen sind, erwähnt worden.

RegE (BR-Drucks. 270/76, S. 26):

In der **Leistungsphase 4** (Genehmigungsplanung) erarbeitet der Auftragnehmer die Vorlagen für die nach den öffentlich-rechtlichen Vorschriften erforderlichen Genehmigungen oder Zustimmungen und reicht sie ein. Im Falle von Beanstandungen werden die Planungsunterlagen, Beschreibungen und Berechnungen von ihm vervollständigt und angepaßt. Hat der Auftragnehmer die Umstände, die eine Änderung der Genehmigungsunterlagen notwendig machen, nicht zu vertreten, so gehört das Ändern der Unterlage nicht mehr zu den für die Planung im allgemeinen erforderlichen Tätigkeiten des Auftragnehmers, so daß es als Besondere Leistung vereinbart und honoriert werden muß. Eine Besondere Leistung ist auch die Mitwirkung bei der Beschaffung einer nach dem bürgerlichen Recht erforderlichen nachbarlichen Zustimmung. Weil sie häufig vorkommt, wurde u. a. als Besondere Leistung aufgeführt: Erarbeitung von Unterlagen für besondere Prüfverfahren; hierzu zählt z. B. das Gewerbeaufsichtsverfahren.

Leistungen des raumbildenden Ausbaus bedürfen in den meisten Fällen keiner Baugenehmigung. Demgegenüber sind häufig Genehmigungen aus den Gesichtspunkten des Brandschutzes und der Gewerbeaufsicht erforderlich; bei Eigentümergemeinschaften ist vielfach die Zustimmung der Wohnungseigentümer einzuholen. Zu den Leistungen des raumbildenden Ausbaus zählt deshalb das Prüfen der Notwendigkeit einzelner Zustimmungen oder Genehmigungen und ggf. das Einholen. Diese Leistungen werden mit dem bisher festgelegten Vomhundertsatz richtig bewertet.

RegE (BR-Drucks. 304/90, S. 140):

Die Grundleistung „Prüfen auf notwendige Genehmigungen, Einholen von Zustimmungen und Genehmigungen", die sich bislang nur auf raumbildende Ausbauten bezog, findet jetzt auch auf Freianlagen Anwendung.

RegE (BR-Drucks. 270/76, S. 27):

In der **Leistungsphase 5** (Ausführungsplanung) werden die Ergebnisse der Leistungsphasen 3 und 4 durchgearbeitet und das Objekt mit allen für die Ausführung notwendigen Einzelangaben zeichnerisch dargestellt. Ferner werden die Grundlagen für andere an der Planung fachlich Beteiligte erarbeitet und ihre Beiträge bis zur ausführungsreifen Lösung integriert. Die Grundleistungen dieser Leistungsphase greifen insofern in die nächsten Leistungsphasen über, als die Ausführungsplanung während der Objektausführung (Leistungsphase 8) fortgeschrieben werden muß.

RegE (BR-Drucks. 304/90, S. 140):

In **Leistungsphase 5** sind in der ersten Grundleistung auch die landschaftsökologischen Anforderungen zu berücksichtigen. In der zweiten Grundleistung werden die Anforderungen an die zeichnerische Darstellung bei Freianlagen konkretisiert.

RegE (BR-Drucks. 270/76, S. 27):

Die **Leistungsphasen 6 und 7** befassen sich mit der Vergabe. Während der Leistungsphase 6 (Vorbereitung der Vergabe) werden die Massen ermittelt und zusammengestellt sowie die Leistungsbeschreibungen mit Leistungsverzeichnissen aufgestellt, abgestimmt und koordiniert. Während der sich hieran anschließenden Leistungsphase 7 (Mitwirkung bei der Vergabe) ermittelt der Auftragnehmer die Kosten und wirkt bei der Auftragsvergabe mit. Der vorliegende Entwurf gliedert die Leistungsphasen 6 und 7 möglichst stark auf, um damit Doppelhonorierungen besser als nach dem geltenden Recht zu vermeiden, wenn z. B. der Auftraggeber Leistungen bei der Vorbereitung der Vergabe oder bei der Mitwirkung bei der Vergabe selber erbringt.

In der **Leistungsphase 8** (Objektüberwachung) werden die Tätigkeiten zusammengefaßt, die der Auftragnehmer im Rahmen der Überwachung der Ausführung des Objekts zu erbringen hat. Der umfangreiche Katalog für Grundleistungen verdeutlicht, daß in dieser Leistungsphase auch die für die Bauführung (örtliche Bauaufsicht) im Sinne des § 19 Abs. 4 der GOA 1950 erforderlichen Tätigkeiten eingeschlossen sind.

RegE (BR-Drucks. 340/90, S. 140):

In der **8. Leistungsphase** wird eine neue Grundleistung eingefügt. Damit sollen Auslegungsschwierigkeiten behoben werden, die in der Praxis in der Frage entstanden sind, ob die Überwachung der Ausführung von Tragwerken vom Objektplaner im Rahmen der Leistungsphase 8 zu übernehmen ist und ggf. welche Tragwerke zu überwachen sind. Konkret geht es dabei im wesentlichen um die Kontrolle der Bewehrung im Stahlbetonbau. Es wird klargestellt, daß nur einfache Tragwerke, maximal die den Honorarzonen 1 und 2 in § 63 zugeordneten, vom Objektplaner überwacht werden. Wird das Tragwerk in dem Gebäude einer höheren Honorarzone zugeordnet, so handelt es sich bei der Kontrolle der Bewehrung um eine ingenieurtechnische Kontrolle, die nach Teil VIII als Besondere Leistung berechnet werden kann. Wird die Überwachung der Ausführung des Tragwerks auf Übereinstimmung mit dem Standsicherheitsnachweis als Besondere Leistung nach Teil VIII vereinbart und obliegt sie daher nicht dem Objektplaner, so ist es in diesem Fall aber nicht gerechtfertigt, das Honorar des Objektplaners mit dem Hinweis zu kürzen, er leiste eine Grundleistung der Leistungsphase nicht, weil er die Ausführung nicht überwache. Es ist insbesondere nicht vorgesehen, daß das Honorar des Tragwerkplaners für die ingenieurmäßige Kontrolle der Bewehrung dem Objektplaner vom Honorar abgezogen wird.

RegE (BR-Drucks. 270/76, S. 28):

Die **Leistungsphase 9** (Objektbetreuung und Dokumentation) war im Leistungsbild der GOA 1950 nicht enthalten. Sie betrifft die Objektbetreuung und Überwachung der Beseitigung von Mängeln, die Mitwirkung bei der Freigabe von Sicherheitsleistungen und die Dokumentation des Gesamtergebnisses. Die Aufnahme dieser Leistungen in das Leistungsbild Objektplanung erscheint nötig, weil diese Grundleistungen zur optimalen Lösung einer Bauaufgabe im allgemeinen erforderlich sind.

Die Grundleistungen, zusammengefaßt in Leistungsphasen, werden wie in der GOA 1950 nach bestimmten Vomhundertsätzen des Gesamthonorars bewertet. Die Bewertung ist aus dem wissenschaftlichen Gutachten übernommen worden.

RegE (BR-Drucks. 274/80, S. 127):

Die Tätigkeiten des Auftragnehmers sind bei einer Objektbetreuung bis zum Ablauf der Gewährleistungsfristen der Unternehmen nach der **Leistungsphase 9** erst dann beendet, wenn die Gewährleistungsfristen der Unternehmen abgelaufen sind (bei bestimmten Leistungen werden in der Praxis heute Gewährleistungsfristen bis zu 10 und mehr Jahren vereinbart), und wenn ferner innerhalb der Fristen aufgetretene Mängel beseitigt worden sind. Der Auftragnehmer muß in bestimmten Fällen noch Jahre nach der Fertigstellung des Objekts Leistungen erbringen, für die ein besonderer Honoraranspruch nicht besteht. Die Fälligkeit seines gesamten Honoraranspruchs und der Beginn der Gewährleistungsfrist für seine Leistungen werden erheblich hinausgeschoben. Zur Vermeidung von Härten in diesen Einzelfällen sollen die Leistungen des Auftragnehmers auf die Dauer der Verjährungsfristen der Gewährleistungsansprüche, längstens jedoch bis zum Ablauf von 5 Jahren seit Abnahme der Leistungen der Unternehmen beschränkt werden. Dieser Zeitraum kann sich verlängern, wenn die Verjährung nach allgemeinen Grundsätzen gehemmt ist. Im übrigen ist für Leistungen, die über diesen Zeitraum hinausreichen, gegebenenfalls eine Besondere Leistung zu vereinbaren. Unberührt hiervon bleibt die Pflicht des Auftragnehmers, für die Beseitigung von ihm selbst (mit-)verschuldeter Mängel zu sorgen.

BR-Beschluß (BR-Drucks. 399/95):

*Durch die vorgenommenen Ergänzungen in § 15 Abs. 2 Nrn. 2 und 3 soll klargestellt werden, daß die **Besonderen Leistungen** über das übliche Maß der Planungsleistungen hinausgehen müssen.*

Das übliche Maß ist für Maßnahmen zu Energieeinsparungen durch die Erfüllung der Anforderungen gegeben, die sich aus Rechtsvorschriften und den allgemein anerkannten Regeln der Technik ergeben.

RegE (BR-Drucks. 304/90, S. 140):

In **Absatz 3** wird eine Regelung für den Fall eingefügt, in dem der Objektplaner, der Leistungen nach den Leistungsphasen 1 bis 7 übernommen hat, nicht auch Leistungen der Leistungsphase 8 übertragen werden. Die Planungsleistungen werden also getrennt von den Leistungen der Objektüberwachung übertragen; die Objektüberwachung wird im Regelfall als Einzelleistung übertragen.

Der Auftragnehmer, der Leistungen nach den Leistungsphasen 1 bis 7 erbringt, hat in diesem Fall während der Dauer der Objektüberwachung die Aufgabe, die Herstellung des Objekts hinsichtlich der Einzelheiten der Gestaltung zu überwachen. Diese Leistung ist im wesentlichen Bestandteil der Leistungsphase 8 und wird dann nicht besonders honoriert, wenn das ganze Leistungspaket an einen Auftragnehmer übertragen wird. Bei einer getrennten Vergabe von Planungsleistungen nach den Leistungsphasen 1 bis 7 und der Bauüberwachung erbringt der planende Auftragnehmer mit dem Überwachen der Herstellung des Objekts hinsichtlich der Einzelheiten der Gestaltung Leistungen, die mit dem Honorar für die Leistungsphasen 1 bis 7 nicht abgegolten werden. Deshalb wird in Absatz 3 die Möglichkeit eröffnet, daß mit dem planenden Auftragnehmer, dem das Überwachen der Herstellung des Objekts hinsichtlich der Einzelheiten der Gestaltung übertragen wird, ein besonderes Honorar für diese Leistungen vereinbart werden kann. Die Höhe des Honorars wird in der Honorarordnung nicht vorgeschrieben, sie ist insbesondere auch von der Leistung abhängig. Da der bau-überwachende Auftragnehmer nicht entlastet wird durch die Übertragung der

o. g. Leistung an den planenden Auftragnehmer, ist eine Minderung seines Honorars nicht vorgesehen.

Absatz 4 wird neu eingefügt, es werden einige Besondere Leistungen erwähnt, die speziell bei Umbauten und Modernisierungen im Sinne von § 3 Nr. 5 und 6 vorkommen können. Es handelt sich nicht um eine abschließende Aufzählung, es können bei Umbauten auch andere, nicht erwähnte Besondere Leistungen vorkommen. Darüber hinaus können auch die in den Leistungsbildern erwähnten Besonderen Leistungen vereinbart werden.

Die maßgebliche Bestandsaufnahme wird regelmäßig erforderlich, wenn keine oder ungenaue Bestandspläne vorliegen. Bei der Technischen Bestandsaufnahme wird der technische Zustand des Gebäudes aufgenommen, z. B. durch eine Bauzustandsbeschreibung.

Ein verformungsgerechtes Aufmaß wird regelmäßig zur bauhistorischen Inventarisierung verlangt. Es ist die Vermessung eines Gebäudes einschließlich aller sich ergebenden Verformungen, Biegungen, Vorsprünge, Gesimse oder Unwinklichkeiten.

Zu § 16:

RegE zu § 16 (BR-Drucks. 270/76, S. 28):

Die Vorschrift enthält die Honorartafel für Grundleistungen bei Gebäuden.

BR-Beschluß (BR-Beschl. 304/90, S. 18):

Die Anpassung der Honorare an die wirtschaftliche Entwicklung ist dem Grunde nach gerechtfertigt. Eine über 10% hinausgehende Anhebung der Tafelwerte sollte jedoch erst vorgenommen werden, wenn das vom Bundesminister für Wirtschaft in Auftrag gegebene unabhängige Gutachten über die Produktivitätsentwicklung in Architekten- und Ingenieurbüros eine weitere Erhöhung rechtfertigen sollte.

RegE (BR-Drucks. 270/76, S. 28):

Die Honorartafel enthält für die Zonen 1 bis 5 jeweils Mindest- und Höchstsätze der Honorare, die für Gebäude mit unterschiedlichen anrechenbaren Kosten berechnet werden können. Die Honorartafel beginnt bei 50 000 DM und endet bei 50 Millionen DM anrechenbaren Kosten. Für Objekte mit niedrigeren anrechenbaren Kosten als 50 000 DM bzw. höheren als 50 Millionen DM enthielt das wissenschaftliche Gutachten nicht so viele Maßstäbe für die Honorierung, die für eine angemessene Honorierung der Leistungen ausgereicht hätten.

Die Mindest- und Höchstsätze sind nicht in Vomhundertsätzen der anrechenbaren Kosten, sondern in DM-Beträgen ausgedrückt. Hierdurch wird insbesondere dem Auftraggeber als dem zur Zahlung Verpflichteten das Ausmaß der ihn treffenden finanziellen Verpflichtungen veranschaulicht. Die Honorare sind in ihrer Höhe aus dem wissenschaftlichen Gutachten übernommen worden, wobei berücksichtigt wurde, daß die auf die Bauleistungen entfallende Umsatzsteuer nicht zu den anrechenbaren Kosten gerechnet wird (§ 9 Abs. 2).

RegE (BR-Drucks. 238/94, S. 69):

Die Honorare in der Honorartafel sind zum 1. Januar 1991 um 10 v. H. erhöht worden. Nach dem Vorschlag der Bundesregierung sollten die Honorare um 15 v. H. erhöht werden (Bundesrat-Drucksache 304/90). Der Bundesrat hat jedoch mit der Maßgabe zugestimmt, daß die o. g. Honorare nur um 10 v. H. erhöht werden sollen (Bundesrat-Drucksache 304/90 [Beschluß]).

Die Honorare in der Honorartafel in Absatz 1 werden nun um 6 v. H. erhöht. Die Erhöhung erfolgt in der Weise, daß zunächst die Mindestsätze der Zone I und die Höchstsätze der Zone V um 6 v. H. erhöht werden und sodann die Differenz zwischen Mindest- und Höchstsatz wie im bisherigen Verhältnis 15:20:30:20:15 auf die Zonen verteilt wird. Diese Vorgehensweise wird gewählt, um die durch Rundungen anfallenden Verschiebungen zu vermeiden. Im übrigen wird auf die Ausführungen im Allgemeinen Teil dieser Begründung verwiesen.

RegE (BR-Drucks. 270/76, S. 28)

Nach **Absatz 2** kann das Honorar für Grundleistungen bei Gebäuden und raumbildenden Ausbauten, deren anrechenbare Kosten unter den Anfangswerten der Honorartafel von 50 000 DM liegen, als Pauschalhonorar oder als Zeithonorar nach § 6 berechnet werden. Zur Vermeidung von Zweifeln wird hervorgehoben, daß dabei die in der Honorartafel nach Absatz 1 für die niedrigsten anrechenbaren Kosten (50 000 DM) festgesetzten Höchstsätze nicht überschritten werden dürfen. Als Mindestsätze gelten die Stundensätze nach § 6 Abs. 2, jedoch nur bis zu den in der Honorartafel nach Absatz 1 für anrechenbare Kosten von 50 000 DM festgesetzten Mindestsätzen.

Nach **Absatz 2** kann das Honorar für Gebäude und raumbildende Ausbauten mit anrechenbaren Kosten über 50 Millionen DM frei vereinbart werden. Bei der Honorarvereinbarung für derartige Gebäude und raumbildende Ausbauten sind die Vertragsparteien nicht an die Einordnung in Honorarzonen nach §§ 11 ff. gebunden.

Zu § 17:

RegE zu § 17 (BR-Drucks. 270/76, S. 30):

§ 17 enthält die Honorartafel für Grundleistungen bei Freianlagen. Der Aufbau der Honorartafel entspricht der Honorartafel nach § 16 für Gebäude, allerdings sind die Mindest- und Höchstsätze jeweils in den Honorartafeln unterschiedlich. Im übrigen gilt das zu § 16 Ausgeführte sinngemäß.

RegE (BR-Drucks. 238/94, S. 69):

Das zu § 16 Ausgeführte gilt sinngemäß.

Die Honorare in der Honorartafel in Absatz 1 werden um 6 v. H. erhöht. Die Erhöhung erfolgt wie bei § 16 Abs. 1.

RegE (BR-Drucks. 304/90, S. 142):

Der neu eingefügte **Absatz 3** sieht eine besondere Regelung für den Fall vor, daß der Objektplaner einer Freianlage eine Gesamtplanung erstellt. Im Rahmen der Gesamtplanung der Freianlage werden dabei auch Ingenieurbauwerke und Verkehrsanlagen, die als Objekte in Teil VII erfaßt sind, in die Umgebung eingebunden. Die Honorierung der Leistungen für die gesamte gestalterische Planung mit der Einbindung von Ingenieurbauwerken und Verkehrsanlagen in die Umgebung, sowie dem An- und Zuordnen mehrerer Anlagen und Bauwerke, bedarf einer Regelung.

Dieses gestalterische Einbinden kann z. B. bei Verkehrsanlagen im Sinne von § 51 Abs. 2 darin bestehen, daß der Objektplaner die Linienführung dieser Verkehrsanlagen festlegt, sowie ihre Einfügung in die Landschaft, ihre Einbindung in die Umgebung oder die Art der Gestaltung der Oberfläche. Die Kosten dieser Verkehrsanlagen rechnen nicht zu den anrechenbaren Kosten der Freianlagen, vielmehr sind die Honorare für Leistungen bei Ingenieurbauwerken und Verkehrsanlagen nach Teil VII zu berechnen. Andererseits wird die oben beschriebene Leistung des Planers der Freianlage nicht mit seinem Honorar abgegolten, das auf Grund der anrechenbaren Kosten nach Teil II ermittelt wird. Deshalb wird in dem neuen Absatz 3 vorgesehen, daß der Planer der Freianlage für die vorerwähnten gestalterischen Leistungen bei Ingenieurbauwerken und Verkehrsanlagen ein besonderes Honorar neben dem Honorar für die Planung und Ausführung der Freianlage schriftlich vereinbaren kann. Da die Leistungen des Objektplaners bei der gestalterischen Einbindung in die Umgebung von Ingenieurbauwerken und Verkehrsanlagen nach Teil VII unterschiedlich ist und wesentlich von der Art der Freianlage und dem Umfang der Leistung der Einbindung abhängig ist, werden konkrete Bestimmungen über die Höhe der Honorare nicht aufgenommen. Die Verordnung enthält keine konkreten Hinweise über die Art der Berechnung des zusätzlichen Honorars. Die Vertragsparteien können einen Zuschlag auf das Planungshonorar vereinbaren, sie können ein gesondertes Honorar vereinbaren, sie können die Leistungen im Rahmen der Von-bis-

Sätze berücksichtigen oder eine andere Art der Berechnung wählen.

Die Vorschriften in Teil VII bleiben unberührt, das heißt, daß neben einem Honorar nach § 17 Abs. 3 ein Honorar für die fachliche Planung von Ingenieurbauwerken oder Verkehrsanlagen vereinbart werden kann. Dabei ist vertraglich im einzelnen festzulegen, ob und wieviel der Fachplaner nach Teil VII durch Leistungen des Planers der Freianlage entlastet und dadurch eine Minderung des Honorars gerechtfertigt wird. Wenn zum Beispiel die Trasse und die Höhengradiente vom Objektplaner der Freianlage dem Fachplaner der Verkehrsanlage vorgegeben werden, hat der Objektplaner auch Leistungen erbracht, die zum Leistungsbild des Fachplaners der Verkehrsanlage nach Teil VII rechnen. Der Verkehrsplaner muß nicht auch dieselben Leistungen erbringen, er wird insoweit durch Vorgaben aus der Objektplanung entlastet. Soweit er entlastet wird, ist dies bei der Vereinbarung des Honorars für die Verkehrsanlage zu berücksichtigen.

Zu § 18:

BR-Beschl. zu § 18 (BR-Drucks. 270/76 Beschl.):

a) Auch der umgekehrte Fall, daß die Objektplanung für Gebäude zu Grundleistungen für Freianlagen hinzutritt, soll durch die Verordnung abgedeckt werden.

b) Die getrennte Honorarberechnung erscheint grundsätzlich zweckmäßig. Bei kleineren hinzutretenden Leistungen ist eine solche getrennte Berechnung jedoch nicht praktikabel, weil hier nach § 16 Abs. 3 bzw. § 17 Abs. 2 auch für kleinste Leistungen jeweils nur ein Pauschalhonorar oder ein Zeithonorar möglich wäre. Geringfügige hinzutretende Leistungen müssen deshalb entsprechend der Regelung in § 25 Abs. 1 mit der Hauptleistung abgegolten werden; sie sind bei der Vereinbarung im Rahmen der festgesetzten Mindest- und Höchstsätze zu berücksichtigen.

Zu § 19:

RegE zu § 19 (BR-Drucks. 270/76, S. 30):

Absätze 1 und 2 bieten den Vertragsparteien die Möglichkeit zur Vereinbarung eines höheren Honorars, wenn die Anfertigung der Vorplanung (Leistungsphase 2 des § 15) oder der Entwurfsplanung (Leistungsphase 3 des § 15) als Einzelleistung in Auftrag gegeben werden. Hierdurch soll dem besonderen Arbeitsaufwand des Auftragnehmers Rechnung getragen werden, der entstehen kann, wenn diese Leistungsphasen als Einzelleistung erbracht werden. Absatz 1 bestimmt die Vomhundertsätze der Honorare für diese Einzelleistungen bei Gebäuden und raumbildenden Ausbauten; **Absatz 2** enthält die inhaltsgleichen Regelungen für diese Einzelleistungen bei Frei-

anlagen. Werden auch die übrigen Leistungsphasen nach Vergabe der Einzelleistungen dem Auftragnehmer übertragen, so ist es Sache der Vertragsparteien, ob und wie sie das höhere Honorar für die Einzelleistungen bei der Vereinbarung des Honorars für die übrigen Leistungsphasen berücksichtigen. Da in einem solchen Falle besondere Gegebenheiten der Einzelaufgabe von Bedeutung sein können, wurde von einer preisrechtlichen Regelung abgesehen.

In der Praxis hat es sich als zweckmäßig erwiesen, je nach der geforderten Leistung auch niedrigere Vomhundertsätze vereinbaren zu können; um eine flexiblere Handhabung zu ermöglichen, soll daher auch diese Möglichkeit eröffnet werden.

RegE (BR-Drucks. 270/76, S. 31):

Absatz 4 bezweckt, dem Auftragnehmer ein auskömmliches Honorar zu sichern, wenn die Objektüberwachung (Leistungsphase 8 des § 15) bei Gebäuden als Einzelleistung vergeben wird. Die Bewertung der Objektüberwachung mit 31 vom Hundert des Honorars nach § 16 Abs. 1 ist grundsätzlich angemessen, wenn diese Leistungen als Teil der Gesamtleistung erbracht werden. Wird die Objektüberwachung als Einzelleistung erbracht, so kann die Vereinbarung eines Honorars von 31 vom Hundert der Mindestsätze der Honorartafel bei größeren Gebäuden in Einzelfällen zu Härten führen. Daher läßt Absatz 4 entsprechend höhere Mindestsätze zu. Für Freianlagen ist eine entsprechende Sonderregelung nicht erforderlich.

RegE (BR-Drucks. 238/94, S. 69):

Im Gegensatz zu den Honoraren für Einzelleistungen nach den Absätzen 1 bis 3 kann das Honorar nach Absatz 4 nach den anrechenbaren Kosten berechnet werden. Die Vorschrift wird an die Anhebung der Honorartafel des § 16 in der 4. ÄndVO sowie der vorstehenden Änderung angepaßt.

Zu § 20:

RegE zu § 20 (BR-Drucks. 270/76, S. 31):

Fertigt ein Auftragnehmer auf Veranlassung des Auftraggebers für dasselbe Gebäude mehrere Vor- und Entwurfsplanungen nach grundsätzlich verschiedenen Anforderungen an, so ist ein höheres Honorar des Auftragnehmers gerechtfertigt, als es nach § 16 vorgesehen ist. § 20 übernimmt die sinngemäß gleichlautende Regelung des § 11 der GOA 1950.

Werden die verschiedenen Vor- und Entwurfsplanungen als Einzelauftrag erteilt, so können § 20 und § 19 zusammentreffen; die Vertragsparteien können auch das erhöhte Honorar des § 19 vereinbaren.

RegE (BR-Drucks. 594/87, S. 106):

Der Anwendungsbereich des § 20 wird durch diese Änderung auf Leistungen bei Freianlagen und des raumbildenden Ausbaus ausgedehnt. In der Praxis hat sich gezeigt, daß ein erhöhter Planungsaufwand auch in diesen Bereichen anfallen kann. Deshalb wird die Möglichkeit, daß höhere Honorare berechnet werden können, auf die beiden Bereiche ausgedehnt.

Zu § 21:

RegE zu § 21 (BR-Drucks. 270/76, S. 32):

Wird ein Auftrag nicht einheitlich in einem Zuge, sondern abschnittsweise in größeren Zeitabständen ausgeführt, so entsteht dem Auftragnehmer Mehraufwand. § 21 bringt dem Auftragnehmer in Anlehnung an § 13 der GOA 1950 einen honorarmäßigen Ausgleich.

Der Begriff „größerer Zeitabschnitt" ist nicht für alle Gebäude einheitlich anzuwenden. Es ist daher jeweils auf die Verhältnisse des Einzelfalles abzustellen.

Zu § 22:

RegE zu § 22 (BR-Drucks. 270/76):

Diese Vorschrift bestimmt die Art der Honorarberechnung, wenn ein Auftrag mehrere Gebäude umfaßt.

Absatz 1 stellt den Grundsatz auf, daß das Honorar für jedes Gebäude getrennt zu berechnen ist. Hierdurch wird die Degression nach der Gebührentabelle bei steigenden anrechenbaren Kosten vermieden.

Wesentlich sind die Ausnahmen der nachfolgenden Absätze. Sie sehen im Verhältnis zu Absatz 1 eine Honorarminderung vor, da für den Auftragnehmer in diesen Fällen erfahrungsgemäß ein geringerer Arbeitsaufwand entsteht. Sie weichen von § 13 der GOA 1950 ab.

Absatz 2 bestimmt ein Wiederholungshonorar bei Aufträgen über mehrere gleiche, spiegelgleiche oder im wesentlichen gleichartige Gebäude sowie bei Aufträgen über Gebäude nach Typenplanung oder Serienbauten. Nach **Satz 2** gelten Gebäude als gleich, wenn sie nach dem gleichen Entwurf ausgeführt werden. Als spiegelgleiches Gebäude ist das seiten- oder höhenverkehrte virtuelle Bild eines Gebäudes gleicher Art und Größe, das man durch Spiegelung erhält, anzusehen. Gebäude sind im wesentlichen gleichartig, wenn Grundriß und Tragwerk nicht wesentlich geändert sind. Weitere Voraussetzungen für die Berechnung von Wiederholungshonoraren für diese Gebäude sind, daß sie im zeitlichen oder örtlichen Zusammenhang und unter gleichen baulichen Verhältnissen errichtet werden sollen. Ein zeitlicher Zusammenhang liegt vor, wenn ein Teil der Leistungen des Auftragnehmers an einem Gebäude mit einem Teil der Leistungen an dem anderen Gebäude zusammenfallen. Wann der örtliche

Zusammenhang gegeben ist, läßt sich nur fallweise entscheiden. Gleiche bauliche Verhältnisse beziehen sich auf Umstände, die die Planungsleistungen des Auftragnehmers berühren. Es ist nicht erforderlich, daß die Gebäude tatsächlich auch errichtet werden.

Nach **Satz 3** gelten Gebäude als Serienbauten, wenn sie nach einem im wesentlichen gleichen Entwurf ausgeführt werden. Für diese Gebäude sind Wiederholungshonorare auch dann anzusetzen, wenn die Gebäude nicht im zeitlichen oder örtlichen Zusammenhang und nicht unter gleichen baulichen Verhältnissen errichtet werden. Diese Einschränkung der Berechnung des Honorars rechtfertigt sich daraus, daß Leistungen des Auftragnehmers bei Bauten nach Typenplanung oder bei Serienbauten ihrer Natur nach auf vielfache Verwendung durch Auftraggeber gerichtet sind.

In diesen Fällen kann der Auftragnehmer einmal den vollen Honorarsatz nach der Honorartafel des § 16 berechnen, für die Wiederholung jedoch nur geminderte Vomhundertsätze. Die Minderungen lassen den Vomhundertsatz für die Objektüberwachung (Leistungsphase 8 des § 15) unberührt, da sich für diese Leistungsphase auch bei Wiederholungen die Leistungen nicht so wie bei den vorherigen Leistungsphasen mindern.

RegE (BR-Drucks. 274/80, S. 129):

Die Honorarminderungen in § 22 Abs. 2 werden durch den Gedanken gerechtfertigt, daß in diesen Fällen dem Auftragnehmer erfahrungsgemäß ein geringerer Aufwand entsteht. Die Leistungen der Leistungsphase 9 (Objektbetreuung und Dokumentation) fallen jedoch auch dann in vollem Umfang an, wenn es sich um Wiederholungen im Sinne des § 22 Abs. 2 handelt. Die Honorarminderungen wurden daher auf die Leistungsphasen 1 bis 7 beschränkt.

Absatz 3 erweitert Absatz 2 für den Fall, daß nicht ein Auftraggeber, sondern mehrere Auftraggeber dem Auftragnehmer Aufträge erteilen über Gebäude, die gleich, spiegelgleich oder im wesentlichen gleichartig sind und die im zeitlichen oder örtlichen Zusammenhang und unter gleichen baulichen Verhältnissen errichtet werden sollen. Da Auftraggeber häufig rechtlich oder wirtschaftlich miteinander verbunden sind oder doch wirtschaftlich gleichgerichtete Interessen verfolgen, erscheint die entsprechende Anwendung des Absatzes 2 insoweit geboten.

Nach **Absatz 4** ist Absatz 2 entsprechend anzuwenden, wenn ein Auftrag Leistungen umfaßt, die bereits Gegenstand eines anderen Auftrags für ein Gebäude nach gleichem oder spiegelgleichem Entwurf zwischen den Vertragsparteien waren. Der Zweck des Absatzes 2, die Arbeitserleichterung honorarmäßig zu berücksichtigen, trifft auch für diesen Fall zu. Um die

Anwendung der Vorschrift praktikabel zu gestalten, wird die entsprechende Anwendung des Absatzes 2 ausdrücklich auch für den Fall angeordnet, daß die Leistungen nicht im zeitlichen oder örtlichen Zusammenhang erbracht werden sollen.

RegE zu § 23 (BR-Drucks. 270/76, S. 34):

§ 23 regelt die Honorierung gleichzeitiger Leistungen bei Wiederaufbauten, Erweiterungsbauten, Umbauten oder raumbildenden Ausbauten.

Absatz 1 Satz 1 ordnet die getrennte Honorarberechnung jeder Leistung an. Dies hat zur Folge, daß für Leistungen bei Umbauten auch die erhöhten Honorare gemäß § 24 berechnet werden können. Satz 2 stellt klar, daß die Vorschrift des § 25 Abs. 1 über die Honorierung der Leistungen des raumbildenden Ausbaus unberührt bleibt.

Absatz 2 schreibt vor, daß eine Minderung des Aufwandes des Auftragnehmers bei der gleichzeitigen Durchführung der Leistungen nach Absatz 1 bei der Berechnung des Honorars entsprechend zu berücksichtigen ist. Das Einzelhonorar ist um ersparte Leistungen zu mindern.

RegE zu § 24 (BR-Drucks. 270/76):

Vorbehaltlich der §§ 23 und 25 regelt § 24 die Einzelheiten der Berechnung der Honorare für Leistungen bei Umbauten und Modernisierungen.

RegE (BR-Drucks. 304/90, S. 144):

In **Absatz 1** wird die bisherige Vorschrift von § 24 in der Fassung der Dritten Änderungsverordnung erweitert und geändert.

In **Satz 1** wird zur Inhaltsbestimmung der Begriffe „Umbauten und Modernisierungen" auf die Begriffsdefinition in § 3 Nr. 5 und 6 verwiesen. Hier handelt es sich lediglich um eine Klarstellung, mit der insbesondere darauf hingewiesen wird, daß Umbauten, für die ein Zuschlag zu vereinbaren ist, stets „Umgestaltungen eines vorhandenen Objekts mit wesentlichen Eingriffen in Konstruktion oder Bestand" sind. Nicht jede, insbesondere kleinere Maßnahme im Bestand, kann bereits als Umbau im Sinne von § 24 angesehen werden.

Für die Eingruppierung in eine Honorarzone werden die Leistungen maßgeblich, die durch den Umbau bzw. die Modernisierung entstehen. Das wird nicht immer die Honorarzone sein, der das Gebäude zugeordnet wird, in dem umgebaut wird. Wird z. B. in einem Theaterbau, der regelmäßig als Neubau der Honorarzone V zuzuordnen ist, ein kleiner Umbau vorgenommen, so kann diese Maßnahme bei entsprechenden Bewertungsmerkmalen der Honorarzone II oder III zugeordnet werden.

In **Satz 1** wird ferner klargestellt, daß ein Zuschlag schriftlich zu vereinbaren ist. Die Vereinbarung ist verpflichtend. Die schriftliche Vereinbarung muß nicht bei Auftragserteilung getroffen werden, sie kann auch zu einem späteren Termin erfolgen, wenn z. B. der Planungsaufwand zu übersehen ist. Nach **Satz 2** ist bei der Vereinbarung der Höhe des Zuschlags insbesondere der Schwierigkeitsgrad der Leistung zu berücksichtigen. Damit sind bei der Vereinbarung der Höhe des Zuschlags also die gleichen Merkmale zu verwenden wie bei der Zuordnung in eine Honorarzone.

Satz 3 enthält einen Hinweis für die Höhe des zu vereinbarenden Zuschlags. Bei durchschnittlichem Schwierigkeitsgrad der Leistung – das wird im Regelfall bei Umbauten sein, die in Honorarzone III eingeordnet werden – kann ein Zuschlag von 20 bis 33 v. H. vereinbart werden. Damit wird weder ein Mindestnoch ein Höchstsatz genannt. Die Vertragsparteien können – je nach dem Schwierigkeitsgrad der Leistung – auch einen niedrigeren oder einen höheren Zuschlag vereinbaren. Letzteres kann zum Beispiel dann leistungsgerecht sein, wenn ein älteres (historisches) Gebäude, das unter Denkmalschutz steht, grundlegend umgebaut werden soll. Nach Satz 4 gilt ein Zuschlag von 20 v. H. als vereinbart, wenn nichts Gegenteiliges schriftlich vereinbart worden ist.

BR-Beschluß (BR-Drucks. 304/90 Beschl. S. 19):

Die genannten Vorschriften setzen mit ihren Sätzen 4 einen Mindestzuschlag für Umbauten fest. Nach den Begründungen hierzu kann bei unterdurchschnittlichem Schwierigkeitsgrad auch ein geringerer Zuschlag vereinbart werden. Nach dem in der Vorlage vorgesehenen Wortlaut ist auch bei unterdurchschnittlichen Schwierigkeitsgraden, sofern nichts schriftlich vereinbart wurde, von dem Mindestumbauzuschlag bei durchschnittlichem Schwierigkeitsgrad nach den Sätzen 3 auszugehen. Das kann aber nach der Begründung nicht gewollt sein oder wäre andernfalls unter Verbraucherschutzgesichtspunkten unbillig. Der Auftragnehmer, der die Zusammenhänge überblickt, wird in Fällen unterdurchschnittlicher Schwierigkeiten auf eine besondere schriftliche Vereinbarung verzichten und nach den Sätzen 4 auch in diesen Fällen mit dem Mindestumbauzuschlagssatz für durchschnittliche Schwierigkeitsgrade abrechnen. Die Sätze 4 sind daher auf die Fälle von Leistungen ab durchschnittlichem Schwierigkeitsgrad zu beschränken.

RegE (BR-Drucks. 304/90, S. 145):

In **Absatz 2** wird eine alternative Möglichkeit zur Vereinbarung von leistungsgerechten Honoraren bei Umbauten und Modernisierungen vorgesehen. Die Vertragsparteien können unter bestimmten Voraussetzungen die Leistungsphasen 1, 2 und 8 höher bewerten, als in § 15 Abs. 1 vorgesehen. Bei diesen Leistungsphasen kann bei Umbauten ein höherer Aufwand als bei Neubauten entstehen; dieser höhere Aufwand wird regelmäßig auch nicht durch einen geringeren Aufwand in anderen Leistungsphasen ausgeglichen. Die Vereinbarung höher bewerteter Leistungsphasen tritt an die Stelle von der Vereinbarung eines Zuschlags nach Absatz 1, beide Erhöhungen können nicht nebeneinander vereinbart werden.

RegE zu § 25 (BR-Drucks. 270/76, S. 35):

§ 25 regelt die Berechnung des Honorars für Leistungen des raumbildenden Ausbaus.

Absatz 1 behandelt den Fall, in dem Leistungen des raumbildenden Ausbaus mit Neubauten, Wiederaufbauten, Erweiterungsbauten oder Umbauten zusammentreffen. Für diesen Fall bedarf es einer besonderen Regelung, um eine Doppelhonorierung von Leistungen der Auftragnehmer zu vermeiden.

RegE (BR-Drucks. 270/76, S. 35):

In **Absatz 1** wird davon ausgegangen, daß es sich um einen einzigen Auftragnehmer handelt, der sowohl die Leistungen bei Neubauten, Wiederaufbauten oder Umbauten als auch gleichzeitig die Leistungen bei raumbildenden Ausbauten erbringt.

RegE (BR-Drucks. 594/87, S. 106):

In § 25 Abs. 1 wird das Wort „gleichzeitig" im ersten Halbsatz gestrichen. Maßgebend hierfür ist, daß es in dieser Vorschrift nicht auf den Zeitpunkt des Vertragsabschlusses ankommt, sondern auf die Zeit der Ausführung der betreffenden Leistungen. Werden Leistungen des raumbildenden Ausbaus zur gleichen Zeit oder unmittelbar nach Leistungen der Objektplanung von einem Auftragnehmer ausgeführt, so darf nach Absatz 1 für die Leistungen des raumbildenden Ausbaus kein besonderes Honorar berechnet werden.

Vielmehr schreibt Absatz 1 vor, diese Leistungen bei der Vereinbarung des Honorars für die Grundleistungen im Rahmen der für diese festgesetzten Mindest- und Höchstsätze zu berücksichtigen. Die Vertragspar-

teien können daher eine höhere Einstufung im Rahmen der Von-bis-Sätze der Honorartafel vornehmen.

RegE (BR-Drucks. 304/90, S. 146):

In **Absatz 2** wird die Honorierung von Leistungen des raumbildenden Ausbaus an die geänderte Honorierung von Leistungen bei Umbauten und Modernisierungen angepaßt. Auch für Leistungen des raumbildenden Ausbaus ist ein Zuschlag zu vereinbaren. Bei durchschnittlichen Planungsanforderungen kann ein Zuschlag von 25 bis 50 vom Hundert vereinbart werden. Dieser Zuschlagsatz kann über- und unterschritten werden. Dabei kommt es insbesondere auf den Schwierigkeitsgrad der Leistung an. Insoweit wird auf die Begründung zu § 24 verwiesen. Auch § 25 enthält jetzt eine Vorschrift, daß ein Zuschlag als vereinbart gilt – im Gegensatz zu § 24 gilt ein Zuschlag von 25 v. H. als vereinbart –, wenn keine gegenteilige schriftliche Vereinbarung getroffen ist.

Zu § 26:

RegE zu § 26 (BR-Drucks. 270/76, S. 36):

Leistungen bei Einrichtungsgegenständen und integrierten Werbeanlagen lassen sich nicht durch Leistungsbilder erfassen. Die Honorare für diese Leistungen können als Pauschalhonorar frei vereinbart werden. Für den Fall, daß die Vertragsparteien nicht bei Auftragserteilung schriftlich ein Pauschalhonorar vereinbart haben, ordnet Satz 2 an, das Honorar als Zeithonorar nach § 6 zu berechnen.

Zu § 27:

RegE zu § 27 (BR-Drucks. 270/76, S. 36):

§ 27 entspricht der Regelung des § 24, beschränkt jedoch die Möglichkeit der Vertragsparteien, eine Erhöhung des Honorars zu vereinbaren, auf eine Erhöhung des Vomhundertsatzes für die Bauüberwachung (Leistungsphase 8 des § 15), weil in erster Linie in dieser Leistungsphase für den Auftragnehmer Mehrarbeit anfällt.

Teil III
Zusätzliche Leistungen

Zu § 28:

RegE zu § 28 (BR-Drucks. 270/76, S. 37):

Die Vorschrift trägt der Tatsache Rechnung, daß die Entwicklung und Herstellung von Fertigteilen häufig von Architekten und Ingenieuren geplant und überwacht werden. Im Hinblick auf diese Entwicklung erscheint es geboten, im Entwurf Leistungen bei der Entwicklung und Herstellung von Fertigteilen zu erfassen.

Absatz 1 definiert den Begriff Fertigteile.

Absatz 2 enthält wesentliche Beispiele für Fertigteile, wobei insbesondere praxisorientierte Formulierungen berücksichtigt werden.

Absatz 3 Satz 1 bestimmt, daß das Honorar für Planungs- und Überwachungsleistungen bei der Entwicklung und Herstellung von Fertigteilen als Pauschalhonorar frei vereinbart wird.

Wird ein Pauschalhonorar nicht bei Auftragserteilung schriftlich vereinbart, so ist nach Satz 2 das Honorar als Zeithonorar nach § 6 zu berechnen. Hiervon unberührt bleibt die Befugnis der Vertragsparteien, z. B. bei Serienanfertigungen eine Lizenzgebühr zu vereinbaren.

Die Möglichkeit, ein besonderes Honorar für diese Leistungen zu vereinbaren und berechnen zu können, wird nach Satz 3 allerdings ausgeschlossen, wenn diese Leistungen im Rahmen der Objektplanung erbracht werden. Der Einsatz von Fertigteilen ist in diesen Fällen im Hinblick auf das Erfordernis des wirtschaftlichen Bauens zu den heute üblichen Leistungen zu rechnen.

Sollte die Verwendung von Fertigteilen im Rahmen der Objektplanung mit Mehrleistungen des Auftragnehmers verbunden sein, so können diese bei der Vereinbarung des Honorars im Rahmen der Mindest- und Höchstsätze nach § 16 berücksichtigt werden.

Zu § 29:

RegE zu § 29 (BR-Drucks. 270/76, S. 38):

§ 29 sieht gemäß der Ermächtigung in § 1 Abs. 2 Satz 4 und § 2 Abs. 2 Satz 4 des Gesetzes zur Regelung von Ingenieur- und Architektenleistungen besondere Honorare für rationalisierungswirksame besondere Leistungen, die zu einer Senkung der Bau- und Nutzungskosten führen, vor.

Bereits der Text der gesetzlichen Ermächtigung läßt erkennen, daß es nicht darum gehen kann, jede rationalisierungswirksame Leistung zu honorieren. Die in Teil III der Verordnung geregelten Honorare gelten für Leistungen, die nicht schon im allgemeinen vom Auftragnehmer im Rahmen seines Auftrags zu erbringen sind. Wirtschaftlich planen muß der Auftragnehmer immer. Nach dem geltenden Recht ist er verpflichtet, die nach dem derzeitigen Stand der Technik vorhandenen Erkenntnisse zu verwerten. Da hierzu auch Maßnahmen gehören, die zu einer Senkung der Bau- und Nutzungskosten führen, kann ein zusätzliches Honorar nach § 29 nur unter strengen Voraussetzungen berechnet werden.

Absatz 1 definiert den Begriff der rationalisierungswirksamen besonderen Leistungen. Kennzeichnend ist, daß es sich um eine zum ersten Mal erbrachte eigenschöpferische Leistung handelt, die durch herausragende technisch-wirtschaftliche Lösungen über den Rahmen einer wirtschaftlichen Planung oder über den allgemeinen Stand des Wissens wesentlich hinausgeht und dadurch zu einer Senkung der Bau- und Nutzungskosten des Objekts führt. Die Rationalisierung darf jedoch nicht zu einer Minderung der vom Auftraggeber gewünschten Zielvorstellung führen, da dies eine Leistungseinschränkung darstellen würde. **Satz 2** schreibt deshalb vor, daß die vom Auftraggeber an das Objekt gestellten Anforderungen dabei nicht unterschritten werden dürfen.

Nach **Absatz 2 Satz 1** dürfen Honorare für rationalisierungswirksame besondere Leistungen nur berechnet

werden, wenn sie vorher schriftlich vereinbart worden sind. Nach Satz 2 können die Honorare als Erfolgshonorare nach dem Verhältnis der geplanten oder vorgegebenen Ergebnisse zu den erreichten Ergebnissen oder als Zeithonorar nach § 6 vereinbart werden.

Zu § 30:

RegE zu § 30 (BR-Drucks. 304/90, S. 146):

Die Vorschrift ist überflüssig, weil Rationalisierungsfachleute im Wohnungsbau nicht in der beschriebenen Art tätig sind.

Zu § 31:

RegE zu § 31 (BR-Drucks. 270/76, S. 39):

Mit steigendem Bauvolumen wachsen die Anforderungen an den Auftraggeber, seine Vorstellungen von der Bauaufgabe in die Praxis umzusetzen, wobei er die Geschehensabläufe in technischer, rechtlicher und wirtschaftlicher Hinsicht zu koordinieren, zu steuern und zu überwachen hat. Diese Tätigkeiten sind originäre Aufgaben des Auftraggebers und von den Leistungen des Architekten und Ingenieurs zu trennen. Infolge der zunehmenden Kompliziertheit der Geschehensabläufe, insbesondere durch Einschaltung von anderen an der Planung fachlich Beteiligten, sind Auftraggeber ab einer bestimmten Größenordnung des Projekts nicht immer in der Lage, sämtliche Steuerungsleistungen selbst zu übernehmen. In der Praxis werden in diesen Fällen Aufträge für Leistungen bei der Projektsteuerung erteilt. Die Aufträge umfassen insbesondere Beratungs-, Koordinations-, Informations- und Kontrollleistungen. Es erscheint zweckmäßig, diese Entwicklung zu berücksichtigen und für Leistungen der Projektsteuerung auch Honorarregelungen zu treffen. Da keine repräsentativen Untersuchungen für eine angemessene Honorierung vorliegen, beschränkt sich die Verordnung darauf, die Leistungen der Projektsteuerung zu umschreiben und hinsichtlich der Honorierung die freie Vereinbarung zuzulassen. So wird die weitere Diskussion über die Honorierung von Leistungen der Projektsteuerung offengehalten.

Absatz 1 Satz 1 definiert die Projektsteuerung im Sinne dieser Verordnung. **Satz 2** nennt beispielhaft eine Reihe von Leistungen der Projektsteuerung.

Weitere Leistungen der Projektsteuerung dürfen berechnet werden, wenn sie die in Satz 1 aufgeführten Voraussetzungen erfüllen. Entscheidend ist, daß es sich um Funktionen des Auftraggebers handelt, nicht um Leistungen, die zum Beispiel dem Architekten oder Ingenieur bereits nach dem Leistungsbild Objektplanung (§ 15) obliegen. Ferner ist zu beachten, daß diese Leistungen Projekte mit mehreren Fachbereichen betreffen müssen.

Absatz 2 fordert eine schriftliche Honorarvereinbarung bei Auftragserteilung. Diese Voraussetzung dient der Rechtsklarheit und Rechtssicherheit. Ferner bestimmt Absatz 2, daß die Honorare frei vereinbart werden können.

RegE zu § 32 (BR-Drucks. 270/76, S. 40):

Die Vorschrift bezweckt, den durch Winterbaumaßnahmen zusätzlich anfallenden Arbeitsaufwand honorarmäßig auszugleichen.

Absatz 1 definiert die Leistungen für den Winterbau.

Absatz 2 zählt beispielhaft die wichtigsten Leistungen auf. In der Mehrzahl (Nr. 1 bis 3) handelt es sich um beratende Tätigkeiten. Die Leistungen wurden nicht auf Winterbauarbeiten unter Vollschutz beschränkt, da der Vollschutz nur eine der möglichen Formen unter den Schutzvorkehrungen darstellt. Für weitere Leistungen können die Richtlinien zur kontinuierlichen Durchführung von Bauaufgaben des Bundes im Zuständigkeitsbereich der Finanzbauverwaltungen (MinBlFin 1975, 428) Hinweise liefern.

Nach **Absatz 3 Satz 1** kann das Honorar als Pauschalhonorar frei vereinbart werden. Wird ein Pauschalhonorar nicht bei Auftragserteilung schriftlich vereinbart, so ist das Honorar nach **Satz 2** als Zeithonorar nach § 6 zu berechnen.

Absatz 4 enthält eine Sondervorschrift zur Honorierung der Leistungen nach Absatz 2 Nr. 4: Vorbereitung der Vergabe und Mitwirkung bei der Vergabe von Winterbauschutzvorkehrungen. Diese Kosten der Winterbauschutzvorkehrungen rechnen nicht zu den anrechenbaren Kosten nach § 10. Wenn jedoch der Objektplaner auch bei der Vorbereitung der Vergabe und der Vergabe von Winterbauschutzvorkehrungen mitwirkt, so können die Vertragsparteien vereinbaren, daß die Kosten dieser Winterbauschutzvorkehrungen abweichend von § 10 Abs. 4 Nr. 10 den anrechenbaren Kosten nach § 10 zugerechnet werden.

Teil IV
Gutachten und Wertermittlungen

Zu § 33:

RegE zu § 33 (BR-Drucks. 270/76, S. 41):

Teil IV enthält Honorarvorschriften für Gutachten und Wertermittlungen, soweit diese Tätigkeiten nicht in nachfolgenden Vorschriften (z. B. § 42 Abs. 1 Nr. 4) geregelt sind.

Für Gutachten lassen sich keine detaillierten Honorarvorschriften aufstellen. Vielmehr hängt das *Honorar* stets von den Schwierigkeiten der Aufgabe, der Bedeutung des Gutachtens für den Auftraggeber und den sonstigen Umständen des Einzelfalles ab. Nach § 33 **Satz 1** kann daher ein *Honorar* frei vereinbart werden. Haben die Vertragsparteien nicht bei Auftragserteilung schriftlich ein *Honorar* vereinbart, so ist nach **Satz 2** das *Honorar* als Zeithonorar nach § 6 zu berechnen. **Satz 3** stellt klar, daß die Berechnung eines *Honorars* nach § 33 nicht in Betracht kommt, sofern in den nachfolgenden Vorschriften dieser Verordnung etwas anderes geregelt ist.

Zu § 34:

RegE zu § 34 (BR-Drucks. 270/76, S. 41):

Absatz 1 bestimmt, daß die Mindest- und Höchstsätze der Honorare für die Entwicklung des Wertes von Grundstücken, Gebäuden und anderen Bauwerken oder von Rechten an Grundstücken in der folgenden Honorartafel festgesetzt sind.

RegE (BR-Drucks. 238/94, S. 70):

*Die Honorare in der Honorartafel in **Absatz 1** sind seit Inkrafttreten der HOAI 1977 unverändert. Sie werden nunmehr um 5 v. H. erhöht. Auf die Ausführungen im Allgemeinen Teil dieser Begründung wird verwiesen.*

RegE (BR-Drucks. 270/76, S. 41):

Absatz 2 Satz 1 definiert den für die Anknüpfung in der Honorartabelle maßgebenden Wert. Das *Honorar* richtet sich nach dem Wert der Grundstücke, Gebäude, anderen Bauwerke oder Rechte, der nach dem Zweck der Ermittlung zum Zeitpunkt der Werterstellung festgestellt wurde. Satz 1 hebt zur Klarstellung hervor, daß bei unbebauten Grundstücken der Bodenwert maßgebend ist. **Satz 2** behandelt den Fall einer Bewertung mehrerer Objekte im Rahmen einer Wertermittlung. Das *Honorar* bestimmt sich dann nach der Summe der ermittelten Werte der einzelnen Objekte. Diese Einschränkung erscheint unerläßlich, um die in der Honorartafel zum Ausdruck kommende Degression nicht außer Kraft zu setzen.

Absatz 3 gibt Hinweise auf die Honorierung von Gutachten, deren Wert unter dem niedrigsten Ausgangswert der Honorartafel (50 000 DM) liegt. Das *Honorar* kann in diesem Fall als Pauschalhonorar oder als Zeithonorar nach § 6 berechnet werden, höchstens jedoch bis zu den in der Honorartafel nach Absatz 1 für Werte von 50 000 DM festgesetzten Höchstsätzen. **Satz 2** bestimmt als Mindestsätze die Stundensätze nach § 6 Abs. 2, höchstens jedoch die in der Honorartafel nach

Absatz 1 für Werte von 50 000 DM festgesetzten Mindestsätze. Hierbei bleibt die Möglichkeit offen, nach Maßgabe des Absatzes 6 Honorare nach der Schwierigkeitsstufe zu berechnen, die bei besonderen Schwierigkeiten noch überschritten werden können.

RegE (BR-Drucks. 238/94, S. 70):

*Mit dem neuen **Absatz 3** wird eine Vereinfachung vorgenommen; er ersetzt – wie in anderen Teilen der Verordnung üblich – die bisherigen Absätze 3 und 4 durch sinngemäße Anwendung von § 16 Abs. 2 und 3.*

RegE (BR-Drucks. 270/76, S. 41):

Absatz 4 läßt für die oberhalb der in der Honorartafel enthaltenen Werte (über 50 Millionen DM) die freie Vereinbarung des Honorars zu.

Absatz 5 Satz 1 stellt klar, daß die *Honorare* bei Wertermittlungen mit Schwierigkeiten nach Absatz 6 nach der Schwierigkeitsstufe zu berechnen sind. Voraussetzung ist jedoch, daß dies bei Auftragserteilung schriftlich vereinbart worden ist, damit der Auftraggeber von vornherein Klarheit über die auf ihn zukommenden Honoraransprüche des Auftragnehmers erhält.

Die *Honorare* für die Schwierigkeitsstufe können bei den in Absatz 6 Nr. 3 genannten Schwierigkeiten noch überschritten werden. Da diese Möglichkeit grundsätzlich bereits nach der allgemeinen Vorschrift des § 4 Abs. 3 gegeben ist, soll durch Absatz 5 **Satz 2** als Sondervorschrift ausgeschlossen werden, daß die Honorare der Schwierigkeitsstufe auch bei Schwierigkeiten nach Absatz 6 Nrn. 1 und 2 überschritten werden dürfen; dies bleibt vielmehr für Schwierigkeiten nach Absatz 6 Nr. 3 vorbehalten.

In **Absatz 6** werden als Beispiele 3 Gruppen von Schwierigkeiten aufgeführt.

Absatz 7 schränkt die *Honorare* bei den in der Honorartafel enthaltenen Werten für drei näher bezeichnete Fälle um bestimmte Vomhundertsätze des *Honorars* ein, weil unter diesen Umständen die an den Gutachter gestellten Anforderungen der Art nach geringer als normal sind.

Absatz 8 ordnet eine prozentuale Honorarminderung an, wenn bestimmte geringfügige Ergänzungen vorgenommen werden, da bei einem erfahrungsgemäß geringeren Arbeitsaufwand die Berechnung des vollen *Honorars* nicht gerechtfertigt erscheint.

Teil V
Städtebauliche Leistungen

RegE (BR-Drucks. 594/87, S. 107):

Teil V wird neu gefaßt. Die bestehenden Leistungsbilder werden an die inhaltlichen und verfahrensmäßigen Veränderungen der Bauleitplanung angepaßt. So müssen z. B. durch die frühzeitige Bürgerbeteiligung, die durch die Novelle des Bundesbaugesetzes im Jahre 1976 eingeführt wurde, sich wesentlich unterscheidende Lösungen erarbeitet und voraussichtliche Auswirkungen der Planung dargestellt werden. Fragen des Umweltschutzes müssen verstärkt berücksichtigt werden, wie z. B. Verkehrslärm, Gewerbelärm, Luft- und Bodenverunreinigungen. Auch werden erhöhte rechtliche Anforderungen gestellt, wie z. B. im Rahmen des Abwägungsgebotes oder durch Verfahrensvorschriften bei der Berücksichtigung von Einwendungen, eingeführt durch die Novelle des Bundesbaugesetzes im Jahre 1979. Durch die Novelle der Baunutzungsverordnung 1977 sind ferner weitergehende Gliederungen und Differenzierungen in Baugebieten ermöglicht worden; wegen der Einführung der Landschaftsplanung durch das Bundesnaturschutzgesetz bzw. die Landesnaturschutzgesetze wird ein erhöhter Abstimmungsbedarf mit Stellen, die Träger öffentlicher Belange sind, notwendig. Auch entstehen weitergehende zeitraubende Untersuchungen wegen der strukturellen Veränderungen. Ferner enthält das Baugesetz-

buch, das zum 1. Juli 1987 an die Stelle des Bundesbaugesetzes getreten ist, zusätzliche Anforderungen an die Bauleitplanung. Hierzu zählen die Verpflichtungen z. B. im Rahmen der Bauleitplanung die natürlichen Lebensgrundlagen zu entwickeln, mit Grund und Boden sparsam und schonend umzugehen sowie Altlasten zu kennzeichnen. Wegen dieser Änderungen und der Änderungen der wirtschaftlichen Verhältnisse seit Inkrafttreten der Honorarordnung sind die derzeitigen Honorare in Teil V nicht mehr leistungsgerecht. Die Hinweise auf die Vorschriften des Bundesbaugesetzes müssen durch die entsprechenden Vorschriften des Baugesetzbuches ersetzt werden.

Zu § 35:
RegE zu § 35 (BR-Drucks. 270/76, S. 44):

Die Vorschrift definiert in Absatz 1 den Begriff der städtebaulichen Leistungen und bestimmt in Absatz 2, auf welche Planarten Teil V der Verordnung Anwendung findet.

In **Absatz 1** wird der Begriff der städtebaulichen Leistungen als Oberbegriff für Leistungen bei der Planerstellung der in Absatz 2 genannten Planungsarten sowie für sonstige städtebauliche Leistungen im Sinne von § 42 verstanden. Die Grundleistungen der städtebaulichen Leistungen sind in den Leistungsbildern der

§§ 37 und 40 zusammengefaßt. Die beiden Leistungsbilder betreffen den Flächennutzungsplan nach den §§ 5 bis 7 des *Baugesetzbuchs* (§ 37) und den Bebauungsplan nach den §§ 8 bis 13 des *Baugesetzbuchs* (§ 40).

Die Planarten des **Absatzes 2** wurden auf Flächennutzungspläne und Bebauungspläne beschränkt, weil nur für diesen Bereich gesicherte Erfahrungen über die Honorierung städtebaulicher Leistungen vorliegen.

Zu § 36:

RegE zu § 36 (BR-Drucks. 270/76, S. 45):

Die Vorschrift enthält eine Sonderregelung der Berechnung von Nebenkosten für den Bereich der städtebaulichen Leistungen.

Soweit dies bei Auftragserteilung schriftlich vereinbart worden ist, können nach Satz 1 EDV-Leistungen als Nebenkosten berechnet werden.

Um den Auftragnehmer nicht ungerechtfertigt besser zu stellen, wenn EDV-Leistungen den Leistungsumfang städtebaulicher Leistungen verringern, ordnet Satz 2 an, daß die gesonderte Berechnung von EDV-Leistungen bei der Vereinbarung des Honorars zu berücksichtigen ist. Mit einer derartigen Berücksichtigung kann z. B. bei Datenerhebungen im Bereich von Bestandsaufnahmen und Analysen gerechnet werden.

Zu § 36 a:

RegE zu § 36 a (BR-Drucks. 304/90, S. 146):

Für Flächennutzungspläne wird ein System der Bewertung und Zuordnung in 5 Honorarzonen vorgesehen. Das neue System der Honorarzonenermittlung entspricht den heutigen und zukünftigen Anforderungen bei der Aufstellung von Flächennutzungsplänen, die neue Bewertung von Belangen wie Umweltschutz und Denkmalpflege entsprechend der Novellierung des Baugesetzbuchs und der Novelle der Baunutzungsverordnung werden sinngemäß aufgenommen.

In **Absatz 1** werden die Ansätze der Flächennutzungspläne nach 6 Merkmalen für die planerischen Anforderungen bewertet und den möglichen 5 Honorarzonen zugeordnet:

— topographische Verhältnisse, geologische Gegebenheiten;

— bauliche und landschaftliche Umgebung, Denkmalpflege;

— Nutzungen, Dichte;

— Gestaltung;

— Erschließung;

— Umweltvorsorge, ökologische Bedingungen.

Die Bewertung jedes Merkmals erfolgt in Einschätzung der Anforderungen als sehr gering, gering, durchschnittlich, überdurchschnittlich oder sehr hoch. Jedes der 6 Merkmale wird mit bis zu fünf Punkten bewertet.

Die Summe der ermittelten Punkte entscheidet über die Zuordnung zu einer Honorarzone.

Abweichend von dem bisherigen System wird der Flächennutzungsplan aber nicht einheitlich einer Honorarzone zugeordnet. Vielmehr wird vorgesehen, daß die Ansätze nach § 38 Abs. 3 Nr. 1 bis 3 gemeinsam einer Honorarzone zugeordnet werden, und der Ansatz nach § 38 Abs. 3 Nr. 4 wird gesondert zugeordnet (vgl. § 38 Abs. 2). Dadurch wird es möglich, daß das Honorar für Flächennutzungspläne nach 2 verschiedenen Honorarzonen zu berechnen ist.

In **Absatz 2** werden die Ansätze des Flächennutzungsplanes je nach der ermittelten Punktzahl einer Honorarzone – nach dem auch sonst in der Verordnung üblichen Verfahren – zugeordnet. Nach Festlegen der Honorarzone haben nach § 4 Abs. 1 die Vertragsparteien schriftlich bei Auftragserteilung ein bestimmtes Honorar im Rahmen der Mindest- und Höchstsätze der Honorartafel nach § 38 Abs. 1 festzulegen. Sie können – neben der Anzahl der Bewertungspunkte – bei dieser Festlegung u. a. folgende fachliche Kriterien berücksichtigen:

Koordinierung mit einer größeren Anzahl von anderen fachlich Beteiligten, Bereiche mit besonders detaillierten Darstellungen oder Festsetzungen, erhöhte Anforderungen an die Planungsoptimierung bzw. an Planungsvarianten, Änderung oder Überarbeitung von Teilen rechtswirksamer Pläne, Planung in überwiegend bebauten Gebieten sowie Einflußfaktoren außerhalb des Planbereichs, insbesondere Umwelt- und Verkehrsbelange, soweit diese Kriterien nicht bereits zum Beispiel bei der Einstufung in eine Honorarzone verwandt worden sind.

Die bisher der Normalstufe und der Schwierigkeitsstufe zugeordneten Flächennutzungspläne werden im Regelfall nach dem neuen Honorarsystem den Honorarzonen II bis IV zugeordnet werden.

In Zone I mit sehr geringen Planungsanforderungen können regelmäßig eingeordnet werden: Flächennutzungspläne im ländlichen Bereich mit geringen Baugebietsergänzungen ohne besondere Anforderungen in den sonstigen Flächen; Flächennutzungsplanausschnitte mit der alleinigen Aufgabe der Rücknahme von Baugebieten und der Sicherung von Freiraum oder Änderungen von Flächennutzungsplänen im Zusammenhang mit Bebauungsplanverfahren auf gleicher Fläche bei Übernahme von Inhalten aus dem Bebauungsplan.

In Zone V werden nur selten Pläne mit durchgängig sehr hohen Anforderungen in den Bauflächen und in den sonstigen Flächen eingeordnet werden können. Es gibt jedoch Planausschnitte nach § 39, die in allen Kriterien sehr hohe Anforderungen stellen. Wenn die Kriterien Topographie, Denkmalbereich, Dichte, gestalterische Anforderungen und Erschließungsplanungen jeweils mit der Höchstzahl von 5 Punkten bewertet werden, so wird damit bereits die für die Einzonung in Zone V notwendige Punktzahl erreicht.

Nach **Absatz 3** werden alle 6 Bewertungsmerkmale gleich hoch mit bis zu fünf Punkten bewertet.

Zu § 37:

RegE zu § 37 (BR-Drucks. 270/76, S. 46):

Das Leistungsbild Flächennutzungsplan enthält die Leistungen des Auftragnehmers, die im allgemeinen erforderlich sind für die Vorbereitung, die Erstellung der für den Flächennutzungsplan erforderlichen Ausarbeitungen und Planerfassungen sowie die Mitwirkung beim Verfahren.

Entsprechend dem Leistungsbild Objektplanung (§ 15) gliedern die Leistungen sich gemäß § 2 Absatz 1 in Grundleistungen und Besondere Leistungen. Die sachlich zusammengehörigen Grundleistungen sind zu 5 Leistungsphasen zusammengefaßt, die in sich abgeschlossene Leistungsabschnitte bilden: diese sind in Vomhundertsätzen der Honorare des § 38 bewertet. Die Bewertung der Grundleistungen in Vomhundertsätzen des Gesamthonorars sowie die Leistungsphasen mit kurzer Beschreibung ihres Inhalts sind hier in **Absatz 1** dem Leistungsbild zur Verdeutlichung vorangestellt.

Hinsichtlich des nur beispielhaften Charakters der im Leistungsbild erwähnten Besonderen Leistungen wird auf § 2 Abs. 3 verwiesen.

Der Mindestsatz einer der beiden Honorarzonen kann vereinbart werden, wenn alle Grundleistungen der Leistungsphase dem Auftragnehmer übertragen werden. Erbringt aber der Auftraggeber selber Leistungen und werden aus diesem Grunde nicht alle Grundleistungen an den Auftragnehmer übertragen, so ist auch in dieser Leistungsphase nach § 5 Abs. 2 nur ein Honorar zu vereinbaren, das dem Anteil der übertragenen Leistungen an der gesamten Leistungsphase entspricht.

RegE (BR-Drucks. 304/90, S. 148):

Im **Absatz 2** werden neue Grundleistungen und Besondere Leistungen aufgenommen oder es werden Klarstellungen vorgenommen. Die Änderungen im Leistungsbild zielen im wesentlichen auf Korrekturen bzw. Klarstellungen im Hinblick auf die Abgrenzung von Grundleistungen und Besondere Leistungen für solche Fälle ab, bei denen in der Praxis Auslegungsprobleme gegeben waren. Dabei werden Erfahrungen berücksichtigt, die seit Inkrafttreten der Dritten Änderungsverordnung mit dem geänderten Leistungsbild gesammelt werden konnten. Dieses war in der Dritten Änderungsverordnung im Hinblick auf geänderte Anforderungen überprüft und partiell geändert worden. Dabei wurden u. a. für den Flächennutzungs- und

Bebauungsplan die Bewertung der Leistungsphasen geändert.

RegE (BR-Drucks. 270/76, S. 46):

In der **Leistungsphase 1** (Klären der Aufgabenstellung und Ermitteln des Leistungsumfanges) werden die Voraussetzungen zur Lösung der Planungsaufgabe ermittelt. Diese Grundleistungen werden sich bei Gemeinden, die über ein eigenes Bauamt verfügen, in der Regel erübrigen oder nur einen geringen Umfang einnehmen. Es handelt sich um Leistungen, die an sich vom Auftraggeber vor Auftragserteilung selbst zu erbringen sind. So muß bereits in der Leistungsphase 1 beurteilt werden, ob ergänzende Fachleistungen, z. B. die Erstellung eines Landschaftsplan oder Gesamtverkehrsplans, notwendig sind,

Die Vielzahl der zu beteiligenden Fachleute zwingt bereits in der **Leistungsphase 1** zu einer intensiven Auseinandersetzung mit den Fachleistungen. Als Ergebnis dieser Auseinandersetzung hat der Auftragnehmer dem Auftraggeber Entscheidungshilfen vorzulegen für die Auswahl anderer an der Planung fachlicher Beteiligter, soweit die Beauftragung anderer Fachleute angezeigt ist.

Die Grundleistungen dieser Leistungsphase können einen sehr unterschiedlichen Arbeitsaufwand bedingen. So hängt das Werten des vorhandenen Grundmaterials und der materiellen Ausstattung von den Gegebenheiten beim Auftraggeber ab. Viele Gemeinden besitzen Daten und Planmaterial, die aus anderen Anlässen als dem der Aufstellung eines Flächennutzungsplans ermittelt bzw. erarbeitet wurden. Dieses Material muß gesichtet und auf seine Eignung für den Flächennutzungsplan geprüft werden. Bei entsprechender Verwendung können an anderer Stelle Leistungen eingespart werden. Dabei wird unter materieller Ausstattung die materielle Verwendungsfähigkeit verstanden. Daten können handschriftlich oder in Form von Lochkarten, Pläne können als Handskizzen oder fertig bearbeitet vorliegen. Daraus ergibt sich materiell eine unterschiedliche weitere Verwendungsfähigkeit.

Unter diesen Umständen erscheint es zweckmäßig, diese Leistungsphase nicht mit einem festen Vomhundertsatz der Honorare des § 38 zu bewerten, sondern je nach Vereinbarung eine Bewertung von 1 bis 3 v. H. zuzulassen.

Die **Leistungsphase 2** (Ermitteln der Planungsvorgaben) beinhaltet die Bestandsaufnahme und Analyse des Zustandes sowie die Prognose der voraussichtlichen Entwicklung.

Auch für diese Grundleistungen hängt der Arbeitsaufwand maßgeblich von den beim Auftraggeber vorhandenen Voraussetzungen ab, wofür wiederum die Ergebnisse der Leistungsphase 1 von Bedeutung sind. So obliegt die Lieferung der Bestandskarten neuesten

Standes dem Auftraggeber. Die Vermessungsämter sind jedoch nicht stets in der Lage, innerhalb wünschenswerter Zeiträume Ergänzungen vorzunehmen. Hier hat der Auftragnehmer einen Teil der Ergänzungen als Grundleistung zu erbringen. Hierbei handelt es sich jedoch nur um kleinere Ergänzungen; dies ist der Fall, wenn beispielsweise vorhandene Gebäude nachgetragen werden, da diese Tätigkeiten normalerweise vom Vermessungsamt nicht erbracht werden. Darüber hinausgehende Leistungen müssen als Besondere Leistungen vereinbart werden.

RegE (BR-Drucks. 594/87, S. 109):

In **Leistungsphase 2 a** wird in der zweiten Grundleistung das Wort „Kartieren" ersetzt, weil dieser Begriff in der Vermessungstechnik verwandt wird. Darüber hinaus handelt es sich bei der Tätigkeit des Stadtplaners auch nicht mehr um die Leistung des „Kartierens" verbaler Aussagen, sondern nur um ein „Erfassen" von an anderer Stelle bereits kartierter oder formulierter Aussagen. Insofern haben sich die Aufgaben im Bereich der Regionalplanung seit dem Inkrafttreten der Honorarordnung für Architekten und Ingenieure am 1. Januar 1977 fortentwickelt.

Die dritte Grundleistung wird neu eingefügt, weil auch das Baugesetzbuch die Darstellung entsprechender Flächen vorsieht. Im Flächennutzungsplan sollen nach § 5 Abs. 3 Nr. 3 Baugesetzbuch für bauliche Nutzungen vorgesehene Flächen, deren Böden erheblich mit umweltgefährdenden Stoffen belastet sind, gekennzeichnet werden.

Durch die Einfügung des Wortes „vorliegenden" in der letzten Grundleistung wird klargestellt, daß der Auftragnehmer nur die Äußerungen der Einwohner zu erfassen hat, die ihm von dritter Seite über den Auftraggeber zugänglich gemacht worden sind. Stellt der Auftragnehmer die Äußerungen der Einwohner durch eine eigene Erhebung fest, so ist dies eine Besondere Leistung, die nach entsprechender Vereinbarung gesondert honoriert werden kann.

In **Leistungsphase 2 c** besteht die Aufgabe des Stadtplaners in der Zusammenstellung und Gewichtung der vorliegenden Fachprognosen und der Einordnung in die Ziele der Flächennutzungsplanung. Da diese Leistung vor allem unter Abstimmung mit den Zielen des Auftraggebers zu erfolgen hat, ist hier die Abstimmung mit den Stellen, die Träger öffentlicher Belange sind, entbehrlich. Sie muß zwangsläufig bei der Beteiligung nach § 4 Baugesetzbuch erfolgen. Wesentlich ist in diesem Arbeitsabschnitt auch die Abwägung zwischen übergeordneten Planungen (Landes- und Regionalplanung) und den Prognosen aus den Fachbereichen.

Wegen der sehr unterschiedlichen Anforderungen an die Leistungen des Auftragnehmers erscheint es nicht möglich, einen festen Vomhundertsatz als Bewertung

für diese Grundleistungen vorzusehen. Ebenso wie in der Leistungsphase 1 wird daher als variable Größe eine Bewertung der Grundleistungen von 10 bis 20 v. H. der Honorare des § 38 vorgenommen.

In der **Leistungsphase 3** (Vorentwurf) werden die wesentlichen Teile einer Lösung der Planungsaufgabe erarbeitet. Der Auftragnehmer erstellt den Vorentwurf, d. h. die Grundlage für die Anhörung der Träger öffentlicher Belange und für die Billigung durch die Gemeinde. Diese Leistungsphase wurde wegen ihres überragenden Leistungsumfangs mit 40 v. H. am höchsten bewertet.

In der ersten Grundleistung wird klargestellt, daß sich die planerischen Lösungen wesentlich unterscheiden müssen, allerdings unter Beibehaltung der gleichen Anforderungen. Werden die Anforderungen geändert, so können hierfür Besondere Leistungen vereinbart werden.

Bei der Formulierung der Grundleistungen ist berücksichtigt worden, daß in den letzten Jahren, angeregt durch politische und andere meinungsbildende Vorgänge, die alternative Planvorlage weitverbreitete Übung geworden ist. Alternativen sind immer erforderlich, wenn bereits bei der Planaufstellung erkennbar ist, daß die Entwicklungseinrichtung nicht eindeutig bestimmbar ist. Eine Gemeinde muß in jedem Fall prüfen, ob unter unterschiedlichen Voraussetzungen gleichartige oder nur alternative Entwicklungen möglich sind.

RegE (BR-Drucks. 594/87, S. 111):

Die zweite Grundleistung „Darlegen der Auswirkungen der Planung" wird aus § 3 Abs. 1 Baugesetzbuch übernommen. Hier wird bestimmt, daß der Bürger über die Auswirkungen der Planung zu unterrichten ist. Dazu gehört fachtechnisch auch die dritte Grundleistung „Berücksichtigen von Fachplanungen".

Die sechste und letzte Grundleistung wird wegen § 3 Abs. 1 Baugesetzbuch erforderlich. Damit wird auch klargestellt, daß diese Leistung zu den immer zu erbringenden Grundleistungen bei der Aufstellung von Bauleitplänen gehört.

In der **Leistungsphase 4** (Entwurf) wird die endgültige Lösung der Planungsaufgabe als Grundlage für den Beschluß der Gemeinde und die öffentliche Auslegung erarbeitet.

Dabei hat der Auftragnehmer auch bei der Abfassung der Stellungnahme der Gemeinde zu abgelehnten Bedenken und Anregungen mitzuwirken. Diese Tätigkeit beschränkt sich auf verbale oder technische Skizzierung des materiellen Inhalts der Antwort, beinhaltet jedoch keine förmliche Ausfertigung. Vielmehr ist die Ausarbeitung der Stellungnahme der Gemeinde als Besondere Leistung zu vereinbaren. Die Ausarbeitung bedeutet die förmliche verbal und zeichnerisch erschöpfende Behandlung der Bedenken und Anregungen einschl. der Formulierung der Beschlußvorlagen für die Gemeindegremien.

Alle Bedenken und Anregungen sind zu behandeln, unabhängig davon, ob sie berücksichtigt oder nicht berücksichtigt werden.

Die **Leistungsphase 5** (Genehmigungsfähige Planfassung) beinhaltet die Darstellung des Flächennutzungsplans zur Einreichung für die erforderliche Genehmigung. Diese Grundleistungen werden wegen ihrer im Vergleich zu den vorangehenden Leistungsphasen geringeren Bedeutung nur mit 7 v. H. der Honorare des § 38 bewertet.

RegE (BR-Drucks. 594/87, S. 111):

Der Katalog der Besonderen Leistungen wird überarbeitet, weil § 2 Abs. 3 durch die Erste Verordnung zur Änderung der Honorarordnung für Architekten und Ingenieure um folgenden Satz 3 ergänzt worden ist: „Die Besonderen Leistungen eines Leistungsbildes können auch in anderen Leistungsbildern oder Leistungsphasen vereinbart werden, in denen sie nicht aufgeführt sind, soweit sie dort nicht Grundleistungen darstellen." Wegen dieser Ergänzung werden bei der Überarbeitung des Teils V einige Besondere Leistungen gestrichen, die in der Honorarordnung in der Fassung vom 17. September 1976 in anderen Leistungsbildern oder in einem Leistungsbild in mehreren Leistungsphasen erwähnt worden sind. Es handelt sich insoweit nur um rechtsförmliche, nicht materielle Ergänzungen. Die gestrichenen Besonderen Leistungen können weiter in allen Leistungsphasen dieses Leistungsbildes oder auch bei anderen Leistungsbildern vereinbart werden.

Bei der Aufnahme der Besonderen Leistungen in dieser Leistungsphase wurde berücksichtigt, daß derartige Leistungen häufig, wenn auch mit unterschiedlichem Leistungsumfang, vergeben werden.

So kann in Ausnahmefällen ein Geländemodell im Maßstab 1:5000 erforderlich werden, wenn großräumige Erweiterungen in neuen und noch unbebauten Landschaftsteilen geplant werden. Sie tragen als zusätzliche, für den Laien verständliche, visuelle Informationsträger zur Entscheidungsfindung bei.

Strukturanalysen werden als Besondere Leistungen häufig vereinbart, wenn der Regionalplan mit seinem zeichnerischen und verbalen Inhalt noch nicht vorliegt oder nicht auf den neuesten Stand fortgeschrieben ist. Strukturanalysen setzen sich vorwiegend mit sozioökonomischen Bereichen im Rahmen der Stadtplanung auseinander bzw. erheben Daten sowie analysieren und prognostizieren. In der Praxis wird stets eine

enge Zusammenarbeit zwischen Auftragnehmer und Ökonomen und Soziologen stattfinden müssen.

Bei der Bauleitplanung treibt die tatsächliche Entwicklung auf eine immer stärker werdende Beteiligung der Öffentlichkeit hin. Der Auftraggeber wird sich daher zunehmend der Mitarbeit des Auftragnehmers an der Öffentlichkeitsarbeit bedienen. Eine derartige Tätigkeit muß jedoch als Besondere Leistung vereinbart werden.

Eine Besondere Leistung ist auch das wesentliche Ändern oder Neubearbeiten der Planfassung, insbesondere nach Bedenken und Anregungen. Eine Änderung ist dann wesentlich, wenn der Plan nach dieser Änderung aus verfahrensrechtlichen Gründen erneut offenzulegen ist.

RegE (BR-Drucks. 594/87, S. 112):

In **Absatz 3** wird die Teilnahme an Sitzungen im Rahmen der Bürgerbeteiligung gleichrangig neben der Teilnahme an Sitzungen von politischen Gremien des Auftraggebers erwähnt. Dabei wird unter dem Begriff Sitzung auch jede Veranstaltung erfaßt, an der der Auftragnehmer teilnimmt und die jeweils nicht länger als einen Tag dauert. Aus der bisherigen Erfahrung hat sich ergeben, daß im Rahmen der Bürgerbeteiligung stets ein erheblicher Besprechungsumfang anfallen kann. Da die Mitwirkung an der Bürgerbeteiligung immer eine Grundleistung ist, wird die Teilnahme an diesen Sitzungen auch in Absatz 3 zum Bestandteil von Grundleistungen gemacht. Die Teilnahme an 10 Sitzungen ist in den Grundleistungen enthalten, auch wenn sie in den einzelnen Leistungsphasen nicht jeweils gesondert aufgeführt sind.

Absatz 4 trägt der Tatsache Rechnung, daß bei der Vergabe der Leistungsphasen 3 oder 4 als Einzelleistung dem Auftragnehmer ein zusätzlicher Aufwand entstehen kann. Deshalb kann in diesen Fällen eine gewisse Erhöhung der Vomhundertsätze für die Leistungsphasen vertraglich vereinbart werden.

Absatz 5 hält die Vertragsparteien zu rechtzeitigen Vereinbarungen über die Bewertung der Leistungsphasen 1 und 2 an. Die Vertragsparteien müssen vor Erbringung der Grundleistungen dieser Leistungsphasen jeweils schriftlich eine Bewertung vorgenommen haben, anderenfalls sind diese Leistungen mit nur je 1 v. H. bzw. 10 v. H. des Honorars des § 38 zu bewerten.

Zu § 38:

RegE zu § 38 (BR-Drucks. 304/90, S. 149):

Die Neufassung von § 38 wird wegen der strukturellen Änderungen der Honorierung erforderlich.

In **Absatz 1** wird der Wortlaut zwar unverändert übernommen, jedoch die Honorartafel umgestaltet. Die Eckwerte der Honorierung werden zum Teil übernommen. Der Mindestsatz der bisherigen Normalstufe wird Mindestsatz von Honorarzone I; der Höchstsatz der bisherigen Schwierigkeitsstufe wird Höchstsatz von Honorarzone IV. Die Differenz zwischen diesen Eckwerten wird gleichmäßig auf die 4 Honorarzonen aufgeteilt. Die Bandbreite für die Honorare der Honorarzone V ist – in absoluten Beträgen gemessen – dann von den übrigen Honorarzonen übernommen worden. Die Erweiterung der Honorarzonen kann zur leistungsgerechteren Honorierung von Planungsaufgaben in den äußeren Honorarzonen führen.

Die Änderung des Honorarsystems und die neue Honorartafel (vgl. hierzu die Begründung unter § 36 a) ist ausführlich besprochen worden in einem Arbeitskreis, in dem Vertreter der Auftragnehmer sowie der zuständigen obersten Landesbehörden, der kommunalen Spitzenverbände und der Bundesregierung vertreten waren. Unter den Fachleuten bestand Übereinstimmung, daß das neue Honorarsystem zu der angestrebten leistungsgerechteren Honorierung führen würde. Auch die weitere Vorgabe, das Honorarsystem kostenneutral umzustellen, ist nach Ansicht der Fachleute erreicht. Dabei wird allerdings davon ausgegangen, daß das neue Honorarsystem in der Praxis so angewandt wird, wie es nach Ansicht der Fachleute richtig ist und in den Besprechungen zugrunde gelegt wurde. Insoweit wird die Umstellung auf das neue Honorarsystem als kostenneutral angesehen. Das schließt jedoch nicht aus, daß einzelne Pläne, insbesondere im ländlichen Raum, nach dem neuen System mit Mehrkosten für den Auftraggeber verbunden sein können, während andere Pläne, insbesondere mit einem hohen Anteil an gemischten Bauflächen, nach dem neuen Honorarsystem zu einem niedrigeren Honorar vereinbart werden können.

RegE (BR-Drucks. 238/94, S. 70, 81):

§ 38 ist im Rahmen der 4. Änderungsverordnung in weiten Teilen mit dem Ziel einer leistungsgerechteren Honorierung neu gefaßt worden; u. a. wurde die Honorartafel in Absatz 1 umgestaltet. Die Honorare dieser Honorartafel sind seit dem 1. April 1988 unverändert. Zur Anpassung an die wirtschaftliche Entwicklung werden die Honorare in Absatz 1 um 8,5 v. H. angehoben. Die Erhöhung erfolgt wie bei der Honorartafel zu § 16 Abs. 1 jedoch mit der Verteilung im Verhältnis 20:20:20:20:20. Im übrigen wird auf die Ausführungen im Allgemeinen Teil dieser Begründung verwiesen.

Die Honorare in der Honorartafel zu Absatz 1 werden nach Artikel 1 um 8,5 v. H. erhöht. Zur Anpassung an die wirtschaftliche Entwicklung werden die Honorare um weitere 3,5 v. H. angehoben. Die Erhöhung erfolgt

wie in Artikel 1. Im übrigen wird auf die Ausführungen im Allgemeinen Teil dieser Begründung verwiesen.

RegE (BR-Drucks. 304/90, S. 149):

In **Absatz 2** wird neu vorgeschrieben, daß der Flächennutzungsplan nicht insgesamt einer Honorarzone zuzuordnen ist, vielmehr sind die Ansätze nach Absatz 3 Nr. 1 bis 3 gemeinsam und gesondert der Ansatz nach Absatz 3 Nr. 4 einer Honorarzone zuzuordnen.

In **Absatz 3** wird die Bewertung für die Nummern 1 und 3 unverändert beibehalten, der Ansatz nach Nummer 2 wird vereinfacht. Alle Bauflächen werden einheitlich mit 1800 VE bewertet, das ist der Durchschnittswert der Ansätze nach Absatz 3 Nr. 2 in der Fassung der Dritten Änderungsverordnung. Der Ansatz unter Nummer 4 ist auf 35 VE erhöht worden, dies erfolgte teilweise zum Ausgleich für die Vereinfachung unter Nummer 2.

Absatz 4 wird inhaltlich unverändert übernommen.

Absatz 5 enthält eine Klarstellung bezüglich der Behandlung von Flächen nach § 5 Abs. 2 Nr. 10 des Baugesetzbuchs.

In **Absatz 6** wird die bisherige Vorschrift aus § 38 Abs. 6 in der Fassung der Dritten Änderungsverordnung übernommen. Hiernach beträgt das Mindesthonorar für die Grundleistungen eines Flächennutzungsplans 4500,– DM. Die Vertragsparteien erhalten jedoch in Satz 2 die Möglichkeit, anstelle des Mindesthonorars von 4500,– DM ein Zeithonorar zu vereinbaren. Eine solche Vereinbarung kann dazu führen, daß das Mindesthonorar nach Satz 1 sowohl unter- als auch überschritten wird.

In **Absatz 7** wird inhaltlich der Absatz 7 in der Fassung der Dritten Änderungsverordnung übernommen. Jedoch wird neu vorgeschrieben, daß das Honorar als Zeithonorar zu berechnen ist, wenn ein Honorar bei Auftragserteilung nicht schriftlich vereinbart ist.

Absatz 8 enthält eine Klarstellung. Die sinngemäße Anwendung von § 21, die nach § 38 Abs. 10 in der Fassung der Dritten Änderungsverordnung vorgeschrieben war, führte zu Problemen in der Praxis, da sich die Regelung auf die Ausführungszeit bezieht. Sinngemäß wurde die Regelung auf den Planungszeitraum der Flächennutzungspläne bezogen. Ein erhöhter Aufwand kann aber insbesondere in folgenden Fällen begründet werden: Wiederholung und Aktualisierung der Ermittlung von Planungsvorgaben, Wiederholung und Änderung von Planungsinhalten, die nicht als sich wesentlich unterscheidende Lösung nach gleichen oder anderen Anforderungen zu werten sind; Wiederholung der Abstimmung mit dem Auftraggeber und seinen Gremien; Wiederholung der Mitwirkung an der Beteiligung von Behörden und Stellen, die Träger öffentlicher Belange sind; Wiederholung der Mitwirkung und der Abfassung der Stellungnahme der Gemeinde zu Bedenken und Anregungen.

Absatz 9 ermöglicht die Vereinbarung eines Zuschlags zum Honorar, wenn Flächen des Flächennutzungsplans umfassend umstrukturiert werden. Eine solche umfassende Umstrukturierung führt nicht nach den im § 36 a genannten Merkmalen zu einer Einstufung des Honorars in eine höhere Honorarzone. Die Vereinbarung eines Honorars im Rahmen des für die betreffende Honorarzone vorgesehenen Honorarrahmens könnte dazu führen, daß das Honorar nicht leistungsgerecht wäre. Deshalb wird vorgesehen, daß ein Zuschlag zum Honorar vereinbart werden kann.

In **Absatz 10** wird auf die sinngemäße Anwendung von § 20 verwiesen; insoweit wird die Vorschrift aus § 38 Abs. 10 in der Fassung der Dritten Änderungsverordnung übernommen.

Zu § 39:

RegE zu § 39 (BR-Drucks. 270/76, S. 53):

Satz 1 schreibt vor, bei der Änderung oder Überschreitung von Planausschnitten nur die Ansätze des zu bearbeitenden Planausschnittes anzusetzen. Andernfalls würde der Auftragnehmer für Leistungen honoriert werden, die er nicht erbracht hat. **Satz 2** gestattet auch die Abrechnung als Zeithonorar gemäß § 6, damit die Vertragsparteien besonders gelagerten Einzelfällen gerecht werden können.

Zu § 39 a:

RegE zu § 39 a (BR-Drucks. 304/90, S. 152):

Auch für Bebauungspläne wird ein neues System der Bewertung und Zuordnung in 5 Honorarzonen vorgesehen. Für die Zuordnung in Honorarzonen werden dieselben Bewertungsmerkmale vorgeschrieben wie in § 36 a für Flächennutzungspläne, jedoch wird der Bebauungsplan insgesamt einer Honorarzone zugeordnet.

Auch die Bebauungspläne werden – wie die Flächennutzungspläne nach § 36 a – regelmäßig den Honorarzonen II bis IV zugeordnet werden.

In Zone I können aber zum Beispiel Bebauungspläne eingeordnet werden, in denen der Inhalt übernommen wird, der in anderen Planarten erarbeitet wurde, und die lediglich in eine rechtsförmliche Fassung mit einfachen Strukturen zu bringen sind, z. B. bei der Festsetzung einer Verkehrsfläche als Park-and-ride-Parkplatz, wobei die innere Einteilung vorgeplant war. Auch Bebauungspläne nach § 30 Baugesetzbuch oder bei vereinfachter Änderung oder Ergänzung nach § 13 Baugesetzbuch können in Honorarzone I eingeordnet werden.

In Zone V können zum Beispiel Bebauungspläne eingeordnet werden, bei denen mindestens 4, teilweise auch alle 6 Kriterien mit der Höchstzahl bewertet werden, zum Beispiel ein Plan in einer historischen Alt-stadt auf einer Bergkuppe mit starken Verkehrsproblemen und hoher Lärmbelästigung oder ein Plan zur Wiedernutzbarmachung von Industrieflächen mit Altlastproblemen und sehr hohen gestalterischen Anforderungen.

Zu § 40:

RegE zu § 40 (BR-Drucks. 270/76, S. 51):

Das Leistungsbild Bebauungsplan ist soweit wie möglich dem Leistungsbild Flächennutzungsplan nachgebildet worden.

Absatz 1 Satz 1 und **Satz 2** stimmt mit § 37 Abs. 1 Satz 1 und 2 überein. Satz 3 ordnet die sinngemäße Anwendung der Absätze 3 bis 5 des § 37 an. Die Bewertung der Grundleistungen in v. H. der Honorare entspricht der Bewertung in § 37. Die Leistungsphasen und die Bewertung der Grundleistungen in v. H. der Honorare des § 41 sind auch hier in Absatz 1 aus Gründen der besseren Übersicht vorangestellt worden.

Aus dem Leistungsbild nach **Absatz 2** ist im einzelnen hervorzuheben:

RegE (BR-Drucks. 594/87 S. 115):

In **Absatz 2** wird die zweite Grundleistung neu gefaßt. Der erforderliche Leistungsumfang ergibt sich aus § 1 Abs. 3 des Baugesetzbuchs. In der Leistungsphase 2 a wird in der zweiten Grundleistung ebenfalls der Begriff „Kartierungen" durch „zeichnerische Darstellungen" ersetzt. Die Änderung erfolgt, weil der Begriff „Kartierung" in der Vermessungstechnik verwandt wird (vgl. Begründung zu § 37 Abs. 2 Leistungsphase 2). Die weiteren Einfügungen werden erforderlich, weil auch im Bereich der Bebauungspläne in stärkerem Maße die Ergebnisse von beteiligten Fachplanern zu berücksichtigen sind. So sind z. B. in steigendem Maße Fachplanungen aus dem Verkehr der Landschafts- und Grünordnungsplanung als Vorgaben in die Bestandsermittlung mit aufzunehmen. Insofern dient die Einfügung der Klarstellung der erforderlichen Grundleistungen. Wegen der Einfügung der dritten Grundleistung wird auf die Begründung zu § 37 Abs. 2 **Leistungsphase 2** verwiesen. Mit der Einfügung des Wortes „vorliegenden" in der letzten Grundleistung wird klargestellt, daß das Erfassen von Äußerungen der Einwohner sich auf vorliegendes Erhebungsmaterial stützt. Sollen Primärerhebungen durchgeführt werden, so ist dies eine Besondere Leistung, die gesondert vereinbart werden kann.

In der **Leistungsphase 2 c** wird mit der Erweiterung klargestellt, daß auch hier, wie beim Flächennutzungsplan, der Begriff „Prognose" nur so verstanden werden kann, daß vorliegende Fachprognosen und Aussagen übergeordneter Planungen zusammengefaßt, gewichtet und untereinander abgewogen werden sollen. Im übrigen gilt die Begründung für die Änderung unter § 37 Abs. 2 Leistungsphase 2 c entsprechend.

In **Leistungsphase 1** wird als Besondere Leistung aufgenommen „Stellungnahme zu Einzelvorhaben während der Planaufstellung". Gemäß § 33 Baugesetzbuch ist ein Bauvorhaben in einem Gebiet zulässig, für das die Gemeinde die Aufstellung eines Bebauungsplanes beschlossen hat. Entscheidendes Beurteilungskriterium ist, ob nach dem Stand der Planungsarbeiten zum Bebauungsplan anzunehmen ist, daß das geplante Bauvorhaben den künftigen Feststellungen des Bebauungsplanes nicht entgegenstehen wird. Um diese Voraussetzungen festzustellen, bedarf es häufig einer umfangreichen Stellungnahme des Auftragnehmers, die als Besondere Leistung ausdrücklich erwähnt wird.

In der **Leistungsphase 3** (Vorentwurf) wird unter den Besonderen Leistungen u. a. die Herstellung von Modellen erwähnt. Hierbei handelt es sich um präzise ausgearbeitete Schaumodelle, in der Regel von einem Modellbauer angefertigt, die den unter Umständen für einen Laien schwer verständlichen Plan der Öffentlichkeit plastisch vertraut machen soll.

In der **Leistungsphase 4** (Entwurf) wird wegen ihrer zunehmenden Bedeutung unter den Besonderen Leistungen die Berechnung und Darstellung der Umweltschutzmaßnahmen erwähnt. Diese Umweltschutzmaßnahmen betreffen meist Schallschutzmaßnahmen nach der Vornorm DIN 18 500, die eine Berechnung des Schallschutzes, der technischen Maßnahmen zu seiner Minderung sowie eine Einordnung dieser Maßnahmen, etwa als Dämme oder Pflanzungen, in den Bebauungsplan erfordern. Diese Leistungen werden meist in Zusammenarbeit zwischen Auftragnehmer und Fachingenieur erbracht.

RegE zu § 41 (BR-Drucks. 304/90, S. 152):

§ 41 regelt die Honorierung für Grundleistungen bei Bebauungsplänen.

Absatz 1 wird neu gefaßt, die Änderungen gegenüber dem Wortlaut in der Fassung der Dritten Änderungsverordnung ergeben sich durch das neue Honorarsystem. So wird das Honorar nicht mehr über Verrechnungseinheiten bemessen, die für die verschiedenen Flächen bisher in § 41 Abs. 3 festgesetzt waren, sondern nach der dargestellten Fläche in Hektar. Maßgebend für die Ermittlung des Honorars sind die darzustellenden Flächen des Planbereichs in Hektar.

Die Honorartafel ist neu entwickelt worden. Dabei sind die Mindestsätze von Leistungsphase 2 aus der bisherigen Tabelle errechnet worden, sie entsprechen dem Honorar für einen Bebauungsplan, der nur aus den in § 41 Abs. 3 Nr. 4 genannten Flächen besteht. Der Von-Satz der Honorarzone IV ist durch entsprechende Umrechnung der Honorare für Bebauungspläne mit Baugrundstücken über 2,0 GFZ ermittelt worden. Der Mindestsatz von Honorarzone I und der Von-Satz der Honorarzone V sind aus Erfahrungswerten von obersten Landesbehörden und von Architekten ermittelt worden.

Zur Kostenwirksamkeit für die Gebietskörperschaften gelten die entsprechenden Ausführungen zu § 38 sinngemäß. Hiernach kann die Umstellung des Honorarsystems insgesamt für die Gebietskörperschaften als kostenneutral angesehen werden. Dabei wird wieder unterstellt, daß die Bebauungspläne in das neue Honorarschema so eingestuft werden, wie es in den vorbereitenden Vorbesprechungen gemacht worden ist.

RegE (BR-Drucks. 238/94, S. 70, 81):

*Zu **Absatz 1** gelten sinngemäß die Erläuterungen zu § 38. Die Honorare in der Honorartafel in Absatz 1 werden um 8,5 v. H. erhöht. Die Erhöhung erfolgt wie bei der Honorartafel zu § 16 Abs. 1 jedoch mit der Verteilung im Verhältnis 14:24:24:24:14.*

Zu Absatz 1 gelten sinngemäß die vorstehenden Erläuterungen zu § 38. Die Honorare in der Honorartafel in Absatz 1 werden um weitere 3,5 v. H. erhöht. Die Erhöhung erfolgt wie bei der Erhöhung in Artikel 1.

RegE (BR-Drucks. 304/90, S. 152):

Absatz 3 ersetzt und vereinfacht die Vorschrift in dem § 41 Abs. 7 in der Fassung der Dritten Änderungsverordnung.

Nach **Absatz 4** kann zu dem Honorar für bestimmte Bebauungspläne, bei denen besondere Anforderungen gestellt werden, ein Zuschlag frei vereinbart werden. Solche besonderen Anforderungen treten immer wieder bei Planungen auf, sie können nach geltendem Recht nicht ausreichend honoriert werden. Es besteht ein Klarstellungsbedürfnis und die Notwendigkeit der Ergänzung um einen Erhöhungstatbestand für die Praxis. Die Regelung wird sehr hoch angesetzt, indem zunächst eine umfassende Umstrukturierung bei besonders komplexen Gegebenheiten gefordert wird, die ebenfalls noch auf die Sicherung des Bestandes abzielt. Daher tritt diese Regelung nicht in jedem Fall in bebauten Gebieten auf, sondern verlangt besondere Gegebenheiten.

Absatz 5 wird inhaltlich aus dem § 41 Abs. 10 in der Fassung der Dritten Änderungsverordnung übernommen, zusätzlich wird noch auf § 38 Abs. 6 mit der Honorarvorschrift für ein Mindesthonorar und auf § 38 Abs. 7 mit der Vereinbarung eines Honorars für einen Planbereich von über 100 ha Fläche verwiesen.

RegE (BR-Drucks. 238/94, S. 70):

*Die Einfügung der **Absätze 4 und 5** stellt keine materielle Änderung gegenüber den bisherigen Regelungen dar; sie dienen der Klarstellung. Absatz 4 ersetzt die bisherige sinngemäße Anwendung von § 38 Abs. 6,*

Absatz 5 ersetzt die bisherige sinngemäße Anwendung von § 38 Abs. 7. Die bisherige Regelung hat in der Praxis zu Schwierigkeiten geführt.

Zu § 42:

RegE zu § 42 (BR-Drucks. 270/76, S. 56):

Diese Vorschrift enthält die Honorarregelung für sonstige städtebauliche Leistungen. Hierbei handelt es sich um Leistungen bei der weiteren Durchführung der Bauleitpläne und städtebauliche Einzel- und Sonderaufgaben.

RegE (BR-Drucks. 304/90, S. 142):

In **Absatz 1** werden die informellen Planungen aufgenommen. Diese Pläne, wie sie beispielhaft im Baugesetzbuch unter anderem in § 3 Abs. 1 Nr. 3 und in § 140 Nr. 4 erwähnt sind, haben das gemeinsame Merkmal der prozeßhaften Planung, die mehrschichtig und in mehreren Arbeitsphasen die Lösung städtebaulicher Fragestellungen auf allen Ebenen der Planung zum Inhalt haben und die im Ergebnis zur Selbstbindung der planenden Gebietskörperschaft führen können. Sie sind besonders gut geeignet als Instrument der Fortschreibung von Planungsansätzen und dienen somit der Qualität städtebaulicher Planung und der Öffentlichkeitsarbeit. Fachbezogene Planungen können dabei sowohl im Konzept aus städtebaulicher Sicht entwickelt werden, wie als Beitrag anderer an der Planung fachlich zu Beteiligender integriert werden.

Informelle Planungen werden dort eingesetzt, wo zur Darstellung komplexer Sachverhalte oder zur Begleitung eines Entwicklungsprozesses thematisch begrenzte oder fachlich vielfältige Aufgaben erfüllt werden müssen. Eine interdisziplinäre Bearbeitung ist in der Regel angezeigt. Die Ergebnisse werden nicht in einem zeichnerischen Plan allein niedergelegt, sondern umfassen textliche Analysen, Tabellen, Karten, Pläne und textliche Begründungen, die häufig in mehrere Planschichten aufgeteilt sind.

— **Entwicklungspläne** enthalten Aussagen über mögliche Entwicklungen und umfassen sowohl räumlich wie inhaltlich verschiedene Aufgabenbereiche, auch in zeitlicher Hinsicht. Maßstabsebene bzw. Art der zeichnerischen Darstellungen richten sich sowohl nach Größe des zu untersuchenden Gebietes, wie Region, Kreis oder Gemeinde, sowie nach Art und Aufgabenstellung des jeweiligen Untersuchungsgegenstandes.

— **Strukturpläne** können die Untersuchung, Beschreibung und Darstellung des strukturellen Bestandes und seine Entwicklung vornehmlich für Teile oder aber auch das ganze Gemeindegebiet umfassen. Sie dienen der vertiefenden Untersuchung der landschaftlichen und baulichen Struktur und ihrer räumlich-gestalterischen Gliederung in der Folge der Art der Bodennutzung und Infrastruktur ebenso wie der strukturellen Eingliederung von anderen Fachbeiträgen, insbesondere von Landschaftsplanung, Verkehrsplanung und Aussagen zur Umweltverträglichkeit. Strukturpläne können der Vorbereitung, Begleitung und Ergänzung der vorbereitenden Bauleitplanung dienen sowie ihrer Veranschaulichung und der Vertiefung von Einzelaspekten. Ein gebräuchlicher Maßstab ist neben anderen M 1:10 000.

— **Rahmenpläne** können die Untersuchung, Beschreibung und Darstellung von Siedlungsbereichen und deren Verflechtungen, u. a. im Zusammenhang mit Planungen für Dorf- und Stadterneuerung, Siedlungserweiterung, Quartiersplanung, Wohnumfeldverbesserung und Denkmalpflege umfassen. Sie dienen der Integration von anderen Fachbeiträgen, insbesondere von Grünordnungskonzepten, Verkehrskonzepten und Aussagen zu Belangen der Umwelt. Rahmenpläne können der Vorbereitung, Begleitung, Ergänzung und Verknüpfung mit der verbindlichen Bauleitplanung sowie städtebaulicher Maßnahmen und deren Veranschaulichung dienen. Sie können die informelle Darstellung zur Vorbereitung städtebaulicher Sanierungsmaßnahmen (i. S. von § 140 Baugesetzbuch) beziehungsweise andere städtebauliche Planungen wie unter anderem gemäß § 3 Abs. 1 Baugesetzbuch (Beteiligung der Bürger) umfassen. Ein gebräuchlicher Maßstab ist neben anderen M 1:1000.

— **Gestaltpläne** umfassen Untersuchungen und Darstellungen für die städtebauliche Gestaltung von Dorf- und Stadtgebieten im begrenzten Umgriff bis hin zu gestalterischen Detailaussagen, soweit diese nicht zur Objektplanung gehören, sowohl von Neubaugebieten als auch im Zusammenhang von bebauten Ortsteilen. Sie können als Grundlage für die Erarbeitung entsprechender Ortsatzungen dienen. Ein gebräuchlicher Maßstab ist neben anderen M 1:500.

RegE (BR-Drucks. 270/76, S. 56):

Absatz 2 läßt die freie Vereinbarung des Honorars zu. Den Vertragsparteien wird die Aufstellung eines detaillierten Leistungskatalogs zur Pflicht gemacht, um sie zu einer gemeinsamen Übereinkunft über den Umfang der zu erbringenden Leistungen zu veranlassen.

In Absatz 2 wird in einem neuen Satz klargestellt, daß für sonstige städtebauliche Leistungen ein Zeithonorar nach § 6 zu berechnen ist, wenn kein Honorar bei Auftragserteilung vereinbart wurde.

Teil VI
Landschaftsplanerische Leistungen

RegE (BR-Drucks. 594/87, S. 119):

Teil VI der Honorarordnung wird neu gefaßt. Die bestehenden Leistungsbilder werden den Anforderungen an die veränderten Voraussetzungen für landschaftsplanerische Leistungen angepaßt. Weitere Leistungsbilder treten hinzu, weil ein großes Aufgabenfeld auf die Landschaftsplaner zugekommen ist.

Die Neufassung des Teils VI trägt den Anforderungen des Bundesnaturschutzgesetzes (BNatSchG) und den aufgrund des Bundesnaturschutzgesetzes ergangenen landesrechtlichen Vorschriften Rechnung.

Die Festlegung der Leistungsbilder dient dem erhöhten Anspruch des Naturschutzes und der Landschaftspflege. Teil VI erfaßt damit – abgesehen von den Freianlagen in Teil II – alle landschaftsplanerischen Leistungen.

Das Honorarniveau für den Landschaftsplan und den Grünordnungsplan wird um durchschnittlich 50 v. H. angehoben zur Anpassung an die geänderten wirtschaftlichen Verhältnisse und zur Abgeltung von erhöhten Anforderungen durch die Naturschutzgesetze des Bundes und der Länder. In den neu aufgenommenen Honorartafeln für Landschaftsrahmenpläne und Umweltverträglichkeitsstudien wird das derzeitige durchschnittliche Honorarniveau übernommen.

Zu § 43:

RegE zu § 43 (BR-Drucks. 270/76, S. 57):

Zwischen den städtebaulichen Leistungen nach Teil V und den landschaftsplanerischen Leistungen nach Teil VI besteht ein enger sachlicher Zusammenhang. Die Vorschriften in Teil VI sind daher auch weitgehend denen aus Teil V nachgebildet.

Absatz 1 enthält die Vorschriften über den Anwendungsbereich der landschaftsplanerischen Leistungen. Diese Leistungen werden als Oberbegriff für Leistungen bei der Planerstellung der in Absatz 2 genannten Pläne sowie für sonstige landschaftsplanerische Leistungen im Sinne von § 50 verstanden. Absatz 2 umschreibt die Pläne, für die Teil VI besondere Honorarvorschriften enthält.

RegE (BR-Drucks. 594/87, S. 120):

In **Nummer 1** werden wie bisher Landschafts- und Grünordnungspläne angesprochen. Diese Pläne werden auf der Ebene der jeweils entsprechenden Bauleitpläne erstellt. Landschaftspläne werden im Maßstab der Flächennutzungspläne, Grünordnungspläne, auch wenn sie nicht als solche bezeichnet werden, im Maßstab der Bebauungspläne erstellt. Landschafts- und Grünordnungspläne sind Grundlage für Bauleitpläne,

Pläne mit eigenem Rechtscharakter, oder Bestandteile der Bauleitpläne.

In **Nummer 2** werden Landschaftsrahmenpläne aufgeführt, die nach § 5 des Bundesnaturschutzgesetzes gefordert werden. Sie dienen der Darstellung überörtlicher Erfordernisse und Maßnahmen zur Verwirklichung der Ziele des Naturschutzes und der Landschaftspflege.

In **Nummer 3** werden u. a. Umweltverträglichkeitsstudien erwähnt. Für diese Leistungen sind eigene Honorierungsvorschriften aufgenommen worden. Die Umweltverträglichkeitsstudien liefern in der Phase der Voruntersuchung Angaben, die zur Entscheidungsfindung notwendig sind. Sie sind somit wesentliche Grundlagen für die Entscheidung, wo und wie ein Projekt durchgeführt werden soll.

Mit den Landschaftspflegerischen Begleitplänen werden Maßnahmen des Naturschutzes und der Landschaftspflege festgelegt, die die Auswirkungen von Eingriffen mindern und

— Ausgleich schaffen, so daß nach Beendigung der Eingriffe keine erheblichen oder nachhaltigen Beeinträchtigungen des Naturhaushalts zurückbleiben und das Landschaftsbild landschaftsgerecht wiederhergestellt oder neugestaltet ist,

— Ersatz für die durch den Eingriff gestörten Funktionen des Naturhaushaltes schaffen oder Werte des Landschaftsbildes in dem vom Eingriff betroffenen Landschaftsraum möglichst gleichartig gewähren.

Zusätzlich werden ferner Pläne für Pflege- und Entwicklungsmaßnahmen angeführt, wie sie für Gebiete erstellt werden, die aus Gründen des Naturschutzes und der Landschaftspflege bedeutsam sind und nicht sich selbst überlassen werden können. Davon unterscheiden sich landschaftspflegerische Begleitpläne zu Vorhaben, die Eingriffe in Natur und Landschaft nach sich ziehen.

Die sonstigen landschaftsplanerischen Leistungen werden in § 50 näher bezeichnet.

Zu § 44:

RegE zu § 44 (BR-Drucks. 594/87, S. 121):

In § 44 wird auf die entsprechende Anwendung von § 20 hingewiesen. Die Bestimmung hat allgemeinen Charakter und trifft auch für Teil VI zu. Ferner gelten wie bisher die §§ 36 und 39 entsprechend.

RegE (BR-Drucks. 304/90, S. 156):

Der Hinweis auf die sinngemäße Anwendung von § 21 wird ersetzt durch den Hinweis auf § 38 Abs. 6. § 21 betrifft die Unterbrechung der Ausführungsarbeiten, das Gewollte wird besser in § 38 Abs. 6 erfaßt. Deshalb wird die entsprechende Anwendung dieser Vorschrift auch für den Teil VI vorgesehen, da für beide Planungsbereiche ähnliche Verhältnisse gelten.

Zu § 45:

RegE zu § 45 (BR-Drucks. 594/87):

Die Anforderungen an Landschaftspläne haben sich nach Inkrafttreten der Naturschutzgesetze in Bund und Ländern wesentlich verändert, so daß das bisherige Honorarberechnungssystem nach Verrechnungseinheiten und Zuordnung in Normal- oder Schwierigkeitsstufe aufgegeben wird.

An seine Stelle tritt eine Honorarermittlung, die sich auf den Flächenansatz des Plangebiets bezieht, gemessen in Hektar, und sich in 3 Honorarzonen gliedert. Damit wird eine Grundlage für eine sichere Honorarberechnung geschaffen, die insbesondere erforderlich ist, wenn die Landschaftsplanung aus staatlichen Mitteln gefördert wird. Die Bewilligung der Mittel erfolgt regelmäßig vor Inangriffnahme der Maßnahme und muß zu diesem Zeitpunkt eine exakte Honorarermittlung erlauben.

Die HonorarerFmittlung nach Honorarzonen erlaubt es zudem entsprechend der gestiegenen Bedeutung von Landschaftsplänen, dem einzelnen Schwierigkeitsgrad entsprechend ein angemessenes Honorar festzulegen. Die Honorarzonenermittlung folgt dabei dem Beispiel der Objektplanungen insbesondere in den Teilen II, VII und IX und erlaubt die Festlegung der Honorarzone anhand des Schwierigkeitsgrades der Bewertungsmerkmale.

Die sechs in **Absatz 1** für die Zuordnung eines Landschaftsplans maßgeblichen Bewertungsmerkmale hängen in der Regel sehr eng zusammen. So werden bewegte topographische Verhältnisse immer gegeben sein, wenn das Planungsgebiet

— ein gegliedertes Landschaftsbild aufweist, weil ein vielgestaltiges Geländerelief gegeben ist,

— eine hohe Bevölkerungsdichte aufweist, weil diese auch viele Infrastruktureinrichtungen (z. B. Straßen, Bahnlinien, Hochspannungsleitungen) und eine differenzierte Flächennutzung (z. B. Baugebiete, Sportplätze, Freizeitanlagen) bedingt.

Eine einheitliche landwirtschaftliche Flächennutzung, wie sie z. B. in den Bördelandschaften gegeben ist, bedingt auch ein einheitliches Landschaftsbild. Schwierige ökologische Verhältnisse stellen meist auch hohe Anforderungen an Umweltsicherung und Umweltschutz.

Die bisherige Differenzierung der Schwierigkeitsmerkmale in ökologische Verhältnisse und Umweltsicherung und Umweltschutz wird beibehalten. Unter ökologischen Verhältnissen ist der Zustand des Natur-

haushalts insgesamt und der der einzelnen Landschaftsfaktoren wie Boden, Wasser, Klima oder Tier- und Pflanzenwelt zu verstehen. Bei Umweltsicherung und Umweltschutz geht es um Nutzungsauswirkungen auf den Menschen, z. B. durch Immissionen von Lärm oder Abgasen. Im Rahmen der Landschaftsplanung wird Anforderungen an Umweltsicherung und Umweltschutz z. B. durch Offenhaltung von Frischluftbahnen, Lärmschutzpflanzungen, Ausweisung von sog. Verkehrsgrün oder Sichtschutzpflanzungen gegenüber Industrieanlagen entsprochen. Auch die Verbesserung eines wenig gegliederten (langweiligen) Landschaftsbildes, wie sie z. B. mit der Durchgrünung von ausgeräumten Agrarlandschaften erfolgt, dient Umweltsicherung und Umweltschutz.

Zu beachten ist, daß es sich auch bei der Honorarzone I um Problemgebiete handelt, da Landschaftspläne nicht für jedes Gebiet, sondern nur auszuarbeiten sind, „soweit dies aus Gründen des Naturschutzes und der Landschaftspflege erforderlich ist" (§ 6 Abs. 1 Bundesnaturschutzgesetz). Das bedeutet, daß z. B. unter „einfachen ökologischen Verhältnissen" oder unter „geringen Anforderungen an Umweltsicherung und Umweltschutz" immerhin Verhältnisse zu verstehen sind, die eine Landschaftsplanung erforderlich machen, weil die örtlichen Erfordernisse und Maßnahmen des Naturschutzes und der Landschaftspflege im Sinne von § 6 Abs. 2 des Bundesnaturschutzgesetzes bzw. entsprechender Bestimmungen in den einzelnen Naturschutzgesetzen der Länder darzustellen sind.

Absatz 2 enthält wie bei der Objektplanung die Vorschrift, welcher Honorarzone der Landschaftsplan in Zweifelsfällen zuzurechnen ist. In solchen Fällen ist die Summe der Bewertungspunkte maßgebend. Die einzelnen Bewertungsmerkmale sind nach Maßgabe von Absatz 3 zu bewerten. In die Honorarzone I werden Landschaftspläne mit bis zu 16 Punkten eingeordnet, in die Honorarzone II Landschaftspläne mit 17 bis 30 Punkten und in die Honorarzone III Landschaftspläne mit 31 bis 42 Punkten. Mit der Anzahl der Bewertungspunkte wird noch nicht ein Honorar innerhalb der Mindest- und Höchstsätze einer Honorarzone bestimmt. Die Anzahl der Bewertungspunkte ist bei der Vereinbarung des Honorars im Rahmen der Honorarspanne lediglich ein Kriterium, das neben mehreren anderen bei der Höhe des Honorars berücksichtigt werden kann.

Absatz 3 enthält die Vorschrift, mit wieviel Punkten entsprechend dem Schwierigkeitsgrad die einzelnen Bewertungsmerkmale zu bewerten sind.

In Absatz 3 wird das Merkmal „Umweltsicherung und Umweltschutz" höher und das Merkmal „Bevölkerungsdichte" niedriger bewertet.

Die Änderungen folgen den geänderten und in der Praxis bereits vielfach realisierten Anforderungen an die

Landschaftsplanung. Die Bevölkerungsdichte ist als konstanter Faktor im Verhältnis zu den Anforderungen des Umweltschutzes – insbesondere im ländlichen Raum – überbewertet. Hier werden Anforderungen an die Planer gestellt, die strukturell unterbewertet sind.

Die Änderungen berühren nicht die Gesamtmenge der Landschaftsplanungen, sondern betreffen nur Teile. Es kann jedoch davon ausgegangen werden, daß tendenziell eine geringfügig größere Anzahl von Landschaftsplänen höher bewertet wird, als sie aufgrund der Bevölkerungsdichte bewertet wäre.

Zu § 45 a:

RegE zu § 45 a (BR-Drucks. 594/87, S. 123):

§ 45 a enthält das Leistungsbild Landschaftsplan. Mit den Landschaftsplänen werden die örtlichen Erfordernisse und Maßnahmen zur Verwirklichung der Ziele des Naturschutzes und der Landschaftspflege mit Text, Karten und Begründung dargestellt (§ 6 Bundesnaturschutzgesetz).

Das Leistungsbild wird in **Absatz 1** in 5 Leistungsphasen gegliedert.

Die Änderungen der Bewertung der Grundleistungen für die **Leistungsphasen 1 und 2** tragen den tatsächlich zu erbringenden Leistungen Rechnung.

Für die **Leistungsphase 2** wird eine Bewertung zwischen 20 und 37 v. H. insbesondere dann zu vereinbaren sein, wenn es um die Fortschreibung des Landschaftsplans geht. Auch bei einer solchen Fortschreibung oder beim Vorliegen wesentlicher Teile der Bestandsaufnahme, z. B. im Zusammenhang mit einer Flächennutzungsplanung, ist die Aktualisierung oder Vervollständigung mindestens mit 20 v. H. der Gesamtleistung zu veranschlagen.

Eine geringere Bewertung als mit 37 v. H. des Honorars kann in Frage kommen, wenn

— aufgrund von Vorarbeiten der Naturschutzbehörden wesentliche Teile der Bestandsaufnahme vorgegeben sind,

— EDV-Leistungen die Bestandsaufnahme wesentlich vereinfachen, und deren Kosten als Nebenkosten abgerechnet werden,

— der Landschaftsplan gleichzeitig mit dem Flächennutzungsplan ausgearbeitet wird, und wesentliche Teile der Bestandsaufnahme vom Bearbeiter des Flächennutzungsplans erbracht werden (vgl. inhaltliche Übereinstimmung der Leistungsbilder in § 37 Abs. 2 Nr. 2 a und § 45 a Abs. 2 Nr. 2 a).

Voll wird der Honorarrahmen von Leistungsphase 2 in der Regel dann auszuschöpfen sein, wenn der Landschaftsplan als Grundlage für den Flächennutzungsplan oder als eigenständiger Plan erstellt wird.

Die vorläufige Planfassung (Leistungsphase 3) wird weiterhin mit 50 v. H. und der Entwurf (Leistungsphase 4) mit 10 v. H. bewertet. Für die genehmigungsfähige Planfassung (Leistungsphase 5) ist keine Bewertung vorgesehen, da diese Leistungen nur für Landschaftspläne, die Rechtscharakter erhalten sollen, zu erbringen sind. Wegen unterschiedlicher Regelungen in den Bundesländern kann diese Leistungsphase nicht als Grundleistung einheitlich bewertet werden.

In **Absatz 2** beschreibt die Leistungsphase 1 das Klären der Aufgabenstellung und des Leistungsumfangs wie bisher. Die hier aufgeführten Grundleistungen entsprechen inhaltlich der bisherigen Fassung.

Die **Leistungsphase 2** faßt wie bisher 3 Leistungsschwerpunkte zusammen; sie ist der veränderten Praxis angepaßt. Die detaillierte Beschreibung der einzelnen Leistungen trägt den inzwischen ergangenen naturschutzrechtlichen Regelungen in Bund und Ländern Rechnung.

In der ersten Grundleistung werden die Schwerpunkte der Bestandsaufnahme aufgrund vorhandener Unterlagen (z. B. Biotopkartierung) und örtlicher Erhebungen beschrieben. Soweit besondere Einzeluntersuchungen der natürlichen Grundlagen oder zu spezifischen Nutzungen erforderlich sind, insbesondere wenn Spezialisten (z. B. Biologen, Klimatologen oder Geologen) beigezogen werden müssen, können diese als Besondere Leistungen abgerechnet werden.

Der Naturhaushalt (**Leistungsphase 2 a,** 2. Spiegelstrich) ist als Wirkungsgefüge der Naturfaktoren, der Strukturen und Zusammenhänge von natürlichen bzw. naturnahen und anthropogenen Ökosystemen zu erfassen. Zu den Naturfaktoren zählen die abiotischen Faktoren wie geologische Gegebenheiten, Boden, Klima oder Wasser und die biotischen wie Pflanzen- (potentielle natürliche sowie reale Vegetation) und Tierwelt. Zu den besonderen Flächen- und Nutzungsfunktionen (Leistungsphase 2 b, 2. Spiegelstrich) zählen insbesondere Natur-, Biotop-, Boden-, Klima- und Wasserschutz sowie Erholungsvorsorge.

Die **Leistungsphase 3** ist die eigentliche Planungsphase, in der der Vorentwurf des Landschaftsplans erstellt wird. Zur Entscheidungsfindung ist nicht nur eine Darstellung, sondern auch eine Erläuterung der Planung erforderlich.

Die Grundleistungen der Phase 3 werden wie bisher in 4 Schwerpunkte gegliedert. Die Neuformulierungen sind Klarstellungen, die den geforderten Leistungsinhalt nach heutiger Bedeutung der Landschaftsplanung präzisieren.

Unter einem landschaftspflegerischen Sanierungsgebiet (**Leistungsphase 3 b,** 1. Spiegelstrich) sind Gebiete zu verstehen, die Landschaftsschäden aufweisen und in denen daher z. B. Maßnahmen zur Beseitigung oder zum Ausgleich von Beeinträchtigungen von

Natur und Landschaft oder zum Schutz des Bodens durchzuführen sind.

Flächen für landschaftspflegerische Entwicklungsmaßnahmen (**Leistungsphase 3 b, 2. Spiegelstrich**) dienen z. B. der Förderung heimischer Tier- und Pflanzenarten oder zur Erschließung und Gestaltung der Erholung.

Nach § 2 Nummer 13 Bundesnaturschutzgesetz ist auch die Umgebung geschützter und schützenswerter Kultur-, Bau- und Bodendenkmäler, sofern dies für die Erhaltung der Eigenart oder Schönheit des Denkmals erforderlich ist, zu erhalten.

Flächen für landschaftspflegerische Maßnahmen betreffen Eingriffe in den Naturhaushalt oder das Landschaftsbild, wie sie mit Nutzungen aller Art, z. B. in Wohn- und Kerngebieten, Gewerbe- und Industriegebieten, Verkehrsflächen, Abbau- und Ablagerungsflächen sowie auf land-, forst- und wasserwirtschaftlichen Nutzflächen, verbunden sind.

Die Hinweise auf landschaftliche Folgeplanungen (z. B. Grünordnungspläne) und Maßnahmen betreffen Regelungen von Duldungs- und Pflegepflichten, bodenordnende oder enteignende Maßnahmen oder für Landschaftsteile, die unter Schutz zu stellen sind.

Die **Leistungsphase 4** Entwurf wird nach Abstimmung des Vorentwurfs mit dem Auftraggeber und den für Naturschutz und Landschaftspflege zuständigen Behörden (i. d. R. höhere und untere) wie bisher erarbeitet. Der Entwurf ist nur dann die letzte endgültige Planfassung, wenn der Landschaftsplan als Fachplan (Gutachten) erstellt wird. Soll dieser Fachplan Verbindlichkeiten erlangen und daher als eigenständiger Plan oder als Bestandteil eines sogenannten Gesamtplans (Flächennutzungsplan) einem förmlichen Verfahren unterzogen werden, wird nach der Leistungsphase 4 die „Genehmigungsfähige Planfassung" erstellt.

Nur wenige Leistungen werden als Besondere Leistungen im Leistungsbild erwähnt. Das liegt daran, daß verschiedene Besondere Leistungen, wie z. B. das Ausarbeiten eines Leistungskatalogs, das Mitwirken an der Öffentlichkeitsarbeit des Auftraggebers einschließlich Mitwirken an Informationsschriften und öffentlichen Diskussionen als solche bereits beim Flächennutzungsplan in § 37 erwähnt werden. Diese Leistungen kommen häufig auch bei der Erarbeitung von Landschaftsplänen und Grünordnungsplänen in Betracht. Dies gilt auch für die übrigen in §§ 37 und 40 aufgezählten Besonderen Leistungen. Sie werden deshalb beim Landschaftsplan nicht noch einmal erwähnt. Auf § 2 Abs. 3 Satz 3 wird hingewiesen.

In **Absatz 3** wird den Vertragsparteien die Honorarvereinbarung für Leistungsphase 5 freigestellt, weil in Absatz 1 eine Bewertung der Leistungsphase 5 nicht vorgenommen wird.

In **Absatz 4** wird das Honorar für die vorläufige Planfassung als Einzelleistung von 55 v. H. auf 60 v. H. angehoben.

Absatz 5 enthält die Vorschrift, mit welchem Vomhundertsatz die Leistungsphasen 1 und 2 zu bewerten sind, wenn vor Erbringung der Grundleistungen eine schriftliche Vereinbarung fehlt. Inhaltlich wird die Vorschrift für Leistungsphase 2 geändert und insofern an die geänderte Bewertung der Leistungsphase 2 in Absatz 1 angepaßt.

In **Absatz 6** wird die Teilnahme an Sitzungen im Rahmen der Bürgerbeteiligung gleichrangig neben der Teilnahme an Sitzungen von politischen Gremien des Auftraggebers erwähnt. Aus der bisherigen Erfahrung hat sich ergeben, daß im Rahmen der Bürgerbeteiligung stets ein erheblicher Besprechungsumfang anfallen kann; auf die Begründung zu § 37 Abs. 3 wird verwiesen.

RegE (BR-Drucks. 238/94, S. 71):

Die Anforderungen an den Inhalt der Landschaftspläne, insbesondere im Zusammenhang mit Vermeidung und Ausgleich von Beeinträchtigungen durch Eingriffe in Natur und Landschaft, haben sich in den letzten Jahren erheblich erhöht. Die hierfür benötigten Daten liegen häufig nicht oder zumindest nicht für planerische Zwecke aufbereitet vor oder müssen durch zusätzliche örtliche Erhebungen erfaßt werden. Eine Honorierung derartiger, regelmäßig anfallender Leistungen als Besondere Leistungen würden nicht dem System der HOAI entsprechen.

*Um es den Vertragsparteien zu ermöglichen, ein leistungsgerechtes Honorar zu vereinbaren, wird ein neuer **Absatz 6** eingefügt. Damit wird die Möglichkeit geschaffen, je nach Lage des Einzelfalls, über den bisherigen Honorarrahmen in **Leistungsphase 2** hinaus Honorarvereinbarungen zu treffen.*

*Die Anzahl der Sitzungen, für deren Teilnahme das Honorar als Grundleistung abgegolten ist, ist zu hoch bemessen. Die hierfür anfallenden Kosten stehen nicht mehr in einem vertretbaren Verhältnis zum Gesamthonorar. Die Anzahl der mit dem Grundleistungshonorar abgegoltenen Sitzungen in **Abs. 7** wird daher reduziert.*

Zu § 45 b:

RegE zu § 45 b (BR-Drucks. 594/87, S. 128):

In **Absatz 1** wird jetzt eine eigene Honorartafel für Grundleistungen bei Landschaftsplänen aufgenommen. Bisher wurde die Honorierung aus dem Flächennutzungsplan übernommen. Das Honorarniveau in der neuen Honorartafel wird gegenüber dem bisher gültigen Honorarniveau, das seit 1976 unverändert gilt, im Durchschnitt um 50 v. H. angehoben. Im einzelnen kann die Erhöhung zwischen rd. 15 v. H. und 60 v. H. liegen, wie sich aus Vergleichsrechnungen ergeben hat. Diese Steigerung ergibt sich, wenn man die Honorare der geltenden Regelung für den Mindestsatz der Normalstufe bei einem Anteil der Flächen mit besonderem Aufwand von 7% des Planungsgebietes und durchschnittlichen Einwohnerzahlen berechnet und im Vergleich zu dem Mindestsatz der Honorarzone I dieser Verordnung setzt. In Gemeinden mit einer hohen Einwohnerzahl und mit einem großen Anteil von Flächen mit einem besonderen Planungsaufwand führt die Neuregelung zu Anhebungen unter 50 v. H. Lediglich in den selten vorkommenden Fällen mit geringer Einwohnerzahl und wenigen Flächen mit besonderem Planungsaufwand kann die Anhebung über 50 v. H. liegen.

Die Erhöhungen erfolgen zur Anpassung an die zwischenzeitlich veränderten wirtschaftlichen Verhältnisse und zur Abgeltung des zusätzlichen Aufwandes für die gestiegenen Anforderungen an Landschaftspläne.

In **Absatz 1** entspricht die neue Honorartafel für die Honorare für Landschaftspläne mit einer Gesamtfläche des Plangebiets bis 15 000 ha der Honorartafel, die mit der Dritten Änderungsverordnung eingefügt worden ist. Die Honorare für Landschaftspläne mit einer größeren Gesamtfläche werden gestrichen. Mit dieser Änderung werden die Möglichkeiten zur freien Vereinbarung eines Honorars erweitert. Das betrifft allerdings nur, wenn man von den Verhältnissen in 2 großen Bundesländern ausgeht, etwa 1 v. H. aller Landschaftspläne.

RegE (BR-Drucks. 238/94, S. 71, 81):

Wie im Teil V sind die Honorare seit dem 1. April 1988 unverändert. Das zu § 38 Ausgeführte gilt sinngemäß.

Die Honorare in der Honorartafel werden um 8,5 v. H. erhöht. Die Erhöhung erfolgt wie bei der Honorartafel zu § 16 Abs. 1 jedoch mit der Verteilung im Verhältnis 33^1/$_3$:33^1/$_3$:33^1/$_3$.

Die Honorare in der Honorartafel werden nach Artikel 1 um 8,5 v. H. erhöht. Sie werden um weitere 3,5 v. H. angehoben. Die Erhöhung erfolgt wie bei Artikel 1.

RegE (BR-Drucks. 594/87, S. 128):

In **Absatz 2** wird vorgeschrieben, daß – abweichend von der bisherigen Regelung – die Honorare nach der Gesamtfläche zu berechnen sind.

Absatz 3 enthält eine Regelung, wie die Grundleistungen von Landschaftsplänen mit einer Gesamtfläche in Hektar unter 1000 ha zu berechnen sind. Diese Vorschrift ist inhaltlich aus anderen Vorschriften, z. B. § 16 Abs. 2 übernommen worden.

In **Absatz 4** ist die Änderung im **Satz 1** eine Folgeänderung von der Neufassung der Honorartafel in Absatz 1. **Satz 2** enthält die übliche Regelung für den Fall, daß keine Vereinbarung eines Honorars bei Auftragserteilung getroffen ist.

Zu § 46:

RegE zu § 46 (BR-Drucks. 594/87, S. 129):

Das Leistungsbild Grünordnungsplan entspricht im wesentlichen der bisherigen Regelung. Die Maßnahmen im Rahmen des Grünordnungsplans werden lediglich gegenüber früher stärker auf Belange des Naturschutzes und der Landschaftspflege abgestellt. Damit wird den Grundsätzen des Naturschutzes und der Landschaftspflege entsprochen, nach deren Maßgabe die Ziele des Naturschutzes und der Landschaftspflege zu verwirklichen sind (§ 2 Bundesnaturschutzgesetz). Gemäß § 6 Abs. 4 Bundesnaturschutzgesetz haben die Länder in ihren Naturschutzgesetzen bereits geregelt, wie die Darstellungen der Landschaftsplanung Eingang in die Bauleitplanung finden. Danach kann der Grünordnungsplan Grundlage für einen Bebauungsplan, Bestandteil des Bebauungsplans oder Plan mit eigenem Rechtscharakter sein.

Nach **Absatz 1** sieht der Grünordnungsplan entsprechend der Gliederung des Landschaftsplans 5 Leistungsphasen vor (s. § 45 a Abs. 1).

Die **Leistungsphase 1** wird in **Absatz 2** im wesentlichen wie bisher beschrieben.

Die **Leistungsphasen 2 und 3** werden der veränderten Praxis angepaßt. Die detaillierte Beschreibung der einzelnen Leistungen trägt den inzwischen ergangenen naturschutzrechtlichen Regelungen in Bund und Ländern Rechnung. Bei der Erfassung des Orts/Landschaftsbildes (Leistungsphase 2 a, 2. Spiegelstrich) ist auch auf natürliche und kulturbedingte Strukturen einzugehen.

Der Entwurf (**Leistungsphase 4**) übernimmt die Ergebnisse des Vorentwurfs nach endgültiger Abstimmung mit dem Auftraggeber in Reinfassung.

In **Absatz 3** entspricht die Erhöhung des Vomhundertsatzes von 55 auf 60 vom Hundert anderen Vorschriften in der Honorarordnung, daß Leistungsphasen, wenn sie als Einzelleistung übertragen werden, stets höher bewertet werden können als dieselben Leistungsphasen bei der Übertragung des gesamten Leistungsbildes.

Nach **Absatz 4** gelten die Vorschriften von § 45 a Abs. 3, 5 und 6 sinngemäß.

RegE (BR-Drucks. 238/94, S. 72):

*In **Absatz 4** werden die Absätze 6 und 7 von § 45 a für sinngemäß anwendbar erklärt, da bei Grünordnungsplänen die gleichen Verhältnisse wie bei Landschaftsplänen vorliegen. Auf die Begründung zu § 45 a wird verwiesen.*

Zu § 46 a

RegE zu § 46 a (BR-Drucks. 594/87, S. 130):

Absatz 1 enthält eine neue Honorartafel für die Grundleistungen bei Grünordnungsplänen. Die Verbindung mit den entsprechenden Vorschriften für Bebauungspläne wird gelöst, weil sich die Anforderungen an die Leistungen für Bebauungspläne und Grünordnungspläne unterschiedlich entwickelt haben. Das Honorarniveau wird in der Honorartafel um 50 v. H. erhöht (vgl. Begründung zu § 45 b).

RegE (BR-Drucks. 238/94, S. 72, 81):

*Das zu § 45 b Ausgeführte gilt sinngemäß. Die Honorare in der Honorartafel in **Absatz 1** werden um 8,5 v. H. erhöht. Die Erhöhung erfolgt wie bei der Honorartafel zu § 16 Abs. 1 jedoch mit der Verteilung im Verhältnis 50:50.*

Das zu § 45 b Ausgeführte gilt sinngemäß. Die Honorare in der Honorartafel in Absatz 1 werden um weitere 3,5 v. H. erhöht. Die Erhöhung erfolgt wie bei Artikel 1.

Die Berechnung der Honorare in Absatz 2 nach der Summe der Einzelansätze entspricht inhaltlich der bisherigen Regelung.

Die Honorarberechnung für die Grundleistungen des Grünordnungsplans hält in Absatz 3 noch an dem bisherigen System der Honorarfindung nach Verrechnungseinheiten fest. Mit der Umstellung der Verrechnungseinheiten werden die geänderten Anforderungen an die Planung berücksichtigt, wie sie nach der Naturschutzgesetzgebung erforderlich geworden sind. Die Umstellung ist kostenneutral. Die seit dem 1. Januar 1977 geltenden Ansätze in § 48 Abs. 3 der bis zum Inkrafttreten dieser Verordnung geltenden Fassung stellen zu sehr auf den Bebauungsplan ab.

Eine Umstellung der Honorarfindung entsprechend der Landschaftsplanung, wie die Ermittlung von Honorarzonen und Bemessung des Honorars nach der Größe des Planungsgebietes in Hektar, ist nicht möglich, da noch keine ausreichenden Erfahrungen in den entsprechenden Honoraransätzen vorliegen.

In **Absatz 3** werden die Ansätze aufgeführt. Dabei haben die Ansätze für Grünflächen sowie die Flächen mit Pflanzbindungen und Pflanzgeboten, soweit sie in Baulandflächen liegen, wegen ihrer herausragenden Bedeutung die höchste Anzahl VE erhalten.

RegE (BR-Drucks. 304/90, S. 157):

Die Änderung in **Absatz 3 Nr. 2** erfolgt zur Klarstellung, um Mißverständnisse zu vermeiden. Das „Anpflanzen" als Festsetzung nach § 9 Baugesetzbuch ist eine Pflicht ohne Frist, die aber als Grundlage von Verwaltungsakten dient. Neben der Pflanzpflicht besteht noch ein richtiges Pflanzgebot.

Absatz 4 bestimmt, daß das Honorar für Grünordnungspläne, bei denen die Summe der Einzelansätze nach Absatz 4 1 Million VE übersteigt, frei vereinbart werden kann.

RegE (BR-Drucks. 304/90, S. 157):

Absatz 4 a regelt die Frage, welche Planfassung des Grünordnungsplanes für die Honorarberechnung maßgebend ist. Die Verordnung sieht zwingend vor, daß für die Honorarberechnung die endgültige Planfassung verbindlich ist. Es ist somit davon auszugehen, daß der gesamte Leistungsumfang bei der Honorierung berücksichtigt wird. Wird der Grünordnungsplan nicht bis zur endgültigen Fassung durchgearbeitet, so ist nach Satz 2 die mit dem Auftraggeber abgestimmte Fassung verbindlich.

Nach **Absatz 5** können Grünordnungspläne der Schwierigkeitsstufe zugeordnet werden, wenn es bei Auftragserteilung schriftlich vereinbart worden ist. Beispielhaft werden mehrere häufiger vorkommende Schwierigkeitsmerkmale erwähnt.

Zu § 47:

RegE zu § 47 (BR-Drucks. 594/87, S. 131):

Die Vorschriften über den Landschaftsrahmenplan werden neu in die Verordnung aufgenommen.

Absatz 1 enthält eine kurze Inhaltsangabe dieses Plans. Für Leistungen der Landschaftsrahmenplanung ist im Hinblick auf § 5 Bundesnaturschutzgesetz die Festlegung eines Leistungsbildes erforderlich. Zum einen enthält § 5 Bundesnaturschutzgesetz im Gegensatz zu § 6 Abs. 2 Bundesnaturschutzgesetz keine grundsätzlichen Regelungen des Inhalts von Landschaftsrahmenplänen, zum anderen werden in Vollzug der Naturschutzgesetze in den Bundesländern Landschaftsrahmenplanungen insgesamt oder in Teilen an Landschaftsarchitekten vergeben. Der Landschaftsrahmenplan betrifft große Planungsgebiete (Landkreise oder Planungsregionen der Regionalplanung), für die überörtliche Erfordernisse und Maßnahmen zur Verwirklichung der Ziele des Naturschutzes und der Landschaftspflege in der Regel im Maßstab 1:25 000 darzustellen sind.

In **Absatz 2** lehnt sich die Bewertung der Grundleistungen an die für Landschafts- und Grünordnungspläne an. Im Gegensatz zur örtlichen Landschaftsplanung kommen der Landschaftsanalyse und -diagnose größeres Eigengewicht zu, so daß eine Trennung in 2 Leistungsphasen notwendig wird.

In **Absatz 3** unterscheidet das Leistungsbild 4 Phasen:

Die **Leistungsphase 1** (Landschaftsanalyse) befaßt sich mit der Bestandsaufnahme. Zu den natürlichen Grundlagen rechnen neben abiotischen Landschaftselementen wie Boden, Klima, Gewässer, Grundwasserverhältnisse und Oberflächenrelief auch die Tier- und Pflanzenwelt. Aufgrund der unterschiedlichen Verteilung und des unterschiedlichen Zusammenwirkens der Landschaftselemente ist die Landschaft in Naturräume und ökologische Raumeinheiten gegliedert. Die Flächennutzung, also die tatsächlich ausgeübte Bodennutzung, ist soweit zu erfassen, wie sie Auswirkungen auf den Naturhaushalt und das Landschaftsbild hat.

Die **Leistungsphase 2** befaßt sich mit der Bewertung der Ergebnisse der Landschaftsanalyse hinsichtlich des Naturhaushalts und des Landschaftsbildes sowie der vorhandenen und vorhersehbaren menschlichen Einwirkungen, z. B. durch Industrieansiedlungen, Auskiesung, Verkehrsbauwerke, Deponien etc.

Die **Leistungsphase 3** befaßt sich mit dem Entwurf des Landschaftsrahmenplans. Dabei ist auf eine ökologisch vertretbare Flächennutzung hinzuwirken. Für die einzelnen Raumeinheiten sind die überörtlichen Erfordernisse und Maßnahmen darzustellen, von den Zielen des Arten- und Biotopschutzes bis hin zu denen der Erholung in der freien Natur. Bei der Einarbeitung dieser Zielvorstellungen ergeben sich auch Gebiete, die einer detaillierten Landschaftsplanung bedürfen.

Nach **Absatz 4** ermäßigt sich bei einer Fortschreibung des Landschaftsrahmenplans die Bewertung der Leistungsphase 1 von 20 auf 5 v. H. des Honorars nach § 47 a. Landschaftsrahmenpläne sind insbesondere bei der Fortschreibung von Regionalplänen, aber auch wegen sich ändernder Nutzungsansprüche an die Landschaft oder auch zur Definition weiterer Nutzungsbelange fortzuschreiben, z. B. als Folge von Arten- und Biotopschutzprogrammen. Für diese Fortschreibung ist daher eine eigene Regelung erforderlich.

RegE (BR-Drucks. 238/94, S. 72):

*Mit dem neuen **Absatz 5** wird den ebenfalls in der **Leistungsphase 2** gestiegenen Anforderungen bei Landschaftsrahmenplänen Rechnung getragen. Auf die Begründung zu § 45 a Abs. 6 wird verwiesen.*

Zu § 47 a:

RegE zu § 47 a (BR-Drucks. 594/87, S. 133):

In **Absatz 1** orientiert sich die Honorartafel an Regelungen des Rahmenplans der Gemeinschaftsaufgabe „Verbesserung der Agrarstruktur und des Küstenschutzes" für die Bezuschussung der agrarstrukturellen Vorplanung. Das bisherige Niveau der Zuschüsse ist Grundlage für die Festsetzung der Honorare gewesen. Mehrkosten für die Gebietskörperschaften sind in diesem Bereich nicht zu erwarten.

RegE (BR-Drucks. 238/94, S. 72, 81):

*Das zu § 45 b Ausgeführte gilt sinngemäß. Die Honorare in der Honorartafel in **Absatz 1** werden um 8,5 v. H. erhöht. Die Erhöhung erfolgt wie bei der Honorartafel zu § 16 Abs. 1 jedoch mit der Verteilung im Verhältnis 50:50.*

Das zu § 45 b Ausgeführte gilt sinngemäß. Die Honorare in der Honorartafel in Absatz 1 werden um weitere 3,5 v. H. erhöht. Die Erhöhung erfolgt wie bei Artikel 1.

RegE (BR-Drucks. 594/87, S. 133):

Nach **Absatz 2** gelten für die Berechnung der Honorare für Landschaftsrahmenpläne mit einer Gesamtfläche unter 5000 ha oder über 100 000 ha die Vorschriften in § 45 b Abs. 2 bis 4 sinngemäß.

In **Absatz 3** werden die unterschiedlichen Schwierigkeitsmerkmale erwähnt, die sich für die Landschaftsrahmenplanung aufgrund besonderer ökologischer und sozioökologischer Verhältnisse in den einzelnen Planungsgebieten ergeben.

Zu § 48:

RegE zu § 48 (BR-Drucks. 304/90, S. 157):

Das bisherige Honorarberechnungssystem für Umweltverträglichkeitsstudien und landschaftspflegerische Begleitpläne wird geändert, weil sich die Anforderungen an die vorgenannten Pläne aufgrund der Umweltgesetzgebung und insbesondere nach Inkrafttreten der Naturschutzgesetze in Bund und Ländern wesentlich verändert haben. Für Umweltverträglichkeitsstudien wird der Bezug zu Bewertungsmerkmalen des § 45 aufgegeben. Ebenso wird auch das bisherige Honorarberechnungssystem für landschaftspflegerische Begleitpläne nach Verrechnungseinheiten und Zuordnung in Normal- oder Schwierigkeitsstufe aufgegeben. An seine Stelle tritt das Honorarermittlung, die sich auf den Flächenansatz des Plangebiets bezieht, gemessen in Hektar und sich in drei Honorarzonen gliedert. Die Honorarermittlung nach Honorarzonen erlaubt es zudem, entsprechend der gestiegenen Bedeutung von landschaftsplanerischen Leistungen dieser Art, dem einzelnen Schwierigkeitsgrad entsprechend ein leistungsgerechtes Honorar festzulegen. Die Honorarzonen werden dabei – wie auch in den anderen Teilen der Honorarordnung – anhand des Schwierigkeitsgrades der Bewertungsmerkmale ermittelt.

In **Absatz 1** werden jetzt eigene Bewertungsmerkmale vorgeschrieben. Sie ersetzen den bisherigen Hinweis auf die Bewertungsmerkmale des Landschaftsplanes. Diese sind weder auf Umweltverträglichkeitsstudien noch auf landschaftspflegerische Begleitpläne mehr übertragbar. Die neuen Bewertungsmerkmale unterscheiden sich in ihrer Art, ihrer Eigenheit und Planungsrelevanz erheblich. Obwohl im wesentlichen Merkmale des Naturschutzrechts angesprochen werden, müssen diese Bewertungsmerkmale auch auf außerhalb der Belange des Naturschutzes und der Landschaftspflege liegende Sachverhalte der Umweltverträglichkeitsstudie bezogen werden können, z. B. auf Sachgüter, kulturelles Erbe. Anders als die Landschaftsplanung verfolgt die Umweltverträglichkeitsstudie das Ziel, Wirkungen von Vorhaben oder Projekten verschiedenster Art auf die Umwelt raum- und alternativbezogen als Entscheidungsgrundlage zu erfassen, zu analysieren und zu bewerten. Folglich müssen Kriterien herangezogen werden, die u. a. neben der Ausstattung der Landschaft an ökologisch bedeutsamen Strukturen, Ausprägung der Nutzungsansprüche und Merkmalen zum Landschaftsbild, insbesondere auch die potentielle Beeinträchtigungsintensität bzw. Eingriffserheblichkeit von raumwirksamen Vorhaben, berücksichtigt. Die Eingriffsintensität bzw. Beeinträchtigungsintensität berücksichtigt, daß Projekte hinsichtlich ihrer Eingriffe oder Beeinträchtigungen qualitativ zu bewerten sind.

Die 6 für die Zuordnung einer Umweltverträglichkeitsstudie maßgeblichen Bewertungsmerkmale hängen in der Regel sehr eng zusammen.

Schwierige ökologische Verhältnisse stellen oft auch hohe Anforderungen an die Beurteilung von Beeinträchtigungen der Umwelt, und somit hohe Anforderungen an Umweltsicherung und Umweltschutz. Daher ist eine Differenzierung der Schwierigkeitsmerkmale über allgemein verständliche und im Untersuchungsraum leicht erkennbare bzw. leicht erfaßbare Kriterien angezeigt.

Die Ausstattung eines Untersuchungsraumes an ökologisch bedeutsamen Strukturen, z. B. Gewässer, Wälder, Hecken, bedeutende Lebensräume für Pflanzen und Tiere, ist ein leicht zu erfassendes Merkmal und dennoch für die Abschätzung der Qualität einer Landschaft ein effektives. Die Ausstattung einer Landschaft, z. B. mit gliedernden und belebenden Elementen, ist ein relativ einfaches Hilfsmerkmal für die Beurteilung des Landschaftsbildes. Hieraus läßt sich im wesentlichen die generelle Erholungseignung ableiten, die um die grobe Erfassung der realen Nutzung einer Landschaft als „Erholungslandschaft/Erholungsraum" zu ergänzen ist. Die Einschätzung der Empfindlichkeit einer Landschaft gegenüber potentiellen Umweltbelastungen und Beeinträchtigungen von Natur und Landschaft läßt sich an den ökologischen Verhältnissen des

Raumes ablesen, d. h. am Zustand des Naturhaushalts insgesamt und den einzelnen Landschaftsfaktoren wie Wasser, Boden, Klima/Luft, Tier- und Pflanzenwelt im besonderen. Die Nutzungsstruktur ist zum einen landschaftsprägend, zum anderen auch im Hinblick auf die derzeitige Belastung der natürlichen Ressourcen ein entscheidendes Kriterium. Der Faktor Erholung ist für die Frage der Umweltverträglichkeit von Projekten ebenfalls ein wichtiges Kriterium. Ein wesentliches Moment, zugleich Abgrenzung zu den Bewertungsmerkmalen des § 45, ist die potentielle Beeinträchtigungsintensität, die durch das Projekt bzw. Vorhaben selbst verursacht wird. Zur generellen Einschätzung der potentiellen Beeinträchtigungsintensität ist die Schwere und die Dauer der zu erwartenden Auswirkungen eines Projekts oder Vorhabens auf die Umwelt (bei landschaftspflegerischen Begleitplänen in der Regel nur bezogen auf Naturhaushalt und Landschaftsbild) ein entscheidendes Merkmal. Die neuen Bewertungsmerkmale berücksichtigen diese Faktoren.

In **Absatz 2** wird vorgeschrieben, welcher Honorarzone die Umweltverträglichkeitsstudie in Zweifelsfällen zuzurechnen ist. In solchen Fällen ist die Summe der Bewertungspunkte maßgebend. Die einzelnen Bewertungsmerkmale sind nach Maßgabe von Absatz 3 zu bewerten. In die Honorarzone I werden Umweltverträglichkeitsstudien mit bis zu 16 Punkten eingeordnet, in die Honorarzone II Umweltverträglichkeitsstudien mit 17 bis 30 Punkten und in die Honorarzone III Umweltverträglichkeitsstudien mit 31 bis 42 Punkten. Mit der Anzahl der Bewertungspunkte wird noch nicht ein Honorar innerhalb der Mindest- und Höchstsätze einer Honorarzone bestimmt. Die Anzahl der Bewertungspunkte ist bei der Vereinbarung des Honorars im Rahmen der Honorarspanne lediglich ein Kriterium, das neben mehreren anderen bei der Höhe des Honorars berücksichtigt werden kann.

In **Absatz 3** wird vorgeschrieben, mit wieviel Punkten entsprechend dem Schwierigkeitsgrad die einzelnen Bewertungsmerkmale zu bewerten sind.

Zu § 48 a:

Für die Umweltverträglichkeitsstudien wird ein eigenes Leistungsbild aufgestellt, das den umweltrechtlichen Erfordernissen entspricht. Die Leistungsbilder für Landschaftspläne, Grünordnungspläne oder landschaftspflegerische Begleitpläne können nicht übernommen werden, da der Leistungsschwerpunkt neben einer Bestands- und Wirkungsanalyse insbesondere auf einer vergleichenden Bewertung von Projektalternativen liegt.

RegE (BR-Drucks. 304/90, S. 160):

In § 48 a ist der Inhalt von § 48 in der Fassung der Dritten Änderungsverordnung unverändert übernommen worden.

Die Umweltverträglichkeitsstudien erfassen, analysieren und bewerten raum- und alternativenbezogen die Wirkungen eines Vorhabens auf die Umwelt bei Leistungen nach Teil VI. Sie tragen als Planungsbeitrag zur Entscheidungsfindung in Politik, Verwaltung und Öffentlichkeit bei. Umweltverträglichkeitsstudien werden in Verbindung mit raumwirksamen Planungen und Vorhaben von privaten Auftraggebern oder der öffentlichen Hand in Auftrag gegeben, z. B. bei Verkehrsbauten, Gewässerausbau, Deponien oder Abgrabungen, Kraftwerken, Hafenanlagen, Projekten der Industrie aber auch landwirtschaftlichen Projekten.

Die Umweltverträglichkeitsstudien werden, ausgehend von den Vorgaben des UVP-Gesetzes, verstanden als umfassender Beitrag des Verursachers innerhalb der Voruntersuchung, Standortfindung oder Variantendiskussion zur Bereitstellung der Informationen, die für die Prüfung der Umweltverträglichkeit durch die zuständige Genehmigungsbehörde notwendig sind.

Das UVP-Gesetz zielt darauf ab, daß bei allen technischen Planungs- und Entscheidungsprozessen die Auswirkungen auf die Umwelt so früh wie möglich berücksichtigt werden. Hierbei wird die Umweltverträglichkeitsprüfung als behördliches Prüfverfahren verstanden, zu dem die Umweltverträglichkeitsstudie die wesentliche Informationsgrundlage darstellt. Für die Umweltverträglichkeitsstudien besteht ein eigenes Leistungsbild, das den umweltrechtlichen Erfordernissen entspricht. Der Leistungsschwerpunkt liegt im Gegensatz zu Landschaftsplänen, Grünordnungsplänen oder landschaftspflegerischen Begleitplänen neben einer Bestands- und Wirkungsanalyse insbesondere auf einer vergleichenden Bewertung von Projektalternativen.

Nach **Absatz 1** werden die Grundleistungen in 5 Leistungsphasen unterteilt. Die Grundleistungen sind dabei stets gleichartig. Sie unterscheiden sich lediglich durch die Anforderungen an den Genauigkeits- und Detaillierungsgrad der Planungsaussage (Planungstiefe). Die Bewertung der Leistungsphasen 2 und 4 mit 30 und 40% der Honorare entspricht dem Arbeitsumfang und der Bedeutung der Leistungsphasen.

In **Absatz 2** werden die Leistungen für das Leistungsbild beschrieben.

Die **Leistungsphase 1** umfaßt neben dem Klären der Aufgabenstellung das Ermitteln des Leistungsumfangs. Dabei kommt je nach Problematik des Projekts der Ermittlung ergänzender Fachleistungen eine besondere Bedeutung zu. Der Untersuchungsraum ist

so abzugrenzen, daß alle Auswirkungen des Vorhabens auf die Umwelt sowie die Gebiete für eventuelle Abhilfe- oder Ausgleichsmaßnahmen erfaßt werden. Dabei kann der räumliche Untersuchungsbereich nur fallbezogen abgegrenzt werden, d. h. die Größe des vorläufigen Untersuchungsraumes wird im wesentlichen bestimmt durch die räumlichen Parameter der voraussichtlichen Wirkungen des Vorhabens auf die aus dem Naturschutzrecht abgeleiteten Wert- und Funktionselemente allgemeiner und besonderer Bedeutung für den Naturhaushalt und das Landschaftsbild, auf den Menschen sowie auf die Kultur- und sonstigen Sachgüter.

Die **Leistungsphasen 2 und 3** sind dem veränderten Umweltbewußtsein angepaßt. Die detaillierte Beschreibung der einzelnen Leistungen trägt den inzwischen ergangenen umweltrechtlichen Regelungen in Bund und Ländern Rechnung. Zur heutigen Praxis gehört, daß bei der Erfassung und Bewertung sowohl auf natürliche als auch auf kulturbedingte Strukturen bzw. Sachverhalte einzugehen ist. Das Einbeziehen der Vorbelastung ist ein wesentliches Moment.

Eine Aktualisierung der Planungsgrundlagen kann nur dann zur Besonderen Leistung werden, wenn wegen besonderer Umstände, z. B. wegen mehrjähriger Einzeluntersuchungen oder komplizierter Ausbreitungsberechnungen, die Arbeiten an der Umweltverträglichkeitsstudie für diesen größeren Zeitraum unterbrochen werden müssen, und dadurch nachgewiesenermaßen frühere Leistungen, wie z. B. die Bestandsaufnahme, überholt sind.

Der Konfliktanalyse nach Leistungsphase 3 liegen, da es sich hierbei um landschaftsplanerische Leistungen handelt, die vom Projektträger auszuarbeitenden Grobentwürfe der einzelnen Alternativen zugrunde. Im Zuge des Planungsprozesses, insbesondere aufgrund der Bewertungen der Auswirkungen des Vorhabens, kann sich erweisen, daß der Planungsbereich zu erweitern ist.

Bestands- und Wirkungsanalyse bilden die Grundlage für die Bewertung von verschiedenen Lösungen für das Projekt. Die zusammenfassende Darstellung nach Leistungsphase 3 bildet die Grundlage für die Entscheidung, bestimmte Alternativen für das Projekt aus Umweltgründen nicht weiter vertieft zu untersuchen, sondern auszuschalten.

In **Leistungsphase 4** erfolgt eine Beurteilung der ausgewählten Lösungen für das Projekt auf der Grundlage der zielorientierten Raumanalyse und -bewertung. Ermittlung und Darstellung verbleibender erheblicher oder nachhaltiger Beeinträchtigungen auf die Umwelt, die voraussichtlich nicht vermieden oder nicht im erforderlichen Maße ausgeglichen werden können, gehören ebenso dazu wie die Bildung einer Rangfolge der Lösungen für das Projekt bezüglich ihrer Umwelterheblichkeit, wobei die jeweiligen Unterschiede herauszustellen sind.

Die **Leistungsphase 5** (endgültige Fassung der Studie) erfolgt nach endgültiger Abstimmung mit dem Auftraggeber. Ferner wird zur Klarstellung festgelegt, daß die Umweltverträglichkeitsstudie im Maßstab 1:5000 auszuarbeiten ist.

RegE zu § 48 b (BR-Drucks. 304/90, S. 163):

In § 48 b wird der Inhalt von § 48 a in der Fassung der Dritten Änderungsverordnung unverändert übernommen, abgesehen von Hinweisen auf andere Vorschriften der Honorarordnung und von Änderungen der Honorartafel.

Das Leistungsbild Umweltverträglichkeitsstudie ist weder dem des Landschaftsplanes oder Grünordnungsplanes, noch dem des landschaftspflegerischen Begleitplanes gleich. Es unterscheidet sich in seiner Art, in seiner Eigenheit und Planungsintensität erheblich. Obwohl die Honorartafel für Grundleistungen des Landschaftsplanes den Flächenansatz berücksichtigt, deckt sich dieser nicht mit dem Flächenansatz für Umweltverträglichkeitsstudien.

Die Honorartafel beginnt nunmehr bei 50 ha. Die Honorarordnung in der Fassung der Dritten Änderungsverordnung, die bei 100 ha beginnt, ist für kleinere Projekte nicht anwendbar. Da nun vermehrt auch für Maßnahmen oder Vorhaben Umweltverträglichkeitsstudien gefordert werden, die einen hohen Planungsaufwand erfordern, aber einen geringen Flächenansatz haben, ist die vorgesehene Anpassung der Honorartafel im unteren Bereich erforderlich. Dieser Trend wird sich im Hinblick auf das künftige UVP-Gesetz noch verstärken. Um eine dort geforderte Aussagegenauigkeit zu gewährleisten, hat sich in der Praxis ein Bearbeitungsmaßstab von 1:5000 bewährt. (Vgl. auch Leistungsphase 5 von § 48 a Abs. 2.)

Mit dieser Änderung sollen sich die gegenwärtig unbefriedigenden Verhandlungen in Zukunft erübrigen, über besondere Vereinbarungen, die nicht den Vorschriften der Honorarordnung gerecht werden, zu einem auskömmlichen und angemessenen Honorar zu gelangen. Auch in diesem Bereich sollen Vereinbarungen über leistungsgerechte Honorare auf der Grundlage der Honorarordnung möglich werden.

Die derzeit gültige Fassung der Honorartabelle war ursprünglich mit Bezug auf Großprojekte im unteren Bereich rechnerisch ermittelt worden. Bei Großprojekten spielt der allgemeine Planungsaufwand für bestimmte Grundleistungen eine untergeordnete Rolle. Es hat sich gezeigt, daß bei kleineren Projekten unabhängig von der Projektgröße ein relativ hoher Planungsaufwand für bestimmte Grundleistungen unver-

meidbar ist, der in etwa identisch ist mit dem, der Grundlage ist für den in der Tabelle dargestellten Sockelbetrag.

Dieser durch das Leistungsbild Umweltverträglichkeitsstudie vorgegebene Mindestaufwand ist flächenunabhängig und sieht keine Differenzierung hinsichtlich der Projektgröße vor. Da eine weitere Verkleinerung des Planungsgebietes keine entsprechende Verringerung des Planungsaufwandes mehr mit sich bringt, können die Honorarsätze für eine Bearbeitungsfläche von 50 ha auch als ein Hinweis für die Vereinbarung eines Honorars für Umweltverträglichkeitsstudien und Flächen unter 50 ha angesehen werden.

Die Honorartafel wird nur im unteren Bereich geändert, ab Umweltverträglichkeitsstudien für eine Fläche von 1250 ha bleibt die Tafel unverändert. Mehrkosten aufgrund der im unteren Bereich veränderten Honorartafel entstehen für die Gebietskörperschaften in der Regel nicht, da die Honorare nach Feststellungen der zuständigen Landesbehörden wegen der nicht vorhandenen bzw. der nicht kostendeckenden Honorarsätze im Bereich bis 100 ha bzw. bis etwa 300 ha in Höhe der jetzt in der Honorartafel aufgenommenen Werte frei vereinbart werden, z. B. auf der Basis von frei vereinbarten Zeitschätzungen. Im übrigen entstehen den Gebietskörperschaften auch deshalb keine Mehrkosten, weil bei einer Vielzahl von UVP-pflichtigen Projekten, insbesondere mit einem Untersuchungsraum bis zu 100 ha, private Auftraggeber betroffen sind.

Im Gegensatz zum Landschaftspflegerischen Begleitplan, der nur im Rahmen örtlicher Erhebungen Anwendung findet und sich im wesentlichen auf die Belange des Naturschutzes und der Landschaftspflege bezieht, werden in der Umweltverträglichkeitsstudie raum- und variantenbezogen die Wirkungen eines Vorhabens auf die Umwelt erfaßt, analysiert und bewertet. Die im Leistungsbild Umweltverträglichkeitsstudie vorgegebene Vorgehensweise setzt in der Regel einen größeren Untersuchungsraum voraus. Diese Vorgabe ist jedoch nicht bei allen Vorhaben bzw. Projekten zwangsläufig.

RegE (BR-Drucks. 238/94, S. 72, 81):

Das zu § 45 b Ausgeführte gilt sinngemäß. Die Honorare in der Honorartafel in Absatz 1 werden um 8,5 v. H. erhöht. Die Erhöhung erfolgt wie bei der Honorartafel zu § 16 Abs. 1 jedoch mit der Verteilung im Verhältnis 33^1/$_3$:33^1/$_3$:33^1/$_3$.

Das zu § 45 b Ausgeführte gilt sinngemäß. Die Honorare in der Honorartafel in Absatz 1 werden um weitere 3,5 v. H. erhöht. Die Erhöhung erfolgt wie bei Artikel 1.

151

RegE (BR-Drucks. 304/90, S. 163):

In **Absatz 2** wird die Fläche des Untersuchungsraumes als Grundlage für die Honorarermittlung festgelegt.

Nach Absatz 3 gelten die Vorschriften von § 45 b Absätze 3 und 4 sinngemäß.

Insbesondere bei Vorhaben bzw. Projekten mit punktuellen Auswirkungen, bei denen sich ein Bezug zur Fläche nicht anbietet, kann das Honorar in Anbetracht eines hohen Planungsaufwandes frei vereinbart werden. Beispiele hierfür sind

— Errichtung eines Tanklagers, wobei z. B. Transportwege, Entsorgung von Abfällen oder Bodenschutz besondere Anforderungen stellen;

— Errichtung eines Mastschweineplatzes, wobei z. B. Vorschriften aus dem Bundesimmissionsschutzgesetz bzw. die umweltgerechte Entsorgung von Gülle oder Desinfektionsmitteln besondere Anforderungen stellen;

— Umbau eines Kreuzungsbereiches, wobei z. B. eine schwierige städtebauliche Situation, hohe Bevölkerungsdichte oder umfangreiche Variantendiskussionen in Lage und Höhe auf kleinstem Raum besondere Anforderungen stellen.

Zu § 49:

RegE zu § 49 (BR-Drucks. 304/90, S. 166):

In § 49 wird zur Ermittlung der Honorarzonen bei Landschaftspflegerischen Begleitplänen darauf verwiesen, daß § 48 sinngemäß angewendet werden kann. Die neu aufgenommenen Vorschriften zur Ermittlung von Honorarzonen bei Umweltverträglichkeitsstudien in § 48 eignen sich auch für die Ermittlung der Honorarzonen bei Landschaftspflegerischen Begleitplänen.

Zu § 49 a

RegE zu § 49 a (BR-Drucks. 304/90, S. 166):

In § 49 a werden die durch die Dritte Änderungsverordnung in die Honorarordnung aufgenommenen Vorschriften aus § 49 inhaltlich unverändert übernommen.

Landschaftspflegerische Begleitpläne werden, unbeschadet der Bezeichnung in den Naturschutzgesetzen der Länder, in Verbindung mit landschaftsverändernden Vorhaben in Auftrag gegeben, wie Verkehrsbauten, Gewässerausbau, Deponien, Abgrabungen oder für Flurbereinigungsvorhaben. Die Eingriffe in Natur und Landschaft können entweder punktuellen, linienhaften oder flächenhaften Charakter besitzen.

Die zu erarbeitenden Grundleistungen sind dabei stets gleichartig. Sie unterscheiden sich lediglich durch die Anforderungen an den Genauigkeits- oder Detaillierungsgrad der Planungsaussage (Planungstiefe). Der Maßstab des Landschaftspflegerischen Begleitplanes

liegt in der Regel bei 1:250 bis 1:2500. Bei Eingriffen mit flächenhaftem Charakter (z. B. Flurbereinigung) können auch Maßstäbe von 1:5000 bis 1:10 000 Anwendung finden.

Das Leistungsbild entspricht den naturschutzrechtlichen Erfordernissen. Der Leistungsschwerpunkt ist im Gegensatz zu den Landschafts- und Grünordnungsplänen ein anderer: Ziel des Landschaftspflegerischen Begleitplanes ist es, als sektoraler Beitrag die Belange des Naturschutzes und der Landschaftspflege in andere Fachplanungen einzubringen. Der Landschaftspflegerische Begleitplan kann entweder als selbständiges Planwerk oder als integrierter Bestandteil einer Fachplanung erarbeitet werden und ist meist Grundlage eines Genehmigungsverfahrens.

Nach **Absatz 1** werden die Grundleistungen in 5 Leistungsphasen unterteilt.

In **Absatz 2** werden die Leistungen für das Leistungsbild beschrieben.

In **Leistungsphase 1** kommt dem Klären der Aufgabenstellung und dem Ermitteln des Leistungsumfangs wesentliche Bedeutung zu. Eingriffe in den Naturhaushalt und das Landschaftsbild können sich oft weit über den Ort des Eingriffs hinaus auswirken. Der Planungsbereich ist daher so abzugrenzen, daß alle Auswirkungen des Vorhabens auf den Naturhaushalt und das Landschaftsbild sowie Gebiete für Ausgleichs- und Ersatzmaßnahmen erfaßt werden. Ferner müssen ergänzende Fachleistungen ermittelt werden.

In **Leistungsphase 2** werden die geforderten Leistungen in 3 Schwerpunkten beschrieben. Dabei kann aufgrund der Ergebnisse der Bestandsaufnahme und -bewertung eine Neufestlegung des Planungsgebietes erforderlich werden, wenn sich z. B. herausstellt, daß sich ein unvermeidbarer Eingriff in den Naturhaushalt oder das Landschaftsbild über den Planungsbereich hinaus auswirkt, oder wenn die Auswirkungen eines Eingriffs nicht im Planungsgebiet ausgeglichen werden können und daher Ersatzmaßnahmen anderen Orts erforderlich sind.

In **Leistungsphase 3** werden die Konflikte analysiert, die die Eingriffe in den Naturhaushalt und das Landschaftsbild bewirken. Im Zuge des Planungsprozesses, insbesondere aufgrund der Bewertung der Auswirkungen des Vorhabens, kann sich erweisen, daß der Planungsbereich zu erweitern ist. Die Ergebnisse von Konfliktanalyse und Konfliktminderung sind zusammenzufassen und in Text und Karte darzustellen.

In **Leistungsphase 4** werden die zum ordnungsgemäßen Vollzug der naturschutzrechtlichen Eingriffsregelung im einzelnen erforderlichen Planungs- und Realisierungsabschnitte festgelegt.

Nach § 3 Abs. 2 Bundesnaturschutzgesetz haben „andere Behörden und öffentliche Stellen im Rahmen ihrer Zuständigkeit die Verwirklichung der Ziele des Naturschutzes und der Landschaftspflege zu unterstützen". Bei Eingriffen öffentlicher Planungsträger in Natur und Landschaft, z. B. im Rahmen des Straßenbaus, sind daher im Vollzug des Bundesnaturschutzgesetzes nicht nur Ausgleichs- oder Ersatzmaßnahmen, sondern in der Regel auch andere Maßnahmen des Naturschutzes und der Landschaftspflege in Unterstützung der Naturschutzbehörden geboten. Maßnahmen dieser Art sind im Einvernehmen mit den Naturschutzbehörden zu planen und durchzuführen.

Ferner werden die vom Unternehmensträger zu erbringenden Maßnahmen des Naturschutzes und der Landschaftspflege in Text und Karte mit Begründung in der Form dargestellt, wie dies für die Zulassung des Unternehmens erforderlich ist (s. § 8 Abs. 4 Bundesnaturschutzgesetz).

Hierzu zählen z. B.

— Sicherung schutzwürdiger Lebensstätten von Pflanzen und Tieren oder Anlage von Ersatzbiotopen

— Aufrechterhaltung natürlicher Wanderbeziehungen von Tieren

— Sicherung der Qualität der abiotischen Landschaftsfaktoren

— Ersatzaufforstung bei Waldverlusten

— Ersatz bei Beeinträchtigung der Erholungsfunktion der Landschaft

— landschaftsspezifische Geländegestaltung sowie eine funktions- und standortgerechte Eingrünung

— Sicherung schutzwürdiger und schützenswerter Kultur-, Bau- und Bodendenkmäler.

Die Leistung wird ergänzt durch Vorhaben für die zeitliche Abwicklung der erforderlichen Maßnahmen und durch Hinweise auf die damit verbundenen Kosten (Kostenschätzung).

In **Leistungsphase 5** ist die endgültige Fassung des Landschaftspflegerischen Begleitplans in der vorgeschriebenen Fassung in Text und Karte darzustellen.

BR-Beschluß (BR-Drucks. 304/90 Beschl. S. 21):

An der Honorierung der Landschaftspflegerischen Begleitpläne soll sich nichts ändern. Deswegen ist die Fassung des § 49 (alt) wiederherzustellen.

Eine leistungsgerechte Bewertung der Landschaftspflegerischen Begleitpläne muß in Abstimmung mit der Landschaftspläne und der Grünordnungspläne erfolgen. Es geht nicht an, die Honorierung nur für großmaßstäbliche (1:250 bis 1:2500) Landschaftspflegerische Begleitpläne, nicht aber für kleinmaßstäbliche (1:5000 bis 1:10 000) neu zu regeln.

Im übrigen ist eine Honorarregelung, die gleichzeitig für Pläne im Maßstab 1:250 bis 1:2500 gelten soll, nicht praktikabel. Die Erstellung eines Plans im Maßstab 1:250 ist ungleich kostenaufwendiger, als die von einem Plan im Maßstab 1:2500. Pläne im Maßstab 1:2500 können allenfalls mit solchen im Maßstab 1:5000 gleichgesetzt werden. Letztere aber werden nach der Tafel in § 45 b honoriert. Dazu kommt, daß Landschaftspflegerische Begleitpläne in der Regel im Maßstab 1:1000 erstellt werden. Im übrigen würde die Honorartafel zu einer erheblichen Kostensteigerung für die großmaßstäblichen Landschaftspflegerischen Begleitpläne (um das 3- bis 4fache) führen. Die Unausgewogenheit mit anderen Honorartafeln des Teils VI zeigt ein Vergleich mit der Tafel in § 45 b. Für ein Planungsgebiet von 1000 ha nach der Tafel des § 49 b (neu) beträge das Mindesthonorar mit 160 000 DM das 8fache des Mindesthonorars für einen Landschaftsplan oder einen Landschaftspflegerischen Begleitplan im Maßstab 1:5000.

Zu § 49 b:

RegE zu § 49 b:

Mit der Dritten Verordnung zur Änderung der Honorarordnung wurde zunächst ein Leistungsbild für Pflege- und Entwicklungspläne festgelegt. Dieses Leistungsbild wird auf Grund der bisher gesammelten Erfahrungen in der Vierten Änderungsverordnung geändert, dabei werden die Leistungen zum Teil ausführlicher beschrieben. Gleichzeitig werden die auch bei anderen Leistungsbildern üblichen Vorschriften über die Zuordnung der Pläne in Honorarzonen sowie eine eigene Honorartafel in die Honorarordnung übernommen.

Nach **Absatz 1** wird jeder Pflege- und Entwicklungsplan einer Honorarzone zugeordnet. Maßgebend für die Zuordnung ist der Grad der Schwierigkeit der Planung. Für die Zuordnung sind 5 Bewertungsmerkmale angegeben.

Fachliche Vorgaben können mit der Biotopkartierung, speziellen Fachgutachten oder einer Schutzgebietsverordnung gegeben sein.

Die Schwierigkeit der Planung ist weiter davon abhängig, je differenzierter das floristische Inventar oder die Pflanzengesellschaften sind sowie je differenzierter das faunistische Inventar ist. Vielfach sind Maßnahmen zur Beseitigung von Schädigungen des Naturhaushalts und des Landschaftsbildes vorzusehen. Der Aufwand für die Festlegung von Zielaussagen und Maßnahmen ist in der Regel mit der Differenziertheit des Landschaftsinventars geregelt, zu bewerten ist aber nicht die Anzahl der Maßnahmen, sondern die Schwierigkeit, fundierte Aussagen über die notwendigen Pflege- und Entwicklungsmaßnahmen aufzuzeigen.

Absatz 2 findet Anwendung für Pflege- und Entwicklungspläne, die Bewertungsmerkmale aus mehr als einer Honorarzone aufweisen. Hier kann die Honorarzone aus den in Absatz 1 genannten Merkmalen nicht direkt ermittelt werden. Deshalb wird für diese Zweifelsfälle das auch in anderen Teilen der Honorarordnung vorgesehene Verfahren der Zuordnung in eine Honorarzone vorgeschrieben. Sind für einen Plan Bewertungsmerkmale aus zwei oder drei Honorarzonen anwendbar, können Zweifel wegen der Zuordnung in eine Honorarzone bestehen. In diesem Fall ist die Anzahl der Bewertungspunkte nach Absatz 3 zu ermitteln, und der Pflege- und Entwicklungsplan ist nach der Summe der Bewertungspunkte den Honorarzonen zuzuordnen. In Honorarzone I werden die Pläne mit bis zu 13 Punkten, in Zone II die Pläne mit 14 bis 24 Punkten und in Zone III die Pläne mit 25 bis 34 Punkten eingeordnet. Ähnliche Vorschriften bestehen auch für Landschaftspläne im § 45.

Wenn die Anzahl der Bewertungsmerkmale ermittelt ist, so ist damit lediglich die Honorarzone verbindlich festgelegt. Durch die Anzahl der Bewertungspunkte wird aber noch nicht ein bestimmtes Honorar innerhalb der Von-bis-Spanne für einen Plan bestimmt. Die Summe der Bewertungspunkte kann lediglich als einer von mehreren Hinweisen angesehen werden für die Vereinbarung eines bestimmten Honorars innerhalb der in der Honorartafel festgesetzten Marge.

Nach **Absatz 3** werden die Bewertungsmerkmale z. T. unterschiedlich gewichtet. Pflege- und Entwicklungspläne werden vorrangig für Gebiete erstellt, in die zur Erhaltung eines bestimmten Artenvorkommens ständig pflegend eingegriffen werden muß. Der Schwierigkeitsgrad der Planung hängt daher am stärksten von der Differenziertheit der floristischen und faunistischen Gegebenheiten ab. Beeinträchtigungen oder Schädigungen des Naturhaushalts oder Landschaftsbildes können z. B. durch die Erholungsnutzung oder durch Einflüsse aus der Umgebung, wie Grundwasserentnahme, gegeben sein. Detaillierte fachliche Vorgaben zur Pflege und Entwicklung des zu beplanenden Gebietes liegen grundsätzlich nicht vor, da sich sonst eine solche Planung erübrigen würde. Relativ hoch wären die fachlichen Vorgaben zu bewerten, wenn z. B. bereits eine Schutzgebietsverordnung vorliegt, die die Zielrichtung der gewünschten Entwicklung des Gebietes umreißt.

Zu § 49 c:

Pflege- und Entwicklungspläne sind aufgrund landesgesetzlicher Festlegungen insbesondere für Schutzgebiete und schützenswerte Landschaftsbestandteile aufzustellen. Eine eigenständige Regelung für diese Pläne ist notwendig, weil sie einen Planungstyp darstellen, der eigenes Gewicht hat und eine analoge Anwendung der Regelungen anderer Planungsarten des Teils VI nicht gestattet. § 49 c führt daher die für eine ordnungsgemäße Aufstellung eines Pflege- und Entwicklungsplanes notwendigen Leistungen auf.

Absatz 1 enthält eine Begriffsdefinition für die Pflege- und Entwicklungspläne.

In **Absatz 2** wird das Leistungsbild – wie im bisherigen § 49 a Abs. 1 – in 4 Leistungsphasen aufgeteilt, und die Leistungsphasen werden in Vomhundertsätzen des Gesamthonorars bewertet. Da die Verhältnisse der einzelnen Planungsbereiche sehr unterschiedlich sind, mußten für die Bewertung der Grundleistungen von drei Leistungsphasen Mindest- und Höchstsätze festgelegt werden, um mit diesen Bewertungsspannen den sehr unterschiedlichen Gegebenheiten der einzelnen geschützten oder zu schützenden Gebiete durch vertragliche Vereinbarungen Rechnung tragen zu können. Der Höchstsatz von 50 v. H. des Honorars in Leistungsphase 2 wird dann anzusetzen sein, wenn sowohl eingehende floristische als auch faunistische Erhebungen durchgeführt werden müssen. Das Konzept für Pflege- und Entwicklungsmaßnahmen nach Leistungsphase 3 wird mit 20 v. H. z. B. dann zu bewerten sein, wenn große Teile des Planungsgebietes der natürlichen Sukzession zu überlassen sind.

In **Absatz 3** wird der Umfang der Leistungen des Leistungsbildes beschrieben. Die Vorschrift ist unverändert aus dem bisherigen § 49 a Abs. 2 übernommen.

In **Leistungsphase 1** sind Literaturhinweise angebracht.

In **Leistungsphase 2** bezieht sich das Erfassen und Beschreiben der natürlichen Grundlagen vor allem auf die naturräumliche Lage, die geologischen, bodenkundlichen, klimatischen und wasserwirtschaftlichen Verhältnisse, die Pflanzen- und Tierbestände sowie die Biotoptypen und Ökosysteme.

In **Leistungsphase 2** kommen als Beeinträchtigungen des Planungsgebietes insbesondere die Flächennutzung, Einwirkungen von außen, eine unsachgemäße Pflege sowie Erholungsaktivitäten in Betracht, z. B. durch Baden, Reiten, Jagen und Zelten.

Der **Leistungsphase 2** werden 2 Besondere Leistungen zugeordnet. Hier werden bestimmte Erhebungen erfaßt, die nicht in allen Fällen zu erbringen und deshalb nicht als Grundleistungen einzuordnen sind. Sie werden regelmäßig Vegetationskundlern und spezialisierten Zoologen übertragen.

In **Leistungsphase 3** können regelmäßige Pflegemaßnahmen insbesondere die Mahd (Anzahl pro Jahr und Zeitpunkt), das Entbuschen, das Auslichten bzw. Zurücknehmen von Gehölzbeständen sein. Dazu gehört auch das „auf den Stock setzen", das u. a. zur Erhaltung des Charakters von Nieder- und Mittelwäldern sowie Knicks notwendig ist.

In **Leistungsphase 3** finden ökologische Standortverhältnisse eine Verbesserung insbesondere durch Maßnahmen gegen Nährstoffeinträge (Einrichtung und Gestaltung von Pufferzonen) und zur Wiedervernässung, durch Beseitigung von Ablagerungen oder durch Abschieben von nährstoffreichen Oberboden auf Teilflächen sowie zur Veränderung bestehender Flächennutzungen.

In **Leistungsphase 3** stehen bei Maßnahmen zur Anreicherung der Biotopstrukturen insbesondere die Pflanzungen von Baum- und Strauchgruppen, Hecken, Feldgehölzen sowie die Entwicklung von Feucht- und Trockenstandorten im Vordergrund.

In **Leistungsphase 3** können zur Lenkung des Besucherverkehrs insbesondere das Auflassen oder Verlagern von Zufahrten und Wegen, die Errichtung von Sperren, Schutzzäunen und Bojenketten, die Anlage und das Verlagern von Parkplätzen sowie das Aufstellen von Informationstafeln erforderlich werden.

In **Leistungsphase 3** umfassen die Vorschläge für die Durchführung der Pflege- und Entwicklungsmaßnahmen insbesondere Organisation, Betreuung, Trägerschaft sowie die Abstimmung mit Fachbehörden, Gemeinden und Verbänden.

Zu § 49 d:

Absatz 1 enthält die neue Honorartafel für Grundleistungen bei Pflege- und Entwicklungsplänen. Die Honorartafel baut auf den Erfahrungen auf, die in Bayern bei der Honorierung von rd. 70 über das ganze Landesgebiet verteilten Pflege- und Entwicklungsplänen für Gebiete sehr unterschiedlicher Größe gesammelt wurden. Die Erfahrungen von Bayern treffen nach Feststellungen der für den Naturschutz zuständigen obersten Landesbehörden auch für die übrigen Länder zu.

Die Honorartafel beginnt bei 5 Hektar. Es hat sich gezeigt, daß bei kleineren Pflege- und Entwicklungsplänen unabhängig von ihrer Größe in Hektar ein relativ hoher Arbeitsaufwand für bestimmte Grundleistungen notwendig ist, der sich von dem nicht wesentlich unterscheidet, der bei Plänen von 5 Hektar erforderlich ist.

RegE (BR-Drucks. 238/94, S. 73):

*Die Honorare in der Honorartafel in **Absatz 1** wurden im Rahmen der 4. Änderungsverordnung neu aufgenommen. Die Honorare werden zur Anpassung an die wirtschaftliche Entwicklung um 3 v. H. erhöht. Die Erhöhung erfolgt wie bei § 48 b. Auf die Ausführungen im Allgemeinen Teil dieser Begründung wird verwiesen.*

BR-Beschluß (BR-Drucks. 399/95 = BR-Drucks. 238/1/94) zu § 49 d Abs. 1):

Die in der Regierungsvorlage vorgesehenen Anhebungen (1. Stufe: 8,5 v. H. + 2. Stufe: 3,5 v. H. = 12 v. H.) für flächenbezogene und baukostenunabhängige Leistungen sind wegen der gestiegenen Aufwendungen und Anforderungen nachvollziehbar und angemessen. Eine damit verbundene zeitlich aufgeteilte Anhebung in 2 Stufen ist allerdings nicht tunlich, weil das den Abschluß anstehender Verträge vor dem Inkrafttreten einer kurzzeitig nachfolgenden Anhebung erschwert und eine als notwendig erkannte Honoraranpassung alsbald umgesetzt werden sollte. Entgegen der Regierungsvorlage soll daher die Anhebung kumulativ erfolgen.

Absatz 2 schreibt vor, daß sich das Honorar nach der Grundfläche des Planungsgebietes in Hektar bestimmt. Nach Absatz 3 findet § 45 b Abs. 3 und 4 sinngemäß Anwendung. Somit können Honorare für Pläne mit weniger als 5 ha Grundfläche und mit über 10 000 ha Grundfläche frei vereinbart werden.

Zu § 50:

RegE zu § 50 (BR-Drucks. 594/87, S. 142):

Der Katalog der bislang in § 50 Abs. 1 aufgeführten sonstigen landschaftsplanerischen Leistungen wird gestrafft, weil die Honorierung dieser Leistungen an anderer Stelle der Honorarordnung geregelt wird. Der Wortlaut wird an die Terminologie des Bundesnaturschutzgesetzes angepaßt, die die Grünordnung als Teilaufgabe von Naturschutz und Landschaftspflege umfaßt, und beispielhaft durch weitere landschaftsplanerische Sonderleistungen, z. B. Gutachten zu Baugesuchen und Beratungen bei Gestaltungsfragen, ergänzt.

Teil VII
Leistungen bei Ingenieurbauwerken und Verkehrsanlagen

Zu § 51:

RegE zu § 51 (BR-Drucks. 274/80, S. 131):

§ 51 umschreibt den Anwendungsbereich von Teil VII. Die Bestimmungen dieses Teils gelten für die in **Absatz 1** näher bezeichneten Ingenieurbauwerke sowie für Verkehrsanlagen nach **Absatz 2**. Als Ingenieurbauwerke werden in Absatz 1 nur Bauwerke und Anlagen aus Bereichen erfaßt, die im einzelnen erwähnt sind. Soweit Bereiche nicht erwähnt worden sind, wie z. B. Elektrizitätswerke oder Versorgungsleitungen über Land für Elektrizität, rechnen die Leistungen hierfür nicht zu den von der Verordnung erfaßten Leistungen; die Leistungen in diesen Bereichen sind preisrechtlich nicht gebunden.

RegE (BR-Drucks. 304/90, S. 174):

Die Vorschrift ist neu gefaßt, dabei wird jedoch der Anwendungsbereich nicht geändert. Mit der Neufassung wird eine stärkere Differenzierung und klarere Abgrenzung bezweckt. Die Aufteilung in § 51 ist deckungsgleich mit der Objektliste in § 54. Um Schwierigkeiten in der Praxis zu beseitigen, wird die Abgrenzung der Objekte nach Teil VII zu den Freianlagen nach Teil II bei verschiedenen Objekten verdeutlicht.

Absatz 1 enthält – wie bisher – den Anwendungsbereich für die Ingenieurbauwerke. Dabei sind jeweils die Bauwerke oder Anlagen, die funktional eine Einheit bilden, als ein Objekt anzusehen. An einem Beispiel soll das verdeutlicht werden. Werden einem Auftragnehmer die Planung eine Abwasserbehandlungsanlage und eines Abwasser-Kanalnetzes in einem Auftrag übertragen, so handelt es sich hier um die Übertragung der Leistungen nach Teil VII für 2 Objekte mit jeweils einer eigenen funktionalen Einheit. Das Abwasser-Kanalsystem erfüllt die Transport-Funktion für das Abwasser, die Abwasserbehandlungsanlage erfüllt die Reinigungsfunktion für das Abwasser.

Die gemeinsame Benennung von Wasser/Abwasser-Objekten wird aufgegeben, weil für Wasser eigene Systeme erforderlich sind, die sich in ihrer Planung spezifisch von den Abwassersystemen unterscheiden. Die Trennung dient daher der Klarstellung.

Zu den Bauwerken und Anlagen der Wasserversorgung in **Nummer 1** zählen Bauwerke und Anlagen der Wasserspeicherung, Wasseraufbereitung und Wassergewinnung sowie die Leitungen für Trink- und Brauchwasser. Diese Objekte werden in § 54 Abs. 1 jeweils in den Honorarzonen unter Buchstabe a aufgezählt.

Zu den Bauwerken und Anlagen der Abwasserentsorgung unter **Nummer 2** rechnen Bauwerke und Anlagen der Abwasserbehandlung, der Schlammbehandlung sowie Leitungen für Abwasser. Diese Objekte werden in § 54 Abs. 1 jeweils in den Honorarzonen unter Buchstabe b erfaßt.

Zu den unter **Nummer 3** genannten Bauwerken und Anlagen des Wasserbaus rechnen Pumpwerke, Wehre, Düker, Schleusen, Gewässer, Erdbau, Dämme, Deiche, Schiffahrtskanäle, Anlegestellen, Teiche und Meliorationen. Diese Objekte werden in § 54 Abs. 1 jeweils in den Honorarzonen unter Buchstabe c erfaßt.

Die unter **Nummer 4** erwähnten Bauwerke und Anlagen umfassen die Bauwerke und Anlagen für Ver- und Entsorgung mit Gasen und Feststoffen einschließlich wassergefährdenden Flüssigkeiten, ausgenommen Anlagen nach § 68, und auch Leerrohre, im übrigen wird der Anwendungsbereich im wesentlichen aus § 51 Abs. 1 Nr. 3 in der Fassung der 3. Änderungsverordnung übernommen. Diese Objekte werden in § 54 Abs. 1 jeweils in den Honorarzonen unter Buchstabe d erfaßt; nicht hierzu zählen Fernwärmeanlagen.

In **Nummer 5** werden die Bauwerke und Anlagen der Abfallentsorgung erfaßt. Sie umfassen die Objekte der Abfallbehandlung und -entsorgung, z. B. Objekte aus den Bereichen Getrenntsammlung und Verwertung von Abfallwertstoffen, thermische Verwertung von Abfällen, Deponierung von Abfällen und chemisch-physikalische Behandlung von Sonderabfällen. Diese Objekte werden in § 54 Abs. 1 jeweils in den Honorarzonen unter Buchstabe e erfaßt.

Die in **Nummer 6** erfaßten konstruktiven Ingenieurbauwerke für Verkehrsanlagen sind Brücken, Stützbauwerke, Lärmschutzanlagen sowie Tunnel- und Trogbauwerke sowie Lärmschutzwälle, ausgenommen Lärmschutzwälle zur Geländegestaltung. Diese Objekte werden in § 54 Abs. 1 jeweils in den Honorarzonen unter Buchstabe f erfaßt.

Bei den in **Nummer 7** erfaßten Einzelbauwerken handelt es sich insbesondere um Schornsteine, Maste, Türme, Versorgungskanäle, Silos, Werft-, Aufschlepp- und Helgenanlagen, Stollenbauten, Untergrundbahnhöfe und Tiefgaragen. Diese Objekte werden in § 54 Abs. 1 jeweils in den Honorarzonen unter Buchstabe g erfaßt. Ausgenommen werden Gebäude und Freileitungsmaste.

In **Absatz 2** werden die Verkehrsanlagen erfaßt. Hier wird der Anwendungsbereich im wesentlichen unverändert aus den bisherigen Vorschriften übernommen, jedoch wird die Bezeichnung verschiedener Objekte geändert, und neue Objekte werden aufgenommen.

Zu § 52:

RegE zu § 52 (BR-Drucks. 274/80, S. 132):

§ 52 regelt die Grundlagen des Honorars für Grundleistungen bei Ingenieurbauwerken und Verkehrsanlagen. Die Vorschrift lehnt sich im Aufbau und in der Systematik an die Regelungen in Teil II (§ 10) an. **Absatz 1** enthält das System der Ermittlung des Honorars für die Grundleistungen wie § 10 Abs. 1.

In **Absatz 2** werden die Arten von Kostenermittlungen bestimmt. Da die Arten der Kostenermittlungen nach DIN 276 nicht für Ingenieurbauwerke und Verkehrsanlagen festgelegt sind, wird nicht auf diese DIN verwiesen, die Herstellungskosten werden anrechenbare Kosten. Entsprechende Bestimmungen enthalten die Ingenieurvertragsmuster von öffentlichen Auftraggebern. Hinsichtlich der Art der Kostenermittlungen wird in Übereinstimmung mit Teil II zwischen den Leistungsphasen 1 bis 4 einerseits und zwischen den Leistungsphasen 5 bis 9 andererseits eine grundsätzliche Trennung vorgenommen.

Die Vertragsparteien sollen die Möglichkeit erhalten, bei Auftragserteilung schriftlich zu vereinbaren, die anrechenbaren Kosten für die Leistungsphasen 1 bis 4 nach der Kostenschätzung und für die Leistungsphasen 5 bis 9 nach der Kostenberechnung anzusetzen. Gründe der Rechtssicherheit lassen es zweckmäßig erscheinen, derartige Abweichungen von der schriftlichen Vereinbarung bei Auftragserteilung abhängig zu machen. Die Vertragsparteien können jedoch jeweils nur zwischen den beiden erwähnten Arten von Kostenermittlungen wählen. Andere Arten der Kostenermittlung, wie z. B. pauschale Berechnungsgrundlagen, sind nicht zulässig.

Absatz 3 ordnet die sinngemäße Anwendung des § 10 Abs. 3 bis 4 an, da hier gleiche Sachverhalte bestehen. Insbesondere bei Ingenieurbauwerken entfallen nicht selten erhebliche Teile der Herstellungskosten auf Anlagen, die regelmäßig von anderen an der Planung fachlich Beteiligten bearbeitet werden, z. B. werden bei Kläranlagen oder Wassergewinnungs- und aufbereitungsanlagen regelmäßig Leistungen für Installationen für Wasser und Heizung sowie elektr. Strom nötig. Für diese Leistungen besteht jedoch ein besonderer Honoraranspruch. Dem Auftragnehmer des Ingenieurbauwerks obliegt nur die Koordinierung dieser Planungen. Sein Aufwand hierfür ist nicht so groß, als wenn er diese Leistungen auch selbständig erbringen müßte. Deshalb soll § 10 Abs. 4 für sinngemäß anwendbar erklärt werden.

Die **Absätze 4 und 5** enthalten für die Leistungsphasen 1 bis 7 und 9 des § 55 Sondervorschriften über die anrechenbaren Kosten bei Verkehrsanlagen. Bestimmte Herstellungskosten sollen nur teilweise anrechenbar sein. Absatz 4 gilt für sämtliche Verkehrsanlagen, während Absatz 5 nur bestimmte Straßen und Bahnanlagen betrifft. Soweit bei Straßen und Bahnanlagen sowohl Absatz 4 oder auch Absatz 5 Anwendung finden, sind zunächst die anrechenbaren Kosten nach den Absätzen 2 bis 4 zu ermitteln; von diesen Kosten sind sodann nur die in Absatz 5 festgelegten Vomhundertsätze anrechenbar.

Abs. 4 Nr. 1 verfolgt deswegen eine Einschränkung der anrechenbaren Kosten, weil die volle Einbeziehung dieser Kosten in die Bemessungsgrundlage zu Honoraren führen würde, die die Leistungen des Auftragnehmers zu hoch bewerten würden. Der Arbeitsaufwand der Auftragnehmer steigt nicht in diesem Maße mit den anrechenbaren Kosten, so daß die Kosten für Erdeinschließlich Felsarbeiten nur insoweit anzurechnen sind, als sie 40 v. H. der sonstigen anrechenbaren Kosten nach Absatz 2 nicht übersteigen. Für die Leistungsphase 8 sind diese Kosten jedoch in vollem Umfang anrechenbar.

Abs. 4 Nr. 2 betrifft den Fall, daß ein Ingenieurbauwerk in die Verkehrsanlage integriert ist. Die Kosten des Ingenieurbauwerks sind zunächst bei dem Auftragnehmer anzurechnen, der die Grundleistungen für dieses Ingenieurbauwerk nach § 55 übertragen bekommen hat. Gleichwohl muß auch der Auftragnehmer, der die Verkehrsanlage plant, das Ingenieurbauwerk in seine Planung einbeziehen. Es erscheint daher gerechtfertigt, einen Vomhundertsatz der Kosten für die Ingenieurbauwerke auch dem Auftragnehmer anzurechnen, dem lediglich Grundleistungen nach § 55 für die Verkehrsanlage übertragen wurden.

Die Einschränkungen in Absatz 5 rechtfertigen sich dadurch, daß sich Leistungen für die erwähnten Verkehrsanlagen in gewissem Umfang wiederholen oder einmal erbrachte Leistungen übernommen werden können. Die betreffenden Objekte sind insoweit über weite Strecken gleichartig bzw. gleichförmig, so daß der Auftragnehmer z. B. gewisse Berechnungen nur einmal aufzustellen hat und dann immer wieder verwenden kann. Auch hier ist die Leistungsphase 8 des § 55 von den Einschränkungen ausgenommen. Ferner sind bei Straßen mit weniger als drei Spuren, bei Gleis- und Bahnsteiganlagen mit einem Gleis die vollen Kosten anrechenbar.

RegE (BR-Drucks. 304/90, S. 176):

In **Absatz 5** wird der Ansatz der anrechenbaren Kosten bei Gleis- und Bahnsteiganlagen mit 2 Gleisen geändert. Die in Satz 1 genannten Gleise werden in der Regel mit getrennten Achsen trassiert, ohne daß hieraus ein nennenswerter Mehraufwand entsteht. Der Mehraufwand in der Geraden bzw. in Radien mit konzentrischen Kreisen wird durch die generelle Anhebung von 85 v. H. auf 90 v. H. berücksichtigt. Um zu vermeiden, daß die 90-v.-H.-Regelung auch bei weit auseinanderliegenden Achsen oder bei Staffelung der einzelnen Gleise, zum Beispiel an einem Hang, zum Tragen kommt, wird eingefügt, daß im Falle der Anwendung der 90-v.-H.-Werte die Gleise über ein gemeinsames Planum verfügen müssen.

In **Absatz 6** werden nur Kosten erwähnt, die in jedem Fall nicht anrechenbar sind. Inhaltlich werden unter den Nummern 1 bis 7 Kosten erwähnt, die auch in dem bisherigen Absatz 6 nicht anrechenbar sind und dort unter den Nummern 1, 3, 5, 7, 8, 9 und 11 erwähnt waren.

In **Absatz 7** werden die Kosten zusammengefaßt, die nur dann nicht anrechenbar sind, wenn der Auftragnehmer die Anlagen oder Maßnahmen weder plant noch ihre Ausführung überwacht. Die beiden Voraussetzungen sind alternativ erwähnt, es genügt, wenn eine der beiden Voraussetzungen erfüllt wird, damit die Kosten anrechenbar sind. Auch in Absatz 7 wird inhaltlich unverändert der Inhalt aus dem bisherigen Absatz 6 unter den Nummern 2, 4, 6 und 10 übernommen. Die neue Nummer 2 – Kosten für die öffentliche Erschließung (DIN 276, Kostengruppe 2.1) – enthält eine materielle Änderung. Die Kosten sind in der Vorschrift in der Fassung der Dritten Änderungsverordnung (Nummer 3) nicht anrechenbar, sie werden jetzt anrechenbar, wenn der Auftragnehmer die Erschließungsanlagen plant oder ihre Ausführung überwacht. Dies ist in der Praxis verschiedentlich so gewesen. Die Vorschrift in Nummer 7 wird neu eingefügt, hier werden ebenfalls Regelungen aus der Praxis übernommen. Bei den Anlagen der Maschinentechnik handelt es sich um Apparate ohne jegliche Anschlußtechnik, die en bloc vom Hersteller geliefert werden, z. B. um Räumer für Absetzbecken bei Kläranlagen und Wasserwerken, um die reinen Stahlbauteile bei Schleusen, um Grob- und Feinrechen, um Kammerfilterpressen, um Oberflächenbelüfter oder Gasentschwefler sowie um Gasspeicher von Abwasserbehandlungsanlagen.

Absatz 8, erster Halbsatz erklärt die Bestimmungen der §§ 20 bis 22 und 32 für sinngemäß anwendbar, da die diesen Regelungen zugrundeliegenden Erwägungen auch bei Ingenieurbauwerken und Verkehrsanlagen Platz greifen.

Neu aufgenommen *(wird durch die Vierte Änderungsverordnung)* die Verweisung auf § 23, die aber nur für bestimmte Ingenieurbauwerke Anwendung findet. Sie gilt demnach nicht für Ingenieurbauwerke nach § 51 Abs. 1 Nr. 6 und 7 sowie für Verkehrsanlagen.

In **Absatz 9** wird der bisherige Absatz 8 übernommen, gleichzeitig wird die Möglichkeit zur freien Vereinbarung von Honoraren erheblich erweitert. Freie Vereinbarungen sind auch vorgesehen für Leistungen bei verschiedenen Anlagen der Abfallentsorgung sowie bei selbständigen Geh- und Radwegen mit rechnerischer Festlegung nach Lage und Höhe, das sind Wege mit unabhängig geführter Trasse, die z. B. nicht an Straßen angelegt werden, sowie bei nachträglich an vorhandene Straßen angepaßten landwirtschaftlichen Wegen oder Geh- und Radwegen. Bei diesen Verkehrsanlagen wird das Honorar für Planungsleistungen im Regelfall dann unauskömmlich, wenn es nach den sonst für Verkehrsanlagen vorgeschriebenen Regelungen ermittelt wird.

Zu § 53:
RegE zu § 53 (BR-Drucks. 274/80, S. 135):

§ 53 regelt die Honorarzonen für Leistungen bei Ingenieurbauwerken und bei Verkehrsanlagen.

Absatz 1 bestimmt zunächst, daß diese Objekte nach den in **Absatz 2** aufgeführten Bewertungsmerkmalen fünf Honorarzonen zugerechnet werden, die sich durch den Schwierigkeitsgrad der Planungsanforderungen unterscheiden.

Absatz 2 zählt die für die Einordnung der Ingenieurbauwerke und Verkehrsanlagen in die Honorarzonen maßgebenden Bewertungsmerkmale auf.

RegE (BR-Drucks. 304/90, S. 178):

In Absatz 2 wird die Beschreibung von Bewertungsmerkmalen erweitert, um die Anwendbarkeit auf die verschiedenen Arten von Ingenieurbauwerken und Verkehrsanlagen zu erleichtern.

Das zweite Bewertungsmerkmal „Technische Ausrüstung" wird erweitert um die „technische Ausstattung", weil der Begriff Technische Ausrüstung zu eng ist. Er umfaßt z. B. nicht Ampeln und Verkehrsregelungssysteme.

In dem dritten Bewertungsmerkmal werden neben den „Anforderungen an die Einbindung in die Umgebung" auch die „Anforderungen an die Einbindung an das Objektumfeld" erfaßt. Die Anforderungen, die mit der planerischen Einbindung von Ingenieurbauwerken und Verkehrsanlagen in das Umfeld entstehen, werden mit der gewählten Ergänzung besser umschrieben.

Bei dem vierten Bewertungsmerkmal wird neben den technischen oder konstruktiven Anforderungen auch der Umfang der Funktionsbereiche berücksichtigt. Das gilt insbesondere für bestimmte Ingenieurbauwerke, z. B. Wasseraufbereitungsanlagen. Bei einem Klärwerk werden als Funktionsbereiche z. B. angesehen die Pumpwerke, die verschiedenen Einheiten der mechanischen Abwasserreinigung, der biologischen Abwasserreinigung, der Schlammbehandlung und der Reststoffbeseitigung. Bei Abfallbehandlungsanlagen werden als Funktionsbereiche z. B. angesehen der Eingangsbereich mit Wiegeeinrichtungen und Eingangskontrolle, die Abfallspeicherung in Bunkern, die Abfallbehandlung und die Reststoffbeseitigung.

In dem fünften Bewertungsmerkmal werden fachspezifische Bedingungen berücksichtigt.

RegE (BR-Drucks. 274/80, S. 137):

Die **Absätze 3 und 4** regeln die Einordnung der Ingenieurbauwerke und Verkehrsanlagen in die Honorarzonen in Zweifelsfällen. Hierbei wird die Regelung der §§ 11 Abs. 2 und 3 und 13 Abs. 2 und 3 sinngemäß übernommen. Infolge der unterschiedlich zu vergebenden Höchstzahl von Bewertungspunkten ergibt sich eine von §§ 11 und 13 abweichende Anzahl von Bewertungspunkten für die Bandbreite der einzelnen Honorarzonen. Die unterschiedliche Höchstzahl möglicher Bewertungspunkte für die Bewertungsmerkmale folgt aus dem Schwergewicht der Bewertungsmerkmale für die Planungsaufgabe.

RegE (BR-Drucks. 304/90, S. 178):

In **Absatz 4** wird die in Absatz 2 vorgenommene neue Beschreibung der Bewertungsmerkmale übernommen. Die bisherige einheitliche Punktbewertung für alle Ingenieurbauwerke und Verkehrsanlagen wird bei zwei Merkmalen nicht mehr beibehalten, weil die einheitliche Punktbewertung bei diesen beiden Merkmalen in der Praxis erhebliche Unzulänglichkeiten hervorgerufen hat.

So hat z. B. das Merkmal „Anforderung an die Einbindung in die Umgebung oder das Objektumfeld" bei Verkehrsanlagen eine erhebliche Bedeutung. Verkehrsanlagen werden heute praktisch nicht mehr ohne sorgfältige Prüfung und Einbeziehung des Objektumfeldes und aller seiner Zwangspunkte geplant. Deshalb wird dieses Merkmal für Verkehrsanlagen mit einer sehr hohen Punktzahl bewertet.

Bei Ingenieurbauwerken steht das Merkmal „Fachspezifische Bedingungen" im Vordergrund, es wird deshalb bei Ingenieurbauwerken mit einer sehr hohen Punktanzahl bewertet. Brückenbauwerke, Türme oder wasserwirtschaftliche Ingenieurbauwerke können heute kaum noch geplant werden, ohne daß besondere ingenieurtechnische Probleme gelöst werden müssen. Bei Kläranlagen, die häufig in Flußsenkungen geplant werden, müssen z. B. besondere Implikationen hinsichtlich des Grundwasserspiegels oder der Bodenbeschaffenheit berücksichtigt werden.

Zu § 54:

RegE zu § 54 (BR-Drucks. 304/90, S. 179):

Absatz 1 enthält die Objektliste für Ingenieurbauwerke, dabei wird die Gliederung aus § 51 übernommen. Um die Zuordnung von Objekten im Einzelfall zu erleichtern, werden teilweise Sammelbegriffe verwandt. Die bisher häufiger vorgenommene Qualifizierung mit „einfach" oder „schwierig" wird weitgehend vermieden und durch Kriterien ingenieurtechnischer Art oder objektspezifische Faktoren ersetzt.

Die Objekte werden nicht abschließend aufgezählt, denn eine geschlossene Auflistung aller Objekte ist nicht möglich. Maßgebend für die Zuordnung bleibt die Anwendung der Vorschriften des § 53, die Objektliste im § 54 dient nur der besseren Handhabung und kann für den Regelfall angewandt werden.

Bei den Ingenieurbauwerken (und in Absatz 2 auch bei den Verkehrsanlagen) werden in Zone I verschiedene Objekte ausgenommen. Hier handelt es sich um Objekte, die nicht als Ingenieurbauwerke im Sinne der Honorarordnung angesehen werden, d. h., daß Planungsleistungen für diese Objekte nicht nach Teil VII berechnet werden müssen. Liegen solche Objekte in Freianlagen, so rechnen sie zu den anrechenbaren Kosten dieser Objekte (vgl. § 10 Abs. 4 a); liegen sie außerhalb von Freianlagen, kann ein Honorar frei vereinbart werden.

Bei den unter **Buchstabe a** erwähnten Zisternen handelt es sich um Behälter zum Auffangen von Regenwasser zum Zwecke der Realisierung alternativer Wassernutzungskonzepte. Die Feuerlöschbecken sind einfache Wasserbehälter, die dazu dienen, benötigtes Löschwasser in den Fällen bereitzuhalten, in denen die Wasserzufuhr aus dem öffentlichen Netz nicht ausreicht. Unter den Leitungsnetzen für Wasser wird die Gesamtheit mehrerer Einzelleitungen erfaßt, die für die flächendeckende Versorgung eines Gebietes mit Wasser erforderlich sind. Tiefbrunnen sind senkrecht gebaute Brunnen mit einer Verfilterungsstrecke in der hydrogeologisch erforderlichen Tiefe (in der Regel) ab 15 m bis 800 m Tiefe. Die einfachen Wasseraufbereitungsanlagen und Anlagen mit mechanischen Verfahren sind z. B. Siebe, Kieselbecken und Filter. Brunnengalerien sind eine Mehrheit von benachbart gebauten Brunnen, die sich meist gegenseitig beeinflussen. Horizontalbrunnen haben eine horizontale Entnahmestrecke, sie sind in der Regel gleichzeitig Flachbrunnen. Die Brunnen sind nur durch komplizierte Bohrverfahren herzustellen. Bauwerke und Anlagen mehrstufiger oder kombinierter Verfahren der Wasseraufbereitung sind Anlagen zur Eisen- und/oder Manganentfernung mit Nitratreduzierung und/oder Entfernung von Geruchs- und Geschmacksstoffen, wie z. B. Phenolen, oder Pestiziden und/oder zusätzlicher Desinfektion.

Unter **Buchstabe b** werden verschiedene neue Objekte erwähnt. Industriell systematisierte Abwasserbehandlungsanlagen in Honorarzone II sind verfahrenstechnisch und konstruktiv vorgefertigte Kompaktanlagen, die vom Hersteller ganz oder in Teilen an den Verwendungsort geliefert und dort montiert werden, wie z. B. Anlagen mit Bauartzulassung. Abwasserbehandlungsanlagen mit gemeinsamer aerober Stabilisierung in Honorarzone III sind belüftete Abwasserteiche oder einstufige Anlagen, bei denen in einem Bauwerk gleichzeitig Abwasser gereinigt und Schlamm aerob stabilisiert wird. Abwasserbehandlungsanlagen in Honorarzone IV sind die mehrstufigen Abwasserbehandlungsanlagen mit gemeinsamer biologischer Kohlenstoff- und Stickstoffelimination bei überwiegend häuslichem Abwasser und geringen mengenmäßigen und qualitätsmäßigen Schwankungen des Abwasseranfalls. Die in Honorarzone V erwähnten Abwasserbehandlungsanlagen sind Anlagen mit mehr als 50% mengenmäßigem und qualitätsmäßigem Abwasser aus Industrie und Gewerbe oder mit starken Mengen- und Qualitätsschwankungen des Abwassers in einem ungünstigeren Verhältnis als 2:1 gegenüber dem Durchschnittswert. Außerdem zählen hierzu Anlagen mit zusätzlichen Stufen zur weitergehenden Reinigung, wie z. B. zur zusätzlichen chemischen oder biologischen Elimination von Phosphor oder Schwebstoffen oder zur Keimreduktion.

Schlammabsetzanlagen in Honorarzone II sind einfache Schwerkrafteindicker; Schlammpolder sind einfache Schlammeindicker in Erdbauweise. Schlammabsetzanlagen mit mechanischen Einrichtungen in Honorarzone III sind Schwerkrafteindicker mit zusätzlichen Einrichtungen zur Verbesserung der Durchfluß-, Trenn- und Raumvorgänge. Schlammbehandlungsanlagen in Honorarzone IV sind Anlagen mit einstufigem Verfahren zur getrennten aeroben oder anaeroben Stabilisierung, maschinellen Entwässerung oder Trocknung. Die in Honorarzone V eingeordneten Schlammbehandlungsanlagen sind solche mit mehrstufigen oder kombinierten Verfahren, wie z. B. getrennte aerobe und/oder anaerobe Stabilisierungsanlagen zusammen mit Schlammabsetzanlagen und Schlammentwässerungsanlagen sowie Anlagen zur Schlammverbrennung und Schlammvergasung.

Bei den unter **Buchstabe c** erwähnten verschiedenen Einzelgewässer-Objekten werden Abgrenzungskriterien gewählt, die sich im wesentlichen auf den Querschnitt des Gewässers beziehen, da dieser den Schwierigkeitsgrad der Planungsanforderungen bestimmt. Bootsanlagestellen dienen der Fahrgast- und Freizeit-Schiffahrt, die Schiffsanlege-, -lösch- und -ladestellen dienen der gewerblichen Wirtschaft. Bei dem flächenhaften Erdbau werden ebenfalls zur Einzonung sachliche Abgrenzungskriterien gewählt, wie z. B. eine unterschiedliche Schütthöhe in Honorarzone II. Als Düker werden Leitungen unter einem Gewässer oder unter einem Bauwerk erfaßt. Die Zwangspunkte ergeben sich aus schwierigen Höhen-, Untergrund- oder geologischen Verhältnissen oder bereits bestehenden Bauwerken. Den Berieselungen in Honorarzone II werden drucklose Berieselungen zugeordnet, wie z. B. aus einem Bach über eine größere Fläche (Furchenverrieselung), der rohrlosen Dränung werden Dränagegräben, die z. B. im lehmigen Boden nur mit Filterkies gefüllt sind, zugeordnet.

Den Kleinwasserkraftanlagen in Honorarzone III werden z. B. die Anlagen zur Nutzung der Wasserkraft von Gewässern mit geringen Stauhöhen und geringer Wassermenge zugeordnet. Sperrtore sind Schutztore, die Gewässer im Hochwasserfall gegen andere Gewässer abschotten; Sperrwerke dienen dem Hochwasserschutz an Küsten. Unter Beregnung werden Anlagen zur Erzeugung von künstlichem Regen von berechneter Dauer und Intensität durch ein spezielles Drucksystem mit Pumpaggregaten erfaßt; bei der Rohrdränung werden Filterrohre in den Boden gelegt. Als Druckerhöhungsanlagen in Honorarzone IV werden in Druckleitungsnetze eingeschaltete Pumpanlagen erfaßt, die den im Leitungsnetz herrschenden Druck an hydraulisch ungünstigen Stellen auf höheren Versorgungsdruck hochdrücken. Die mehrfunktionalen Düker enthalten mehrere Leitungen zum Transport verschiedener Stoffe, wie z. B. Gas, Wasser, Abwasser und Elektrizität.

Auch unter **Buchstabe d** sind verschiedene Objekte neu erwähnt.

Industriell vorgefertigte einstufige Leichtflüssigkeitsabscheider in Honorarzone II sind Abscheider mit Bauartzulassung. In Honorarzone III werden alle übrigen einstufigen Abscheider eingeordnet. Die mehrstufigen Leichtflüssigkeitsabscheider in Honorarzone IV sind Abscheider mit verschiedenen Verfahrensstufen, z. B. Abscheider nach DIN in Verbindung mit Koaleszenzabscheidern.

Unter **Buchstabe e** werden Bauwerke und Anlagen der Abfallwirtschaft in der Objektliste gesondert zusammengefaßt. Die Objektliste wird umfassend auch in diesem Bereich überarbeitet und an den Stand der Technik angepaßt, die sich in den 10 Jahren nach Verabschiedung des Teils VII fortentwickelt hat. So wird die Objektliste z. B. um Bauwerke und Anlagen aus den Bereichen der Getrenntsammlung und Verwertung von Abfallwertstoffen, thermischen Verwertung von Abfällen, Deponierung von Abfällen und chemisch-physikalischen Behandlung von Sonderabfällen, erweitert.

Zwischenlager werden neu aufgenommen. Sie dienen der kurzfristigen Lagerung von Abfällen und Wertstoffen zwischen einzelnen Phasen der Abfallentsorgung. Die unterschiedlichen stofflichen und sonstigen Bedingungen oder Anforderungen an die Zwischenlager führen zu unterschiedlichen Einordnungen in die Honorarzonen. Kriterien sind z. B. offene oder geschlossene Bauart (Lagerung im Freien oder im Gebäude) oder Zusatzeinrichtungen, wie insbesondere Einrichtungen zum Betrieb, zur Emissionsminderung oder zur Sicherung. Aufbereitungsanlagen für Wertstoffe dienen der Separierung von Wertstoffen aus Abfällen zur Rückführung in den Wirtschaftskreislauf. Einfache Bauschuttaufbereitungsanlagen können z. B. Anlagen sein für das Aufstellen und den Betrieb mobiler Bauschuttaufbereitungsanlagen. Kompostanlagen sind in der Honorarordnung in der Fassung der Dritten Änderungsverordnung nur in der Honorarzone II erfaßt. Sie werden jetzt stoff- und verfahrensbedingt mehreren Honorarzonen zugeordnet. Kompostwerke unterscheiden sich von den Kompostanlagen durch den größeren Umsatz.

Bei den Deponien haben sich die Anforderungen an die Ablagerung von Abfällen aufgrund der in den letzten Jahren gestiegenen Anforderungen an den Umweltschutz und der damit fortentwickelten technischen und rechtlichen Regelwerke erhöht. Diesem Sachverhalt wird bei der Neuordnung Rechnung getragen. – Die schwierigen technischen Anforderungen bei der Abdichtung von Altablagerungen und kontaminierten Standorten ergeben sich z. B. durch zusätzliche Maßnahmen zum Betrieb, zur Emissionsminderung und zur Sicherung oder aus den Standortbedingungen. Behälterdeponien sind Bauwerke zur Lagerung/Ablagerung von Abfällen in Behälterbauweise. Objekte an Altablagerungen und kontaminierten Standorten, wie z. B. Abdichtungsmaßnahmen und Anlagen zur Behandlung kontaminierter Böden, werden neu aufgenommen.

Unter **Buchstabe f** werden einzelne neue Objekte erwähnt. In Honorarzone II werden u. a. Schmalwände erwähnt. Solche Wände werden als Dichtungswände regelmäßig in Stärken von 10 bis 20 cm verwendet. Sie haben keine statische Funktion, Leistungen nach Teil VIII werden also nicht notwendig. Schmalwände haben eine hohe Wasserdichtigkeit bei dauerhafter Plastizität und werden z. B. auf Deponien, Tanklagern, zur Baugrubensicherung oder zur Verhinderung von Unterströmungen im Wasserbau verwendet. In Honorarzone III werden Schlitzwände erwähnt. Diese sind in Ortbeton in einzelnen Segmenten hergestellte Wände mit einer Mindestnenndicke von 40 cm. Eine Schlitzwand kann verbleibender Teil eines Bauwerkes sein oder auch temporär, z. B. als Baugrubenwand, Verwendung finden. Sie kann tragende und dichtende Funktionen übernehmen.

Die unter **Buchstabe g** genannten Versorgungsbauwerke und Schutzrohre in sehr einfachen Fällen ohne Zwangspunkte sind z. B. Betonkanäle, in denen Leitungen verlegt werden, die kontrolliert werden sollen oder die häufiger zugänglich sein müssen, ohne daß eine Ausgrabung erforderlich wird.

In **Absatz 2** werden unter Buchstabe c Landeplätze, Segelfluggelände und Flughäfen entsprechend den Vorschriften des Luftverkehrsgesetzes in der Fassung vom 14. 1. 1981 systematisch abgegrenzt. Das Luftverkehrsgesetz subsumiert unter dem Begriff „Flugplätze" die Flughäfen, Landeplätze und Segelfluggelände.

In Honorarzone II werden solche Landeplätze erfaßt, für die keine umfangreicheren Genehmigungsvorschriften im Planfeststellungsverfahren und Baugenehmigungsverfahren erforderlich sind.

Den Honorarzonen III und IV werden Flughäfen sowie Landeplätze zugeordnet, für die umfangreiche Genehmigungsvorschriften gelten. Für Flughäfen besteht zudem eine Sondervorschrift zur Versagung der Genehmigung wegen unangemessener Beeinträchtigung der öffentlichen Interessen.

Durch die Änderung der Objektliste sind Mehrkosten der Gebietskörperschaften im wesentlichen nicht zu erwarten. Die Objekte werden in ihrer weit überwiegenden Anzahl klarer und präziser gefaßt, um die Einzonung zu erleichtern. Höherzonungen beschränken sich auf einzelne Objekte, wie sich z. B. aus synoptischen Gegenüberstellungen der Objekte des Wasserbaus und der Wasserwirtschaft bei der Vorbereitung des Verordnungsentwurfs ergibt. Solche Höherzonungen erfolgten nach Prüfung durch die zuständigen obersten Landesbehörden, denen regelmäßig die Vergabe solcher Objekte obliegt, und zur Anpassung an

die herrschende Vertragspraxis, so z. B. bei der Vergabe von kommunalen Abwasserbehandlungen.

Zu § 55:

RegE zu § 55 (BR-Drucks. 274/80, S. 138):

§ 55 enthält das Leistungsbild Objektplanung für Neubauten, Neuanlagen, Wiederaufbauten, Erweiterungsbauten, Umbauten, Modernisierungen, Instandhaltungen und Instandsetzungen. Es gilt sowohl für Ingenieurbauwerke als auch für Verkehrsanlagen. Besonderheiten für die eine oder andere Art von Objekten werden bei der Leistungsbeschreibung hervorgehoben (*gekürzt, der Verf.*).

Das Leistungsbild Objektplanung ist – wie in § 15 – in 9 Leistungsphasen aufgegliedert. Zur Verdeutlichung sind wieder die 9 Leistungsphasen in **Absatz 1** mit Kurzbezeichnungen zusammengestellt und in Vomhundertsätzen der Honorare nach der Honorartafel des § 56 bewertet worden.

RegE (BR-Drucks. 304/90, S. 185):

In **Absatz 1** werden durch die beiden Änderungen die tragwerksplanerischen Grundleistungen aus der Leistungsphase 2 aus dem Leistungsbild der Objektplanung für die Ingenieurbauwerke, die eine besondere Tragwerksplanung erfordern, herausgenommen. Gleichzeitig wird für die Ingenieurbauwerke nach § 51 Abs. 1 Nr. 6 und 7 die Leistungsphase 2 nicht mit 15 v. H., sondern nur mit 8 v. H. bewertet. Da der Umfang der Leistung für die Tragwerksplanung je nach Objektart in unterschiedlichem Verhältnis zum Leistungsumfang der Objektplanung steht, ist nicht auszuschließen, daß in Einzelfällen Mehr- oder Minderkosten für Auftraggeber durch die Herausnahme der tragwerksplanerischen Grundleistungen aus der Leistungsphase 2 entstehen. Für bestimmte Brücken werden z. B. regelmäßig Mehrkosten entstehen, wenn das Verhältnis der anrechenbaren Kosten nach den Teilen VII und VIII geringer als in dem nachstehenden Berechnungsbeispiel ist. Dem stehen andere Ingenieurbauwerke mit größeren Schwankungen gegenüber. Die Lösung ist kostenneutral, wenn davon ausgegangen wird, daß die anrechenbaren Kosten nach Teil VIII im Durchschnitt etwa 60 bis 70 v. H. der anrechenbaren Kosten nach Teil VII betragen. Dies wird an nachstehendem Berechnungsbeispiel belegt:

Objekt mit anrechenbaren Kosten nach Teil VII: 70 000,– DM

Tragwerksplanung mit 70 v. H. anrechenbaren Kosten von Teil VII

1. Honorarzone I nach der Dritten Änderungsverordnung:

    Honorar für das Objekt

    100 v. H. Leistung   5240,– DM

Tragswerksplanung für das Objekt

87 v. H. Leistung (ohne Leistungsphase 1 und 2)   3158,– DM

                                              8398,– DM

2. Berechnung des Honorars nach der Vierten Änderungsverordnung

Objekt 92 v. H. von 5240,– DM   4821,– DM

Tragwerksplanung 97 v. H

Leistungen   3521,– DM

                                              8342,– DM

Die in **Absatz 2** aufgeführten Grundleistungen wurden in Anlehnung an § 15 formuliert, soweit nicht Besonderheiten dieses Leistungsbereichs Abweichungen erfordern. So ist z. B. auf die DIN 276 nicht Bezug genommen worden, da diese Norm nur für Hochbauten festgelegt ist.

RegE (BR-Drucks. 304/90, S. 186):

In **Absatz 2** ist die Änderung unter Nummer 1 eine Folgeänderung von der Herausnahme der tragwerksplanerischen Grundleistungen aus **Leistungsphase 2.** Auch unter Nummer 2 ist die Streichung der siebten Grundleistung eine Folgeänderung aus der Herausnahme der tragwerksplanerischen Grundleistung aus Leistungsphase 2. Die Neufassung der dritten Besonderen Leistung erfolgt zur Klarstellung.

RegE (BR-Drucks. 274/80, S. 139):

Ferner sind die Leistungen der **Leistungsphase 8** des § 15 (Objektüberwachung) in der entsprechenden Leistungsphase nur teilweise aufgenommen worden. Im Unterschied zur Objektplanung für Gebäude, Freianlagen und raumbildende Ausbauten wird bei der Objektplanung für Ingenieurbauwerke und Verkehrsanlagen in der Leistungsphase 8 nur die Bauoberleitung erfaßt – für die örtliche Bauüberwachung enthält § 57 besondere Vorschriften. Mit dieser Aufteilung soll der Tatsache Rechnung getragen werden, daß nach Ansicht von öffentlichen Auftraggebern das Honorar für die örtliche Bauüberwachung bei Ingenieurbauwerken und Verkehrsanlagen nicht nach einer Honorartafel mit degressiven Honoraren berechnet werden kann. Die Erfahrungen in diesen Bereichen zeigen, daß ein angemessenes Honorar regelmäßig nur in einem bestimmten Vomhundertsatz der Herstellungskosten festgelegt werden kann. Zudem wird nach der bisherigen Vergabepraxis dem Auftragnehmer vielfach nur die örtliche Bauüberwachung übertragen; die Bauoberleitung behalten die Auftraggeber sich selbst vor. Die Leistungen der Leistungsphase 8 des § 15 werden in diesen Bereichen somit öfter getrennt. In anderen Fällen werden die Objektplanung einschließlich Bauoberleitung einem Auftragnehmer übertragen und einem anderen Auftragnehmer nur die örtliche Bauüberwachung. Wegen dieser Besonderheiten wird für die örtliche

Bauüberwachung in § 57 eine besondere Honorarregelung vorgesehen.

Werden einem Auftragnehmer die Grundleistungen einer Leistungsphase mit dem Ziel übertragen, das mit der Leistungsphase verfolgte Ergebnis zu erbringen, und behält sich der Auftraggeber nicht vor, einzelne Leistungen selber beizusteuern, so entsteht der Anspruch auf das Honorar für diese Leistungsphase regelmäßig dann, wenn das Ergebnis, das mit den in der Leistungsphase erfaßten Leistungen angestrebt wird, erreicht worden ist. Dies gilt auch dann, wenn eine einzelne Grundleistung zur Erreichung dieses Ergebnisses ganz oder teilweise nicht erbracht werden mußte. Wenn z. B. bei der Vorplanung (**Leistungsphase 2** des § 55) ein Beschaffen amtlicher Karten nicht erforderlich ist, das Ergebnis dieser Phase also auch ohne diese Tätigkeit erreicht werden kann, so sollte eine Minderung des Honorars für diese Phase mit dem Hinweis, daß diese Tätigkeit nicht erbracht worden ist, nicht vorgenommen werden.

Die in der **Leistungsphase 2** aufgenommene Grundleistung „Ermitteln der Schallimmissionen von der Verkehrsanlage an kritischen Stellen nach Tabellenwerten" erfordert nur Berechnungen anhand von abzulesenden Tabellenwerten (Richtlinien). Für darüber hinausgehende „detaillierte schalltechnische Untersuchungen, insbesondere in komplexen Fällen" wäre ein Honorar nach §§ 80 Abs. 3, 84 zu vereinbaren. Diese Grundleistung wurde aufgenommen, weil ohne Planung von Lärmschutzmaßnahmen auf Grund der neueren Entwicklung in der Regel eine Planung von Verkehrsanlagen nicht möglich ist.

Die in der **Leistungsphase 3** aufgeführte Kostenberechnung beinhaltet zugleich eine notwendige Mengenberechnung.

Die in der **Leistungsphase 5** aufgeführte Grundleistung „Fortschreiben der Ausführungsplanung während der Objektausführung" setzt voraus, daß es sich um gleiche Anforderungen der Aufgabe handelt, andernfalls müßte ggf. eine Besondere Leistung vereinbart werden. Insofern liegt diesen Grundleistungen der gleiche Inhalt wie in § 15 zugrunde.

Bei der in der **Leistungsphase 8** aufgeführten Grundleistung „Abnahme von Leistungen und Lieferungen" handelt es sich nicht um die rechtsgeschäftliche Abnahme, die dem Auftraggeber obliegt, wenn auch in der Praxis der Auftragnehmer regelmäßig hierzu bevollmächtigt wird. Vielmehr ist hiermit nur die körperliche Hinnahme der Leistungen und Lieferungen der Unternehmen durch den Auftragnehmer gemeint.

RegE (BR-Drucks. 304/90, S. 186):

Der Teil der ersten Grundleistung von Leistungsphase 8 „Aufsicht über die örtliche Bauüberwachung" kann nur anfallen, wenn Bauoberleitung und die örtliche Bauüberwachung getrennt vergeben werden. Diese Ergänzung wird zur Klarstellung aufgenommen.

Bei der Aufzählung der Besonderen Leistungen wurden nur die für Ingenieurbauwerke und Verkehrsanlagen spezifischen Leistungen berücksichtigt, da die Aufzählung nur beispielhaft ist und insbesondere die in § 15 aufgeführten Besonderen Leistungen auch hier vereinbart werden können (§ 2 Abs. 3 n. F.).

RegE (BR-Drucks. 274/80, S. 141):

Das in der **Leistungsphase 1** genannte „Ermitteln besonderer, in den Normen nicht festgelegter Belastungen", kommt u. a. in Betracht bei Belastungen aus meteorologischen Erhebungen, Windkanalversuchen, Schüttgütern und Betriebszuständen. In der Leistungsphase 2 wurden, da häufig vorkommend, Gutachten über die Umweltverträglichkeit erwähnt. Solche Gutachten rechnen nicht zu den in § 33 erwähnten Gutachten, da § 33 nur für Gutachten über Leistungen, die in dieser Verordnung erfaßt sind, Anwendung findet.

Die zunehmende politische Bedeutung der Planung und Ausführung von Verkehrsanlagen und Ingenieurbauwerken läßt es zweckmäßig erscheinen, das Mitwirken beim Erläutern der Planung gegenüber Bürgern und politischen Gremien als Grundleistung aufzunehmen. Absatz 3 beschränkt jedoch in Anlehnung an § 37 Abs. 3 diese Leistungen auf die Teilnahme an 5 Terminen; für darüber hinausgehende Leistungen ist ggf. eine Besondere Leistung zu vereinbaren.

Die in **Leistungsphase 5** erfaßten Leistungen können bei Bauwerken und Anlagen des Wasserbaus, der Wasserwirtschaft und der Abfallbeseitigung einen so erheblichen Umfang haben, daß die für diese Leistungsphase vorgesehene Honorierung nicht der Leistung des Auftragnehmers entspricht. Insofern bestehen bei diesen Objekten besondere, von den übrigen Ingenieurbauwerken und Verkehrsanlagen abweichende Verhältnisse.

RegE (BR-Drucks. 238/94, S. 73):

*Ebenso wie in § 15 werden zur Einführung der Kostenkontrolle in den Planungsprozeß in den **Leistungsphasen 3 und 7** zusätzliche Grundleistungen eingefügt und in Phase 8 die letzte Grundleistung erweitert. Auf die Begründung zu § 15 wird verwiesen.*

RegE (BR-Drucks. 274/80, S. 139):

Absatz 4 gestattet daher, daß die Parteien schriftlich bei Auftragserteilung die Leistungsphase 5 mit mehr als 15 bis 35 vom Hundert bewerten können, wenn in dieser Leistungsphase ein überdurchschnittlicher Aufwand an Ausführungszeichnungen erforderlich wird.

Wird eine Vereinbarung eines anderen Vomhundertsatzes nicht bei Auftragserteilung schriftlich getroffen, verbleibt es bei dem Bewertungssatz von 15 v. H.

RegE (BR-Drucks. 304/90, S. 186):

In **Satz 2** wird die Vorschrift erweitert um eine Regelung, die ebenfalls Leistungen bei Objekten des Wasserbaus, der Wasserwirtschaft und der Abfallwirtschaft betreffen. Bei solchen Objekten werden häufig dem Objektplaner nicht nur die Planungsleistungen für das Objekt übertragen, sondern auch für die Anlagen der Verfahrens- und Prozeßtechnik in diesen Objekten.

Bei den Anlagen der Verfahrens- und Prozeßtechnik handelt es sich zum einen um Anlagen, bei denen eine Begriffsidentität mit Anlagen besteht, die im Teil IX erfaßt sind. Darüber hinaus werden aber auch andere Anlagen erfaßt, wie z. B. bei Kläranlagen die Einrichtungen für die Druckbelüftung der Belebungsbecken (z. B. Rohrleitungen, Schieber, Gebläse, Kompressoren oder Filter) und des Sandfangs, oder die komplette verfahrenstechnische Ausrüstung der Faulbehälteranlage (z. B. Pumpen, Rohrleitungen, Wärmeaustauscher, Heizkessel, Gasreinigungs- und Gastransporteinrichtungen, Gaskompressoren), oder die verfahrenstechnische Ausrüstung der Schlammwässerungsanlage einschließlich Förder- und Lagertechnik, oder die Eigenstromerzeugungsanlagen mit Abwärmenutzung, oder die zentralen Schaltwarte mit allen meß-, regel- und steuertechnischen Einrichtungen.

Für die Leistungen bei Anlagen der Verfahrens- und Prozeßtechnik wird eine freie Vereinbarung der Höhe des Honorars vorgesehen, wenn der Auftragnehmer diese plant, dem auch Grundleistungen für das Objekt übertragen werden. Der Verordnungsgeber hat insoweit keine der unterschiedlichen Varianten der Abrechnung übernommen, die in der Praxis gegenwärtig vereinbart werden und jeweils zu Honoraren führen, die nach den vorliegenden Zusammenstellungen bis 15 v. H. unterschiedlich sein können.

Nach Auffassung des Arbeitskreises der zuständigen obersten Landesbehörden sollen alle die Bauteile von Ingenieurbauwerken der Wasserwirtschaft zu den anrechenbaren Kosten nach Teil VII rechnen, die konstruktive Bestandteile der Ingenieurbauwerke sind, ausgenommen die Anlagen der Technischen Ausrüstung nach DIN 276, die zum Betrieb der Ingenieurbauwerke oder seiner konstruktiven Bestandteile notwendig sind. Wenn ein überdurchschnittlicher Aufwand für Verfahrens- und Prozeßtechnik entsteht, kann die Bewertung der Leistungsphasen 3 und 5 um jeweils 5 vom Hundert erhöht werden. Die Zuordnung der Kosten der Verfahrens- und Prozeßtechnik zu den anrechenbaren Kosten nach Teil VII wird von einem Land nicht geteilt. Von den vorgenannten Länderbehörden werden regelmäßig die Planungen für Wehre, Talsperren, Schleusen oder Sperrwerke übertragen; bei diesen Objekten sind regelmäßig – anders als bei den Objekten im kommunalen Bereich – die Anlagen der Verfahrens- und Prozeßtechnik nicht von entscheidender Bedeutung.

Kommunen vereinbaren vielfach – wie sich aus einer Zusammenstellung einer größeren Anzahl von tatsächlich abgerechneten Aufträgen ergibt – bei Objekten der Wasserwirtschaft, wie z. B. bei Abwasserbehandlungsanlagen, Wasserversorgungsanlagen, Abfallbehandlungsanlagen, Schlammbehandlungsanlagen oder wasserbaulichen Anlagen, Honorare unter sinngemäßer Anwendung der Vorschriften in Teil IX für die Leistungen für Anlagen der Verfahrens- und Prozeßtechnik von diesen Objekten. Zum Teil werden die Kosten der Anlagen der Verfahrens- und Prozeßtechnik nach § 52 Abs. 3 auch den anrechenbaren Kosten des Objekts zugerechnet. Eine solche Honorarregelung wird auch in einem Erlaß einer obersten Landesbehörde festgelegt, in dem u. a. darauf hingewiesen wird, daß insbesondere dann Gebrauch davon gemacht werden soll, wenn die o. g. Anlagen entscheidend für die Funktion der Gesamtanlage sind. Zum Teil wird vereinbart, daß die Kosten für Anlagen der Verfahrens- und Prozeßtechnik unter sinngemäßer Anwendung von Teil IX abgerechnet und nicht den anrechenbaren Kosten des Objekts zugerechnet werden. Solche Vereinbarungen werden auch als Honorarvarianten des Gemeindetages eines Bundeslandes erläutert, dabei soll der Variante der Vorzug gegeben werden, die im Einzelfall zu einem angemessenen Honorar führt.

Den Gebietskörperschaften werden dann keine Mehrkosten entstehen, wenn sie ihre bisherigen Vereinbarungen über die Honorierung der Anlagen der Verfahrens- und Prozeßtechnik beibehalten. Die neue Vorschrift ermöglicht ein solches Vorgehen. Geht man jedoch davon aus, daß in Zukunft mehr als bisher der o. g. Regelung vereinbart wird, die insbesondere von Kommunen für die typischen, technisch anspruchsvollen Objekte in diesem Bereich angewandt wird, und wird weiter zur Schätzung der Mehrkosten davon ausgegangen, daß sich jährlich die Mehrkosten bei rd. 50 Objekten der Wasser- und Abwasserwirtschaft (durchschnittliches Honorar für die Objektplanung rd. 450 000,– DM) um 15 v. H. erhöhen, so entstehen Mehrkosten von rd. 3,4 Mio. DM, die je zur Hälfte den Gemeinden und den Ländern zugerechnet werden. (Ein Honorar von 450 000,– DM ist typisch für eine Kläranlage einer Gemeinde mit rd. 10–20 000 Einwohnern.)

Der **Absatz 5** enthält für Ingenieurbauwerke eine Aufzählung von Besonderen Leistungen, die – neben den in den Leistungsbildern erwähnten Besonderen Leistungen – insbesondere bei Umbauten und Modernisierungen im Sinne von § 3 Nr. 5 und 6 vereinbart werden können. Auch hier handelt es sich nicht um eine vollständige Liste der Besonderen Leistungen, sondern nur um solche Leistungen, die häufiger vorkommen können (vgl. auch § 15 Abs. 3 sowie die §§ 64 Abs. 4 und 73 Abs. 3).

Zu dem Ermitteln substanzbezogener Daten und Vorschriften gehören insbesondere Materialuntersuchungen, Immissionsmessungen sowie das örtliche Aufmaß und Detailanalysen. Da zum Zeitpunkt der Errichtung der alten Bausubstanz regelmäßig andere Rahmenbedingungen zu beachten waren, müssen die für die Planung maßgeblichen Basisdaten, wie z. B. die Mauerwerkstruktur und die Standfestigkeit, jeweils neu für den heutigen Stand ermittelt werden.

Das Untersuchen und Abwickeln der notwendigen Sicherungsmaßnahmen von Bau- oder Betriebszuständen wird regelmäßig dann vereinbart, wenn Umbauten für Fabrikations- oder Produktionsbereiche geplant werden, und wenn dabei die gesamte Betriebsausstattung im Gebäude verbleiben muß, oder in Fällen, in denen die vorhandene Substanz bis auf wenige Bestandteile entfernt wird und diese übrig bleibenden Bauteile während des Umbaus besonders abgesichert werden müssen.

Das örtliche Überprüfen von Planungsdetails und das Überarbeiten der Planung wird häufig dann erforderlich, wenn sich erst bei der Durchführung der Maßnahme herausstellt, daß bestimmte bisherige Planungsvoraussetzungen und Annahmen, wie sie bei der Auftragsvergabe getroffen wurden, nicht mit der Wirklichkeit übereinstimmen.

Das Erarbeiten eines Vorschlags zur Behebung von Schäden oder Mängeln, auch als Sanierungsgutachen bezeichnet, wird dann erforderlich, wenn die Aufgabenstellung seitens des Auftraggebers noch nicht eindeutig formuliert werden kann und dazu ein Gutachten angefertigt werden muß.

Nach **Absatz 5 Satz 2** können die im Satz 1 erwähnten Besonderen Leistungen nur unter bestimmten Einschränkungen bei Umbauten oder Modernisierungen von Verkehrsanlagen vereinbart werden. Bei diesen Umbauten oder Modernisierungen dürfen nur geringe anrechenbare Kosten von Erdarbeiten einschl. Felsarbeiten anfallen. Darüber hinaus muß entweder die Gradiente gebunden sein oder es müssen planerische Schwierigkeiten bei der Anpassung an die vorhandene Randbebauung entstehen (vgl. auch Begründung zu § 59 Abs. 3).

Zu § 56:

RegE zu § 56 (BR-Drucks. 274/80, S. 142):

§ 56 enthält die Honorartafel für Grundleistungen bei Ingenieurbauwerken. Die Honorare sind aus der Honorartafel des § 55 der *(bis zum 1. 1. 1985)* geltenden Fassung abgeleitet. Dabei sind die Eckwerte der Honorartafel (von-Sätze der Zone I und bis-Sätze der Zone V) übernommen worden, jedoch einerseits um bis zu 10% erhöht (bei den von-Sätzen für Objekte mit anrechenbaren Kosten von 50 000 DM) und andererseits um bis zu 10% gemindert (bei den bis-Sätzen für Objekte mit anrechenbaren Kosten von 50 Millionen DM). Die Bandbreite zwischen den Eckwerten der Honorartafel ist im Verhältnis 20:20:20:20:20 aufgeteilt worden. Die dadurch ermittelten Honorare lassen sich nach Feststellungen öffentlicher Auftraggeber im allgemeinen mit den Honoraren vergleichen, die derzeit von öffentlichen Auftraggebern mit Auftragnehmern für vergleichbare Leistungen vereinbart werden.

BR-Beschluß (BR-Drucks. 105/84):

Für den Anwendungsbereich des § 51 Abs. 2 erscheinen 10% niedrigere Honorare angemessen. Die höheren Honorarsätze der Bundesregierung wurden angesichts der angespannten Haushaltslage von den Ländern kritisch geprüft. Nach Abwägung der Interessen der Freien Berufe und der zur Zahlung der Honorare Verpflichteten werden die verminderten Honorarsätze als angemessen und zumutbar angesehen. Die Reduzierung der Honorare für die Verkehrsanlagen bedingt eine separate Honorartafel für die Verkehrsanlagen. Zur einwandfreien Unterscheidung beider Tafeln nach § 56 ist der bisherige Absatz 1 in zwei Absätze aufzuteilen, und zwar dahin, daß der neue Absatz 1 von § 56 zusammen mit der bisherigen Honorartafel nur für den Anwendungsbereich des § 51 Abs. 1 (Ingenieurbauwerke) dient, während der neue § 56 Abs. 2 zusammen mit der neuen Honorartafel nur für den Anwendungsbereich des § 51 Abs. 2 (Verkehrsanlagen) bestimmt ist.

RegE (BR-Drucks. 304/90, S. 190):

In **Absatz 1** werden die Honorare in der Honorartafel linear um 10 v. H. erhöht.

RegE (BR-Drucks. 238/94, S. 73):

*Die Honorare in der Honorartafel in **Absatz 1** sind zum 1. Januar 1991 um 10 v. H. erhöht worden. Nach dem Vorschlag der Bundesregierung sollten die Honorare um 15 v. H. erhöht werden (Bundesrat-Drucksache 304/90). Der Bundesrat hat jedoch mit der Maßgabe zugestimmt, daß die o. g. Honorare nur um 10 v. H. erhöht werden sollen (Drucksache 304/90 [Beschluß]). Die Honorare in der Honorartafel in Absatz 1 werden nun um 6 v. H. erhöht. Auf die Ausführungen im Allgemeinen Teil dieser Begründung wird verwiesen.*

Die Honorare in der Honorartafel in Absatz 2 sind zum 1. Januar 1991 um 15 v. H. erhöht worden. Anders als bei den Honoraren in § 56 Abs. 1 hat der Bundesrat hier keine Kürzung vorgenommen.

Die Honorare in der Honorartafel in Absatz 2 werden daher nun um 3 v. H. erhöht. Die Erhöhungen erfolgen wie bei § 16 Abs. 1 mit dem Verteilungsverhältnis 20:20:20:20:20. Auf die Ausführungen im Allgemeinen Teil dieser Begründung wird verwiesen.

RegE (BR-Drucks. 304/90, S. 190):

Auch in **Absatz 2** werden die Honorare in der Honorartafel linear um 15 v. H. erhöht. Als Grundlage für die Erhöhung wird von einer neuen Honorartafel ausgegangen, in der die Honorare für Grundleistungen bei Verkehrsanlagen bis 2 Mio. DM anrechenbare Kosten unterschiedlich angehoben sind.

Die Honorare für Objekte mit anrechenbaren Kosten von 50 000 DM werden um 20 v. H. erhöht, die Erhöhung verläuft dann degressiv bis zu den Objekten mit anrechenbaren Kosten von 2 Mio. DM. Die Honorare für diese Objekte und für Objekte mit höheren Kosten werden in der Berechnungsgrundlage für die lineare Erhöhung nicht gegenüber der Honorartafel in der Fassung der Dritten Änderungsverordnung geändert.

Mit der Änderung der Berechnungsgrundlage wird eine Entwicklung berücksichtigt, die dazu geführt hat, daß die Honorare für Grundleistungen bei Verkehrsanlagen nicht mehr leistungsgerecht sind; dies gilt insbesondere für die Honorare für Objekte mit niedrigen und mittleren Kosten.

Ausgehend von dem Basisjahr 1980 liegen die allgemeinen Baupreise rd. 20 v. H. über den Preisen im Straßenbau, der Baupreisindex im Straßenbau stieg im Vergleichszeitraum um 8,9 v. H., der allgemeine Baupreisindex um 25,1 v. H. Gleichzeitig haben sich die Bürokosten für Ingenieurbüros für Verkehrsanlagenplanung nicht anders als in den übrigen Ingenieursparten entwickelt.

Es kommt hinzu, daß die Planungsanforderungen im Verkehrsbau zugenommen haben, insbesondere durch den stark gestiegenen Einfluß der Öffentlichkeit auf Planung und Durchführung von Verkehrsbauten sowie durch erhöhte Anforderungen an die Umweltverträglichkeit.

RegE (BR-Drucks. 274/80, S. 142):

In **Absatz 3** wird § 16 Abs. 2 und 3 (Honorarberechnung für Objekte, deren anrechenbare Kosten außerhalb des Bereichs der Honorartafel liegen) für sinngemäß anwendbar erklärt.

Zu § 57:

RegE zu § 57 (BR-Drucks. 274/80, S. 142):

§ 57 enthält die Honorarregelungen für die örtliche Bauüberwachung. Die gesonderte Honorarregelung dieser Leistung ist, wie zu § 55 ausgeführt, erforderlich geworden.

In **Absatz 1** werden die Leistungen bei der örtlichen Bauüberwachung zusammengefaßt. Sie wurden in Anlehnung an die Grundleistungen der Leistungsphase 8 des § 15 entwickelt, wobei die Leistungen jeweils zur Bauoberleitung (Leistungsphase 8 des § 55) abzugrenzen waren.

BR-Beschluß (BR-Drucks. 105/84 Beschl.):

Sowohl in § 57 Abs. 1 Nr. 8 als auch in § 55 Abs. 2 Leistungsphase 8 ist die Leistung „Überwachen der Prüfung der Gesamtanlage" enthalten. Das Überwachen der Funktionsfähigkeit setzt eine umfassende Ziel-, Planungs-, Koordinierungs- und Funktionskenntnis voraus, die im allgemeinen nur die Bauoberleitung, nicht aber die örtliche Bauüberwachung hat. Aus diesem Grunde und zur klaren Abgrenzung der Verantwortung ist in § 57 die Änderung erforderlich.

RegE (BR-Drucks. 304/90, S. 192):

In **Absatz 1** wird unter **Nummer 2** zur Klarstellung der Wortlaut des Halbsatzes, der mit dem Wort „soweit" beginnt, an den Wortlaut von § 96 Abs. 1 angepaßt. Mit der Einfügung der neuen Nummer 10 wird eine Klarstellung vorgenommen, um Auslegungsschwierigkeiten in der Frage zu beheben, ob die Überwachung der Ausführung des Tragwerks auf Übereinstimmung mit dem Standsicherheitsnachweis im Rahmen der Leistungen nach § 57 zu übernehmen ist. Auf die entsprechende Begründung zu § 15 Abs. 2 Leistungsphase 8 wird verwiesen.

In Anlehnung an bestehende Richtlinien der öffentlichen Hand für die Vergabe dieser Leistungen sieht Abs. 2 Satz 1 vor, das Honorar mit einem bestimmten v.-H.-Satz der anrechenbaren Kosten nach § 52 zu vereinbaren.

Der Honorarrahmen für die örtliche Bauüberwachung wird in der Vierten Änderungsverordnung durch Anhebung des Höchstsatzes vom 2,5 v. H. auf 3 v. H. der anrechenbaren Kosten des Objektes erweitert. Dadurch wird den Vertragsparteien die Möglichkeit gegeben, bei erheblich intensiven Überwachungsmaßnahmen angemessene Honorare zu vereinbaren. Eine intensivere Überwachung kann z. B. dann erforderlich werden, wenn die ausführenden Unternehmen für Teilleistungen Subunternehmer einsetzen, und so ihre eigenen Leistungen verringern. Dadurch nimmt die Zahl der am Bau Beteiligten zu, die Koordinierung und Überwachung wird erschwert.

RegE (BR-Drucks. 304/90, S. 192):

In **Absatz 2 Satz 2** wird die Möglichkeit erleichtert, als Honorar für die örtliche Bauüberwachung einen Festbetrag unter Zugrundelegung der geschätzten Bauzeit zu vereinbaren, anstelle eines Vomhundertsatzes der anrechenbaren Kosten. Die bisher geltende Voraussetzung, daß bei der Vereinbarung des Festbetrages auch die anrechenbaren Kosten zugrunde zu legen sind, wird gestrichen. Diese Erwähnung führte in der Praxis dazu, daß die Vorschrift nicht zufriedenstellend angewandt werden konnte. Der Festbetrag kann z. B. je Monat für eine bestimmte Besetzung des örtlichen Baubüros und nach einer geschätzten Zeitdauer vereinbart werden.

RegE (BR-Drucks. 274/80, S. 142):

Für den Fall, daß die Vertragsparteien ein Honorar nach **Abs. 2 Satz 1 oder 2** nicht schriftlich bei Auftragserteilung vereinbart haben, sieht **Abs. 2 Satz 3** vor, daß das Honorar mit 2,0 v. H. der anrechenbaren Kosten als dem unteren Eckwert der Honorarmarge zu berechnen ist.

Die Vertragsparteien sind hinsichtlich des Umfangs der zu übertragenden Leistungen frei; sie können daher auch nur einen Teil der in Absatz 1 aufgeführten Leistungen der örtlichen Bauüberwachung übertragen. **Abs. 2 Satz 4** sieht für diesen Fall die sinngemäße Anwendung von § 5 Abs. 2 und 3 vor. In solchen Fällen darf nur ein Honorar berechnet werden, das dem Anteil der übertragenen Leistung an dem Gesamtleistungsumfang nach Absatz 1 entspricht. Ein verminderter Leistungsumfang des Auftragnehmers ist also ebenso zu berücksichtigen wie ein zusätzlicher Koordinierungs- und Einarbeitungsaufwand.

BR-Empfehlung (BR-Drucks. 274/1/80, S. 8):

Das Honorar für die Objektplanung kann für diese Objekte frei vereinbart werden. Es ist daher nicht sichergestellt, daß die anrechenbaren Kosten ermittelt werden. Es sollte daher auch das Honorar für die örtliche Bauüberwachung frei vereinbart werden können.

RegE (BR-Drucks. 238/94, S. 74):

Der Honorarrahmen für die örtliche Bauüberwachung in Absatz 2 wurde im Rahmen der 4. Änderungsverordnung von 2,5 v. H. auf 3,0 v. H. erhöht. Mindest- und Höchstsatz werden nun um je 6 v. H. – gerundet auf 2,1 bzw. 3,2 v. H. erhöht. Dadurch wird den Vertragsparteien die Möglichkeit gegeben, bei intensiven Überwachungsmaßnahmen angemessene Honorare zu vereinbaren.

Zu § 58:

RegE zu § 58 (BR-Drucks. 274/80, S. 144):

§ 58 gibt den Vertragsparteien nach dem Vorbild des § 19 die Möglichkeit, den bei Vergabe der Vorplanung (Leistungsphase 2 des § 55) oder der Entwurfsplanung (Leistungsphase 3 des § 55) regelmäßig auftretenden Mehraufwand des Auftragnehmers durch eine Vereinbarung über höhere Vomhundertsätze Rechnung zu tragen.

Zu § 59:

RegE zu § 59 (BR-Drucks. 274/80, S. 144):

§ 59 regelt die Berechnung der Honorare für Leistungen bei Umbauten und Modernisierungen und übernimmt sinngemäß die Regelungen des § 24.

In den **Absätzen 1 und 2** werden die Vorschriften für Honorare für Leistungen bei Umbauten und Modernisierungen geändert, auf die Begründung zu § 24 wird verwiesen.

RegE (BR-Drucks. 304/90, S. 193):

Absatz 3 enthält eine einschränkende Vorschrift für die Vereinbarung eines Zuschlagsatzes bei Umbauten von Verkehrsanlagen. Für Leistungen bei Verkehrsanlagen kann ein Zuschlag auf das Honorar bei Umbauten nur unter bestimmten Voraussetzungen vereinbart werden. Es muß sich stets um Verkehrsanlagen mit geringen anrechenbaren Kosten für Erdarbeiten einschließlich Felsarbeiten handeln. Wenn Erd- und Felsarbeiten nur in geringem Umfang anfallen, werden die anrechenbaren Kosten entsprechend gering, so daß regelmäßig kein leistungsgerechtes Honorar für den Umbau vereinbart werden kann.

Zu § 60:

RegE zu § 60 (BR-Drucks. 274/80, S. 144):

§ 60 übernimmt im wesentlichen inhaltlich sinngemäß die Regelung des § 27 zur Honorierung von Instandhaltungen und Instandsetzungen. Wegen der Aufteilung der Bauüberwachung in die Bauoberleitung (§ 55 Abs. 2 Leistungsphase 8) und in die örtliche Bauüberwachung (§ 57) wurde die Möglichkeit der Vereinbarung eines höheren Honorars auch auf das Honorar nach § 57 bezogen.

Zu § 61:

RegE zu § 61 (BR-Drucks. 274/80, S. 144):

Bau- und landschaftsgestalterische Beratungsleistungen können bei Ingenieurbauwerken nach § 51 Abs. 1 und Verkehrsanlagen nach § 51 Abs. 2 erbracht werden. Diese Leistungen sind Beratungsleistungen, die im allgemeinen von Auftragnehmern erbracht werden, die für diese Spezialaufgaben besonders befähigt sind. Sie unterstützen insoweit den Objektplaner. Honorarvorschriften für solche Leistungen waren bereits in der Verordnung PR Nr. 66/50 über die Gebühren für Architekten (GOA 1950) vom 13. 10. 1950 enthalten.

Absatz 1 umschreibt den Anwendungsbereich. Bau- und landschaftsgestalterische Beratungsleistungen fallen nur bei einem verhältnismäßig engen Kreis der Ingenieurbauwerke und Verkehrsanlagen an. Sie kommen in der Regel nur in Betracht, wenn Ingenieurbauwerke oder Verkehrsanlagen bei besonderen städtebaulichen oder landschaftsplanerischen Anforderungen gestalterisch in die Umgebung eingebunden werden müssen.

RegE (BR-Drucks. 304/90, S. 194):

Die Vorschriften über die baukünstlerische Beratung werden an den neueren Sprachgebrauch angepaßt und erweitert. Die baukünstlerische Beratung wird in baugestalterische Beratung umbenannt und gleichzeitig wird sie auf die landschaftsgestalterische Beratung erweitert.

In **Absatz 2** werden einige Leistungen beispielhaft aufgezählt. Der Leistungsumfang ist im einzelnen je nach der Aufgabenstellung unterschiedlich. So kann der Auftragnehmer z. B. bei der Vorplanung ein Planungskonzept erarbeiten müssen, das in gestalterischer Hinsicht Probleme der Einordnung des Objekts in die Umgebung und des Objekts selbst lösen soll; hierbei kann neben der zeichnerischen auch eine modellhafte Darstellung erforderlich werden. Wirkt der Auftragnehmer beim Werten der Angebote mit, so prüft er die Angebote im Hinblick auf das gestalterische Konzept, weil von dem zur Angebotsabgabe aufgeforderten Unternehmen in der Regel über das Angebot hinaus eigene Konstruktionsvorschläge unterbreitet werden. Die Konstruktionsberechnungen, die im Zuge der Ausführung erst endgültig erstellt werden können, greifen in das Konzept häufig ein, so daß dem Auftragnehmer vielfach das Mitwirken bei der Objektüberwachung übertragen wird. Er überprüft dann die Ausführung auf Übereinstimmung mit dem gestalterischen Konzept und berät bei Abweichungen hiervon bei der Detailausführung.

Bei den Leistungen nach § 61 handelt es sich um Mitwirkungsleistungen, die nur dann ein zusätzliches Honorar rechtfertigen, wenn neben dem Objektplaner ein weiterer Auftragnehmer für diese Leistungen eingeschaltet wird. Der Dialog zwischen Objektplaner und Berater in gestalterischer Hinsicht ist Voraussetzung für eine gestalterisch qualitätsvolle Mitwirkungsleistung und muß deshalb von zwei verschiedenen Auftragnehmern erbracht werden. Demgemäß schließt **Abs. 3 Satz 1** die Berechnung eines besonderen Honorars für Leistungen im Sinne des § 61 Abs. 1 aus, wenn dem Auftragnehmer zugleich Grundleistungen nach § 55 für das Ingenieurbauwerk oder die Verkehrsanlage übertragen werden. Entsprechend § 25 Abs. 1

Satz 2 schreibt **Abs. 3 Satz 2** vor, daß in diesem Fall die Leistungen für bau- und landschaftsgestalterische Beratung bei der Vereinbarung des Honorars für die Grundleistungen im Rahmen der für diese Leistungen festgesetzten Mindest- und Höchstsätze (§ 56) zu berücksichtigen sind.

Absatz 4 regelt die Honorierung für den Fall, daß dem Auftragnehmer nicht gleichzeitig Grundleistungen nach § 55 übertragen werden. Da wegen der Unterschiede im Umfang der Leistungen ausreichende Anhaltspunkte für eine angemessene Honorierung bisher fehlen, konnte nur die freie Honorarvereinbarung vorgesehen werden. Abs. 4 Satz 2 verweist auf die Berechnung als Zeithonorar, wenn ein Honorar nicht schriftlich bei Auftragserteilung vereinbart wurde.

RegE (BR-Drucks. 304/90, S. 194):

Ferner wird in den neuen **Absatz 5** neben der gestalterischen Beratung zur Einbindung von Ingenieurbauwerken in die Umgebung auch die entsprechende Leistung bei Verkehrsanlagen erfaßt. Solche Leistungen können z. B. bei der Planung von Freiflächen im Zusammenhang mit innerörtlichen Verkehrsräumen und Ortsdurchfahrten anfallen. Diese Freiflächen tragen der Aufgabe und dem Bemühen allgemein Rechnung, den innerörtlichen Verkehrsraum, das Straßenumfeld und damit das Ortsbild unter besonderer Berücksichtigung ökologischer Grundsätze und Zielvorstellungen und der Belange des Denkmalschutzes zu gestalten. Dabei ist von besonderer Wichtigkeit, die verschiedenen Funktionsräume hinsichtlich ihrer Umfeldverträglichkeit zu ordnen und Räume für nicht verkehrliche Zwecke u. a. unter dem Gesichtspunkt einer ökologisch orientierten Be- und Eingrünung zu schaffen und zu gestalten. Bei der Flächengestaltung sind z. B. neben der Erhaltung charakteristischer Merkmale der jeweiligen Straßenraumabschnitte die Bedürfnisse der Fußgänger und Anwohner ausreichend zu berücksichtigen. Die Frage des Raumabschlusses beinhaltet u. a. den Erhalt wichtiger Vegetationsstrukturen und Gebäude und die Ergänzung durch entsprechende Bepflanzung, wobei insbesondere dem Baum (Straßenbaum) eine tragende Rolle zukommen kann.

Teil VII a
Verkehrsplanerische Leistungen

Zu § 61 a:

RegE zu § 61 a (BR-Drucks. 304/90, S. 195):

Die verkehrsplanerischen Leistungen nach § 61 a repräsentieren ein eigenständiges Arbeitsfeld, das nicht unter die städtebaulichen Leistungen des Teils V subsumiert werden kann. Infolge des ständig wachsenden Straßenverkehrs nehmen alle Beratungstätigkeiten, die im Rahmen der Verkehrsplanung durchgeführt werden und Voraussetzung für die Objektplanung sind, in enormem Umfang zu.

Die verkehrsplanerischen Leistungen umfassen die Hauptarbeitsbereiche fließender und ruhender Individualverkehr, öffentlicher Verkehr, Radverkehr und Fußgängerverkehr.

Für diese Bereiche werden anhand von umfangreichem Datenmaterial, das den heutigen und zukünftigen Zustand beschreibt, Verkehrskonzepte entwickelt.

In **Absatz 1** werden als häufigste Arbeitsbereiche der Gesamtverkehrsplan (Nr. 1) und der Teilverkehrsplan (Nr. 2) erwähnt.

Im Gesamtverkehrsplan werden alle Verkehrssektoren bearbeitet, also der Individualverkehr, der motorisierte Individualverkehr und der öffentliche Verkehr. Die gegenseitige Abhängigkeit der Sektoren ist sehr groß.

Teilverkehrspläne werden jeweils für die einzelnen Verkehrssektoren aufgestellt; z. B. den Straßenverkehr mit Rad und Fußgängern. Dieser hat sehr stark an Bedeutung gewonnen und wächst vom Umfang her immer mehr. In den Teilverkehrsplänen werden Aussagen zu den für den jeweiligen Sektor spezifischen Faktoren und Zusammenhängen gemacht.

Zu den sonstigen verkehrsplanerischen Leistungen gehören z. B. das Mitwirken im Rahmen der Öffentlichkeitsarbeit zum Zwecke der Durchsetzung geplanter Verkehrsbaumaßnahmen und verkehrstechnische Untersuchungen im Rahmen der Verkehrsleittechnik.

In **Absatz 2** werden beispielhaft eine Reihe von verkehrsplanerischen Leistungen erwähnt.

Im Zielkonzept nach **Nummer 1** werden alle für die Aufgabe relevanten Zielvorstellungen zusammengefaßt. Das Zielkonzept wird in Abstimmung mit dem Auftraggeber erarbeitet und berücksichtigt auch die übergeordneten, planungsrelevanten Aspekte (z. B. umweltbezogene und wirtschaftliche Zusammenhänge).

In der Zustandsanalyse nach **Nummer 2** werden mit geeigneten Verfahren (Verkehrserhebungen, Aufstellung eines Analyseverkehrsmodells) Aussagen über den Ist-Zustand getroffen. Die Zustandsanalyse liefert die Basis zur Feststellung der vorhandenen Mängel und Defizite aufgrund vorgegebener Bewertungsmaßstäbe.

Mit dem Beschreiben der zukünftigen Entwicklung nach **Nummer 4** werden die Planungsziele konkretisiert; hierbei werden die aus der Zustandsanalyse abgeleiteten Chancen und Defizite berücksichtigt und die Prognosen für allgemeine Entwicklungstrends in Rechnung gestellt.

Das Arbeiten von Planfällen nach **Nummer 5** zeigt auf der Grundlage jeweils unterschiedlicher Entwicklungsannahmen (Scenarios) die Bandbreite möglicher Entwicklungen auf.

Das Berechnen der künftigen Verkehrsnachfrage nach **Nummer 6** beruht auf der Anwendung von Prognosemodellen. Diese berücksichtigen die Entwicklungsannahmen für alle relevanten Faktoren; für unterschiedliche Planfälle/Scenarios können daher auch unterschiedliche Prognosen für die künftige Verkehrsnachfrage gestellt werden.

In dem Abschätzen der Auswirkungen und Bewerten nach **Nummer 7** werden die Planfälle hinsichtlich ihrer Auswirkung auf die verkehrliche Situation sowie auf das Umfeld beurteilt. Darüber hinaus werden die Realisierungskosten abgeschätzt und Angaben zur Wirtschaftlichkeit gemacht.

Die Planungsempfehlungen nach **Nummer 8** bilden die gutachterliche Stellungnahme zu den Planfällen; in Form eines Handlungskonzeptes wird ein Maßnahmenkatalog mit Hinweisen zu Gestaltungsfragen aufgestellt, der auch eine Prioritätenreihung der Einzelmaßnahmen enthält. Alle Untersuchungsergebnisse und die Planungsempfehlungen werden in Berichten und Präsentationsunterlagen vorgelegt und vor den zuständigen Gremien erläutert.

Nach **Absatz 3** kann das Honorar frei vereinbart werden. Wenn ein Honorar nicht schriftlich bei Auftragserteilung vereinbart wird, so ist das Honorar als Zeithonorar nach § 6 zu berechnen.

Teil VIII
Leistungen bei der Tragwerksplanung

Zu § 62:

RegE zu § 62 (BR-Drucks. 304/90, S. 197):

Diese Vorschrift wird neu gefaßt, insbesondere die Bestimmungen über die Ermittlung und den Ansatz der anrechenbaren Kosten. Die Ermittlung der anrechenbaren Kosten nach Fachlosen führte beim Objektplaner zu einem häufig erheblichen Bearbeitungsaufwand und zu einer Verzögerung der endgültigen Feststellung der anrechenbaren Kosten. Zwischen Auftraggeber und Auftragnehmer kam es verschiedentlich zu unterschiedlichen Auffassungen über die Auslegung der Vorschriften über die Abrechnung nach Fachlosen. Ferner führten der technische Fortschritt und die Rationalisierungsbemühungen der bauausführenden Wirtschaft verschiedentlich zu einer Verringerung der Honorargrundlage, indem bisher vorkommende Fachlose durch neue ersetzt wurden, deren Kosten nicht anrechenbar sind. Deshalb wird vorgesehen, daß die anrechenbaren Kosten von Gebäuden im Regelfall nur noch nach pauschalierten Kosten anzusetzen sind. Dies entspricht einer Regelung, die bereits in einem Ingenieurvertragsmuster vorgenommen wird.

Absatz 1 wird unverändert übernommen. Das Honorar für die Grundleistungen richtet sich nach den anrechenbaren Kosten des Objekts, der Honorarzone, der das Tragwerk angehört und nach der Honorartafel des § 65.

Nach **Absatz 2** sind die anrechenbaren Kosten nach den Kostenermittlungsverfahren der DIN 276 zu ermitteln. Diese unterscheiden sich nach dem Genauigkeitsgrad der Ermittlung der Kosten. Inhaltlich wird insoweit die Vorschrift unverändert übernommen.

In **Absatz 3** werden die bisherigen Vorschriften der Absätze 3 und 9 unverändert übernommen.

In **Absatz 4** wird die Berechnung der anrechenbaren Kosten für Leistungen für die Tragwerksplanung von Gebäuden für den Regelfall vorgeschrieben. Inhaltlich wird der bisherige Absatz 5 dabei übernommen, der Ansatz der Kosten wird also unverändert übernommen.

Absatz 5 enthält die Ausnahmeregelung von Absatz 4, unter welchen Voraussetzungen vereinbart werden kann, daß die Kosten nicht nach den in Absatz 4 genannten pauschalen Vomhundertsätzen angesetzt werden. Wenn die Gebäude einen hohen Anteil an Kosten der Gründung und der Tragkonstruktion aufweisen, könnte ein Ansatz der anrechenbaren Kosten nach Absatz 4 zu unangemessenen Honoraren führen. Deshalb können in den genannten Fällen die anrechenbaren Kosten nach den in Absatz 6 unter den Nummern 1 bis 12 genannten Fachlosen angesetzt werden. Dies kann z. B. bei Tribünen, Parkhäusern, Hallen, Lagergebäuden oder Kraftwerksgebäuden der Fall sein, bei diesen Gebäudetypen ist der Anteil der Kosten der Tragkonstruktionen und der Gründung an den Gesamtkosten so hoch, daß die Anwendung von Absatz 4 zu unangemessenen Honoraren führen würde.

169

BR-Beschluß (BR-Drucks. Beschl. 304/90, S. 23):

§ 62 Abs. 5 der Änderungsverordnung regelt, unter welchen Voraussetzungen ausnahmsweise vereinbart werden kann, daß die Kosten nicht nach den in § 62 Abs. 4 genannten pauschalen Vomhundertsätzen angerechnet werden. Die Regelung bezieht sich nur auf Gebäude mit einem hohen Anteil an Kosten der Gründung und der Tragkonstruktion. Sie muß darüber hinaus auch Umbauten berücksichtigen, weil auch ein hoher Anteil an Installationskosten (DIN 276, Kostengruppe 3.2 und 3.5.2) nach § 62 Abs. 4 zu unangemessenen Honoraren führt.

RegE (BR-Drucks. 304/90, S. 199):

In **Absatz 6** werden materiell die bisher für Ingenieurbauwerke geltenden Vorschriften aus dem Absatz 6 in Verbindung mit Absatz 4 übernommen, mit einer Klarstellung. Unter Nummer 12 wird der Begriff Metallbauarbeiten eingeführt, um hier eine Begriffsidentität mit dem genauen Titel der DIN 18 360 herzustellen. Im übrigen werden stählerne Verbindungsmittel in Knoten von Ingenieurholzbauwerken gemäß VOB über Metallbau- und Schlosserarbeiten abgerechnet. Zu den Metallbau- und Schlosserarbeiten zählen auch Leistungen für bestimmte tragende Teile, wie Überdachungen, Vordächer und Treppen.

RegE (BR-Drucks. 594/87, S. 144):

Absatz 6 ist im wesentlichen entwickelt worden aus dem früheren Ingenieurvertragsmuster der „Richtlinien für die Durchführung von Bauaufgaben des Bundes im Zuständigkeitsbereich der Finanzbauverwaltungen (RBBau)". Der Positiv-Negativ-Katalog der anrechenbaren Kosten dieses Vertragsmusters führte hinter der Leistungs-Bezeichnung jeweils die entsprechenden Nummern der DIN-Vorschriften nach VOB/C an. Die Aufzählung dieser DIN-Nummern in der Honorarordnung mußte aber aus rechtsförmlichen Gründen unterbleiben.

Die Leistungen entsprechen folgenden DIN-Vorschriften

1. Erdarbeiten	– DIN 18 300
2. Mauerarbeiten	– DIN 18 330
3. Beton- und Stahlbetonarbeiten	– DIN 18 331
4. Naturwerksteinarbeiten	– DIN 18 332
5. Betonwerksteinarbeiten	– DIN 18 333
6. Zimmer- und Holzbauarbeiten	– DIN 18 334
7. Stahlbauarbeiten	– DIN 18 360
9. Abdichtungsarbeiten	– DIN 18 336/7
10. Dachdeckungs- und Dachabdichtungsarbeiten	– DIN 18 338
11. Klempnerarbeiten	– DIN 18 339

RegE (BR-Drucks. 304/90, S. 199):

In **Absatz 7** werden inhaltlich die Vorschriften des bisherigen Absatzes 7 unverändert übernommen.

Es werden die nichtanrechenbaren Kosten aufgezählt, wenn die Kosten nach Fachlosen ermittelt werden. Bei der Ermittlung der anrechenbaren Kosten nach Absatz 4 werden keine Kostenarten abgezogen, da dies dem Sinn der Pauschalierung widersprechen würde. Nur bei Anwendung von Absatz 5 oder 6 sind die in Absatz 7 unter Nrn. 1 bis 11 aufgezählten Kostenarten abzusetzen.

Nach **Nummer 5** wird nicht mehr Mauerwerk < 11,5 cm, sondern nur noch nichttragendes Mauerwerk < 11,5 cm (DIN 1053) zu den Kosten gerechnet, die nicht anrechenbar sind. Damit wird eine technische Entwicklung im Mauerwerksbau berücksichtigt. In Zukunft werden auch tragende Mauerwerkswände < 11,5 cm zulässig sein, nach der Euro-Norm möglicherweise herab bis 9 cm Stärke. Die Kosten solcher tragenden Mauerwerkswände und von Mauerwerkswänden < 11,5 cm, die zur Aussteifung tragender Wände in bestimmten Abständen notwendig sind, rechnen zu den anrechenbaren Kosten.

Die **Nummer 7** wird zur Klarstellung umformuliert, um ein Mißverständnis zu beseitigen. Es wird klargestellt, daß nicht die Kosten von Kupferdächern, Sichtbeton oder Fassadenverkleidungen, sondern die Mehrkosten dieser Sonderausführungen dieser Leistungen, also z. B. die Mehrkosten von Kupferdächern, nicht anrechenbar sind. Bei der modernen Bauweise ist auch die Skelettbauweise als Regelbauweise übernommen worden. Daher übernehmen häufig Fassadenverkleidungen die Funktion einer Außenmauer vollständig; sie sind substantiell Bestandteil des Rohbaus, allerdings ist die Tragwerksplanung der Fassadenverkleidung nicht Gegenstand der Grundleistungen des § 64.

RegE (BR-Drucks. 304/90, S. 199):

In **Absatz 8** wird die Möglichkeit vorgesehen, auch Kosten von solchen Arbeiten ganz oder teilweise als anrechenbare Kosten anzusetzen, die nicht in den Absätzen 4 bis 6 erfaßt oder in Absatz 7 Nr. 7 aufgeführt sind, wenn der Auftragnehmer wegen dieser Arbeiten Mehrleistungen für das Tragwerk nach § 64 erbringt. Diese Möglichkeit besteht für die Tragwerksplanung von allen Objekten; bei Gebäuden werden zusätzlich die in Abs. 6 Nr. 13 bis 16 genannten Kosten aufgeführt. Eine vergleichbare Vorschrift enthielt bereits der bisherige Absatz 8, jedoch waren die Kosten, die zusätzlich als anrechenbare Kosten angesetzt werden konnten, enumerativ aufgezählt. Um die Anwendung dieser Vorschrift flexibler zu gestalten, wird von einer Erweiterung des Katalogs der zusätzlich anrechenbaren Kosten abgesehen.

Zu § 63:

RegE zu § 63 (BR-Drucks. 274/80, S. 149):

In § 63 wird weitgehend die bisherige Einteilung in Honorarzonen übernommen. Es waren jedoch einige Präzisierungen und Ergänzungen, insbesondere im Hinblick auf die Aufnahme der Leistungen bei der Tragwerksplanung von Ingenieurbauwerken, erforderlich.

RegE (BR-Drucks. 304/90, S. 200):

In dem einleitenden Satz (**von Absatz 1**) wird unter **Buchstabe a** zur Klarstellung ergänzt, daß die Honorarzone nach dem statisch-konstruktiven Schwierigkeitsgrad bei der Tragwerksplanung ermittelt wird.

RegE (BR-Drucks. 274/80, S. 149):

In der Honorarzone II wurden die Deckenkonstruktionen mit ruhenden Flächenlasten, die sich mit gebräuchlichen Tabellen berechnen lassen, auf „vorwiegend" ruhende Flächenlasten beschränkt, da andernfalls bei geringfügigen Abweichungen bereits eine höhere Einstufung des Tragwerks vorzunehmen wäre.

In der Honorarzone III wurde beim ersten Tragwerk entsprechend der Terminologie in Honorarzone II der Begriff „Vorspannung" durch „Vorspannkonstruktionen" ersetzt.

Weiter wurde die Aufzählung in den Honorarzonen III und IV zur Abrundung der in der Praxis vorkommenden Tragwerke um einige Beispiele, insbesondere auch aus dem Bereich der Ingenieurbauwerke, erweitert. So wurden u. a. in der Honorarzone IV statisch bestimmte Tragwerke, die Schnittgrößenbestimmungen nach der Theorie II. Ordnung erfordern, aufgenommen; entsprechend statisch unbestimmte Tragwerke finden sich, wie schon bisher, in der Honorarzone V. Verbundkonstruktionen mit höheren Anforderungen wurden in Honorarzone V erwähnt, so daß Honorarzone IV Verbundkonstruktionen erfaßt, die weder in Honorarzone III noch in Honorarzone V erwähnt sind.

Zur Präzisierung wurden in die Honorarzonen IV und V je nach dem Schwierigkeitsgrad u. a. Trägerroste und orthotrope Platten sowie Traggerüste und andere Gerüste für Ingenieurbauwerke aufgenommen.

Die Honorarzone IV enthält ferner Tragwerke mit einfachen Schwingungsuntersuchungen; daher wurde in der Honorarzone V klargestellt, daß hier nur Tragwerke mit schwierigeren Schwingungsuntersuchungen erfaßt werden. Ferner wurde in der Honorarzone V die Aufzählung insbesondere durch Verbundträger mit Vorspannung durch Spannglieder oder andere Maßnahmen ergänzt.

In der Honorarzone IV *wurde* ein weiteres Tragwerk aufgenommen. Das „Mauerwerk nach Eignungsprüfung" (DIN 1053, Teil 2) wurde in der Zwischenzeit bauaufsichtlich eingeführt. Für diese Konstruktionen sind eine Vielzahl zusätzlicher und überdurchschnittlich schwieriger Nachweise zu führen. Es sind genauere Berechnungsverfahren als bei den einfachen Spannungsnachweisen nach DIN 1053 Teil 1 anzuwenden. Durch die genauen Nachweise steigt der Schwierigkeitsgrad und der Aufwand der Tragwerksplanung. Im Tragwerk werden in der Regel aber entweder geringere Stein- und/oder Mörtelfestigkeiten benötigt, oder die Mauerwerkswände können in geringerer Dicke ausgeführt werden. Dadurch verringern sich die Baukosten, und teilweise werden zusätzliche Nutzflächen gewonnen.

In Honorarzone V *wurde* ein weiteres Tragwerk aufgenommen. Die Verbindungsmittel im Holzbau geben unter Last nach. Diese Verschiebungen in den Knotenanschlüssen bedingen Schnittkraftumlagerungen und Verformungen. Eine Berücksichtigung kann nur über Grenzwertbetrachtungen unter hohem Rechenaufwand erfolgen, der mit dem Nachweis nach der Theorie II. Ordnung für statisch unbestimmte Tragwerke vergleichbar ist. Die Rechenannahmen müssen über alle Phasen des Leistungsbildes berücksichtigt, kontrolliert und überprüft werden.

Zu § 64:

RegE zu § 64 (BR-Drucks. 304/90, S. 201):

Absatz 1 enthält Folgeänderungen für Teil VIII aus der Herausnahme der tragwerksplanerischen Grundleistungen für bestimmte Ingenieurbauwerke aus dem Leistungsbild des § 55. Der Fußnotenhinweis (das „*)") nach dem Wort „Planungsvorbereitung" nach der Beschreibung der Leistungsphase 2 wird gestrichen. Der Fußnotenhinweis gilt somit nur noch für Leistungsphase 1. Ferner wird durch Neufassung der Fußnote klargestellt, daß nur die Grundleistungen der Leistungsphase 1 für Ingenieurbauwerke nach § 51 Abs. 1 Nr. 6 und 7 im Leistungsbild der Objektplanung des § 55 enthalten sind. Diese Regelung gilt somit nicht für Ingenieurbauwerke nach § 51 Abs. 1 Nr. 1 bis 5, also insbesondere die Ingenieurbauwerke der Wasser- und Abfallwirtschaft.

RegE (BR-Drucks. 238/94, S. 74):

*In der 4. Änderungsverordnung in **Absatz 1 Satz 1** und **Absatz 3 Nr. 3** versehentlich für Teil VIII unterlassene Folgeänderungen aus der Herausnahme der Grundleistungen der Tragwerksplanung für bestimmte Ingenieurbauwerke aus dem Leistungsbild des § 55 (Teil VII):*

RegE (BR-Drucks. 304/90, S. 201):

In **Absatz 2** wird die besondere Bewertung der Leistungsphase 5 teilweise geändert, damit werden Verzerrungen beseitigt.

Unverändert übernommen wird die Kürzung der Leistungsphase 5 von 42 v. H. auf 26 v. H. für den Stahlbetonbau, sofern keine Schalpläne in Auftrag gegeben werden.

Im Stahlbau wird nur dann eine Kürzung vorgeschrieben, wenn der Auftragnehmer nicht die Werkstattzeichnung auf Übereinstimmung mit der Genehmigungsplanung und den Ausführungszeichnungen, die der Auftragnehmer in dieser Leistungsphase anfertigt, überprüft. Die Werkstattzeichnungen werden regelmäßig durch die Stahlbauunternehmen erbracht, diese werden vom Auftragnehmer auf Übereinstimmung mit (in der Regel) seinen Ausführungsplänen geprüft. Der Auftragnehmer muß überprüfen, ob das Konstruktionsprinzip richtig übernommen wurde. Ohne eine solche Überprüfung ist die Standsicherheit nicht zu gewährleisten. Diese Leistung ist sehr arbeitsintensiv und verantwortungsvoll.

Im Holzbau wird die Kürzung der Honorare für die **Leistungsphase 5** nur vorgeschrieben, sofern das Tragwerk in den Honorarzonen I oder II einzuordnen ist, weil der Aufwand in dem modernen Ingenieurholzbau, der regelmäßig in den Honorarzonen III bis V angewandt wird, besonders hoch ist. Der moderne Ingenieurholzbau unterscheidet sich wesentlich von dem zimmermannsmäßigen Holzbau durch neue Produkte und Anschlußtechniken. Die vielfältigen Anschlußkonzepte ermöglichen im allgemeinen keine geschlossene, sondern nur eine iterative Lösung. Die zwingende Abhängigkeit von Rohbaudetail und Ausbaudetail erfordern eine eigene Detailentwicklung, die bei Knotenpunkten meist im Maßstab 1:10, im Grundriß und oftmals in mehreren Schnitten, notwendig wird. Die Vielzahl der Anschlußdetails ist meist nur im Zusammenhang mit der Konstruktionsplanung zu berechnen und zu planen. Es werden Konstruktionsübersichtspläne mit Darstellung aller wesentlichen kraftübertragenden Anschlußdetails erforderlich. Es kommt hinzu, daß die Verwendung von Fachwerkträgern oder ähnlich aufgelösten Tragwerken zu feingliedrigen Konstruktionen mit relativ geringen anrechenbaren Kosten führt. Deshalb ist der Aufwand in Leistungsphase 5 bei der Ausführungsplanung von Tragwerken des Ingenieurholzbaus besonders hoch.

RegE (BR-Drucks. 274/80, S. 150):

In **Absatz 3** wurden in der **Leistungsphase 2** bei der zweiten Besonderen Leistung (Aufstellen eines Lastenplanes) die Bezeichnung „Gründungsgutachten" entsprechend der Definition im § 91 durch die Formulierung „Baugrundbeurteilung und Gründungsberatung" ersetzt.

RegE (BR-Drucks. 304/90, S. 202):

Die **Leistungsphase 2** enthält eine Folgeänderung aus der Herausnahme von tragwerksplanerischen Grund-

leistungen aus § 55. Es wird eine neue Grundleistung eingefügt mit dem Inhalt, daß in dieser Leistungsphase der Tragwerksplaner die Ergebnisse von Leistungsphase 1 des § 55 bei bestimmten Ingenieurbauwerken übernimmt. Es entfallen für ihn eigene Leistungen der Leistungsphase 1 seines Leistungsbildes, die bei Tragwerken anderer Objekte anfallen.

In **Leistungsphase 3** wird die vierte Besondere Leistung neu gefaßt und dabei auf Leistungen des Holzbaus erweitert. Die Entwicklung des Holzbaus und insbesondere der Verbindungstechnik ist so stark vorangeschritten, daß die Beschreibung von kraftübertragenden Verbindungsteilen ohne Vorliegen der Ergebnisse der Leistungsphase 5 ungewöhnlich aufwendig ist.

Die in § 64 Abs. 3 Nr. 3 neu aufgenommene Leistung „Nachweise der Erdbebensicherung" stellt keine generell im Anwendungsbereich der Honorarordnung üblicherweise anfallende Leistung dar, sondern eine nur in bestimmten Gebieten, wie etwa der „Rheinebene", häufig geforderte Leistung. Demnach wird diese Leistung als Besondere Leistung ausgewiesen.

RegE (BR-Drucks. 238/94, S. 74):

*Die Anfügung der zusätzlichen Grundleistung in **Leistungsphase 3** dient der Kostenkontrolle. Auf die Begründung zu § 15 wird verwiesen.*

RegE (BR-Drucks. 274/80, S. 150):

In der **Leistungsphase 4** wurde bei der ersten Grundleistung die Bezugnahme auf den Objektplaner gestrichen. Bauphysikalische Anforderungen können nach der Neuregelung in §§ 77 ff. nicht nur vom Objektplaner, sondern auch von einem anderen an der Planung fachlich Beteiligten vorgegeben werden, wenn die in §§ 77 ff. genannten Leistungen einem anderen Auftragnehmer übertragen werden. Die erste Besondere Leistung (bauphysikalische Nachweise) wurde auf den Brandschutz reduziert.

In der **Leistungsphase 4** wird die zweite Grundleistung zur Klarstellung neu gefaßt. Erfaßt werden müssen alle normalen Bauzustände; die bisher genannten Ausnahmeregelungen für statische Systeme, die von denen des Endzustands abweichen, werden gestrichen. In der neuen dritten Besonderen Leistung wird zusätzlich zur geänderten zweiten Grundleistung das Erfassen von Bauzuständen erwähnt, in denen das statische System von dem des Endzustandes abweicht. Auf die beispielhafte Aufzählung solcher Bauzustände wird verzichtet; diese Klärung soll eine bessere Anpassung an die zukünftige technische Entwicklung ermöglichen.

In **Leistungsphase 5** erfolgt in der zweiten Grundleistung die Änderung zur Klarstellung des Gewollten.

Die Grundleistung besteht im Anfertigen der Schalpläne in Ergänzung der fertiggestellten Ausführungspläne des Objektplaners. Die Grundleistung enthält nicht das Anfertigen der Schalpläne auf der Grundlage von unfertigen Vorabzügen der Ausführungspläne des Objektplaners. Diese Leistung wird bei knappen Terminen in der Praxis häufig verlangt. Wenn dann die endgültigen Ausführungspläne Abweichungen von den dem Tragwerksplaner übersandten Vorabzügen enthalten, kann ein hoher Änderungsaufwand bei der Tragwerksplanung entstehen.

Die Besonderen Leistungen werden neu gefaßt. Die ersten beiden Besonderen Leistungen werden zur Klarstellung des Gewollten neu formuliert, auch die dritte Besondere Leistung wird neu gefaßt. Die vierte Besondere Leistung kann vereinbart werden, wenn die zweite Grundleistung entfällt. Bei den Rohbauzeichnungen handelt es sich nach dem Entwurf der DIN 1356, Stand Oktober 1988, um ergänzende Schalpläne mit allen für die Ausführung des Tragwerks erforderlichen Angaben, auch solchen, die das Einschalen des Betons nicht betreffen. Zusätzliche Angaben aus den Ausführungszeichnungen des Objektplaners werden auf der Baustelle für den Rohbau nicht benötigt.

In der **sechsten Leistungsphase** wird die bisherige erste Grundleistung durch zwei Grundleistungen ersetzt. In der ersten neu formulierten Grundleistung wird, – wie in der bisherigen Fassung – klargestellt, daß das Ermitteln der Betonstahlmengen, der Stahlmengen und der Holzmengen als Beitrag zur Mengenermittlung des Objektplaners bestimmt ist. Diese Mengen müssen aus den Plänen, die in Leistungsphase 5 erstellt werden, ermittelt werden. Die Mengen der konstruktiven Stahlbauteile und der statisch erforderlichen Verbindungs- und Befestigungsmittel müssen nach der Neufassung der zweiten Grundleistung nur überschläglich ermittelt werden, da im Stahlbeton- und Stahlbau die Ermittlung der Massen für Verbindungsmittel nicht oder fast nicht mehr erforderlich ist. Sie werden regelmäßig in die Einheitspreise eingerechnet. Das genaue Ermitteln der zugehörigen Zwischenbauteile, von Befestigungs- und Verbindungsmitteln mit entsprechenden Leistungsbeschreibungen sind Besondere Leistungen. In der letzten Grundleistung wird zur sprachlichen Klarstellung und zur Anpassung an den Wortlaut der letzten Grundleistung von Leistungsphase 5 das Wort „in" durch das Wort „als" ersetzt. Der Tragwerksplaner muß in dieser Grundleistung die technischen Daten für das Leistungsverzeichnis festlegen, also die in dieser Leistungsphase genannten Mengen ermitteln und die zu diesen Mengen gehörenden Bezeichnungen liefern, er muß aber das Leistungsverzeichnis nicht selbst aufstellen.

Absatz 4 wird neu eingefügt. Auf die Begründungen zu den §§ 55 Abs. 5 und 15 Abs. 4 wird verwiesen.

Zu § 65:

RegE (BR-Drucks. 238/94, S. 74):

Die Honorare in der Honorartafel sind zum 1. Januar 1991 um 10 v. H. erhöht worden. Nach dem Vorschlag der Bundesregierung sollten die Honorare um 15 v. H. erhöht werden (Bundesrat-Drucksache 304/90). Der Bundesrat hat jedoch mit der Maßgabe zugestimmt, daß die o. g. Honorare nur um 10 v. H. erhöht werden sollen (Drucksache 304/90 [Beschluß]).

Die Honorare in der Honorartafel in Absatz 1 werden nun um weitere 6 v. H. erhöht. Die Erhöhung erfolgt wie bei § 16 Abs. 1 mit der Verteilung im Verhältnis 10:25:30:25:10. Auf die Ausführungen im Allgemeinen Teil dieser Begründung wird verwiesen.

RegE zu § 65 (BR-Drucks. 274/80, S. 151):

In **Absatz 2** wird nach der Einfügung des § 5 a nur noch auf die Absätze 2 und 3 des § 16 verwiesen.

Tragwerksplanungen können auch erforderlich werden für Ingenieurbauwerke mit erheblichen Längenabmessungen, bei denen sich die statischen Verhältnisse in der gesamten Länge nicht oder nur unwesentlich ändern, wie z. B. bei Stützbauwerken und Uferspundwänden. Bei solchen Verhältnissen könnte ein Honorar, das von den vollen anrechenbaren Kosten ermittelt wird, in einem nicht ausgewogenen Verhältnis zur Leistung des Ingenieurs stehen. Von einer besonderen Honorarregelung für solche Bauwerke wurde jedoch abgesehen, weil allgemeinverbindliche Grundsätze für die Bemessung solcher Honorare nicht möglich sind. In solchen Ausnahmefällen sollte § 4 Abs. 2 angewandt werden.

§ 55 enthält die Honorartafel für Grundleistungen bei der Tragwerksplanung. Sie ist aus der Honorartafel des Ingenieurvertragsmusters übernommen worden. Hierbei wurde der dem Vomhundertsatz für die Bauklasse 1 entsprechende DM-Betrag um 5 v. H. erhöht und als von-Betrag der Honorarzone 1 und der dem Vomhundertsatz der Bauklasse 3 entsprechende DM-Betrag zuzüglich 40 v. H. als bis-Betrag der Honorarzone 5 festgelegt; berücksichtigt wurde bei der Umrechnung, daß es sich bei den Honoraren im Ingenieurvertragsmuster um Honorare einschließlich der Umsatzsteuer handelt, während die Honorare nach der Verordnung Nettohonorare sind. Die zwischen diesen beiden Beträgen liegende Bandbreite wurde im Verhältnis 10:25:30:25:10 auf die 5 Honorarzonen aufgeteilt.

Zu § 66:

RegE zu § 66 (BR-Drucks. 274/80, S. 152):

§ 66 entspricht im wesentlichen den bisherigen Regelungen in § 56 der geltenden Fassung. Die Vorschrift wurde entsprechend auf Ingenieurbauwerke erweitert ...

Absatz 1 betrifft Aufträge über mehrere Gebäude mit konstruktiv verschiedenen Tragwerken. Die Honorare sind für jedes Tragwerk getrennt zu berechnen. Absatz 1 folgt damit dem Grundsatz der getrennten Abrechnung, wie er auch in § 22 Abs. 1 bei der Objektplanung ausgesprochen ist. Die Absätze 2 bis 4 weichen für bestimmte Fallgestaltungen von diesem Grundsatz ab.

Absatz 2 bezieht sich auf Aufträge über mehrere Gebäude mit konstruktiv weitgehend vergleichbaren Tragwerken derselben Honorarzone. In diesem Falle sind die anrechenbaren Kosten der Tragwerke einer Honorarzone zusammenzufassen, das Honorar ist nach der Summe der anrechenbaren Kosten zu berechnen.

Der bisherige **Absatz 3** wird durch 2 Absätze ersetzt, um den Honorarsprung zwischen den Honorarminderungen bei einem Auftrag über mehrere Gebäude oder Ingenieurbauwerke durch eine Zwischenregelung zu verkleinern.

RegE (BR-Drucks. 304/90, S. 204):

In Absatz 3 werden – wie im bisherigen Absatz 3 – Gebäude oder Ingenieurbauwerke mit konstruktiv gleichen Tragwerken erfaßt, die einzelnen Tragwerke unterscheiden sich aber geringfügig, so daß Änderungen und Ergänzungen der Tragwerksplanung für die einzelnen Gebäude notwendig werden. Zur Auslegung des Begriffs einer geringfügigen Unterscheidung wird man letztlich auf eine natürliche Betrachtungsweise zurückgreifen müssen. Die Höhe des Honorars für die Tragwerksplanung nach Absatz 3 wird aus § 22 übernommen.

In **Absatz 4** werden ebenfalls Gebäude oder Ingenieurbauwerke mit konstruktiv gleichen Tragwerken erwähnt, als weitere Voraussetzung für die Minderung der Honorare ist aber vorgesehen, daß keine Änderung der Tragwerksplanung erforderlich ist. Unter diesen Voraussetzungen ist das Honorar um 90 v. H. zu mindern, das verbleibende Honorar deckt dann den geringen Verwaltungsaufwand sowie das Risiko des Tragwerksplaners.

Der bisherige Absatz 4 wird Absatz 5. Dabei werden ähnliche Regelungen wie in §§ 24 und 59 übernommen. Auf die entsprechenden Begründungen wird verwiesen.

BR-Beschluß (BR-Drucks. 304/90, S. 24):

§ 66 Abs. 3 sieht für Aufträge über mehrere konstruktiv gleiche Tragwerke, die sich durch geringfügige Änderungen der Tragwerksplanung unterscheiden, die Übernahme der Wiederholungsregelung für Gebäude (§ 22) vor. Das ist nicht gerechtfertigt, soweit mehrere konstruktiv gleiche Tragwerke zu bearbeiten sind, die

sich zwar durch geringfügige Änderungen unterscheiden, aber nur unwesentlichen Arbeitsaufwand verursachen. Die vorgesehenen Honorare wären unangemessen hoch. Angemessen ist die in der Neufassung des Absatzes 4 vorgesehene Honorarregelung. Der aus Absatz 3 herausgenommene Tatbestand wird in § 66 Abs. 4 zusätzlich erfaßt.

Zu § 67:

RegE zu § 67 (BR-Drucks. 274/80, S. 152):

In § 67 wurden die Honorarregelungen für die Tragwerksplanung für Traggerüste bei Ingenieurbauwerken zusammengefaßt. Für die Tragwerksplanung für sonstige Baubehelfe bei Ingenieurbauwerken, z. B. Hilfsbrücken, Arbeitsbrücken, Baugrubenumschließungen sowie für Baubehelfe bei Gebäuden wurden keine besonderen Honorarregelungen vorgeschrieben. Falls eine besondere Berechnung eines Traggerüstes im Einzelfall notwendig wird, kann ein Honorar hierfür frei vereinbart werden.

Absatz 1 bestimmt, daß sich das Honorar für die Tragwerksplanung von Traggerüsten bei Ingenieurbauwerken nach den anrechenbaren Kosten nach Absatz 2, der Honorarzone, der diese Traggerüste nach § 63 zuzurechnen sind, nach den Leistungsphasen des § 64 und der Honorartafel des § 65 richtet.

Hinsichtlich der anrechenbaren Kosten knüpft Absatz 2 an die Arten der Kostenermittlung sowie an die Regelung über die anrechenbaren und nichtanrechenbaren Kosten in § 62 an. Da jedoch bei Traggerüsten regelmäßig nur die Kosten für Abschreibung und Montage in die Angebotspreise eingerechnet werden und damit zu den Herstellungskosten gehören, bestimmt Abs. 2 Satz 2, daß bei mehrfach verwendeten Bauteilen von Gerüsten jeweils der Neuwert anrechenbar ist. Die in die Herstellungskosten des Objekts eingerechneten Kosten der Traggerüste würden als Bemessungsgrundlage zu nicht immer auskömmlichen Honoraren führen. Abs. 2 Satz 2 erklärt § 62 für im übrigen sinngemäß anwendbar.

Hinsichtlich des Auftrags über mehrere Traggerüste und hinsichtlich Umbauten sowie hinsichtlich der zeitlichen Trennung der Ausführung werden die Regelungen der §§ 21 und 66 den Fällen des § 67 gleichermaßen gerecht; im Sinne der einheitlichen Handhabung der Honorarordnung ordnet daher Absatz 3 die sinngemäße Anwendung dieser Vorschriften an.

Für verschiebbare Gerüste bedarf es flexiblerer Regelungen als sie durch die Absätze 1 bis 3 erreicht werden können. Absatz 4 läßt daher für Leistungen bei der Tragwerksplanung für verschiebbare Gerüste bei Ingenieurbauwerken die freie Honorarvereinbarung zu; hilfsweise wird auf das Zeithonorar nach § 6 verwiesen.

Teil IX
Leistungen bei der Technischen Ausrüstung

RegE (BR-Drucks. 274/80, S. 153):

Teil IX enthält die Honorarvorschriften für Leistungen bei 6 Anlagengruppen der Technischen Ausrüstung. Zu der Technischen Ausrüstung rechnen insgesamt mehr als 6 Anlagengruppen. Für die nicht erfaßten Anlagengruppen können weiter Honorare frei vereinbart werden.

Zu § 68:
RegE zu § 68 (BR-Drucks. 274/80, S. 153):

§ 68 Satz 1 umschreibt den Anwendungsbereich von Teil IX.

RegE (BR-Drucks. 304/90, S. 205):

Der Begriff „Technische Ausrüstung" wird neu gefaßt, um Anwendungsschwierigkeiten in der Praxis zu vermeiden. Beibehalten wird, daß in diesem Teil nur solche Anlagen und Einrichtungen erfaßt werden, soweit sie zu den 6 erwähnten Anlagengruppen rechnen. Sie dienen der unmittelbaren Ver- und Entsorgung oder decken den Bedarf ihrer Nutzer an Wärme, Kälte, Luft, Elektrizität, Wasser oder sonstigen Medien. Das sind gemäß DIN 276 die Installationen, die Zentrale Betriebstechnik sowie die Teile der Technischen Ausrüstung in den Kostengruppen Herrichten, Erschließung, Baustelleneinrichtung, betriebliche Einbauten, Geräte und Außenanlagen.

Der Anwendungsbereich umfaßt nunmehr die Anlagen von Gebäuden (bislang in Gebäuden), also auch die unmittelbar neben dem Gebäude stehenden Anlagen oder Anlagen auf dem Dach. Damit werden die bisherigen Schwierigkeiten mit der Anwendung, die durch die Verwendung der Präposition „in" entstanden sind, beseitigt.

Der Anwendungsbereich wird – wie bisher – auf 6 Anlagengruppen beschränkt. Lediglich in der ersten Anlagengruppe wird nun auch die Feuerlöschtechnik erfaßt. Hier handelt es sich um eine Klarstellung, die Anlagen dieser Gruppe waren schon in der bisher geltenden Fassung in der Objektliste benannt. Zu der Gastechnik rechnen nicht Anlagen für medizinische Gase. Die Anlagen für diese Gase, wie z. B. Sauerstoff, Stickstoff, Helium, Druckluft oder Vakuum, rechnen zu den in § 72 Honorarzone III Buchstabe f erwähnten „Medienver- und Entsorgungsanlagen".

Die Fachplaner der Technischen Ausrüstung planen häufig auch Anlagen und Einrichtungen der nichtöffentlichen Erschließung sowie Abwasser- und Versorgungsanlagen von Außenanlagen im Zusammenhang mit den Anlagen von Gebäuden. Dabei handelt es sich häufig nur um die Verbindung der Anlagen in Gebäuden mit den Anlagen der öffentlichen Ver- und Entsorgung, also z. B. bei den Anlagen der Abwassertechnik um die Rohrleitungen vom Gebäude bis zum Anschluß an die öffentliche Abwasserentsorgung. Das Honorar für diese Anlagen kann nach Satz 2 frei vereinbart werden, wenn die Anlagen im Zusammenhang mit Anlagen von Gebäuden von dem Auftragnehmer geplant werden. Wegen dieser neuen Regelung konnte § 70 ersatzlos gestrichen werden.

Zu § 69:
RegE zu § 69 (BR-Drucks. 274/80, S. 154):

§ 69 regelt die Grundlagen des Honorars und ist im wesentlichen wie § 10 aufgebaut.

Absatz 1 bestimmt, daß sich das Honorar für Grundleistungen bei der Technischen Ausrüstung nach den anrechenbaren Kosten der Anlagen einer Anlagengruppe nach § 68 Satz 1 Nrn. 1 bis 6, nach der Honorarzone, der die Anlagen angehören, und nach der Honorartafel für Grundleistungen bei der Technischen Ausrüstung des § 74 richtet.

Absatz 2 erfaßt den Fall, daß einzelne Anlagen einer Anlagengruppe bei einem Objekt verschiedenen Honorarzonen zuzurechnen sind. Satz 1 bestimmt, daß sich das Honorar nach Absatz 1 aus der Summe der Einzelhonorare ergibt. Die Sätze 2 bis 4 beschreiben das Berechnungsverfahren für die Ermittlung für Einzelhonorare.

Die Berechnung des Honorars soll nachstehend an einem Beispiel erläutert werden.

Die anrechenbaren Kosten der Anlagen einer Anlagengruppe betragen:

100 000 DM Anlagen der Honorarzone I

500 000 DM Anlagen der Honorarzone II

300 000 DM Anlagen der Honorarzone III

900 000 DM anrechenbare Kosten der Anlagengruppe

Ermittlung des Honorars, wenn z. B. jeweils der arithmetische Mittelwert zwischen den Mindest- und Höchstsätzen einer Honorarzone als Honorar vereinbart wird.:

$$\frac{102\,720 + 123\,300}{2} = 113\,010$$

$$\frac{123\,300 + 143\,890}{2} = 133\,595$$

$$\frac{143\,890 + 164\,460}{2} = 154\,175$$

Honorar für Anlagen der Honorarzone I:

$$\frac{113\,010 \times 100\,000}{900\,000} = 12\,566{,}66$$

Honorar für Anlagen der Honorarzone II:

$$\frac{133\,595 \times 500\,000}{900\,000} = 74\,219{,}44$$

Honorar für Anlagen der Honorarzone III:

$$\frac{154\,175 \times 300\,000}{900\,000} = 51\,391{,}66$$

Gesamthonorar für die Anlagengruppe:

```
   12 566,66 DM Honorarzone I
+  74 219,44 DM Honorarzone II
+  51 391,66 DM Honorarzone III
  138 177,76 DM Honorar für die gesamte
               Anlagengruppe.
```

In der Mehrzahl der Fälle werden die Anlagen einer Anlagengruppe mehr als einer Honorarzone zuzurechnen sein. Die in **Absatz 2** vorgesehene Honorarregelung wird der Sache nach bereits seit längerem bei Verträgen mit öffentlichen Auftraggebern verwendet und hat sich nach Aussagen der Beteiligten bewährt.

Absatz 3 ordnet die Art der Ermittlung der anrechenbaren Kosten an und übernimmt dabei die Regelung in § 10 Abs. 2; bei der Ermittlung der anrechenbaren Kosten für Anlagen in Gebäuden sind die Kostenermittlungsarten der DIN 276 anzuwenden.

RegE (BR-Drucks. 238/94, S. 75):

*In § 69 **Abs. 3** werden Änderungen der Vorschriften über die Honorarbemessungsgrundlage für die Leistungsphase 5 bis 7 vorgenommen. Die Änderungen betreffen 29 v. H. des Gesamthonorars. Auf die Begründung zu § 10 wird verwiesen.*

RegE (BR-Drucks. 274/80, S. 154):

Absatz 4 erklärt § 10 Abs. 3 über die Anrechenbarkeit der Kosten in den Fällen, in denen Leistungen oder Lieferungen unter besonderen Bedingungen nicht zu ortsüblichen Preisen erbracht werden, für sinngemäß anwendbar.

Absatz 5 zählt die nichtanrechenbaren Kosten auf. Die Vorschrift stimmt mit § 10 Abs. 5 hinsichtlich der Nichtanrechenbarkeit der Kosten der Winterbauschutzvorkehrungen einschl. sonstiger zusätzlicher Maßnahmen nach DIN 276 und der Baunebenkosten überein. Die sonstigen Kostenbestandteile des § 10 Abs. 5, soweit sie innerhalb von Bauwerken vorkommen, treten bei der Technischen Ausrüstung nicht auf und brauchen daher hier nicht erwähnt zu werden, abgesehen von den unter § 10 Abs. 5 Nrn. 6 und 7

erwähnten Kosten. Diese rechnen zu den anrechenbaren Kosten, wenn sie der Auftragnehmer plant.

Absatz 6 enthält eine Sonderregelung für die Fälle, in denen Teile der Technischen Ausrüstung in Konstruktionsarten ausgeführt werden, die zur DIN 276, Kostengruppe 3.1 gehören, also in Baukonstruktionen im Bereich der Gründung, der Geschosse im Erdreich, der Geschosse über dem Erdreich, des Daches/Dachgeschosses und sonstiger Leistungen. Die Vertragsparteien können in diesen Fällen vereinbaren, daß die Kosten hierfür ganz oder teilweise zu den anrechenbaren Kosten nach Absatz 3 gehören.

RegE (BR-Drucks. 304/90, S. 206):

Die Ergänzung von Absatz 6 wird erforderlich, weil zunehmend Gebäude mit Baukonstruktionen errichtet werden, die gleichzeitig mehreren Zwecken dienen. So werden z. B. Hohlraum- und Doppelböden nicht nur als Oberbelag benutzt, sondern dienen der Kabelverteilung, der Lüftung und der Heizung. Das gleiche gilt für bestimmte Fassadenkonstruktionen, wo entweder die Pfosten- und Riegelkonstruktionen wasser- bzw. luftdurchströmt sind oder aber durch Verwendung einer dritten Scheibe ein Abluftfenster zum Einsatz kommt.

Absatz 7 erklärt die §§ 20 bis 23, 27 und 32 für sinngemäß anwendbar, da die Interessenlagen gleich sind.

Zu § 70:

RegE zu § 70 (BR-Drucks. 304/90, S. 206):

Die Vorschrift wird aus den zu § 68 genannten Gründen aufgehoben.

Zu § 71:

RegE zu § 71 (BR-Drucks. 274/80, S. 157):

§ 71 regelt die Einteilung der Anlagen der Technischen Ausrüstung in Honorarzonen, die für die Honorarberechnung von Bedeutung sind.

In **Absatz 1** wird bestimmt, daß die Anlagen nach den in Absatz 2 genannten Bewertungsmerkmalen drei Honorarzonen zugerechnet werden. Die drei Honorarzonen unterscheiden sich durch den Schwierigkeitsgrad der Planungsanforderungen.

In **Absatz 2** werden fünf verschiedene Bewertungsmerkmale aufgezählt.

Die Anzahl der Funktionsbereiche betrifft die anlagentechnischen Funktionsbereiche, das heißt die Zahl sowie die Vielfalt der Nutzungsbereiche.

Die Integrationsansprüche umfassen den umwelt-, bauwerk- und systembedingten Integrationsaufwand, der vom Niveau der Anforderungen bestimmt wird, das Objektplaner, Auftraggeber und Nutzer des Bauwerks festlegen.

Die technische Ausgestaltung betrifft sowohl den Anteil der Technischen Ausrüstung am Bauwerk als auch den Differenzierungsgrad der technischen Anlagen.

Die Anforderungen an die Technik werden durch den Schwierigkeitsgrad der einzelnen Anlagen und Anlagensysteme bestimmt; diese Anforderungen beziehen sich auf die rechnerische Bearbeitung der Aufgabe.

Die konstruktiven Anforderungen betreffen den bauwerk-, system- und anlagenbedingten Konstruktionsaufwand; diese Anforderungen beziehen sich daher auf die zeichnerische Bearbeitung der Aufgabe.

Absatz 3 ordnet die sinngemäße Anwendung des § 63 Abs. 2 an. Diese Vorschrift ist in Fällen anzuwenden, wenn Zweifel über die Zuordnung einer Anlage zu den Honorarzonen auftreten. Dies kann der Fall sein, wenn für eine Anlage im konkreten Fall Bewertungsmerkmale aus mehreren Honorarzonen anwendbar sind.

RegE zu § 72 (BR-Drucks. 274/80, S. 158):

In § 72 werden eine Reihe häufiger vorkommender Anlagen der Technischen Ausrüstung beispielhaft den Honorarzonen zugeordnet. Die Aufzählung ist nicht verbindlich. Die Objektliste ist auch nur anzuwenden, wenn keine besonderen Verhältnisse vorliegen, also die üblichen Anforderungen gestellt werden. In Zweifelsfällen haben sich die Vertragsparteien nach § 71 zu richten.

RegE (BR-Drucks. 304/90, S. 207):

Die Objektliste wird teilweise neu gefaßt, dabei werden vermehrt Sammelbegriffe verwendet, um die Übersichtlichkeit zu wahren. Die Bezeichnung von verschiedenen Objekten wird an die technische Entwicklung angepaßt.

Sanitärtechnische Anlagen werden heute zunehmend als eigener geschlossener Objektbegriff verstanden im Sinne einer Zusammenfassung von Kalt- und Warmwasserleitungen einschließlich zugehöriger Objekte, wie z. B. Waschbecken, Duschen, WC sowie der dazugehörigen Abwasserleitungen. Daneben behalten die selbständigen Wasserver- und -entsorgungsanlagen eigenständige Bedeutung in der Planung, insbesondere von größeren Objekten und beim Planen und Bauen im Bestand. Deshalb werden die Einzelbegriffe neben dem Oberbegriff erwähnt. Die manuellen Feuerlösch- und Brandschutzanlagen in Honorarzone II werden zur besseren Abgrenzung zu den automatischen Feuerlösch- und Brandschutzanlagen in Honorarzone III erwähnt. Der Objektbegriff Kleine Wählanlagen nach Telekommunikationsordnung ist aus dem Amtsblatt des Bundesministers für das Post- und Fernmeldewesen Nr. 46/1988 übernommen worden. Die Wirkungsgradberechnungsmethode ist für normale Beleuch-

tungsanlagen für alle Anwender festgeschrieben, für komplizierte Beleuchtungsanlagen die Punkt-für-Punkt-Berechnungsmethode. Bei den Anlagen zur Reinigung, Entgiftung und Neutralisation von Abwasser sowie den Anlagen zur biologischen, chemischen und physikalischen Behandlung von Wasser handelt es sich um neu gewählte Begriffe mit identischem Inhalt mit den bisher verwandten Begriffen, um eine Begriffsgleichheit mit Objekten in Teil VII zu vermeiden.

Zu § 73:

RegE zu § 73 (BR-Drucks. 274/80, S. 159):

§ 73 enthält das Leistungsbild Technische Ausrüstung. Es beschreibt die Leistungen des Auftragnehmers, die für Neuanlagen, Wiederaufbauten, Erweiterungsbauten, Umbauten, Modernisierungen, Instandhaltungen und Instandsetzungen im allgemeinen erforderlich sind.

Die Leistungen werden entsprechend der Systematik in § 15 in Grundleistungen und Besondere Leistungen gegliedert; die Grundleistungen sind in neun Leistungsphasen zusammengefaßt, die in sich abgeschlossene Leistungsabschnitte bilden. Die Leistungsphasen sind in Vomhundertsätzen der Honorare des § 74 bewertet; die Summe der Teilleistungssätze beträgt 100 v. H. und beläuft sich damit auf das volle Honorar nach der Honorartafel des § 74. Die Grundleistungen sind in einer kurzen Übersicht zur Verdeutlichung zusammengefaßt.

Absatz 2 enthält eine Sonderregelung für die Bewertung der **Leistungsphase 5**. Wird bei der Vergabe dieser Leistungsphase die Grundleistung „Anfertigen von Schlitz- und Durchbruchsplänen" nicht in Auftrag gegeben, so wird diese Leistungsphase wegen des geringeren Leistungsumfangs mit einer entsprechend niedrigeren Bewertung versehen.

Die Grundleistungen wurden in Anlehnung an das Leistungsbild Objektplanung (§ 15) formuliert. Dabei wurde fachspezifischen Besonderheiten der Fachplanung Rechnung getragen. Der Fachplaner hat in der Regel Beiträge für den Objektplaner zu liefern. Ist jedoch im konkreten Fall kein Objektplaner beauftragt worden, z. B. bei Umbauten, so hat der Fachplaner in verschiedenen Leistungsphasen die Aufgaben des Objektplaners zu leisten, er hat z. B. in der Leistungsphase 4 die Vorlagen selbst einzureichen.

Das Leistungsbild Technische Ausrüstung wird dem Leistungsbild Objektplanung für Gebäude, Freianlagen und Innenräume in § 15 Abs. 2 Nr. 5 sowie dem Leistungsbild Objektplanung für Ingenieurbauwerke und Verkehrsanlagen in § 55 Abs. 2 Nr. 5 angeglichen. Dabei werden jedoch die besonderen Verhältnisse der technischen Ausrüstung berücksichtigt.

RegE (BR-Drucks. 274/80, S. 160):

Bei den Besonderen Leistungen wurden nur beispielhaft einige besonders typische Leistungen erwähnt; im übrigen wird auf die Ergänzung des § 2 Abs. 3 verwiesen. In der **Leistungsphase 3** ist als Besondere Leistung ein detaillierter Wirtschaftlichkeitsnachweis aufgeführt. Hierzu rechnet insbesondere der rechnerische Nachweis der Wirtschaftlichkeit einer Anlage. Ein solcher Nachweis ist ggf. auch durch Vergleiche mit anderen Arten von Anlagen zu führen. Der Wirtschaftlichkeitsnachweis hat durch die Verteuerung der Energie besondere Bedeutung erlangt.

Fachspezifische Anforderungen bei den Grundleistungen der Leistungsphasen 3 und 5 sind insbesondere gestalterische, funktionale, bauphysikalische, wirtschaftliche und energiewirtschaftliche Anforderungen.

RegE (BR-Drucks. 238/94, S. 75):

*In den **Leistungsphasen 3 und 7** wird je eine zusätzliche Grundleistung eingefügt und in **Leistungsphase 8** die letzte Grundleistung erweitert. Wie bisher beschränken sich auch diese Grundleistungen auf ein Mitwirken bei der Erbringung dieser Leistungen durch den Objektplaner. Im übrigen wird auf die Begründung zu § 15 verwiesen.*

In § 73 werden außerdem neue Besondere Leistungen eingefügt. Es handelt sich hierbei um Leistungen, die über die in § 73 geregelten Grundleistungen wesentlich hinausgehen müssen.

*Diese Besonderen Leistungen in **Absatz 3** werden in den **Leistungsphasen 1, 2, 3 und 9** um einige typische Leistungen zum Einsatz von Techniken zur CO_2-Minderung, zur rationellen Energieverwendung und zur Nutzung erneuerbarer Energien ergänzt. Damit wird deutlich gemacht, daß anspruchsvolle Planungen in diesem Bereich ohne eine angemessene gesonderte Vergütung nicht erreichbar sind. Zur Optimierung der Umweltverträglichkeit neuer oder bestehender Objekte sollte der Beratende Ingenieur bereits von Beginn an in die Gesamtplanung einbezogen werden. Energiesparende und umweltfreundliche Lösungen können je nach den objektbezogenen Anforderungen einzeln oder auch in sinnvoll kombinierter Abfolge beauftragt werden. Beispielsfall für die Besonderen Leistungen in Nr. 1 ist die energiewirtschaftliche Systemanalyse bei Planungswettbewerben.*

*Die in **Nr. 2** eingefügten Besonderen Leistungen sind insbesondere für größere Objekte und Liegenschaften mit Aufstellung von Energiekonzepten als Entscheidungshilfe für die durchzuführende Planung von Bedeutung. Leistungsinhalte können etwa sein:*

a) Für bestehende Objekte, die saniert werden sollen: Bestandsaufnahme über den Baubestand hinsichtlich Wärmeschutz, Objektnutzung, Bestand an Einrichtungen der technischen Gebäudeausrüstung und energiewirtschaftliche Auswertung und Beurteilung des Bestandes.

b) Für bestehende und für neu zu errichtende Objekte:

1. Überprüfen der Möglichkeiten der passiven Energieeinsparung z. B. Wärmeschutzgrad des Gebäudes, Einsatz transparenter Wärmedämmung, bauliche Maßnahmen zur Minderung des winterlichen und sommerlichen Energiebedarfs, bauliche Einrichtung zur Verbesserung der Tageslichtnutzung, bauliche Maßnahmen zur Verbesserung des nächtlichen Wärmeschutzes, Überprüfung der Möglichkeit einer Wärmespeicherung und Wärmeverschiebung einschließlich Ermittlung des geminderten Bedarfs an Leistung und Jahresarbeit.

2. Überprüfen der Möglichkeiten der aktiven Energieeinsparung z. B. Einsatz von neuen energiesparenden Wärmeerzeugungstechniken (Brennwerttechnik, Wirbelschichtfeuerung), Einsatz von Brennstoffzellen, Nutzung von Wärmerückgewinnungstechniken in den Anlagegruppen Gas-, Wasser-, Abwasser- und Feuerlöschtechnik und Wärmeversorgungs-, Brauchwassererwärmungs- und Raumlufttechnik, Einsatz von Wärmepumpentechnik, Nutzung von Kraft-/Wärme-/Kältekopplung und Einsatz von Leistungsbegrenzungsanlagen (z. B. Strom, Gas).

3. Überprüfen der Möglichkeiten des Einsatzes erneuerbarer Energien z. B. Sonnenkollektoren und Absorber zur Gewinnung von Solarwärme, Solarzellen zur Gewinnung von Solarstrom, Einsatz von Wasserstofftechnik, Windgeneratoren zur Stromgewinnung und Nutzung geothermischer Energien.

4. Überprüfen der Wirtschaftlichkeit und Durchführbarkeit für die möglichen Alternativen mit Empfehlung zur weiteren Planung und Ausführung.

5. Überprüfung des dynamischen Energieverhaltens von Objekten. Hierfür kommen als Besondere Leistung Simulationsrechnungen mit EDV-Programmen als Grundlage für die zu entwickelnde Anlagenkonzeption in Betracht.

*In **Nr. 3** werden die Besonderen Leistungen detaillierter Vergleich von Schadstoffemissionen und Schadstoffemissionsberechnungen eingefügt.*

*Die Besondere Leistung in **Nr. 9** dient der meßtechnischen Erfassung und Auswertung energetischer und umwelttechnischer Daten sowie Überwachung der Anleitung des Bedienungspersonals bei der Handhabung der neuen Techniken.*

BR-Beschluß (BR-Drucks. 399/95 = BR-Drucks. 238/1/94) zu § 74 Abs. 3 Nr. 2

Das „Aufstellen von Energiekonzepten" kann Grundleistung sein; die vorgelegte Fassung ist insoweit mißverständlich. Die Neufassung dient der Klarstellung und knüpft sprachlich an die vorausgehenden neuen „optimierenden" Leistungsbilder an.

Die Allgemeine Begründung der Regierungsvorlage stellt zwar klar, daß nur über Grundleistungen hinausgehende Leistungen gemeint sind; die Einzelbegründung zu § 73 enthält aber Fall-Beispiele, die heute Grundleistungen sein können, z. B. Prüfen der Möglichkeiten passiver Energieeinsparung (vgl. Buchstabe b, Nr. 1 der Regierungsbegründung) oder der Brennwert- und Wärmepumpentechnik (vgl. Buchstabe b, Nr. 2 der Regierungsbegründung), für die es heute bereits standardisierte Rechen- und Nachweisverfahren bzw. Arbeitsblätter der Hersteller gibt. Die reine Aufstellung von Energiekonzepten ist in der Mehrzahl der Fälle heute keine Besondere Leistung mehr (z. B. Vorschlag zum Einbau einer Wärmepumpe), sondern allenfalls ein nachprüfbares spezifiertes Konzept zur Energie- und Emissionsminderung.

RegE (BR-Drucks. 304/90, S. 207):

Der **Absatz 4** wird neu eingefügt, er enthält (für Umbauten und Modernisierungen) eine ähnliche Ergänzung wie in den Leistungsbildern von den §§ 15, 55 und 64.

Verbrauchsmessungen können notwendig werden, wenn beim Auftraggeber weder Aufzeichnungen noch Kenndaten vorhandener Aggregate verfügbar sind.

Endoskopische Untersuchungen werden erforderlich, um den inneren Zustand von Rohrleitungen und Kanälen zerstörungsfrei auf vorhandene Gebrauchsfähigkeit zu untersuchen oder auch, wenn Holz- und Stahlstrukturen zerstörungsfrei untersucht werden müssen.

Zu § 74:

RegE zu § 74 (BR-Drucks. 274/80, S. 161):

§ 74 **Abs. 1** enthält die Honorartafel für die in § 73 aufgeführten Grundleistungen bei der Technischen Ausrüstung. Diese Honorartafel ist entwickelt worden aus einer Richtlinie für die Vereinbarung von Honoraren, die Bauverwaltungen der Länder ihren Aufträgen zugrunde legen. Die Honorare in dieser Richtlinie sind letztmalig 1977 erhöht worden. Die Honorare der Richtlinie sind nicht unverändert übernommen worden. Vielmehr mußte der unterschiedliche Leistungsumfang des § 73 gegenüber dem von den Bauverwaltungen übertragenen Umfang berücksichtigt werden, ferner die Tatsache, daß der sog. Besitzstand der Auf-

tragnehmer bei privaten Aufträgen regelmäßig über dem bei öffentlichen Aufträgen liegt. Schließlich mußte noch berücksichtigt werden, daß die Honorare nach der Verordnung Nettohonorare sind und die anrechenbaren Kosten keine Umsatzsteuer enthalten.

Darüber hinaus enthält das Vertragsmuster der Länderbauverwaltungen eine Sonderregelung für die Honorierung der Überwachung der Bauausführung. Danach betrug das Honorar für diese Leistung 30 vom Hundert der Honorartafel, mindestens jedoch 1,8 vom Hundert der Herstellungssumme. Dieser Besitzstand ist in die Honorartabelle eingearbeitet worden. Die Leistungsphase 8, die insgesamt mit 33 v. H. des Honorars bewertet wird, enthält u. a. die Leistungen der örtlichen Bauüberwachung; diese wurden mit 1,8 v. H. der Gesamtleistung bewertet. Soweit dieser Anteil für die örtliche Bauüberwachung 1,8 v. H. der anrechenbaren Kosten unterschritt, wurde für die örtliche Bauüberwachung ein Satz von 1,8 v. H. der anrechenbaren Kosten in der Tabelle berücksichtigt.

RegE (BR-Drucks. 304/90, S. 208):

Die Anforderungen zur rationellen Energieverwendung machen sich zum Nachteil der Auftragnehmer bemerkbar. Die Maßnahmen erfordern einen wesentlich größeren und qualifizierteren Planungsbedarf, gleichzeitig verringern sich bei der Technischen Ausrüstung die anrechenbaren Kosten. So verringern sich die Herstellungssummen bei Heizungsanlagen nach Angaben in der Literatur um bis zu 25 bis 60 v. H. durch die Reduzierung des Wärmebedarfs. (Die erhöhten Kosten der Gebäude durch Schwerbauweise, Isolierung oder Doppelfenster rechnen nicht zu den anrechenbaren Kosten des Planers der Technischen Ausrüstung.) Die Herstellungssummen von Lüftungsanlagen verringern sich durch Reduzierung der Luftmenge und des Kältebedarfs um bis zu 50 v. H., bei Starkstromanlagen durch Halbierung der Beleuchtungsanschlußwerte infolge von verbesserten lichttechnischen Systemen um bis zu 60 v. H. Auch Preisrückgänge infolge von modernen Fabrikationsmethoden und Großserien, z. B. bei Leuchten und Leuchtmittel um 20 bis 30 v. H. oder bei Elektromotoren und Schaltgliedern um bis zu 40 v. H., verringern die anrechenbaren Kosten bei der Technischen Ausrüstung. Die Anforderungen an den Planer sind aber gleichzeitig gestiegen, so z. B. durch Auflagen im Bereich des Umweltschutzes oder durch überdurchschnittlich umfangreiche neue Vorschriften, Normen und Richtlinien infolge der Verwendung neuer Technologien.

RegE (BR-Drucks. 238/94, S. 77):

Die Honorare in der Honorartafel sind zum 1. Januar 1991 um 15 v. H. erhöht worden. Nach dem Vorschlag der Bundesregierung sollten die Honorare um 20 v. H. erhöht werden (Bundesrat-Drucksache 304/90). Von diesen 20 v. H. entfielen 15 v. H. auf die Abschlags-regelung. Die Erhöhung von 5 v. H. erfolgte wegen der besonderen Verhältnisse bei der Technischen Ausrüstung infolge der eingetretenen Minderung der anrechenbaren Kosten. Auf die Begründung in der 4. Änderungsverordnung wird verwiesen. Der Bundesrat hat jedoch mit der Maßgabe zugestimmt, daß die o. g. Honorare nur um 15 v. H. erhöht werden sollen (Drucksache 304/90 [Beschluß]).

*Die Honorare in der Honorartafel in **Absatz 1** werden nun um 6 v. H. erhöht. Die Erhöhung erfolgt wie bei § 16 Abs. 1 mit der Verteilung im Verhältnis $33^1/_3:33^1/_3:33^1/_3$. Auf die Ausführungen im Allgemeinen Teil dieser Begründung wird verwiesen.*

RegE (BR-Drucks. 274/80, S. 162):

Absatz 2 erklärt § 16 Abs. 2 und 3 (Honorarberechnung für Anlagen, deren anrechenbare Kosten unterhalb des untersten und oberhalb des obersten DM-Wertes der Honorartafel liegen) für sinngemäß anwendbar.

RegE (BR-Drucks. 304/90, S. 209):

In dem neuen **Absatz 3** wird auch im Bereich der Technischen Ausrüstung die Regelung übernommen, daß für die Objektüberwachung (Leistungsphase 8 von § 73) ein Honorar als Festbetrag unter Zugrundelegung der geschätzten Bauzeit vereinbart werden kann (vgl. Änderung von § 57 Abs. 2).

Zu § 75:

RegE zu § 75 (BR-Drucks. 274/80, S. 162):

§ 75 bietet den Vertragsparteien die Möglichkeit zur Vereinbarung eines höheren Honorars, wenn der Auftragnehmer mit der Anfertigung der Vorplanung (Leistungsphase 2 des § 73), der Entwurfsplanung (Leistungsphase 3 des § 73) oder der Objektüberwachung (Leistungsphase 8 des § 73) als Einzelleistung beauftragt wird. Um dem damit häufig verbundenen besonderen Arbeitsaufwand des Auftragnehmers Rechnung zu tragen, können die Vertragsparteien bestimmte erhöhte Vomhundertsätze der Honorare nach § 74 vereinbaren.

Ebenso wie bei § 19 wird auch hier von einer Honorarregelung für den Fall, daß später auch andere Leistungsphasen dem Auftragnehmer übertragen werden, abgesehen.

Zu § 76:

RegE zu § 76 (BR-Drucks. 274/80, S. 162):

§ 76 regelt die Honorarberechnung für Leistungen bei Umbauten und Modernisierungen. Für die Honorarberechnung sind die anrechenbaren Kosten nach § 69, die Honorarzone, der die Anlagen nach den §§ 71 und 72 zuzurechnen sind, sowie die Leistungsphasen des § 73 und die Honorartafel des § 74 maßgebend.

§ 76 wird ähnlich gefaßt wie § 24, § 59 sowie § 66 Abs. 5. Auf die entsprechenden Begründungen wird verwiesen.

Teil X
Leistungen für Thermische Bauphysik

RegE (BR-Drucks. 274/80, S. 163):

Leistungen für Thermische Bauphysik haben in den letzten Jahren zunehmend Bedeutung erlangt. Spezielle gesetzliche Vorschriften, wie insbesondere die Wärmeschutzverordnung vom 11. August 1977, stellen z. T. besondere Anforderungen an die Begrenzung des Wärmedurchgangs und der Wärmeverluste, die in den bauordnungsrechtlichen Vorschriften bei Erlaß der Honorarordnung nicht gestellt wurden. Insoweit sind diese Leistungen in das Leistungsbild von § 15 nicht eingerechnet. Allgemeine wirtschaftspolitische Erwägungen erfordern die Planung energiesparender Maßnahmen. Zudem gestattet die fortgeschrittene technische Entwicklung weitergehende Leistungen in diesem Bereich als vorher. Leistungen für Thermische Bauphysik gehören daher zu den Ingenieurleistungen im Bauwesen, für die Honorarregelungen in die Verordnung aufgenommen werden sollen.

Zu § 77:

RegE zu § 77 (BR-Drucks. 274/80, S. 163):

§ 77 umschreibt den Anwendungsbereich des Teils X.

Absatz 1 definiert die Leistungen für Thermische Bauphysik. Durch den Klammerzusatz wird hervorgehoben, daß als Thermische Bauphysik insbesondere der Wärme- und Kondensatfeuchteschutz verstanden wird. Diese Leistungen können auch bei Ingenieurbauwerken nach § 51 Abs. 1 anfallen.

In **Absatz 2** werden beispielhaft die wesentlichen Leistungen für Thermische Bauphysik aufgelistet.

In **Abs. 2 Nr. 1** wird der Wärmeschutz nach der Wärmeschutzverordnung und nach den bauordnungsrechtlichen Vorschriften aufgeführt. Die Leistungsbeschreibung ist im einzelnen in § 78 Abs. 1 enthalten. Die Wärmeschutzverordnung enthält nur Mindestanforderungen; soweit andere Rechtsvorschriften über den

Wärmeschutz höhere Anforderungen stellen, bleiben diese nach § 11 Wärmeschutzverordnung unberührt. Die Leistungen nach der Wärmeschutzverordnung können daher nicht sinnvoll erbracht werden ohne Beachtung der Anforderungen an den Wärmeschutz nach den bauordnungsrechtlichen Vorschriften. Die Beachtung dieser anderen, insbesondere bauordnungsrechtlichen, Vorschriften gehört zu den Leistungen bei der Objektplanung nach §§ 15 und 55.

Der Objektplaner hat zwar nicht die Nachweise des Wärmeschutzes nach der Wärmeschutzverordnung zu erbringen, er muß jedoch die Anforderungen an den Wärmeschutz, insbesondere nach DIN 4108, beachten.

Das Honorar für den Nachweis eines Wärmeschutzes nach der Wärmeschutzverordnung unterliegt in jedem Fall den honorarrechtlichen Vorschriften der Verordnung, unabhängig davon, ob ein solcher Nachweis auf Grund von Rechtsvorschriften, insbesondere auf Grund der Vorschriften in der Wärmeschutzverordnung, geführt werden muß, oder ob er ohne rechtliche Verpflichtung auf Wunsch eines Auftraggebers geführt wird.

Die weiteren in **Absatz 2** erwähnten Leistungen sind je nach Lage des Falles und der wirtschaftlichen Zielsetzungen erforderlich, um den Nutzwert der Gebäude oder Ingenieurbauwerke bei gleichzeitiger Minimierung der Investitionskosten sowie der Betriebs- und Unterhaltungskosten zu erhöhen.

So können Erweiterungsbauten durch gezielte Begrenzung der Wärmeverluste (**Abs. 2 Nr. 2**) mit bestehenden Heizungs- bzw. Kühlanlagen in den vorhandenen Bauwerken versorgt werden, so daß neben der Senkung der Betriebskosten auch Investitionskosten für Räume erspart werden, die andernfalls zur Aufnahme der Heizungs- oder Kühlanlagen notwendig wären.

Wirtschaftlich optimale Wärmedämm-Maßnahmen (**Abs. 2 Nr. 3**) senken die aus Kapitaldienst und Energiekosten resultierenden jährlichen Betriebskosten auf das anzustrebende Minimum, so daß über die gesetzlich vorgeschriebenen Wärmeschutz-Maßnahmen hinaus u. U. noch weitere Einsparungen erzielt werden können.

Die Planung des sommerlichen Wärmeschutzes (**Abs. 2 Nr. 4**) ermöglicht einerseits die hinreichende Temperierung der Nutzräume ohne den Aufwand einer künstlichen Klimatisierung, d. h. ohne Energiekosten, andererseits können die Aufwendungen für die künstliche Klimatisierung von geschlossenen Gebäuden auf ein Minimum reduziert werden.

Eine Voraussetzung für gesunde Umweltbedingungen im Wohn- und Arbeitsbereich ist die Aufrechterhaltung der Raumhygiene. Um diese Forderung von erheblicher gemeinwirtschaftlicher Bedeutung zu erfüllen, ist u. U. eine Überprüfung der dampfdiffu-

sionsbedingten Wasserdampfkondensation (**Abs. 2 Nr. 5**) in und auf den Wand- und Deckenkonstruktionen zweckmäßig. Falls erforderlich, sind durch geeignete Maßnahmen die zeitweiligen Wasserdampfkondensatmengen so zu begrenzen, daß eine Austrocknung im Zyklus gewährleistet und nicht durch Pilzbefall die Raumhygiene beeinträchtigt wird.

Leistungen nach **Abs. 2 Nr. 6** sind geeignet, Verformungen der Baukonstruktionen zu vermeiden, die durch Dehnungen infolge Durchfeuchtung oder übermäßiger Erwärmung von monolithischen Bauteilen, z. B. Betondecken oder Betonwänden, entstehen.

Durch Leistungen nach **Abs. 2 Nr. 7** soll durch einen ausreichend bemessenen Luftwechsel sichergestellt werden, daß der anfallende Wasserdampf zu jeder Jahreszeit ohne Kondensatbildung abgeführt wird. Hierdurch wird verstärkt versucht, eine Durchfeuchtung der Wärmedämmstoffe und die damit verbundene Minderung der Wärmedämmeigenschaften der Materialien zu vermeiden.

RegE (BR-Drucks. 304/90, S. 209):

In **Absatz 2** werden die Nummern 8 und 9 gestrichen. Die Leistung unter Nr. 8 – Fachtechnisches Prüfen der Ausführungs-, Detail- und Konstruktionszeichnungen – kann bei allen unter den Nummern 1 bis 7 aufgeführten Leistungen üblich sein; Entsprechendes gilt auch für die Leistung unter Nummer 9.

In **Absatz 3** wird die in Absatz 2 Nr. 9 gestrichene Leistung als eine Leistung erwähnt, die zusätzlich bei den in Absatz 2 Nr. 1 bis 7 genannten Leistungen anfallen kann.

RegE zu § 78 (BR-Drucks. 274/80, S. 165):

In § 78 **Abs. 1** wurden die für den Wärmeschutz nach § 77 Abs. 2 Nr. 1 erforderlichen Leistungen umschrieben. Die Gesamtleistung ist in vier Teilleistungen aufgeteilt; die Teilleistungen sind in Vomhundertsätzen der Honorare nach Absatz 3 bewertet worden.

Nach der Wärmeschutzverordnung kann die Begrenzung der Transmissionswärmeverluste alternativ nach Nr. 1 oder 2 der Anlage 1 zur Wärmeschutzverordnung nachgewiesen werden. Um die Wirtschaftlichkeit der Investition und der Betriebskosten zu erreichen, können die beiden Berechnungsverfahren alternativ durchgeführt werden.

Beim Erarbeiten des Planungskonzepts für den Wärmeschutz hat der Auftragnehmer sich an die Wärmeschutzverordnung, die bauordnungsrechtlichen Vorschriften sowie die Forderungen des Auftraggebers zu halten. Zum Aufstellen des prüffähigen Nachweises des Wärmeschutzes gehört auch das Liefern von Baustofflisten. Zur Verwirklichung des Wärmeschutzes ist die Koordinierung mit der Ausführungsplanung und der Vergabe bei der Objektplanung erforderlich.

RegE (BR-Drucks. 304/90, S. 210):

In **Absatz 1** werden die Leistungen um eine weitere Teilleistung ergänzt. Der Auftragnehmer, der die Leistungen nach § 78 erbringt, wirkt häufig auch bei der Überwachung der Ausführung mit. Insoweit werden die Leistungen an den Umfang der Leistung in Leistungsbildern der Honorarordnung angeglichen. Die neue Teilleistung wird nicht bewertet, für diese Leistungen kann ein Honorar frei vereinbart werden...

Die neuen Sätze werden der Forderung nach einer auskömmlichen Vergütung gerecht, um insbesondere die einerseits zwar zeitaufwendigere, andererseits aber auch wirtschaftlichere Methode Nr. 1 nach Anlage 1 der Wärmeschutzverordnung (Volumen- oder Hüllflächenmethode) auch bei kleineren Objekten zu ermöglichen.

Die Anhebung wird erforderlich, da bei der 1. Verordnung zur Änderung der Honorarordnung noch keine ausreichenden Erfahrungen mit der Wärmeschutzverordnung vorlagen und die damaligen Ansätze zu niedrig lagen.

In **Absatz 2** wird auf die neue Honorartafel verwiesen, nach der sich das Honorar für Leistungen für den Wärmeschutz richtet.

Absatz 3 enthält die neue Honorartafel.

RegE (BR-Drucks. 238/94, S. 78):

Die Honorare in der Honorartafel wurden zuletzt im Rahmen der 3. Änderungsverordnung zum 1. April 1988 um ca. 20 v. H. erhöht.

Die Honorare in der Honorartafel in **Absatz 3** *werden nun um 6 v. H. erhöht. Erhöhungsverfahren wie bei § 16 Abs. 1. Auf die Ausführungen im Allgemeinen Teil dieser Begründung wird verwiesen.*

RegE (BR-Drucks. 304/80, S. 210)

Absatz 4 enthält neben dem Hinweis, daß § 22 sinngemäß gilt, auch einen entsprechenden Hinweis auf die Anwendung von § 16 Abs. 2 und 3.

RegE (BR-Drucks. 304/90, S. 210):

In **Absatz 4** wird zur Klarstellung darauf verwiesen, daß auch § 5 Abs. 1 und 2 sinngemäß gelten. Diese Vorschriften gelten für Leistungsphasen von Leistungsbildern beziehungsweise Grundleistungen von Leistungsphasen. In Leistungsbildern werden die Leistungen nach Grundleistungen und Besonderen Leistungen gegliedert (§ 2 Abs. 1). Da eine solche Gliederung in Absatz 1 nicht besteht, kann diese Leistungsbeschreibung nicht als Leistungsbild im Sinne der Honorarordnung angesehen werden. Eine Honorarvorschrift für den Fall, daß nicht sämtliche Leistungen nach Absatz 1 übertragen werden, fehlte somit in der Fassung der Dritten Änderungsverordnung. Deshalb wird die sinngemäße Geltung von § 5 Abs. 1 und 2 vorgeschrieben und insoweit die mit der Ersten Änderungsverordnung eingeführte Rechtslage wieder hergestellt.

Zu § 79:

RegE zu § 79 (BR-Drucks. 274/80, S. 168):

Für die Honorierung anderer als der Leistungen für den Wärmeschutz nach § 77 Abs. 2 Nr. 1 fehlen allgemeingültige Erfahrungen; der Leistungsumfang und der Schwierigkeitsgrad der Aufgabe können sehr unterschiedlich sein. Da zudem die Aufzählung in § 77 Abs. 2 nicht erschöpfend ist und je nach der weiteren technischen Entwicklung noch andere Leistungen möglich sind, deren Eigenart und Umfang sich zur Zeit nicht absehen lassen, erschien die Möglichkeit der freien Honorarvereinbarung als ausreichend und zweckmäßig.

RegE (BR-Drucks. 304/90, S. 211):

Neu aufgenommen wird der Hinweis, daß im Rahmen der freien Vereinbarung die Vorschriften über die Honorare für den Wärmeschutz nach § 77 Abs. 2 Nr. 1 sinngemäß angewandt werden können.

Teil XI
Leistungen für Schallschutz und Raumakustik

RegE (BR-Drucks. 274/80, S. 168):

In Teil XI wurden die Leistungen der Auftragnehmer für Schallschutz (baulicher Schallschutz und Schallimmissionsschutz) und für Raumakustik zusammengefaßt.

Leistungen für Schallschutz gehören zu den Ingenieurleistungen im Bauwesen, die von zunehmender Bedeutung für einen größeren Kreis von Personen werden. Die neuere Entwicklung im baulichen Schallschutz und im Schallimmissionsschutz, gesteigertes Umweltbewußtsein und erhöhte Anforderungen durch neuere

Umweltschutzgesetze haben den Auftragnehmern ein breites Betätigungsfeld bereitet.

Zu § 80:

RegE zu § 80 (BR-Drucks. 274/80, S. 168):

Absatz 1 enthält die Definition der Leistungen für Schallschutz. Unterschieden wird zwischen dem baulichen Schallschutz (Abs. 1 Nr. 1) und dem Schallimmissionsschutz (Abs. 1 Nr. 2).

In den Absätzen 2 und 3 werden beispielhaft die z. Z. wesentlichsten Leistungen für den Schallschutz aufgeführt.

RegE (BR-Drucks. 594/87, S. 147):

§ 80 **Abs. 2 Nr. 1** enthält eine begriffliche Neubestimmung für die Fachleistung „Bauakustik". Die Vorschrift dient – wie bisher – dem Ziel, eine klare Abgrenzung zwischen Leistungen der Objektplanung und der Fachplanung für Schallschutz nach § 80 Abs. 2 Nr. 1 herbeizuführen. Auch nach der Neufassung müssen Grundüberlegungen zum Schallschutz vom Objektplaner angestellt werden; bestimmte im Einzelfall erbrachte Fachleistungen können dagegen im Regelfall nur durch Fachleute für Schallschutz erbracht werden.

Die bisherigen Kriterien für eine Abgrenzung zwischen Leistungen der Objektplanung und Leistungen für den Schallschutz werden nach Inkrafttreten der vor der Veröffentlichung stehenden novellierten DIN 4109 unklar.

Die Anwendung der neuen DIN 4109 wird weit über die bisherige Form des Nachweises zur Erfüllung schalltechnischer Anforderungen hinausgehen, weil die neue DIN 4109 den Nachweis des Schallschutzes inhaltlich wesentlich erweitert, z. B. auf leichte Bauweisen, auf schalltechnische Anforderungen bei Nachbarschaft von Wohnen und Gewerbe und zum Schallschutz gegenüber Außenlärm. Ferner ist die Abgrenzung der beiden Leistungsbereiche des Objektplaners und des Fachplaners nach der geltenden Fassung von § 80 Abs. 2 Nr. 1 nicht eindeutig zu bestimmen, weil die in dem geltenden Wortlaut der Verordnung genannten Kriterien einfache Ausführungsbeispiele sowie Hinweise oder Empfehlungen durch den Fortschritt der Technik einer dauernden Änderung unterworfen sind. Schließlich sind die erwähnten Kriterien in der Regel nicht aussagefähig zur umfassenden Erfüllung konkreter Schallschutzanforderungen, weil sie sich nur mit dem partiell möglichen Schallschutz von einzelnen Bauteilen, z. B. einer Wand oder einer Decke, befassen.

Durch die Änderung von § 80 Abs. 2 Nr. 1 wird die Leistung nicht mehr durch sich stetig ändernde einfache Ausführungsbeispiele, Hinweise und Empfehlun-

gen festgelegt, sondern durch objektbezogene, also im Einzelfall erforderliche Schallschutzanforderungen. Diese sind nicht ohne Berechnungen und Untersuchungen zu erbringen, wenn z. B. der Schallschutz von Wohnbauten in Leichtbauweise, wie Wohnbauten, die mit Gewerbe gemischt sind, oder von Sonderbauten, wie Krankenhäuser etc., gefordert wird. Ist der objektbezogene Schallschutz nicht ohne Berechnungen und Untersuchungen zu erbringen, kann der Auftraggeber mit dem Auftragnehmer – in der Regel mit dem Fachplaner – Leistungen nach § 80 Abs. 2 Nr. 1 vereinbaren.

Weitere in Betracht kommende Leistungen sind in Abs. 2 Nr. 2 aufgezählt.

BR-Beschluß (BR-Drucks. 274/8Q, Beschl.):

Die möglichen Innengeräusche sind praktisch abschließend aufgeführt (Luft- und Trittschall, Installationsgeräusche). Dagegen sind Verkehrsgeräusche nur eine von mehreren möglichen Quellen des Außenlärms. Daher sollte, wie auch anderweitig in der Verordnung, allgemein auf „Außenlärmbelastungen" abgestellt werden.

RegE (BR-Drucks. 304/90, S. 211):

In **Absatz 2** wird **Nummer 2** neu gefaßt, um Unklarheiten zu beseitigen. Die Vorschrift gilt für alle schalltechnischen Messungen; es werden nur einige als Beispiel erwähnt. Im übrigen wird der Begriff „Installationsgeräusche" durch den weiteren Begriff „Geräusche von Anlagen der Technischen Ausrüstung" ersetzt.

RegE (BR-Drucks. 274/80, S. 169):

In **Absatz 3** werden die wesentlichen Leistungen für den Schallimmissionsschutz zusammengefaßt. Mit der Aufführung der Leistungen wurde angestrebt, ein Standardleistungsprogramm für die Bearbeitung schallimmissionstechnischer Probleme aufzuzeigen, ohne daß damit ausgesagt werden soll, daß alle hier genannten Teilleistungen stets erbracht werden müßten. Die Leistungen sind in der Reihenfolge erwähnt, in der im Normalfall der Ablauf der Planung erfolgt.

Je nach Problemstellung kann der Anteil der Leistungen nach Abs. 3 Nrn. 1 bis 5 einen sehr unterschiedlichen Umfang annehmen. Wird zum Beispiel die Aufgabe gestellt, an einer bestehenden Anlage Maßnahmen zur Minderung der Schallimmission zu planen, so wird die schalltechnische Bestandsaufnahme (Abs. 3 Nr. 1) einen wesentlichen Teil der Leistungen beinhalten. Besteht dagegen die Aufgabe darin, für eine neue Anlage eine Schallimmissionsprognose zu erstellen, so wird die Leistung nach Abs. 3 Nr. 3 den wesentlichen Arbeitsanteil beinhalten.

Die Mitwirkung bei der Ausführungsplanung für die Maßnahmen zum Schallimmissionsschutz nimmt ebenfalls keinen einheitlichen Umfang ein. Hier kann die Leistung entweder bis zur Ausführungsreife bearbeitet werden. Es kann aber auch eine Beschränkung auf stichwortartige Angaben im Rahmen eines Leistungsverzeichnisses erfolgen, wobei die Detailplanung der Schallschutzmaßnahmen den ausführenden Unternehmen übertragen wird.

Zu § 81:

RegE zu § 81 (BR-Drucks. 274/80, S. 170):

In § 81 wird das Honorar für die Leistungen für Bauakustik nach § 80 Abs. 2 Nr. 1 geregelt.

In **Absatz 1** wird die gesamte Leistung genauer umschrieben und die einzelnen Teilleistungen in v. H.-Sätzen des Gesamthonorars nach § 83 bewertet. Die Höhe der Bewertung für die Teilleistungen wurde aus den Erfahrungen der Praxis entwickelt.

RegE (BR-Drucks. 304/90, S. 211):

In **Absatz 1** werden die Leistungsphasen 2, 4 und 5 neu bewertet. Dies entspricht einer sachgerechten Bewertung des tatsächlichen Planungsablaufs. Da sich die höhere Bewertung der Leistungsphasen 2 und 5 um jeweils 5 v. H.-Punkte mit der niedrigeren Bewertung der Leistungsphase 4 um 10 v. H.-Punkte ausgleicht, ergeben sich bei einer Vergabe der gesamten Leistungen des Leistungsbildes keine Mehrkosten für die Gebietskörperschaften.

Absatz 2 regelt die Honorierung, wenn die Gesamtleistung nach Abs. 1 Nrn. 1 bis 5 übertragen wird. Das Honorar soll sich nach den anrechenbaren Kosten nach den Absätzen 3 bis 6, der Honorarzone, der das Objekt nach § 82 zuzurechnen ist und nach der Honorartafel in § 83 richten.

Absatz 3 bestimmt die anrechenbaren Kosten, die sich nach der DIN 276, Kostengruppen 3.1.0.0 bis 3.4.0.0, richten.

Absatz 4 erklärt die Vorschriften in § 10 Absatz 2 und 3 über die genaue Art der Ermittlung der anrechenbaren Kosten für sinngemäß anwendbar.

Bei besonderen Bauausführungen im Sinne von DIN 276, Kostengruppe 3.5.0.0, z. B. bei besonderen Baukonstruktionen, besonderen Installationen oder besonderen betriebstechnischen Anlagen, kann dem Auftragnehmer gegenüber den normalen Leistungen erhöhter Arbeitsaufwand entstehen. Wenn dies der Fall ist, ermöglicht **Absatz 5** eine Vereinbarung, wonach in diesen Fällen die Kosten für die besonderen Bauausführungen ganz oder teilweise zu den anrechenbaren Kosten gehören sollen.

RegE (BR-Drucks. 274/80, S. 171):

Absatz 6 regelt die Berechnung des Honorars, wenn nicht alle Leistungen nach Abs. 1 Nrn. 1 bis 5 übertragen werden. Die Begründung zu § 78 Abs. 4 gilt entsprechend.

In **Absatz 7** wird § 22 für sinngemäß anwendbar erklärt, da insoweit gleiche Interessenlagen bestehen.

Zu § 82:

RegE zu § 82 (BR-Drucks. 274/80, S. 171):

§ 82 enthält die Honorarzoneneinteilung für die Bauakustik. Diese Einteilung weicht von den entsprechenden Zuordnungen der Gebäude in der Objektliste nach § 12 ab. Deshalb konnte die Zuordnung des Objekts in eine Honorarzone für die Objektplanung nicht auf die Leistungen für Bauakustik übernommen werden.

Nach **Absatz 1** werden die Gebäude je nach dem Schwierigkeitsgrad der Planungsanforderungen 3 Honorarzonen zugerechnet. Da der Objektplaner im Rahmen der §§ 15 und 55 in einfachen Fällen Leistungen zur Planung und zum Nachweis der Erfüllung von Schallschutzanforderungen erbringt (vgl. § 80 Abs. 2 Nr. 1), waren für die Bauakustik nur 3 Honorarzonen erforderlich; hiermit wird die gesamte Bandbreite der bei der Bauakustik in Betracht kommenden Objekte abgedeckt.

RegE (BR-Drucks. 304/90, S. 211):

In **Absatz 1** wird in der Honorarzone 3 die Bezeichnung des Objektes „Gebäude mit Mischnutzung" in „Gebäude mit gewerblicher und Wohnnutzung" geändert. Diese Klarstellung wird notwendig, um unterschiedliche Anforderungen im Vergleich zur Honorarzone II stärker hervorzuheben.

RegE (BR-Drucks. 274/80, S. 171):

Absatz 2 verweist hinsichtlich der Einordnung in Zweifelsfällen auf die Regelung in § 63 Abs. 2.

RegE (BR-Drucks. 238/94, S. 78):

*Die Änderung in **Absatz 2** dient der Klarstellung. In Absatz 2 sind die Bestandteile für die Berechnung des Honorars aufgeführt. Der Bezug auf Absatz 6 wird gestrichen, da in Absatz 6 anrechenbare Kosten nicht angesprochen sind.*

Zu § 83:

RegE zu § 83 (BR-Drucks. 274/80, S. 172):

Die Mindest- und Höchstsätze der Honorare für die Bauakustik sind in der in Absatz 1 aufgeführten Honorartafel festgesetzt worden. Diese Honorartafel ist insbesondere aus Erfahrungen der Ingenieurverbände und von öffentlichen Auftraggebern entwickelt worden.

RegE (BR-Drucks. 304/90, S. 211):

In **Absatz 1** werden die Honorare in der Honorartafel um *10* v. H. angehoben.

RegE (BR-Drucks. 238/94, S. 78):

Die Honorare in der Honorartafel sind zum 1. Januar 1991 um 10 v. H. erhöht worden. Nach dem Vorschlag der Bundesregierung sollten die Honorare um 15 v. H. erhöht werden (Bundesrat-Drucksache 304/90). Der Bundesrat hat jedoch mit der Maßgabe zugestimmt, daß die o. g. Honorare nur um 10 v. H. erhöht werden sollen (Drucksache 304/90 [Beschluß]).

*Die Honorare in der Honorartafel in **Absatz 1** werden nun um 6 v. H. erhöht. Die Erhöhung erfolgt wie bei § 16 Abs. 1 mit der Verteilung im Verhältnis 28:33,5:38,5. Auf die Ausführungen im Allgemeinen Teil dieser Begründung wird verwiesen.*

RegE (BR-Drucks. 274/80, S. 172):

Absatz 2 enthält die bei Honorartafeln übliche Verweisung auf § 16 Abs. 2 und 3.

Zu § 84:

RegE zu § 84 (BR-Drucks. 274/80, S. 172):

§ 84 regelt das Honorar für die Leistungen für Schallschutz, soweit sie nicht in § 81 (Bauakustik) erfaßt werden. Auf die Begründung zu § 79 wird verwiesen.

Zu § 85:

RegE zu § 85 (BR-Drucks. 274/80, S. 172):

In den §§ 85 bis 90 wurden die Leistungen für Raumakustik erfaßt. Diese Leistungen verfolgen das Ziel, die Akustik in einem Raum durch die Mitwirkung des Auftragnehmers bei Formgebung, Materialauswahl und Ausstattung ihrem Verwendungszweck, z. B. der Darbietung von Konzerten, akustisch anzupassen. Als Räume kommen sowohl Innenräume (vgl. § 3 Nr. 1), als auch Freiräume (vgl. § 3 Nr. 12) in Betracht. Diese Leistungen sind nicht bei jedem Raum erforderlich, sondern nur, wenn besondere Anforderungen an die Akustik gestellt werden; dies wird in § 85 **Abs. 1** hervorgehoben. Bei größeren Räumen insbesondere der Honorarzonen IV und V des § 87 liegt der wesentliche Anwendungsbereich der Leistungen für Raumakustik.

In **Absatz 2** wurden beispielhaft einige häufiger vorkommende Leistungen für Raumakustik aufgezählt.

Am wesentlichsten ist die in **Abs. 2 Nr. 1** genannte raumakustische Planung und Überwachung, für die in den §§ 86 bis 89 detaillierte Honorarregelungen vorgesehen sind.

Die in **Abs. 2 Nr. 2** genannten akustischen Messungen, z. B. zur Bestimmung der Nachhallzeit und der Schall-

verteilung, kommen in Betracht, wenn die Raumakustik eines bestehenden Raumes verbessert werden soll.

Modelluntersuchungen (**Abs. 2 Nr. 3**) werden insbesondere dann erforderlich, wenn Räume bearbeitet werden sollen, die komplizierte Raumformen in bezug auf die Hörsamkeit aufweisen.

Leistungen bei der Planung elektroakustischer Anlagen (**Abs. 2 Nr. 4**) fallen an, wenn z. B. aus gestalterischen Gründen keine in bezug auf die Raumakustik optimale Raumform verwirklicht werden kann, trotzdem aber mit Hilfe elektroakustischer Übertragungsanlagen durch dieses Hilfsmittel eine gute Hörsamkeit geschaffen werden soll. Ferner können elektroakustische Anlagen erforderlich werden, wenn die Entfernung „Schallquelle–Zuhörer" ein bestimmtes Maß oder die Zuhörerzahl eine bestimmte Menge überschreitet.

Zu § 86:

RegE zu § 86 (BR-Drucks. 274/80, S. 173):

In § 86 wurde das Honorar für die raumakustische Planung und Überwachung von § 85 Abs. 2 Nr. 1 geregelt.

Absatz 1 enthält eine Beschreibung der Gesamtleistung und Aufteilung in 5 Teilleistungen. Diese wurden in v. H.-Sätzen der Honorare des § 89 bewertet. Die Beschreibung lehnt sich insbesondere an § 81 Abs. 1 an, die Bewertung ist aus der bisherigen Praxis bei der Vergabe derartiger Aufträge entwickelt worden.

RegE (BR-Drucks. 304/90, S. 212):

In **Absatz 1** werden die Leistungsphasen 4 und 5 neu bewertet; insoweit gilt die Begründung zu § 81 sinngemäß.

RegE (BR-Drucks. 274/80, S. 173):

In **Absatz 2** wurde die Honorierung für die Übertragung der Gesamtleistung nach Abs. 1 Nrn. 1 bis 5 geregelt, soweit die raumakustische Planung und Überwachung Innenräume betrifft. Wie bei der Bauakustik mußten auch hier eigene Regelungen über anrechenbare Kosten, Honorarzonen und Honorartafeln getroffen werden.

RegE (BR-Drucks. 304/90, S. 212):

Der bisherige Absatz 6 ist jetzt **Satz 2** von **Absatz 2**. Deshalb kann Absatz 6 gestrichen werden; der bisherige Absatz 7 wird Absatz 6.

RegE (BR-Drucks. 274/80, S. 173):

Absatz 3 bestimmt die Kostengruppen der DIN 276, die die anrechenbaren Kosten bei Innenräumen darstellen. Da die Leistung des Auftragnehmers sich nur auf den betreffenden Innenraum erstreckt, sind auch nur die anteiligen Kosten dieses Innenraumes an den Gesamtkosten des Gebäudes anrechenbar.

Die Kosten für Baukonstruktionen (DIN 276, Kostengruppe *3.1* werden daher geteilt durch den Bruttorauminhalt des Gebäudes und multipliziert mit dem Rauminhalt des betreffenden Innenraumes. Der Bruttorauminhalt wird bestimmt nach DIN 277 in der Fassung vom Mai 1973, Blatt 1, Abschnitt 2.2. Bei der Ermittlung des Rauminhaltes von Innenräumen ist von dem Brutto-Inhalt auszugehen. Abgehängte Decken u. ä. Konstruktionen, die z. T. aus akustischen Erwägungen angebracht worden sind, können keine Begrenzungen des Raumes sein; sie liegen innerhalb des zu berechnenden Innenraumes. Soweit mehrere benachbarte Innenräume zu bearbeiten sind, werden für die Berechnung ihres Rauminhalts die Achsmaße der angrenzenden Umfassungsbauteile zugrunde gelegt.

Zu den anteilig ermittelten Kosten der Baukonstruktionen werden die Kosten für betriebliche Einbauten, bewegliches Mobiliar und Textilien (DIN 276, Kostengruppe 3.4.0.0, 4.2.0.0 und 4.3.0.0) des betreffenden Innenraumes hinzugezählt.

Beispiel einer Honorarberechnung:

Bei den Kosten der Baukonstruktionen werden zunächst die gesamten Kosten für die Kostengruppe 3.1.0.0 (DIN 276) des Gebäudes ermittelt, in dem der Innenraum liegt. Sie werden auf 2,5 Millionen DM veranschlagt.

Der Innenraum soll einschließlich seiner Umfassungsbauteile eine Länge von 16,00 m, eine Breite von 9,00 m und eine Höhe von 4,50 m aufweisen.

Der Rauminhalt des Innenraumes beträgt somit 648 m³; der Bruttorauminhalt des Gebäudes beläuft sich auf 6000 m³. Die anteiligen anrechenbaren Kosten für Baukonstruktionen betragen:

$$\frac{2\,500\,000 \times 648}{6000} = 270\,000 \text{ DM}$$

Für den Innenraum werden weiter folgende Kosten angenommen:

Betriebliche Einbauten für den Raum nach Kostengruppe 3.4.0.0	5 000 DM
Bewegliches Mobiliar für den Innenraum nach Kostengruppe 4.2.0.0	15 000 DM
Textilien für den Innenraum nach Kostengruppe 4.3.0.0	10 000 DM
Summe der anrechenbaren Kosten	300 000 DM

Der Innenraum soll z. B. in Honorarzone III eingestuft werden; vereinbart wurde der mittlere Satz zwischen dem Mindest- und Höchstsatz.

Von-Satz Zone III:	4180 DM
Bis-Satz Zone III:	4960 DM

Hieraus ergibt sich das Honorar (vereinbarter Mittelsatz zwischen Mindest- und Höchstsatz) in Höhe von 4570 DM.

Die **Absätze 4 und 5** entsprechen der Regelung bei der Bauakustik in § 81 Abs. 4 und 6. Auf die Begründung zu § 81 wird hingewiesen.

Während die Absätze 2 bis 5 für die Leistungen bei der raumakustischen Planung und Überwachung bei Innenräumen gelten, regelt **Absatz 6** das Honorar für diese Leistungen bei Freiräumen. Mangels ausreichender Anhaltspunkte für eine sachgerechte Honorierung bei Freiräumen konnte hier nur die freie Honorarvereinbarung zugelassen werden. Im Falle nicht rechtzeitiger schriftlicher Honorarvereinbarung ist nach Satz 2 das Honorar als Zeithonorar nach § 6 zu berechnen.

Zu § 87:

RegE zu § 87 (BR-Drucks. 274/80, S. 175):

§ 87 behandelt die Honorarzoneneinteilung für Innenräume bei der raumakustischen Planung und Überwachung.

Nach **Absatz 1** sollen die Innenräume je nach der Schwierigkeit der Planungsanforderungen fünf Honorarzonen zugerechnet werden.

In **Absatz 2** werden 5 für diese Leistungen spezifische Bewertungsmerkmale aufgezählt.

Bei einer raumakustischen Planung sind bestimmte Grundforderungen zu erfüllen, damit eine befriedigende Hörsamkeit erreicht wird. Ein wesentliches Planungsziel ist die Einhaltung einer Nachhallzeit im besetzten Raum, was durch Auswahl bestimmter Materialien und unter Berücksichtigung der möglichen Personenzahl im Raum erreicht werden soll.

Bei Räumen mit spezieller Nutzungsart, z. B. Konzerträumen, ist es wichtig, daß Nachhallzeiten in Abhängigkeit von den verschiedenen Frequenzen eingehalten werden.

Ein weiteres Kriterium für die Hörsamkeit ist die gleichmäßige Schallverteilung (Diffusität) im Raum. Hierbei spielt die Raumform, das Verhältnis von Länge zu Höhe und Breite des Raumes, das Volumen pro Person und die Nutzung von Raumbegrenzungsflächen eine wichtige Rolle.

Ferner wird das raumakustische Planungsziel bestimmt durch die Nutzungsart des Raumes; so ist in einem Vortragsraum die Sprachverständlichkeit wichtig, wohingegen in einem Konzertraum die Klangfülle wesentlich ist.

Bei einem Mehrzweckraum, z. B. bei Nutzung sowohl für Vorträge als auch für Konzerte, kann es erforderlich werden, das Absorptionsvermögen von Raumbegrenzungsflächen, Neigungswinkel von Teilflächen und das Raumvolumen durch technische Vorrichtungen zu verändern.

Gemäß **Absatz 3** findet hinsichtlich der Zurechnung in Zweifelsfällen § 63 Abs. 2 sinngemäß Anwendung.

Die Bewertungsmerkmale sind nicht unterschiedlich gewichtet, so daß ein Punktesystem wie in §§ 11 und 13 nicht in Betracht kommt.

Zu § 88:

RegE zu § 88 (BR-Drucks. 274/80, S. 177):

In der Objektliste des § 88 werden eine Reihe von Innenräumen aufgezählt, wie sie nach Maßgabe der in § 87 genannten Bewertungsmerkmale in der Regel den fünf Honorarzonen zugerechnet werden.

Der Inhalt eines Innenraumes ist bei der Zuordnung der Innenräume in die Honorarzone ein wesentliches Kriterium, denn die raumakustischen Schwierigkeiten vergrößern sich annähernd proportional zur Größe der Räume.

Zu § 89:

RegE zu § 89 (BR-Drucks. 274/80, S. 177):

Die Honorartafel für die raumakustische Planung und Überwachung in Absatz 1 ist aus den Erfahrungen ins-besondere der öffentlichen Auftraggeber und der Ingenieurverbände entwickelt worden.

RegE (BR-Drucks. 304/90, S. 212):

In **Absatz 1** werden die Honorare in der Honorartafel um *10 v. H.* angehoben.

RegE (BR-Drucks. 238/94, S. 78):

Die Begründung zu § 83 gilt entsprechend, die Verteilung erfolgt jedoch im Verhältnis 20:20:20:20:20.

Absatz 2 enthält die bei Honorartafeln übliche Verweisung auf § 16 Abs. 2 und 3.

Für Leistungen für Raumakustik, soweit sie nicht in § 86 als raumakustische Planung und Überwachung erfaßt werden, konnten keine detaillierten Honorarvorschriften festgesetzt werden, da entsprechende Erfahrungen bisher fehlen. Auf die Begründung zu § 79 wird Bezug genommen.

Teil XII
Leistungen für Bodenmechanik, Erd- und Grundbau

RegE (BR-Drucks. 274/80, S. 177):

In den §§ 91 ff. sind die Honorare für die Leistungen für Bodenmechanik, Erd- und Grundbau geregelt. Diese Leistungen werden insbesondere erforderlich, wenn für die Gründung von Bauwerken besondere Untersuchungen notwendig werden. Das ist bei den heutigen Bauweisen insbesondere der Fall, wenn hohe Lasten mit möglichst kleinen Gründungskörpern in den Baugrund geleitet werden sollen, oder wenn neuartige Konstruktionen empfindlicher gegen Setzungsunterschiede sind als früher verwendete, oder wenn höhere Ansprüche an die Funktionsfähigkeit (Rissefreiheit) von Bauwerken als früher gestellt werden. Darüber hinaus werden Bauwerke infolge der allgemeinen Knappheit an tragfähigem Bauland zunehmend auf einem Untergrund errichtet, dessen Tragfähigkeit und Setzungsverhalten Probleme aufwirft. Wegen der zunehmenden Bedeutung der Bodenmechanik sowie des Erd- und Grundbaus sollen diese Leistungen in der Honorarordnung erfaßt werden.

Zu § 91:

RegE zu § 91 (BR-Drucks. 274/80, S. 178):

Absatz 1 umschreibt das mit den Leistungen für Bodenmechanik, Erd- und Grundbau verfolgte Ziel. Die Leistungen werden erbracht, um die zwischen Baugrund und Bauwerk sowie zwischen Bauwerk und Umgebung, insbesondere Nachbargrundstücken, be-stehenden, einander beeinflussenden Wirkungen zu erfassen; hierbei sind die für die Beurteilung der Wechselwirkungen erforderlichen physikalischen Kennwerte des Bodens zu ermitteln und die Bodenkennwerte für die Berechnung festzulegen.

Absatz 2 zählt eine Reihe häufiger vorkommender Leistungen für Bodenmechanik, Erd- und Grundbau auf. Die Aufzählung ist nicht erschöpfend.

Am häufigsten ist die unter Abs. 2 Nr. 1 genannte Baugrundbeurteilung und Gründungsberatung bei Flächen- und Pfahlgründungen. Sie dient zur Bemessung der Gründung durch den Tragwerksplaner, dessen Leistungen in § 64 sowie in der ersten Leistungsphase von § 55 Abs. 2 beschrieben wurden. In einfachen Fällen beurteilt der Tragwerksplaner im Rahmen der §§ 55 und 64 die Gründungsverhältnisse selbst. Der Anwendungsbereich des Abs. 2 Nr. 1 wurde daher in der Weise eingeschränkt, daß zur Baugrundbeurteilung und Gründungsberatung im Sinne des Abs. 2 Nr. 1 solche Leistungen nicht rechnen, die durch Anwendung von Tabellen und anderen Angaben, z. B. in bauordnungsrechtlichen Vorschriften, ohne großen Arbeitsaufwand erbracht werden können.

Die in Abs. 2 Nrn. 2 bis 8 genannten Leistungen können im Zusammenhang mit der Baugrundbeurteilung und Gründungsberatung erbracht werden, jedoch nicht notwendigerweise insgesamt; sie können in der Praxis auch als Einzelleistungen anfallen.

Werden die in Abs. 2 Nr. 5 erwähnten Leistungen im Rahmen der Baugrundbeurteilung und Gründungsberatung oder bei der Tragwerksplanung (§§ 64 und 55 Abs. 2) erbracht, so kann ein besonderes Honorar hierfür nicht berechnet werden. In den Fällen, in denen die Abmessungen der Gründungskörper z. B. an Hand der Angaben in der DIN 1054 vom Tragwerksplaner festgelegt werden und die Bodenkennwerte auf örtlichen Erfahrungswerten auf Grund vorliegender Bodenaufschlüsse dem Tragwerksplaner bekannt sind, entfallen Leistungen für Bodenmechanik. Wenn jedoch der Fachplaner die Bodenkennwerte ermittelt, steht ihm das Honorar für die ihm übertragenen Teilleistungen zu. Eine nicht mehr in § 92 enthaltene, sondern in § 91 Abs. 2 Nr. 5 erfaßte Leistung ist z. B. eine Setzungsberechnung, die auf der Grundlage der bemessenen Gründung durchgeführt wird, um die aus den Baugrundverformungen herrührenden Auswirkungen auf das Bauwerk genauer erkennen zu können.

Die Baugrundbeurteilung und Gründungsberatung nach § 91 Abs. 2 Nr. 1 bezieht sich auf bestehende oder konkret geplante Bauwerke; hiervon gehen die Leistungsbeschreibung in § 92 Abs. 1 und die Honorarberechnung in § 92 Abs. 2 aus.

Werden die Baugrundverhältnisse und Gründungsmöglichkeiten ohne Bezug auf ein bestimmtes Gebäude oder Ingenieurbauwerk beurteilt, richtet sich das Honorar nach § 95.

Zu § 92:

RegE zu § 92 (BR-Drucks. 274/80, S. 179):

§ 92 enthält nähere Bestimmungen über die Honorierung der Baugrundbeurteilung und Gründungsberatung im Sinne des § 91 Abs. 2 Nr. 1; die übrigen Honorare für Leistungen für Bodenmechanik, Erd- und Grundbau wurden in § 95 geregelt.

In **Absatz 1** wurde die Gesamtleistung beschrieben und in 3 Teilleistungen aufgeteilt. Diese sind in v. H.-Sätzen der Honorare nach § 94 bewertet worden. Der Hauptteil der Leistungen wird in der Teilleistung Nr. 3 erbracht, so daß diese Teilleistung am höchsten bewertet wurde.

Absatz 2 regelt die Honorierung, wenn dem Auftragnehmer die Leistungen nach Absatz 1 übertragen werden. Das volle Honorar des Absatzes 2 ist auf die Gesamtleistung nach Abs. 1 Nrn. 1 bis 3 abgestellt. Das Honorar richtet sich zum einen nach den anrechenbaren Kosten nach § 62 Abs. 3 bis 8. Diese Vorschrift enthält die Bemessungsgrundlage für Leistungen bei der Tragwerksplanung von Gebäuden und Ingenieurbauwerken. Zum anderen sind für die Honorarberechnung die Honorarzonenregelung in § 93 und die Honorartafel des § 94 maßgebend; insoweit konnten die §§ 63 und 65 (Leistungen bei der Tragwerksplanung) keine geeigneten Maßstäbe abgeben.

RegE (BR-Drucks. 304/90, S. 212):

Mit den Änderungen in den **Absätzen 2 und 3** wird vorgesehen, daß die Leistungen für Baugrundbeurteilung und Gründungsberatung bereits zu einem früheren Zeitpunkt abgerechnet werden können. Wenn die Vertragsparteien nichts Gegenteiliges schriftlich bei Auftragserteilung vereinbaren, sind die anrechenbaren Kosten nach der Kostenberechnung zu ermitteln, also nach der Kostenermittlungsart, die Grundleistung bei der Leistungsphase 3 Entwurfsplanung ist. Die Änderung erfolgte, weil die Leistungen der Baugrundbeurteilung und Gründungsberatung im allgemeinen zu einem sehr frühen Zeitpunkt erbracht und abgeschlossen werden. Da die späteren Kostenermittlungsarten, nämlich die Kostenfeststellung und auch der Kostenanschlag, oft erst längere Zeit nach Erbringung der Baugrundbeurteilung vorliegen, soll mit der endgültigen Abrechnung der Leistungen nicht längere Zeit gewartet werden müssen.

RegE (BR-Drucks. 274/80, S. 180):

Absatz 4 trifft eine Honorarregelung für den Fall, daß nicht alle Leistungen nach Abs. 1 Nrn. 1 bis 3 übertragen werden. Auf die Begründung zu § 78 Abs. 4 wird verwiesen.

Absatz 5 bringt eine Spezialregelung für die Honorierung der Baugrundbeurteilung und Gründungsberatung bei Ingenieurbauwerken im Sinne des § 51 Abs. 1 mit großer Längenausdehnung. Bei diesen sog. Linienbauwerken, z. B. Ufermauern, Kaimauern, Piers, führt die Honorarberechnung nach Absatz 2 zu unangemessenen Honoraren, wenn die Einbeziehung der vollen anrechenbaren Kosten sich nicht proportional zum Leistungsaufwand des Auftragnehmers verhält. Für diese Leistungen wurde daher die freie Honorarvereinbarung vorgesehen. Dies gilt sowohl bei einer Übertragung der Gesamtleistung nach Abs. 1 Nrn. 1 bis 3 als auch bei einer Übertragung von Teilleistungen oder einzelnen Leistungen nach Absatz 1. Hilfsweise verweist Satz 2 auf die Berechnung eines Zeithonorars nach § 6.

Nach **Absatz 6** gelten Vorschriften des § 66 sinngemäß. Umfaßt ein Auftrag mehrere Gebäude oder mehrere Ingenieurbauwerke oder Umbauten, so sind Mehraufwand oder Einsparungen bei der Baugrundbeurteilung und Gründungsberatung vergleichbar den Mehraufwendungen oder Einsparungen bei der Tragwerksplanung.

Zu § 93:

RegE zu § 93 (BR-Drucks. 274/80, S. 180):

Absatz 1 sieht fünf Honorarzonen vor, die sich durch die Schwierigkeit der Planungsanforderungen unterscheiden, die Gründungen sind ihnen zuzuordnen. Der Schwierigkeitsgrad und damit auch der Leistungsumfang hängt vom Untergrund und vom Bauwerk ab, wobei sich beide Umstände gegenseitig beeinflussen. Bei den in Absatz 1 beispielhaft aufgezählten Bauwerken sind daher jeweils die Setzungsempfindlichkeit des Bauwerks mit der Eigenart des Untergrundes verknüpft worden; erst die Kombination beider Umstände erlaubt die Ermittlung der zutreffenden Honorarzone.

Absatz 2 verweist für die Handhabung von Zweifelsfällen auf die Regelung des § 63 Abs. 2.

Zu § 94:

RegE zu § 94 (BR-Drucks. 274/80, S. 180):

Die Honorartafel für die Baugrundbeurteilung und Gründungsberatung in § 94 Abs. 1 ist aus den Erfahrungen der Praxis entwickelt worden. Sie trägt mit ihrer großen Bandbreite zwischen den Von-bis-Sätzen der Streuung der bisher für diese Leistungen gezahlten Honorare Rechnung und ermöglicht es, den objektspezifischen Leistungsaufwand des Fachplaners angemessen zu berücksichtigen.

RegE (BR-Drucks. 304/90, S. 213):

In **Absatz 1** werden die Honorare in der Honorartafel um *10 v. H.* angehoben.

RegE (BR-Drucks. 238/94, S. 79):

Die Honorare in der Honorartafel sind zum 1. Januar 1991 um 10 v. H. erhöht worden. Nach dem Vorschlag der Bundesregierung sollten die Honorare um 15 v. H. erhöht werden (Bundesrat-Drucksache 304/90). Der Bundesrat hat jedoch mit der Maßgabe zugestimmt, daß die o. g. Honorare nur um 10 v. H. erhöht werden sollen (Drucksache 304/90 [Beschluß]).

Die Honorare in der Honorartafel in Absatz 1 werden nun um 6 v. H. erhöht. Die Erhöhung erfolgt wie bei § 16 Abs. 1 mit der Verteilung im Verhältnis 20:20:20:20:20. Auf die Ausführungen im Allgemeinen Teil dieser Begründung wird verwiesen.

RegE (BR-Drucks. 274/80, S. 181):

In **Absatz 2** wurde entsprechend den Regelungen bei den sonstigen Honorartafeln die sinngemäße Anwendung des § 16 Abs. 2 und 3 bestimmt.

Zu § 95:

RegE zu § 95 (BR-Drucks. 274/80, S. 181):

Für Leistungen bei Bodenmechanik, Erd- und Grundbau, soweit nicht in § 92 erfaßt, konnte derzeit mangels geeigneter Maßstäbe in § 95 nur die freie Vereinbarung des Honorars zugelassen werden. Auf die Begründung zu § 79 wird Bezug genommen.

Teil XIII
Vermessungstechnische Leistungen

RegE (BR-Drucks. 304/90, S. 213):

Teil XIII – Vermessungstechnische Leistungen – wird neu gefaßt und dabei an die tatsächlichen Erfordernisse angepaßt und erweitert. Die durch die Erste Änderungsverordnung eingefügten Vorschriften enthielten nur der Höhe nach festgesetzte Honorare für die Vermessung von außerörtlichen Straßen. Diese Vorschriften sind überarbeitet und gleichzeitig auf Vorschriften für vermessungstechnische Leistungen ausgedehnt worden, die im Zusammenhang mit der Planung und Bauausführung eines Objektes erbracht werden, also ausgedehnt auf Gebäude, bestimmte Ingenieurbauwerke und Verkehrsanlagen.

Zu § 96:
RegE zu § 96 (BR-Drucks. 304/90, S. 214):

Absatz 1 definiert die Vermessungstechnischen Leistungen. Diese Definition wird im wesentlichen unverändert aus dem bisher geltenden Wortlaut übernommen.

Zu den in Teil XIII erfaßten Leistungen rechnen nicht einfache Maßermittlungen, die keine besondere instru-

mentelle Ausrüstung verlangen oder aber durch keine vermessungstechnischen Verfahrensanforderungen erbracht werden müssen. Solche nicht erfaßten Leistungen werden entweder mit den Honoraren der Auftragnehmer im Rahmen der Objektplanung abgegolten, oder es werden die Kosten hierfür in die Preise für Bauleistungen eingerechnet, wenn die einfachen Vermessungsleistungen von den bauausführenden Firmen erbracht werden.

Vermessungsleistungen, die nach landesrechtlichen Vorschriften für Zwecke der Landesvermessung und des Liegenschaftskatasters ausgeführt werden, werden von den Vorschriften der Honorarordnung – wie bisher – ausgenommen. Diese öffentlichen Vermessungsaufgaben werden entweder von den zuständigen Vermessungsbehörden oder von öffentlich bestellten Vermessungsingenieuren wahrgenommen. Soweit es sich um hoheitliche Leistungen handelt, die regelmäßig auf Veranlassung Dritter vorgenommen werden, werden – von Land zu Land verschiedene – Gebühren festgesetzt. Teilleistungen, die regelmäßig für Zwecke der Landesvermessung von Dritten für die Vermessungsbehörden erbracht werden, unterliegen regelmäßig landesrechtlichen Kostenordnungen oder werden frei vereinbart.

Absatz 2 enthält eine abschließende Aufzählung aller Leistungen, die als vermessungstechnische Leistungen im Sinne der Honorarordnung gelten.

Nach **Nummern 1 und 2** werden die vermessungstechnischen Leistungen, die an Planung oder Bau gebunden sind, auf Gebäude, Ingenieurbauwerke und weitere Verkehrsanlagen ausgedehnt. In der Ersten Änderungsverordnung waren nur außerörtliche Straßen erfaßt. Es wird hierbei zwischen Entwurfs- und Bauvermessung unterschieden.

In **Nummer 3** sind die sonstigen vermessungstechnischen Leistungen erfaßt. Dabei handelt es sich um Objekte außerhalb der Entwurfs- und Bauphase, um solche Vermessungen, die z. B. in den Phasen Betrieb, Verwaltung, Unterhaltung, erforderlich werden, wie langfristige vermessungstechnische Bauwerksüberwachung, spätere Bauwerksdokumentation oder wissenschaftliche Untersuchungen. Die Leistungen für nicht objektgebundene Vermessungen sind solche, die nicht an Objekte im Sinne von § 3 Nr. 1 gebunden sind. Neu aufgenommen wird der Begriff Fernerkundung. Hierunter werden subsumiert die Verfahren zur Datengewinnung aus der Bildmessung, sei es im Nahbereich, sei es vom Flugzeug aus, wie die in der Entwicklung befindlichen Scannerverfahren. Ferner werden die vermessungstechnischen Leistungen zum Aufbau von geographisch-geometrischen Datenbasen für raumbezogene Informationssysteme mit einbezogen. Solche Informationssysteme haben z. B. Bedeutung für die kommunale Planung, für kommunale Einrichtungen und den kommunalen Verwaltungsvollzug. Unter die anderen sonstigen vermessungstechnischen Leistungen fallen die Leistungen, die keinem in der Honorarordnung erfaßten Objekt und auch nicht den vorerwähnten drei vermessungstechnischen Leistungen zuzuordnen sind, wie z. B. Vermessungen und Auswerten im wissenschaftlichen Bereich, Schlauchwaagenmessungen, barometrische Messungen oder Schwingungsmessungen.

RegE zu § 97 (BR-Drucks. 304/90, S. 215):

Die Vorschrift enthält – wie auch in anderen Teilen der Honorarordnung – die zentralen Bestimmungen über die Berechnung des Honorars für die Grundleistungen bei der Entwurfsvermessung.

Absatz 1 schreibt vor, daß sich das Honorar nach den anrechenbaren Kosten des Objekts, der Honorarzone, der die Entwurfsvermessung zuzuordnen ist, sowie nach der Honorartafel des § 99, die im übrigen auch für die Grundleistungen der Bauvermessung Anwendung findet, richtet.

Absatz 2 schreibt vor, daß sämtliche anrechenbaren Kosten nach der Kostenberechnung (nach DIN 276 Teil 3) zu ermitteln sind. Dabei wird nicht – wie sonst in der Honorarordnung – scharf in 2 Leistungsabschnitte getrennt. Die Vertragsparteien haben jedoch auch die Möglichkeit, schriftlich bei Auftragserteilung zu vereinbaren, daß die anrechenbaren Kosten der Honorarberechnung zugrunde zu legen sind, die nach der Kostenschätzung ermittelt werden.

In **Absatz 3** wird vorgeschrieben, nach welchen Vorschriften die anrechenbaren Kosten bei den einzelnen Objekten zu ermitteln sind.

Bei der Ermittlung der anrechenbaren Kosten von Gebäuden sind die entsprechenden Vorschriften von § 10 anzuwenden, ausgenommen § 10 Abs. 3 a.

Bei der Ermittlung der anrechenbaren Kosten von Ingenieurbauwerken gelten die entsprechenden Vorschriften aus § 52. Auch hier gilt, daß die Kosten von vorhandener Bausubstanz, die technisch oder wirtschaftlich mit verarbeitet wird, nicht zu den anrechenbaren Kosten rechnen. Entsprechendes gilt auch für die Ermittlung der anrechenbaren Kosten von Verkehrsanlagen.

Nach **Absatz 4** sind die anrechenbaren Kosten von Gebäuden und Ingenieurbauwerken durchgestaffelt anrechenbar. Mit steigenden anrechenbaren Kosten eines Objektes nimmt der Vomhundertsatz ab, der von den Kosten des Objektes als anrechenbare Kosten für die Vermessung anerkannt wird, da der Vermessungsaufwand nicht mit steigenden Objektkosten linear ansteigt. So werden z. B. für die erste Million anrechenbare Kosten eines zu vermessenden Objekts 40 vom Hundert anerkannt, für die über 1 Million hinausgehenden bis 2 Millionen DM nur 35 vom Hundert.

An einem Beispiel soll die Ermittlung der anrechenbaren Kosten für die Entwurfsvermessung eines Gebäudes mit 10 Mio. DM Kosten, die nach Absatz 3 ermittelt werden, verdeutlicht werden:

Kosten bis	1,0 Mio. DM	
mit 40 v. H.		400 000,– DM
Kosten von 1,0 bis	2,0 Mio. DM	
mit 35 v. H.		350 000,– DM
Kosten von 2,0 bis	5,0 Mio. DM	
mit 30 v. H.		900 000,– DM
Kosten von 5,0 bis	10,0 Mio. DM	
mit 25 v. H.		1 250 000,– DM
Anrechenbare Kosten für die		
Entwurfsvermessung		2 900 000,– DM

Absatz 5 enthält eine Ausnahmevorschrift für solche Ingenieurbauwerke und Verkehrsanlagen, für die die Vorschriften über die Ermittlung der anrechenbaren

Kosten nicht anzuwenden sind. So wird z. B. bei der Entwurfsvermessung von Geh- und Radwegen ein im Vergleich zu anderen Objekten, die gleich hohe anrechenbare Kosten haben, höherer Aufwand entstehen. Von der Festsetzung von Honorarzuschlägen wird jedoch abgesehen, weil die Verhältnisse bei den einzelnen Objekten unterschiedlich sein können. Deshalb wird die freie Vereinbarung eines Honorars vorgesehen.

RegE (BR-Drucks. 238/94, S. 79):

*Durch die Änderung der Zeichensetzung in **Absatz 5** wird klargestellt, daß nur Wasserstraßen von der freien Honorarvereinbarung bzw. von der Honorierung nach Zeithonorar ausgenommen sind. Die bisherige Zeichensetzung hat in der Praxis zu Schwierigkeiten geführt.*

RegE (BR-Drucks. 304/90, S. 215):

Nach **Absatz 6** wird durch den Hinweis auf § 21 ein honorarmäßiger Ausgleich für Mehraufwand bei der Vermessung ermöglicht, wenn ein Auftrag nicht einheitlich in einem Zug, sondern abschnittsweise in größeren Zeitabständen ausgeführt wird. Erfahrungsgemäß belasten größere zeitliche Verzögerungen bei der Abwicklung des Auftrags den Auftragnehmer. Wann ein größerer Zeitaufwand vorliegt, hängt von den Umständen des einzelnen Auftrags ab, eine generelle Aussage hierüber ist nicht möglich.

Absatz 7 regelt – ähnlich wie in § 23 – den Fall, daß ein Auftrag die Vermessung mehrerer Objekte umfaßt. In diesem Fall ist das Honorar für die Vermessung jedes einzelnen Objektes getrennt zu berechnen, also wie ein Einzelauftrag über die Vermessung eines Objektes. Das Gesamthonorar ergibt sich aus der Summe der Einzelhonorare für die Vermessung der einzelnen Objekte. Allerdings muß bei der Berechnung des Honorars berücksichtigt werden, wenn sich der Umfang der einzelnen Leistung durch die gleichzeitige Durchführung der Leistungen mindert. Auch hier wird ein bestimmter Grund der Berücksichtigung von den Verhältnissen des Einzelfalles abhängig. Im übrigen wird durch Absatz 7 das Nutzungsrecht der Vermessungsleistungen für künftige Verwendungen nicht eingeschränkt.

Zu § 97 a:

RegE zu § 97 a (BR-Drucks. 304/90, S. 218):

§ 97 a enthält die Einteilung in Honorarzonen, die für das Honorar maßgeblich ist. Die Systematik aus anderen Leistungsbereichen wird übernommen.

In **Absatz 1** werden die vermessungstechnischen Leistungen in 5 Honorarzonen gegliedert. Maßgebend für die Eingliederung sind sieben Bewertungsmerkmale, die für den erforderlichen Vermessungsaufwand maßgebend sind.

Nach **Absatz 2** wird bestimmt, wie in Zweifelsfällen eine Vermessung einer Honorarzone zuzuordnen ist, wenn Bewertungsmerkmale aus mehreren Honorarzonen anwendbar sind.

In **Absatz 3** wird die Anzahl der Punkte festgelegt, mit denen die einzelnen Bewertungsmerkmale bewertet werden können.

Hierbei haben Verkehrsdichte, Behinderung durch Bebauung und Bewuchs sowie Geländebeschaffenheit mit je 10 Punkten sowie Topographiedichte mit 15 Punkten ein ausschlaggebendes Gewicht bei der Bestimmung der Honorarzone. Mit dem Bewertungsspielraum von 15 Punkten bei der Topographiedichte ist die Möglichkeit gegeben, Forderungen nach besonderer Dichte des Aufmaßes gerecht zu werden. Alle übrigen Merkmale, wie Qualität der vorhandenen Kartenunterlagen, Anforderungen an die Genauigkeit und Qualität des vorhandenen Lage- und Höhenfestpunktfeldes, gehen gleichwertig mit 5 Punkten ein.

Zu § 97 b:

RegE zu § 97 b (BR-Drucks. 304/90, S. 219):

Die Entwurfsvermessung stellt dem Objektplaner zur Anfertigung des Entwurfs von Gebäuden, Ingenieurbauwerken und Verkehrsanlagen die Vermessungsergebnisse in graphischer oder digitaler Form zur Verfügung. Diese sind unabhängig von der Aufnahmeart und können terrestrisch oder photogrammetrisch erbracht werden. Entsprechend der Ergebnisorientierung der HOAI hat die Aufnahmeart keinen Einfluß auf die Honorierung, so daß terrestrische und photogrammetrische Verfahren gleichermaßen zum Einsatz gelangen können. Die Vorschriften gelten jedoch nicht für alle Verkehrsanlagen, auf die Ausnahmeregelung in § 97 Abs. 5 wird verwiesen.

In **Absatz 1** wird an den einheitlichen Vomhundertsätzen für alle Objekte bei der Bewertung der Leistungsphasen festgehalten. Hierbei wird bewußt in Kauf genommen, daß im Interesse einer einheitlichen Anwendung einzelne Bewertungen durchaus variieren können. Die Praxis hat gezeigt, daß hinsichtlich der Bewertung der einzelnen Leistungsphasen eine andere prozentuale Aufteilung erforderlich war als sie mit § 97 der Ersten Änderungsverordnung in die Honorarordnung übernommen wurde. Das Leistungsbild der Vermessung wird – wie auch in anderen Bereichen – unterschieden in Grund- und Besondere Leistungen.

Bei der Grundlagenermittlung (**Leistungsphase 1**) ist als Besondere Leistung „Schriftliches Einholen von Genehmigungen zum Betreten von Grundstücken, zum Befahren von Gewässern und für anordnungsbedürftige Verkehrssicherungsmaßnahmen" genannt. Dieses sind alles Leistungen, die von regionalen bzw. landesrechtlichen Bestimmungen abhängig und sehr zeitaufwendig sind.

In der **Leistungsphase 2** – Geodätisches Festpunktfeld – werden als Besondere Leistungen erwähnt die Grundnetze hoher Genauigkeit, wie z. B. bei Großbrücken oder Tunnelbauten, sowie Vermarken bei besonderen Anforderungen, die z. B. eine besondere Standsicherheit und Unveränderlichkeit verlangen oder Sichten auf weite Entfernung erwarten lassen, wie Pfeiler für Großbauwerke, sowie Bau von Festpunkten mit Signalen.

In **Leistungsphase 3** sind die üblicherweise zu erbringenden Grundleistungen für vermessungstechnische Lage- und Höhenpläne aufgeführt, unabhängig davon, ob mit photogrammetrischen oder terrestrischen Methoden erstellt. Dem Stand der Technik entsprechend gehört es zu den Grundleistungen, die Ergebnisse in graphischer oder digitaler Form zu erbringen. Hierin eingeschlossen ist gegebenenfalls die Messung und Aufbereitung für das digitale Geländemodell sowie dessen Berechnung.

Als Besondere Leistungen sind solche aufgeführt, die über die übliche Meßroutine hinausgehen. Beispielhaft sei benannt das Aufmessen unterirdischer Leitungen, die jedoch hinsichtlich ihrer Lage mit Ortungsverfahren oder Schlitzmethoden festgestellt werden müssen und das Aufstellen von Warnposten als Verkehrssicherungsmaßnahme. Ebenso ist die zusätzliche Darstellung in anderen gebräuchlichen Maßstäben wie 1:50 oder 1:100 über die üblichen Maßstäbe 1:1000 oder 1:500 hinaus als Besondere Leistung zu werten. Hierzu gehören bei Gebäudeaufnahmen auch Detailpläne für Innenausbau oder aber Fassadenabwicklungspläne.

In den **Leistungsphasen 4 und 5** werden die üblicherweise für die Übertragung des Objekts in die Örtlichkeit erforderlichen Absteckungsberechnungen in das übergeordnete Lage- und Höhenfestpunktfeld und Übertragung der Achsgeometrie in die Örtlichkeit erfaßt.

In **Leistungsphase 6** wird das Aufnehmen, Messen und Zeichnen von Längs- und Querprofilen zusammengefaßt, und zwar unabhängig von der Verfahrensart. Hierbei können der konventionelle Weg der örtlichen Aufnahme und das Zeichnen der jeweiligen Profile, der Weg über die photogrammetrische Aufnahme mit digitaler Auswertung und automatischer Zeichnung sowie auch der Weg, Längs- und Querprofile über das digitale Geländemodell automatisch abzuleiten, in Betracht kommen.

Zu § 98:

RegE zu § 98 (BR-Drucks. 304/90, S. 221):

Die Grundlagen des Honorars für die Bauvermessung entsprechen weitgehend den Vorschriften für die Entwurfsvermessung.

In **Absatz 1** werden sinngemäß die Vorschriften aus § 97 übernommen.

RegE (BR-Drucks. 238/94, S. 79):

*Zur Änderung der Zeichensetzung in **Absatz 1 Satz 1** gilt das zu § 97 Ausgeführte entsprechend.*

RegE (BR-Drucks. 304/90, S. 221):

Auch in **Absatz 2** werden die Vorschriften aus § 97 Abs. 2 über den Ansatz der Kosten nach der Kostenberechnung übernommen. In den folgenden Absätzen wird für Gebäude und bestimmte Verkehrsanlagen vorgeschrieben, daß die Kosten nur teilweise anrechenbar sind.

Nach **Absatz 3** sind die nach Absatz 2 ermittelten Kosten für Ingenieurbauwerke zu 100 v. H. sowie bei bestimmten Verkehrsanlagen und Gebäuden nur zu 80 v. H. anrechenbar. Auf die Begründung zu § 97 Abs. 5 wird verwiesen.

Nach **Absatz 4** gelten die Vorschriften über die Ermittlung der Grundlagen des Honorars in den Absätzen 1 bis 3 nicht für ober- und unterirdische Leitungen, Tunnel-, Stollen- und Kavernenbauten, für innerörtliche Verkehrsanlagen mit überwiegend innerörtlichem Verkehr, ausgenommen Wasserstraßen, für Geh- und Radwege und Gleis- und Bahnsteiganlagen. Bei der Bauvermessung dieser Ingenieurbauwerke und Verkehrsanlagen liegen Besonderheiten vor, die es nicht erlauben, die sonst üblichen Maßstäbe für die Ermittlung des Honorars anzuwenden.

RegE (BR-Drucks. 238/94, S. 79):

*Nach den Grundsätzen der Verordnung soll das Honorar bei Auftragserteilung schriftlich vereinbart werden, deshalb wird in **Absatz 4 Satz 3** das Wort „schriftlich" eingefügt.*

Zu § 98 a:

RegE zu § 98 a (BR-Drucks. 304/90, S. 221):

In **Absatz 1** werden – wie in der Entwurfsvermessung nach § 97 – für die Honorarfindung 5 Honorarzonen festgelegt. Die hierfür notwendigen Bewertungsmerkmale sind hierbei auf die Besonderheiten der Bauvermessung abgestellt. Diese sind Geländebeschaffenheit und Regelbarkeit, Bebauung und Bewuchs, Verkehr,

Genauigkeitsanforderungen, Geometrie des Objekts und Behinderungen durch Baubetrieb.

Nach **Absatz 2** gilt für die Findung der Honorarzone die entsprechende Vorschrift für die Entwurfsvermessung (§ 97 a Abs. 2) sinngemäß.

In **Absatz 3** werden die Bewertungsmerkmale mit Punkten bewertet, wobei das Merkmal „Behinderung durch Baubetrieb" mit der höchsten Punktzahl bewertet wird, entsprechend der herausgehobenen Bedeutung gerade in der Bauvermessung.

Zu § 98 b:

RegE zu § 98 b (BR-Drucks. 304/90, S. 222):

Absatz 1 enthält – wie bei der Entwurfsvermessung in § 97 b – wieder eine Inhaltsbestimmung für die Bauvermessung sowie eine Aufteilung der Gesamtleistung in vier Leistungsphasen.

In **Absatz 2** werden die Grundleistungen des Leistungsbildes festgelegt und diesen häufiger vorkommende Besondere Leistungen zugeordnet.

In der Bauvermessung wird im Hinblick auf die zwingenden Bestimmungen der Verdingungsordnung für Bauleistungen (VOB) eine stärkere Differenzierung der Grundleistungen der Vermessung erforderlich. Im allgemeinen handelt es sich bei den Auftraggebern um Betriebe der Bauwirtschaft, mitunter auch um Auftraggeber der öffentlichen Hand, die solche Leistungen an Vermessungsbüros vergeben, sofern keine eigenen Kräfte eingesetzt werden. Dieses spiegelt sich besonders in den Grundleistungen der **Leistungsphase 2** – Absteckung für Bauausführung –, der Leistungsphase 3 – Bauausführungsvermessung – und der Leistungsphase 4 – Vermessungstechnische Überwachung – wider.

Die Leistungsphase 2 entspricht VOB, Teil B, § 3, 2. Diese Arbeiten werden vielfach bei öffentlichen Auftraggebern durch eigene Kräfte erledigt. Sofern geeignete Kräfte jedoch, wie z. B. bei kleineren Gemeinden, nicht vorhanden sind, werden hierfür regelmäßig Vermessungsbüros eingesetzt.

In **Leistungsphase 3** sind die nach VOB Teil C Nr. 4.1.3 angesprochenen Nebenleistungen gemeint, die durch die bauausführenden Firmen in jedem Fall zu erbringen sind. Falls eigene Kräfte nicht vorhanden sind, werden hierfür regelmäßig Vermessungsbüros eingesetzt, deren Leistungen nach zu vereinbarenden Honoraren aufgrund der Honorartafel abzugelten sind. In der letzten Grundleistung wird ausdrücklich zwischen einem Bestandsplan und der Dokumentation der Bauausführung unterschieden, da die Bauausführung ein bestimmtes Baulos, wie z. B. die Entwässerungsanlage, betreffen kann und somit nicht den eigentlichen Gesamtbestandsplan, z. B. einer Straße innerhalb

eines Kilometers Länge, darstellen kann. Dieses kommt auch zum Ausdruck durch die Aufführung dieser Leistung als Besondere Leistung.

In **Leistungsphase 4** kommt die Verpflichtung des Auftraggebers zum Ausdruck, sich der Güte der Bauausführung durch Kontrollmessungen zu versichern. Hierfür können ggf. auch wieder Vermessungsbüros eingeschaltet werden.

In **Absatz 3** wird vorgesehen, daß die Leistungsphase 3 bei Gebäuden auch mit einem niedrigeren Vomhundertsatz bewertet werden kann als bei den übrigen Objekten für diese Leistungsphase im Absatz 1 vorgeschrieben wird. Die Höhe des Honorars bedarf der schriftlichen Vereinbarung. Wenn eine solche Vereinbarung nicht rechtzeitig getroffen wird, gilt das Mindesthonorar als vereinbart, also 45 Vomhundert.

Zu § 99:

RegE zu § 99 (BR-Drucks. 304/90, S. 223):

Der bisher gültige Honorarrahmen, der sich nur auf die Vermessungsleistungen von außerörtlichen Straßen bezog, wird auf das Gesamtspektrum der objektgebundenen Vermessungsleistungen von Gebäuden, Ingenieurbauwerken und weiteren Verkehrsanlagen ausgeweitet. Dabei wird ein angemessenes Honorarniveau nach Feststellungen der obersten Straßenbauverwaltungen der Länder übernommen, die die neue Honorartafel auf der Grundlage von tatsächlichen Vermessungsaufträgen überprüft haben.

Die Honorarordnung in der Fassung der Dritten Änderungsverordnung enthält nur besondere Honorarregelungen für die Vermessung von außerörtlichen Straßen. Die in der Honorartafel des § 99 Abs. 1 hierfür festgesetzten Honorare sind oft nicht angemessen, so daß die Straßenbauverwaltungen bei Vergabe von Aufträgen auf der Basis der in der Honorarordnung festgesetzten Honorare oft keine Auftragnehmer finden und deshalb freie Vereinbarungen treffen.

Da das in der neuen Honorartafel festgesetzte Honorarniveau dem gezahlten Honorar entspricht, ergeben sich nach den Feststellungen der obersten Straßenbauverwaltungen der Länder durch die neue Honorartafel keine Mehrkosten für die Landesstraßenbauverwaltungen. Es wird davon ausgegangen, daß die Feststellungen der obersten Straßenbauverwaltungen der Länder auch für die Kommunen entsprechend gelten.

Zu § 100:

RegE zu § 100 (BR-Drucks. 304/90, S. 224):

In **Absatz 1** werden sonstige vermessungstechnische Leistungen erwähnt.

Die nicht objektgebundenen Flächenvermessungen werden regelmäßig von öffentlichen Auftraggebern übertragen.

Ein wichtiger Anwendungsbereich der Fernerkundung liegt im Umweltschutz. Die Leistungen werden u. a. zum Leistungsbild Umweltverträglichkeitsstudie des § 48 a erbracht, aber auch schon in dessen Vorfeld. Sie haben aber auch Bedeutung für Großobjekte, wie z. B. Flughäfen, im Straßenbau und bei Neutrassierungen der Deutschen Bundesbahn.

Geographisch-geometrische Datenbasen für raumbezogene Informationssysteme werden insbesondere von öffentlichen Auftraggebern bei der Städteplanung zur Bestandsaufarbeitung benötigt, z. B. für die Bestimmung der Erneuerungszeitpunkte von Kanalnetzen, Rohrleitungen und Versorgungssystemen.

Nach **Absatz 2** wird die freie Honorarvereinbarung für die sonstigen vermessungstechnischen Leistungen vorgeschrieben.

Zu § 101:

Durch *§ 101* werden die GOA 1950 und die Berliner GOA 1950 aufgehoben. Die Preisbindung der Honorare für Leistungen der Ingenieure ist bereits durch die Verordnung PR Nr. 1/65 vom 25. Januar 1965 (Bundesanzeiger Nr. 20 vom 30. Januar 1965) mit Wirkung vom 1. Juni 1965 aufgehoben worden.

Zu § 103:

Nach **Absatz 1 Satz 1** soll die Verordnung am 1. 1. 1977 in Kraft treten. Auftraggeber und Auftragnehmer haben in dem Zeitraum zwischen der Verabschiedung des Entwurfs und seinem Inkrafttreten Gelegenheit, sich auf die neuen Honorarvorschriften einzustellen. **Satz 2** zieht die Konsequenzen für Leistungen von Auftragnehmern in bestehenden Verträgen. Soweit die Verträge vor Inkrafttreten der Verordnung abgeschlossen wurden, gelten die in § 57 aufgezählten Vorschriften weiter.

Absatz 2 kommt einem Bedürfnis der Praxis entgegen. Die Vertragsparteien können durch Vereinbarung bereits bestehende Verträge der Geltung der Verordnung unterstellen, jedoch nur, soweit die Leistungen bis zum Tage des Inkrafttretens der Verordnung noch nicht erbracht worden sind.

RegE (BR-Drucks. 274/80, S. 184):

Für die Honorierung von Leistungen zur Erfüllung von Verträgen, die vor dem Inkrafttreten dieser Verordnung abgeschlossen wurden, bietet die Regelung in § 59 Abs. 1 Satz 2 und Abs. 2, also § 103 n. F., eine sachgerechte Behandlung der Überleitung dieser Verträge. **§ 103 Abs. 3** sieht daher die entsprechende Anwendung dieser Regelung vor.

RegE (BR-Drucks. 594/87, S. 149):

In § 103 ist die Regelung für die Honorierung von Leistungen zur Erfüllung von Verträgen, die vor dem Inkrafttreten dieser Verordnung abgeschlossen wurden, eine sachgerechte Behandlung der Überleitung dieser Verträge. **§ 103 Abs. 4** sieht daher die entsprechende Anwendung dieser Regelung vor.

RegE (BR-Drucks. 238/94, S. 79):

*In **Absatz 6** wird die übliche Übergangsregelung wie bei der Ersten, Dritten und Vierten Änderungsverordnung vorgesehen.*

Zu Art. 2:

RegE zu Artikel 2 (BR-Drucks. 304/90, S. 225):

Die erneute grundlegende Überarbeitung der Honorarordnung macht diese Vorschrift aus den Gesetzblättern schwer lesbar. Deshalb wird der Bundesminister für Wirtschaft ermächtigt, die Honorarordnung in der Fassung dieser Änderungsverordnung im Bundesgesetzblatt neu bekanntzumachen.